역락 국어교육학 총서 1

문법 교육론

역락 국어교육학 총서 1

개정 국어과 교육과정에 따라 새롭게 집필한

문법 교육론

임지룡 · 임칠성 · 심영택 · 이문규 · 권재일

역락

머리말

　언어를 탐구함으로써 얻을 수 있는 보람은 크고 소중하다. 언어의 세계를 체계적으로 이해함으로써, 우리는 그것을 더 정확하고 효과적으로 부려 쓸 수 있을 뿐 아니라 그것을 쓰는 사람들의 삶과 생각을 온전하게 이해하는 힘을 얻을 수 있다. 아울러, 언어라는 존재의 내면을 탐구하는 과정을 통해 우리는 그것을 객관적으로 인식하는 기회를 가질 수 있다. 언어를 연구하는 학문인 언어학이 인간의 역사와 더불어 발전해 왔다는 점, 세계의 많은 나라에서 자국어에 대한 교육을 중시해 왔다는 점은 이러한 언어 탐구의 가치가 보편적으로 인정되고 있음을 보여 준다.

　국어과 교육에서도 그 동안 '국어에 대한 이해'를 목표로 하는 영역을 따로 두고 비중 있게 가르쳐 왔다. 지금의 교육과정에서 '문법'이라고 부르고 있는 이 영역의 교육은 바탕 학문인 언어학과 국어교육학의 변화에 따라 그 위상이 바뀌어 왔다. 우선 내용면에서 볼 때, 말소리, 단어, 문장과 같은 분절화된 언어 단위를 넘어 의미, 담화와 텍스트를 포함하고 국어 생활과 문화, 언어 정책 등을 포괄하는 쪽으로 그 범위가 넓어졌다. 문법 교육의 목표도 국어에 대한 지식을 이해시키는 데 머무르지 않고 그런 지식을 발견해 내는 과정을 직접 경험하게 하고 그 결과를 언어생활에 활용할 수 있는 능력을 길러 주며, 국어문화를 창조적으로 계승할 수 있는 태도를 길러 주는 쪽으로 나아가고 있다.

　문법 교육이 이와 같은 언어 탐구의 폭넓은 가치와 목표를 이루어 내기 위해서는 무엇보다도 국어교사의 안목과 역량이 필요하다. 국어교사는 문법 교육의 가치와 목표에 대한 올바른 관점 위에서 국어 문법의 내용 전반을 체계적으로 이해해야 함은 물론이고, 국어 문화의 발전 방향에 대한 일정한 철학을 정립해야 한다. 이를 위해 국어교사는 스스로 끊임없이 국어를 탐구하는 한편, 크게 바뀌고 있는 언어 환경에 능동적으로 대처해 나가는 데 필요한 언어관을 가지도록 노력해야 한다.

이러한 생각에 따라, 이 책은 국어교사와 예비 국어교사들이 문법 교육의 전 영역을 체계적으로 이해하도록 돕는 데 목적을 두고 집필되었다. 따라서 문법 교육의 목표와 내용, 교수・학습 방법, 평가 등 문법 교육론 전반과 새 교육 과정에서 제시한 문법 영역의 내용에 바탕을 둔 폭넓은 언어 관련 지식 체계를 비교적 자세하게 안내하고 설명하였다.

이 과정에서 필자들이 유의한 것은 독자들로 하여금 문법 교육의 가치에 대한 다양한 견해를 이해하고 이를 바탕으로 균형 있는 관점을 수립하게 하는 것과 이 책을 읽으면서 자연스럽게 언어 탐구에 대한 안목과 태도를 기르고 문법 교수・학습의 방법에 익숙해지도록 하는 것이었다. 각 장별로, 본문에서 제시한 주요 관점과 대립하는 견해를 가려 제시한 것이나 핵심 내용을 대상으로 한 탐구학습의 과정을 예시하고 생각거리를 뽑아 제시하는 데 정성을 들인 것은 바로 이런 이유 때문이다.

다섯 명의 집필자가 나누어 맡아 쓴 초고를 여러 차례 윤독하며 다듬고 통일하였지만, 장별로 진술 방식이나 문체 등에 있어서 작은 차이가 생기는 것을 막지는 못했다. 그렇지만 책 전체를 통해 문법 교육의 바른 관점과 태도를 일관성 있게 견지하려고 했고, 무엇보다도 국어와 국어 문법 교육에 대한 애정을 담으려고 애썼다는 점을 밝혀 둔다. '문법 교육이 날로 위축되어 가고 있는 지금 국어에 대해 더 잘 알고 바르게 가르치는 일이 더욱 중요하다.'며 시작했던 처음의 마음을 가지고 꾸준히 다듬고 보태어 나갈 것을 다짐한다.

이 책은 국어학과 국어교육, 문법 교육 분야의 훌륭한 앞선 연구들이 없었다면 이루어지기 어려웠을 것이다. 일일이 밝히지 못한 이들 선행 연구의 저자들께 감사의 말씀을 드린다. 끝으로 이 책을 기획하고 집필 과정을 뒷바라지해 준 도서출판 역락의 이대현 사장님과 책을 멋지게 만들어 준 편집진에 감사의 말씀을 전한다.

2010년 2월 23일
지은이 일동

| 차 례 |

제2부 국어와 앎

제 3 장 국어의 구조 _ 79

제 3 부 국어와 삶

제 4 부 국어와 얼

제5부　문법 수업과 평가

제 9 장　문법 평가 _ 391

제1부 총론

제 1 장 _ 문법 교육이란

제1장

문법 교육이란

- ‘메꾸다’라는 표기가 맞아요?
- 다들 ‘사장님 말씀이 계시겠습니다.’라고 하는데 문법에서는 왜 틀렸다고 하는 거죠?
- ‘예측되어집니다’는 이중 피동인데 방송의 일기 예보에서는 왜 그렇게 말하죠?
- ‘효과’를 [효과]로 발음해야 한다면 ‘내과(內科)’도 [내꽈]가 아니라 [내과]라고 발음해야 하는 거 아니에요?

살아가면서 주변에서 이런 질문들을 듣게 된다. 여러분은 이 질문의 답이 무엇이라고 생각하고 왜 그렇게 생각하는가? 그리고 국어 시간에 학생들이 이런 질문을 하면 어떻게 대답하겠는가?

문법 교육은 삶에서 부딪히는 이런 현상들에 적극적인 관심을 가지게 하고 이에 답을 할 수 있는 능력을 길러주어야 한다. 이런 능력을 길러주기 위해 문법 교육은 어떠해야 하는가?

제1장에서는 이런 문제에 대해 고민해 본다. 즉, 이 장에서는 2007년 개정 교육과정을 바탕으로 문법 교육은 어떤 성격을 지녔는가, 문법 교육은 왜 해야 하는가, 문법 교육에서는 어떤 내용을 가르쳐야 하는가, 어떻게 가르쳐야 하는가, 마지막으로 우리나라 문법 교육의 역사는 어떠한가에 대해 살펴본다.

참고로, 2009년 개정 교육과정에서는 국어과 선택 과목을 ‘화법과 작문 I, II, 독서와 문법 I, II, 문학 I, II’로 재구조화하였다. 2009년 개정 교육과정에서 문법은 독서와 결합하였지만 문법의 성격, 목표, 내용 등은 2007년 교육과정과 크게 변하지 않았으며, 2007년 교육과정이 문법의 특성을 온전히 갖추고 있다. 그래서 이 책은 2009년 개정 교육과정을 바탕으로 내용을 기술하되, 심화 교과인 문법의 경우는 2007년 교육과정을 기본으로 내용을 기술한다.

1. 문법 교육의 성격과 목표

2007 개정 문법 교육과정 '성격' 항에서 제시한 '국어 문법'에 대한 정의, '문법 능력'에 대한 정의, '문법 교과의 성격과 지도 중점'을 다음과 같이 정리할 수 있다.

- ▸ **국어 문법**은 국어 자체에 내재한 원리와 규칙이며 국어 활동에 필요한 기저 지식 체계이다.
- ▸ **문법 능력**은 국어의 구조와 기능을 분석적으로 이해하고 국어를 통합적으로 구사할 수 있는 국어 능력으로서 국어의 소중함과 가치를 일깨우고 국어 의식을 높인다.
- ▸ **문법 교과**는 국민 공통 기본 '국어' 과목의 문법 영역을 심화·발전시킨 과목으로서, 지도 중점은 두 가지이다.
  - 언어의 특성과 국어에 대한 체계적인 지식을 탐구하여 국어를 정확하고, 효율적이며, 창의적으로 사용하는 능력을 기른다.
  - 국어를 사랑하고 국어 문화를 창의적으로 계승·발전시키는 태도를 기른다.

국민 공통 기본 교육과정 '국어'의 '성격'에서는 문법의 성격을 '국어 자체에 내재한 원리와 규칙이며, 문법 교육은 주로 이러한 원리와 규칙을 탐구 과정을 통해 밝혀 이해하고 이 규칙을 국어 생활에 적용할 수 있는 능력을 기르며, 국어 자체에 대한 문화적 가치를 인식하고 국어 의식을 높이는 영역'이라 규정하고 있다.

교육과정에서 '문법 능력'은 '국어 자체에 내재한 원리와 규칙을 탐구 과정을 통해 밝혀 이해하고, 이 원리와 규칙을 국어 생활에 적용하여 국어를 정확하고, 효율적이며, 창의적으로 사용할 수 있는 능력'을 말한다. 그리고 문법 영역과 문법 교과는 이러한 능력을 기르는 영역이며 교과이다.

개정 문법 교육과정에서는 이러한 문법 능력을 바탕으로 다음과 같이 문법 교육의 목표를 제시하였다.

> 국어에 대한 이해와 국어에 대한 탐구 활동을 바탕으로 문법 능력을 발달시키고 국어와 국어 문화의 발전에 기여하는 태도를 기른다.

가. 국어의 원리와 규칙을 이해한다.
나. 실제 국어 생활에 대한 탐구를 바탕으로 문법 능력을 기른다.
다. 국어를 사랑하고 국어 문화를 창의적으로 발전시킨다.

　문법 교과의 목표는 문법 능력을 통해 국어와 국어 문화의 발전에 기여하도록 하는 것인데, 이를 위해서는 일차적으로 올바르게 국어 생활을 할 수 있는 능력을 길러야 한다. 언어를 효과적으로 사용하기 위해서는 먼저 국어를 올바르게 사용할 수 있어야 한다. 그래서 올바른 국어 생활은 효과적인 국어 생활의 기초가 된다고 할 수 있다. 올바른 국어 생활은 국어의 내적 구조인 '문법'에 대한 이해가 바탕이 되어야 한다.

　또 올바른 국어 생활을 하기 위해서는 문법 의식을 가지고 자신이나 주변의 언어 현상에 대하여 관심을 가지고 문제점을 찾아 해결할 수 있는 능력을 길러야 한다. 그래서 문법을 지도할 때에도 내적 구조 자체만을 지도할 것이 아니라 학습자가 자신의 언어나 주변의 언어 현상들을 탐구하여 문법에 비추어 이 현상들을 '해석'할 수 있는 능력을 길러야 한다. '해석'이란 김광해(1997)의 개념이다. 언어 자료를 탐구하여 내적인 원리를 밝히고, 그 가치를 판단하여 언어를 발전적으로 사용하도록 하는 과정을 '해석'이라고 할 수 있다.[ㆍ관점 비교하기]

　이런 이유 때문에 초ㆍ중등학교에서 지도하기 위한 문법인 교육문법은 전문 연구자들이 연구하는 학문문법과 그 성격과 목표가 조금 다르다. 교육문법은 국어지식의 체계이며 일면 규범문법과 학문문법의 성격을 띤다. 학문문법은 일상의 언어를 분류하고 분석하여 그 내적인 규칙을 구조화한 다음 이를 설명하는 것을 목표로 하는 반면에, 교육문법에서는 학문문법의 결과를 교육적으로 재구조화한 지식을 익히고 이 지식을 통해 일상의 언어를 해석하여 국어를 올바르게 사용할 수 있는 능력을 기르는 것을 목표로 한다.

　학문문법의 내적 구조와 교육문법의 규범은 서로 다르다. 내적 구조란 언어의 내적 자율성에 의한 원리에 해당한다고 할 수 있다. 그래서 내적 구조의 주체는 언어이다. 내적 구조란 언어 현상의 원리를 발견하여 인간이 설명적 기술을 한 결과물이다. 그러나 사용 원리는 그렇지 않다. 사용 원리란 언중이 사용해야 하는, 당위성을 띤 원리로서 그 주체는 인간이다. 사용 원리에는 인간의 판단과 간섭이 작용한다. 그렇기 때문에 사용 원리에서 인간은 당위와 현실 사이에서 고민을 할 수밖에 없다. 사용 원리는 학문문법이 밝혀놓은 내적 구조(혹은 이에 대한 설명)를 기반으로 하기 때문에 학문문법의 연구 결과는 교육문법의 기반 역할을 한다고 할 수 있다.

교육문법은 사용 원리를 익혀 그 원리에 따르도록 가르치는 것을 목적으로 한다. 또 외국어로서의 문법 교육과 달리 민족의 삶이 배어 있는 국어 문법 교육에서는 국어의 내적인 규칙 자체가 국민으로서 마땅히 지녀야할 교양적인 지식이 된다.

2. 문법 교육의 방향

▌**자국어 문법 교육의 교육 목표에 부합하여야 한다.** ▌ 자국어 문법 교육은 외국어로서의 문법 교육과 차별화되어야 한다. 자국어 문법 교육의 대상이 되는 국어는 '한국인의 삶이 배어 있는 국어'(2007년 개정 교육과정 국어과의 '성격' 중)이다. 따라서 문법 교육은 의사소통 능력 신장을 위하여 우리말을 체계적으로 이해시키는 것은 물론, 우리말과 글의 문화적 가치를 이해하고, 우리말을 아끼고 사랑하며 발전시키려는 태도를 기르며, 또 탐구 과정을 통하여 논리적 사고력과 통찰력을 기르는 것을 목표로 한다. 자국어 문법 교육과 외국어로서의 한국어 문법 교육을 <표 1-1>처럼 비교할 수 있다.

<표1-1> 국어 문법 교육과 외국어로서의 한국어 문법 교육의 비교

	자국어로서의 국어 문법 교육	외국어로서의 한국어 문법 교육
대상	민족의 삶이 배어 있는 국어	소통의 도구로서의 목표 언어
목표	지식: 보편적인 언어와 개별적인 한국어에 대한 이해(국어사 포함) 기능: 올바른 의사소통 태도: 국어 사랑과 발전(문화적 가치 이해)	지식: 한국어에 대한 문법적 이해 기능: 유창한 의사소통 태도: 한국어에 대한 우호적 태도

내용	국어 알기, 쓰기, 가꾸기	한국어 사용
방법	탐구 활동, 자기 언어 점검과 조정	의사소통 참여 활동, 반복 연습 중심
평가	지식, 기능, 태도 평가	기능 평가

또 학문문법과 구별되어 단순히 학문문법의 연구 결과를 체계적으로 제시하는 교육이 되어서는 안 된다. 학문문법의 내용이 모두 문법 교육의 내용이 되는 것은 아니다. '언어 지식을 가르침으로써 얻을 수 있는 이점이 많다고 하더라도 그것이 국어과 교육의 일부로 교수·학습될 때에는 이 교과 전체의 이념과 목표에 따라 정선되어야' 한다.(임지룡 외, 2005:604)

■ 결과 중심 교육과 과정 중심 교육이 균형을 이루어야 한다. ■ '결과 중심 문법 교육'이란 이미 확정된 문법의 결과를 이해하고 그것을 연습하는 문법 교육이다. 결과 중심에서는 국어 내적 구조의 체계화와 그것의 전달에 초점을 둔다. 대부분 개별 항목이나 규정을 체계적으로 연습하도록 하는 교육을 실시한다. 만약 문법 교육이 학문문법의 연구 결과물을 간략화한 지식을 전달하고, 탐구 활동을 통해 이미 확정된 문법의 결과물을 이해시키는 수업을 한다면 결과 중심의 교육을 하는 것이다.

'과정 중심 문법 교육'이란 의사소통의 상황 속에서 기능과 전략을 활용하여 문법적 문제를 해결할 수 있는 능력을 신장시켜주는 것을 목표로 하는 교육이다. 문법의 체계를 넘어 그 체계를 사용할 수 있는 지식을 가르친다. 결과 중심 문법 교육이 결과한 지식(what 지식)의 이해와 적용에 초점을 둔다면 과정 중심 문법 교육은 그 지식의 사용 지식(how 지식)에 초점을 둔다. 문법의 체계와 항목에 개별적으로 접근하지 않고 통합적으로 접근한다. 학문적 연구 결과에 기초한 규범 지식의 발견이 목적이 아니라 언어의 탐구와 해석 능력을 기르기 위해 언어를 탐구하고 그 결과를 판단하여 발전적인 언어 사용 능력을 배양하는 활동도 과정 중심 교육이다.

〈표 1-2〉 결과 중심 문법 교육과 과정 중심 문법 교육

결과 중심 문법 교육	과정 중심 문법 교육
형태 / 내적 구조 중심	소통(의미) / 사용 중심
형태의 고정성	형태의 유동성
분리와 분절	연합과 결합
학습 내용 중심	학습자 중심
구조의 내적 자율성	구조의 불완전성

국어 문법 교육은 국어의 내적 구조를 탐구하여 올바른 언어생활을 하도록 하는 한편, 국어의 문화적 가치를 이해하여 국어를 발전시키고자 하는 태도를 기른다는 두 가지 목표를 가지고 있다. 그래서 문법 교육은 내적 구조 자체에 대한 이해와 기억 혹은 연습과 함께 그 사용 지식을 익혀 올바른 언어생활을 하도록 하고, 내적 구조에 반영된 삶을 들여다보게 하여 국어의 문화적 가치를 인식하게 함으로써 국어를 사랑하고 국어를 발전시키고자 하는 태도를 길러야 한다.

문법 수업이 학문문법 연구의 결과물을 간략화하고 체계화하여 학습자들에게 설명하거나 탐구하도록 하여 그 결과물을 익히도록 하는 데 그쳐서는 안 된다. 이런 문법 수업은 학습자로 하여금 문법 내용을 이해하고 기억하기 쉽게 한다. 그렇지만 사용 지식이 약하기 때문에 학습자들이 자신들의 실제 언어생활에 역동적으로 대처하기 어렵다는 결정적인 단점을 안게 된다. 무엇을 안다는 것이 곧 무엇을 할 수 있다는 것을 의미하는 것은 아니다. 무엇을 하기 위한 지식 교육은 지식 전달식이나 지식 이해의 차원에서 그치는 것이 아니라 그것을 사용, 즉 그 지식을 가지고 소통을 하기 위한 원리를 가르치는 데까지 나아가야 한다.

학습자들이 문법적 지식을 가지고 올바른 언어생활을 하도록 하기 위해서는 학습자들에게 사용 지식을 익히게 하고, 실제 의사소통의 장에 참여할 수 있도록 기회를 제공해야 한다. 그래서 의사소통 상황에서 부딪히는 문제들을 해결할 수 있는 기능과 전략을 익히고 이를 통해 의사소통의 문제들을 해결할 수 있는 능력을 기르도록 해야 한다. 내적 구조를 학습자들의 삶의 맥락으로 끌어와 그 사용 지식을 가

르치고 다양한 의사소통의 기회를 제공하여 학습자들이 자신의 삶 속에서 작동시킬 수 있도록 지도해야 한다.[◄알아 두기 1]

문법 지식을 삶에서 작동시키기 위해서는 <표 1-3>처럼 지식을 자신의 문법 능력으로 '섭취'하여야 한다.

<표 1-3> 의사소통 능력 신장을 위한 문법 교육

섭취	언어 체계 지식을 추려냄	사용하기 위한 지식을 조직화함
	눈여겨보기 ➡ 구조화 및 재구조화하기 ➡ 절차화하기	

김지홍 뒤침(2003:74-75)에서 인용

'눈여겨보기'와 '구조화 및 재구조화하기'란 주어진 자료에서 학습 대상이 되는 문법 항목을 눈여겨보게 하고, 자료를 통해 규칙을 발견하여 구조화하는 과정이다. 이런 과정들은 결과 중심 교육을 통해 이루어진다. 그러나 이를 사용하기 위해서는 학습자가 머릿속으로 사용에 관한 지식을 가지고 의사소통에 참여하는 '절차화하기'가 필수적인데, 이 과정은 의사소통 상황에 직접 참여하여 주어진 과제를 해결하는 과정 중심 교육을 통해 이루어진다.

지식을 섭취하기 위해서는 과정 중심 교육을 통하여 학습자들이 언어 자료를 해석할 수 있는 능력을 길러야 한다. 학습자들은 현재 그리고 앞으로 부딪혀야 하는 언어의 혼돈 속에서 자신과 타인의 언어 자료를 탐구하여 내적 질서를 찾아내고 그 가치를 판단할 수 있는 능력을 문법 시간을 통해 길러야 한다. 이런 해석 작업은 정답이 주어져 있는 기성의 자료가 아니라 학습자들이 현재 의사소통하고 있는 장면, 즉 실제적인 언어를 자료로 활용하는 것이 좋다. 혹은 앞으로 처하게 될 의사소통 상황의 언어 자료를 활용하는 것도 효과적이다. 예를 들어, '외계어'라고 부르는 초등학생이나 중학교 저학년 학생들의 채팅 언어를 가지고 소통하게 하면서 그 언어를 해석할 수 있는 기회를 제공하는 방식이다. 이런 방식의 수업 활동이 가능하도록 하기 위해서는 정답을 미리 확정해 놓고 그 답을 찾아가도록 하는 수업 방식이 아니라, 다양한 가능성들을 허용하는 대신 그 가능성에 대한 해석적 근거를 밝히도록 하는 수업 방식을 사용하여야 한다. 이런 수업은 토의나 토론식 문법 수업을 통해 가능하다.

■ **연역적인 수업 활동과 귀납적인 수업 활동이 조화를 이루어야 한다.** ■ 연역적인 방법은 문법의 체계를 먼저 제시하고 규칙을 설명하여 기억하도록 한 다음, 새로운 항목에 적용하여 연습하도록 하는 방법이다. 귀납적인 방법은 언어 자료를 제공한 다음에 그 언어 자료로부터 규칙을 발견하여 가치를 판단하게 하고 이를 새로운 항목에 적용하여 연습하도록 하는 방법이다. 결과 중심 교육과 과정 중심 교육이 교육 대상에 따른 구분이라면 연역적 방법과 귀납적 방법은 교수법, 즉 수업 활동의 방법에 따른 구분이다. 예를 들어, 언어 자료를 분류하고 분석하는 탐구 활동으로 규범의 원리를 이해한 다음(귀납적 방법), 이를 다른 언어 항목에 적용하여 연습하는 활동(결과 중심 교육)을 할 수 있다.

연역적 교수법에는 다음과 같은 장단점이 있다.

> ▶ 연역적 교수법의 장점
> ① 내용을 체계화하여 정리해 주는 데 유리하다.
> ② 연습과 적용을 할 수 있는 시간을 벌 수 있다.
> ③ 논리적 사고가 발달한 성인 학습자에게 유리하다.

> ▶ 연역적 교수법의 단점
> ① 대상을 설명하는 문법 용어 자체에서 어려움을 느낀다.
> ② 교사 중심의 지식 전달식 수업이 되기 쉽다.
> ③ 내용을 기억하는 데 비효과적이다.
> ④ 문법 수업이 지식에 대한 이해와 연습으로 그치기 쉽다.

이어 귀납적 방법의 장단점을 다음과 같이 정리할 수 있다.

> ▶ 귀납적 교수법의 장점
> ① 문법 지식에 대한 이해를 구체적인 사용 능력으로 확신시키는 데 유리하다.

② 내용을 기억하는 데 효과적이다.
③ 동기를 유발하기 쉽다.
④ 학습자 중심의 수업으로 학습자의 학습 능력을 신장시키기 쉽다.

▶ **귀납적 교수법의 단점**
① 시간과 노력이 많이 든다.
② 탐구와 해석의 과정 중에 발생하는 학생의 잘못을 교사가 참고 견디기 어려워 한다.
③ 학습의 성패가 교사의 능력에 크게 의존한다.
④ 일부 문법 요소(상, 양태 등)는 탐구와 해석의 수업을 하기가 어렵다.
⑤ 연역식 수업에 익숙한 학습자들이 적응하는 데 시간이 든다.

귀납적인 수업 활동이 효과적이지만 연역적인 수업 활동이 언제나 나쁜 것은 아니다. 어떤 방법을 사용할 것인가는 학습 내용과 학습자의 환경에 의존한다. 또 한 차시의 수업이 모두 귀납적으로 되거나 혹은 연역적으로 될 필요도 없다. 그런데 교육문법의 성격상 기본적으로 귀납적 수업 활동을 위주로 하되 연역적인 수업 활동과 조화롭게 사용하는 것이 목표 달성에 효과적이다.

그런데 문법 수업을 하다 보면 교육 내용의 체계화와 수업의 효율성 때문에, 그리고 많은 내용을 가르쳐야 한다는 욕심 때문에, 개별 규칙과 항목에 대한 교사의 설명과 그에 따른 학습자의 이해, 그리고 기억에 의한 적용으로 이어지는 연역적인 수업 활동을 하는 경우가 많다. 그러나 사람들은 들은 지식보다 발견한 지식을 잘 이해하며, 교사보다 또래 집단을 통해 더 잘 배운다. 또 언어의 문제는 언어가 내적 구조로 고정되어 있을 때가 아니라 그것이 실제로 사용할 때 발생한다. 그래서 교사는 좋은 자료를 구성하여 제공하고, 이 자료를 통해 언어의 규칙과 그 사용 원리를 발견하고, 학생들이 활발한 의사소통의 기회를 통해 그 원리를 내재화시킬 수 있는 활동을 중심으로 수업을 해야 한다. 특히 새로운 언어 환경 속에서 올바른 언어생활을 하기 위해서는 언어 현상을 해석하는 귀납적인 수업 활동이 적극적으로 요구된다. 그래서 언어의 탐구와 해석 능력을 바탕으로 학습자가 주변과 자신의 언어생활을 반성적으로 점검하고 문제를 해결할 수 있도록 지도해야 한다.

█ 교육적 가치가 있는 사용 원리를 중심으로 가르친다. █ 문법 교육을 통해 개별 규칙들을 각각 익히게 하는 것은 바람직하지 않다. 사용 원리를 익히도록 해야 한다.

원리 중심의 문법 교육은 개별 문법 항목에 대한 교육이 아니라 문법의 사용 원리를 중심으로 한 교육을 가리킨다. 규칙이 본래 원리적이라 해서 문법의 규칙 자체를 가르치는 것이 원리 중심 교육이라 말할 수는 없다. 학습자들에게 사용 원리를 익히게 하여 올바르지 못한 언어 사용의 판단 근거를 문법의 원리에서 찾도록 하는 교육이 원리 중심 문법 교육이다. 또 원리를 새로운 언어 환경에 창조적으로 적용할 수 있도록 하여야 한다. 이렇게 함으로써 문법 교과의 문법과 실제 사용 언어의 문법이 일치하도록 해야 한다. 사용 원리 중심 문법 교육은 문법 교육 무용론을 극복하고, 문법 교육이 국어 교육 내에서 명확한 자리를 잡을 수 있도록 해 줄 수 있다.

교육적으로 의미 있는 원리를 선정하여 교육의 대상으로 삼아야 한다. 학문문법의 지식을 간략화하여 모두 배열할 것이 아니라 학습자의 요구와 상황에 따라 교육 내용을 선정하여야 한다.

█ 언어 현상에 대한 탐구와 해석 능력을 길러야 한다. █ 전통적으로 문법 교육에서 중요하게 여긴 것은 국어 내적 규칙의 이해와 규범을 익혀 올바르게 국어를 사용하는 것이었다. 올바른 국어 생활은 문법 교육의 일차적인 목표이다. 그런데 올바른 국어 생활을 하기 위해서는 학문문법의 지식을 이해하는 활동도 중요하지만 나아가 적극적으로 자신과 주변의 언어 현상을 탐구하여 잘잘못을 가릴 수 있는 해석 능력을 갖추어야 한다. 그래서 자신과 주변의 언어생활을 발전시킬 수 있는 능력을 길러야 한다.

초·중등학교 문법 교육의 목표는 국어에 대한 이해와 자신의 국어 생활에 대한 성찰을 바탕으로 국어를 발전시킬 수 있는 다음과 같은 문법 능력의 신장에 있다.

'문법 능력'이란 국어의 옛 모습의 문화적 가치를 이해하고 국어의 내적 구조를 이해하는 한편, 자신과 주변 언어를 탐구하여 그 언어 문화적 가치를 반성적으로 고찰함으로써, 국어를 발전시키고자 하는 능력이다.

참고로 이관규 외 역(2008:125, 172)에서는 '언어의 이해'를 위한 탐구와 해석 활동의 구체적인 예들을 다음과 같이 제시하고 있다.

▶ **활동1 - 표지판**

학습 방법 : 최소 10개의 고속도로, 도로, 거리 표지판이 담긴 신문, 잡지, 인쇄물 등을 모아 보자. 각각의 표지판이 담고 있는 의미를 설명해 보자.

1. 각각의 표지판이 의미하는 바를 어떻게 이해했는가? 우리는 이것을 어떻게 배웠을까?
2. 각각의 표지판이 의미하는 바는 누가 정했을까? 표지판의 디자인이나 의미는 어떻게 합의된 것일까?
3. 우리가 수집한 것들을 다른 표지판으로 바꿔 보자. 그리고 왜 바꾼 것이 더 낫다고 생각하는지 이유를 설명해 보자.
4. 미국의 도로 표지판은 다른 나라와 왜 다를까?

▶ **활동2 - 우리 가운데 동물들**

학습 방법 : 비유적 언어의 예인 다음 문장에서 이탤릭체로 표시된 단어들을 살펴 보자. 그리고 글자 그대로의 의미를 적어 보자.

a. It's a *dog eat dog* world.(냉혹한 세상이다.)
b. the plan seemed *fishy* to me.(그 계획은 수상하다.)
c. He acted like a *scaredy cat*.(그는 겁쟁이처럼 행동한다.)
d. A *little bird* told me it's your birthday.(누군가 오늘이 너의 생일이라고 알려 주었다.)
e. When mom saw my report card, she *had a cow*.(엄마가 성적표를 보시면 불같이 화낼 것이다.)
f. It's raining *cats and dogs* today.(오늘은 비가 많이 오고 있다.)

1. 관용어에서 동물을 많이 사용하는 이유는 무엇일까?
2. 관용적 표현을 글자 그대로의 의미로 쓸 수 있을까?
3. 우리가 매일 기본적으로 사용하는 언어를 이해하는 데 상황적 맥락이 얼마나 중요한가?

▌국어의 문화적 가치를 이해하도록 가르친다.▐ 국어 문법 교육은 외국어 문법 교육과 달리 국어에 대한 가치가 중요한 교육 내용이다. 국어의 가치는 국어에 배어 있는 선인들의 삶, 즉 우리 민족의 삶에서 나온다. 예를 들어, 국어의 시제 체계는 우리 민족의 시간관을 반영한 것이고, 국어의 높임법은 우리 민족의 삶의 질서를 반영한 것이다.

국어가 우리 민족의 삶을 드러내기 때문에 국어의 구조는 그 자체로 삶을 들여다보는 창구가 된다. 그래서 국어 구조가 국민들의 앎의 대상이 되고, 애정의 대상이 되며, 계승하여 발전시킬 대상이 된다. 특히 우리 국어에는 일제 강점기 동안 우리말을 지키고자 옥고를 치렀던 선인들의 피와 땀이 배어 있다는 사실을 학생들이 명확히 기억할 수 있도록 지도해야 한다. 따라서 우리 국어를 지키고자 헌신하셨던 선인들의 노력을 내용으로 하는 단원을 문법 교육의 내용에 포함하여 학생들이 진정으로 우리의 국어에 애정을 가지도록 해야 한다.

삶의 창구가 되는 언어가 비단 표준어로 한정되는 것은 아니며, 현대 국어에만 한정되는 것도 아니다. 선인들의 국어, 지역 방언, 사회 방언도 문법 교육의 대상이 된다. 이들 국어에 대해서도 각 내적 구조를 이해하고, 그 구조를 통해 그것을 사용하는 사람들의 삶을 들여다보아야 한다. 따라서 현대 국어이든 고대나 중세 혹은 근대 국어이든 국어의 구조를 가르치면서 국어를 사용하는 사람들의 삶과 연관시켜 지도하여야 한다.

이것들만 국어를 구성하는 것은 아니다. 북한어, 중국 교포의 한국어, 외국이주민 가정의 한국어, 외국인 결혼 자녀 등 다문화의 다양한 한국어들도 국어에 포함된다. 여기에도 우리 사회 구성원들의 삶이 반영되어 있다. 여기에 청소년 등 다양한 사회적 집단의 언어도 우리 삶 속에서 국어로서 존재한다. 이들 모두가 교육의 대상이 된다.

이들 다양한 언어의 구조를 단순히 객관적 지식체로서 가르쳐서는 안 된다. 이들 언어를 해석할 수 있는 능력을 길러서 이들 언어를 배태한 이들의 삶을 이해하고, 그리하여 언어를 통해 삶이 어우러질 수 있도록 지도해야 한다. 또 이들 다양한 언어를 통해 국어를 발전시키고자 하는 적극적인 태도를 지니도록 지도해야 한다.

3. 개정 교육과정의 문법 교육 내용

3.1. 교육내용 체계

3.1.1. 국민공통기본과정

2009 개정 교육과정 문법 영역의 내용 체계는 <표 1- 4>와 같다.

〈표 1-4〉 문법 영역의 내용 체계

국어 사용의 실제			
- 음운	- 단어	- 문장	- 담화/글

지 식	탐 구
◦ 언어의 본질 ◦ 국어의 특질 ◦ 국어의 역사 ◦ 국어의 규범	◦ 관찰과 분석 ◦ 설명과 일반화 ◦ 판단과 적용

맥 락
◦ 국어 의식 ◦ 국어 생활 문화

그동안의 문법 교육 내용 선정 원리는 학문 문법의 결과물에 초점을 맞추었을 뿐 학습자를 적극 고려하지 못했던 것이 사실이었다. 그런데 7차 교육과정에서는 탐구 활동으로 학습자를 고려하기 시작하였고, 이어 개정 교육과정에서는 문법 지식과 함께 탐구를 교육 내용 체계에 포함하였다. 이러한 내용 체계는 교육과정이 학생들의 국어 탐구 능력을 신장시켜, 자신의 국어 생활에 대해 가치를 판단하여 국어 생활을 개선할 수 있도록 학생들의 국어 의식을 높이는 데도 교육의 중점을 두고 있다는 점을 알 수 있다.

3.1.2. 문법 교육과정

2007년 개정 문법 교육과정의 내용 체계는 <표 1-5>와 같다.

<표 1-5> 2007년 문법 교육과정의 내용 체계

국어와 앎	○언어의 본질	① 언어와 인간 / ② 언어의 특성
	○국어의 구조	① 음운 / ② 단어 / ③ 문장 / ④ 담화 / ⑤ 의미
국어와 삶	○국어와 규범	① 정확한 발음 / ② 올바른 단어 사용 ③ 좋은 문장 표현 / ④ 효과적인 담화 구성
	○국어와 생활	① 일상 언어 / ② 예술 언어 / ③ 매체 언어 / ④ 전문어
국어와 얼	○국어의 변천	① 국어가 걸어온 길 / ② 한글의 창제와 문자 생활 / ③ 선인들의 국어 생활
	○국어의 미래	① 통일 시대의 국어 / ② 세계 속의 국어 / ③ 국어와 인접 분야

　2007 개정 교육과정에서는 문법 교육의 내용 체계를 크게 국어와 앎, 국어와 삶, 국어와 얼로 나누었다. 이는 국어의 내적 구조와 함께 국어 의사소통에도 초점을 맞추어 의사소통의 과정에서 작동하는 세 가지 요소인 '언어, 인간, 사회'를 언어를 중심으로 각각 체계화한 것이다. 국어라는 '언어'에 대해 잘 알아야 하고, 이것을 '인간'의 삶 속에서 구현해야 하며, 국어에 담긴 얼이 어떤 역사를 통해 형성되어 앞으로 미래 '사회' 속에서 어떻게 발전되어 갈 것인지에 대한 교육을 주요 문법 교육 내용으로 삼은 것이다. '국어와 삶'이 공시적인 접근이라면 '국어와 얼'은 통시적인 접근에 주목하고 있다. '국어와 앎'은 공시적 현상과 통시적 현상의 응축이다.
　'국어와 앎'은 '언어의 본질'과 '국어의 구조'로 나뉘는데, '언어의 본질'에서는 의사소통의 매체인 언어의 보편성과 국어의 특수성에 대한 이해를 교육의 내용으로 제시하고 있다. 국어의 구조에서는 음운, 단어, 문장, 담화, 의미로 나누어 각 국어의 내적 구조에 대해 이해할 수 있도록 하였다. 국어의 구조에 대한 이해에서는 전통적으로 문법에서 다루어 왔던 국어 자체의 주요한 특징들을 교육 내용으로 다룬다.

'국어와 삶'은 '국어와 규범'과 '국어와 생활'로 나뉘어, 다양한 상황에서 국어를 경험하도록 하고 있다. 국어의 규범을 잘 익혀 올바르게 국어 생활을 할 수 있도록 하고, 또 일상적인 국어 생활이나 예술적인 국어 생활, 그리고 다양한 매체를 통한 국어 생활 등 다양한 국어 상황에서 효과적이고 창의적으로 국어 생활을 하도록 교육 내용들로 구성하였다. 국어와 삶은 국어와 앎에서 익힌 지식을 심화·확대하여, 초중등학교 학생들이 국어 의식을 가지고 자신이나 주변의 국어 생활에 접근할 수 있도록 하여, 학생들의 삶 속에서 국어를 탐구할 수 있도록 하였다.

'국어와 얼'은 '국어의 변천'과 '국어의 미래'로 구성하였다. 국어의 변천에서는 과거의 역사 즉, 국어가 어떻게 변천되어 왔으며 선인들은 어떤 언어생활을 하였는지 이해하도록 하는 한편, 우리의 민족적 자산인 훈민정음에 대해 이해할 수 있도록 교육 내용을 구성하였다. 국어의 미래에서는 통일에 대비한 국어 생활을 위해 북한의 언어생활에 대해 이해할 수 있도록 하고, 국어가 세계 속에서 어떻게 발전해 나가야 하는지에 대해 탐구할 수 있도록 하였다. '국어와 얼'은 국어를 통시적인 안목으로 고찰하여 선인들의 언어생활에 대한 이해를 통해 현재의 국어 생활을 반성적으로 탐구하고, 나아가 국어와 인접 분야들을 고려하면서 미래 사회에서 국어 생활 문화를 발전시키기 위한 방향을 탐구할 수 있도록 하였다.

이러한 교육 내용 체계는 국어 자체에 대한 앎을 자신의 국어 생활로 심화·확대하고, 이를 다시 사회 문화로 심화·확대할 수 있도록 하여, '앎'에서 '삶'으로, 다시 '삶'에서 '얼'로 과정을 통해 국어에 대한 학습 내용을 심화·확대하는 구조이다.

이처럼 개정 문법 교육과정은 문법 교육의 영역을 심화하면서 동시에 확대하고자 하고 있다. 그러나 이러한 심화·확대는 자칫 교육의 범위가 넓어질수록 교육의 깊이는 얕아지고, 깊이가 깊어지면 범위는 좁아질 수 있다는 문제점을 안을 수 있다. 이 문제를 해결하기 위해서는 중요한 교육 내용을 순환적으로 제시하는 등 학습 내용을 재구조화하여 깊이와 넓이가 균형을 이루어서 문법 고유의 교육 목표를 잘 달성하도록 해야 한다.

3.2. 교육 내용

2009 개정 교육과정의 국민공통기본과정 국어과 문법 영역의 교육 내용은 다음과 같다.

1학년 성취 기준	내용 요소의 예	2학년 성취 기준	내용 요소의 예
(1) 한글 자모의 이름과 소리를 안다.	○글자가 자음자와 모음자로 이루어짐을 이해하기 ○한글 자모 정확하게 읽기 ○자음자와 모음자의 결합으로 이루어진 글자를 소리 내어 읽기 ○한글을 소중히 여기는 태도 기르기	(1) 소리를 혼동하기 쉬운 낱말을 정확하게 발음한다.	○표준 발음에 대한 규정이 있음을 알기 ○자주 사용하는 낱말의 표준 발음 알기 ○낱말을 정확하게 발음하려는 태도 가지기
(2) 소리와 표기가 다를 수 있음을 이해한다.	○소리 나는 대로 적었을 때와 어법에 맞게 적었을 때의 차이 이해하기 ○한글 자모, 낱말을 바르게 발음하기	(2) 표기와 소리가 다른 낱말을 정확하게 표기한다.	○한글맞춤법 규정이 있음을 알기 ○자주 사용하는 낱말의 바른 표기 알기 ○표기와 소리가 다른 낱말을 정확하게 표기하기
(3) 문장 부호의 이름과 쓰임을 안다.	○문장에 쓰인 온점, 반점, 물음표, 느낌표의 쓰임 알기 ○온점, 반점, 물음표, 느낌표의 쓰임에 맞게 문장 읽기	(3) 낱말과 낱말 간의 의미 관계를 이해한다.	○유의 관계, 반의 관계 등의 개념 이해하기 ○낱말들 간의 의미 관계를 바탕으로 낱말 더 알기 ○낱말들 간의 다양한 의미 관계에 관심 가지기
3학년 성취 기준	내용 요소의 예	4학년 성취 기준	내용 요소의 예
(1) 국어사전에서 낱말 찾는 방법을 안다.	○국어 품사의 기초 개념 이해하기 ○용언의 기본형 알기 ○국어사전 찾는 방법 알기 ○국어사전의 효용성과 가치 이해하기	(1) 표준어와 방언의 사용 양상을 이해한다.	○표준어와 방언의 개념 이해하기 ○표준어와 방언이 사용되는 상황 이해하기 ○상황에 맞게 표준어와 방언을 적절하게 사용하기
(2) 소리가 동일한 낱말들이 여러 가지 의미로 사용되는 현상을 분석한다.	○동음이의어와 다의어 개념 이해하기 ○동음이의어와 다의어의 사용 양상 관찰하기 ○동음이의어와 다의어를 활용하여 문장 만들기	(2) 국어 높임법을 이해한다.	○높임법의 개념과 종류 이해하기 ○높임법을 써야 할 상황 이해하기 ○높임법을 써서 효과적으로 말하기
(3) 의도에 따라 여러 종류의 문장으로 표현할 수 있음을 설명한다.	○의도에 따라 문장의 종류가 달라짐을 이해하기 ○평서문, 의문문, 청유문, 명령문, 감탄문 등 종류가 다른 문장들을 찾아 분류하기 ○표현 의도에 맞게 문장의 종류를 달리 하여 표현하기	(3) 문장을 구성하는 성분을 분석한다.	○문장 성분의 개념 이해하기 ○문장 성분 분석하기 ○문장 성분과 문장과의 관련성 파악하기

5학년 성취 기준	내용 요소의 예	6학년 성취 기준	내용 요소의 예
(1) 반언어적 표현의 특성을 알고 의사소통에서의 역할을 이해한다.	○반언어적 표현의 개념 이해하기 ○반언어적 표현이 의사소통에서 하는 역할 이해하기 ○반언어적 표현을 의사소통에서 효과적으로 사용하기	(1) 고유어, 한자어, 외래어, 외국어의 개념을 알고 국어 어휘의 특징을 이해한다.	○고유어, 한자어, 외래어, 외국어의 개념과 차이 이해하기 ○국어 어휘의 특징 이해하기 ○고유어를 살려 쓰는 태도 기르기
(2) 단어의 사전적 의미와 문맥적 의미를 구별하고 효과적으로 사용한다.	○사전적 의미와 문맥적 의미 구별하기 ○문장이나 글에서 단어의 의미 해석하기 ○단어의 사전적 의미와 문맥적 의미를 고려하여 효과적으로 의사소통하기	(2) 문장의 연결 관계를 이해한다.	○문장과 문장을 이어주는 방법 알기 ○문장과 문장을 이어주는 말의 종류 알기 ○문장과 문장을 이어주는 말을 알맞게 사용하기
(3) 시간 표현 방식을 이해한다.	○시간을 표현하는 방식이 여러 가지가 있음을 이해하기 ○과거, 현재, 미래의 시간을 표현하는 방식 이해하기 ○시간 표현을 효과적으로 사용하기	(3) 문장에 쓰인 호응 관계의 적절성을 판단한다.	○적절한 호응 관계의 중요성과 필요성 이해하기 ○문장의 호응 관계를 알고 바르게 표현하기 ○각종 매체에 나타난 언어 표현에서 호응 관계에 맞지 않는 부분을 찾아 바르게 고치기
(4) 말하는 이, 듣는 이, 상황, 매체 등에 따라 언어 사용 방식이 달라짐을 안다.	○의사소통 상황을 구성하는 요소 알기 ○말하는 이, 듣는 이, 상황, 매체 등을 고려하여 적절하게 의사소통하는 방법 이해하기 ○의사소통 상황과 언어 사용 방식의 관계 파악하기	(4) 한글의 의의를 알고 우수성을 설명한다.	○한글의 의의 이해하기 ○한글의 우수성을 다른 문자 체계와 비교하여 말하기 ○한글을 바르게 사용하고 가꾸려는 태도 가지기
7학년 성취 기준	내용 요소의 예	8학년 성취 기준	내용 요소의 예
(1) 다양한 매체에 나타난 언어 사용 방식의 차이점을 파악한다.	○언어의 기능과 특성 이해하기 ○다양한 매체에 나타난 언어 사용 방식 비교하기 ○매체의 특성을 고려하여 음성 언어와 문자 언어 사용하기	(1) 남한과 북한의 언어 차이를 비교한다.	○남한과 북한의 언어 차이를 비교하여 이해하기 ○남한과 북한의 언어 차이의 원인과 실태 파악하기 ○남한과 북한의 언어 차이를 극복하는 방안 찾기
(2) 관용 표현의 개념과 효과를 이해한다.	○속담, 명언, 관용어 등의 개념 이해하기 ○관용 표현 사용의 효과를 알고 적절하게 활용하기 ○관용 표현이 사용되는 상황 이해하기	(2) 여러 종류의 어휘를 비교하고 그 사용 양상을 설명한다.	○전문어, 유행어, 은어의 개념과 관계 이해하기 ○전문어, 유행어, 은어의 사용 양상 및 특성 이해하기 ○전문어, 유행어, 은어 사용의 효과와 문제점 파악하기
(3) 품사의 개념, 분류 기준, 특성을 이해한다.	○품사의 개념 이해하기 ○품사의 분류 기준 발견하기 ○품사 분류하기 ○품사의 종류와 특성 설명하기	(3) 국어 단어 형성법을 이해하고 활용한다.	○단어 형성과 관련된 국어의 특질 이해하기 ○형태소와 단어 개념 이해하기 ○단어의 짜임(단일어, 파생어, 합성어) 이해하기 ○단어 형성법을 알고 창조적으로 활용하기

| (4) 표현 의도에 따라 사동·피동 표현이 달리 사용됨을 안다. | ○사동·피동 표현의 개념 이해하기
○사동·피동 표현에 따라 의미 해석이 어떻게 달라지는지 이해하기
○사동·피동 표현을 사용하는 심리적·사회적 특성 이해하기 | (4) 문장이 여러 가지 의미로 해석되는 현상을 이해한다. | ○중의적 표현과 모호한 표현 구별하기
○중의적 표현을 해석하고 표현의 장단점 이해하기
○모호한 표현이 된 이유를 지적하고 정확한 표현으로 고치기 |
| (5) 지시어가 글의 구조와 의미에 미치는 영향을 분석한다. | ○지시어의 개념 이해하기
○담화 또는 글에서 지시어가 어떻게 사용되고 있는지 분석하기
○지시어가 담화 또는 글 전체 구조에 끼치는 의미 관계 파악하기 | (5) 담화나 글의 의미 해석에 상황 맥락이 관여함을 이해한다. | ○상황 맥락의 구성 요소 이해하기
○상황 맥락이 담화나 글의 의미 해석에 미치는 영향 이해하기
○상황 맥락을 고려하여 효과적으로 의사소통하기 |

9학년 성취 기준	내용 요소의 예	10학년 성취 기준	내용 요소의 예
(1) 언어의 규칙성, 사회성, 역사성, 기호성, 창조성 등을 이해한다.	○언어의 규칙성, 사회성, 역사성, 기호성, 창조성 등의 개념 이해하기 ○언어의 다양한 특성 이해하기 ○언어와 문화의 관계 이해하기	(1) 국어의 역사를 이해한다.	○옛말과 현재의 말 비교하기 ○국어의 역사에 대한 지식을 바탕으로 글의 내용 이해하기 ○국어의 역사적 변천 과정 이해하기
(2) 국어의 음운 체계를 이해한다.	○국어 음운 체계의 개념 이해하기 ○국어 음운의 특성 이해하기 ○국어 음운의 변동을 이해하고 설명하기	(2) 국어의 음운 규칙을 안다.	○두음법칙, 모음조화, 구개음화, 설측음화, 경음화, 탈락 현상 등의 음운 규칙 이해하기 ○국어의 음운 체계와 변동 규칙에 따라 바르게 읽기 ○음운 규칙과 표준 발음, 표기의 관계 이해하기
(3) 문장의 짜임새를 설명한다.	○서술어와 자릿수의 기능 이해하기 ○문장의 기본 구조를 바탕으로 문장을 확장하는 방법 이해하기 ○안은 문장과 이어진 문장을 알고 문장의 연결 방식 이해하기	(3) 장면에 따른 표현 방식을 안다.	○담화에서 장면에 따라 심리적 태도 등의 표현이 달라진 부분 찾기 ○원근 표현, 부정 표현 등 심리적 태도와 관련된 다양한 표현 방식 이해하기 ○담화에 따라 심리적 태도를 표현하는 방식이 달라지는 이유 설명하기
(4) 담화 또는 글 구성의 기본 개념을 이해한다.	○통일성과 응집성의 개념 이해하기 ○담화 또는 글에서 통일성과 응집성 판단하기	(4) 국어의 로마자 표기법과 외래어 표기법을 알고 정확하게 사용한다.	○국어의 로마자 표기법과 외래어 표기법 알기 ○국어의 로마자 표기법과 외래어 표기법에 맞게 사용하기 ○국어를 정확하게 표기하려는 태도 기르기
(5) 한국어의 언어 문화적 특성과 가치를 이해한다.	○언어 문화적 특성과 언어의 관계 이해하기 ○한국어에 담긴 언어 문화적 특성 파악하기 ○세계화, 국제화 시대에 한국어의 위상 점검하기	(5) 한글의 창제 원리와 한글의 독창성을 안다.	○한글의 창제 원리 이해하기 ○한글의 독창성 이해하기 ○국어를 가꾸고 발전시키고자 하는 태도 기르기

(※ 2009년 개정 교육과정에서는 10학년이 기본 과정에서 선택 과정으로 바뀌는 바람에 10학년의 교육 내용이 없어졌다.)

〈표 1-6〉 국어과 문법 영역의 교육 내용

선택 문법 교과의 교육 내용은 이 책의 나머지 부분에서 구체적으로 다룰 것이므로 생략한다.

4. 문법 교육의 역사

학교 교육과정에서 정식으로 문법 교육을 다루기 시작한 것은 1895년 한성사범학교가 설립되면서부터이다. 이후 우리 문법 교육의 역사를 주로 교육의 형식, 즉 교과서가 어떤 방식으로 발행되었는가와 교육의 내용, 즉 조사와 어미의 단어 인정 여부, 문법 용어의 통일, 통일 문법의 제정 등에 따라 변화를 거듭해왔다. 문법 교육의 변화를, 교과서가 아무런 조건 없이 발간된 시기(혼성 단계), 검인정을 통해 발간된 시기(제1차 검인정 단계, 제2차 검인정 단계), 국가가 단일한 교과서를 편찬한 시기(국정 단계)로 나누어 표로 정리해 보면 <표 1-7>과 같다.

〈표 1-7〉 문법 교육의 역사

시기 구분	역사적 사건과 특징	형식	내용
혼성기 (1895~1949)	• 대한제국의 시기, 식민지 시기, 미군정 시기로 나뉨 • 1933년 '한글마춤법통일안'이 제정됨.	• 기준 없이 교과서를 펴냄 • 대표적인 교과서 - 주시경 "국어 문법"(1910) - 김두봉 "깁더 조선말본"(1922) - 최현배 "중등 조선 말본"(1934), "우리 말본"(1937)	• 조사와 어미의 단어 인정 논쟁 - 분석안: 둘 다 인정 - 절충안: 조사만 인정 - 종합안: 둘 다 불인정 • 문법 용어 논쟁 - 우리말 계통과 한자어 계통 사이에서
제1차 검인정기 (1949~1985)	• 통일문법 이전 검인정기(1949~1966) • **1963년 '학교 문법 통일안' 제정** • 통일문법 이후 검인정기(1966~1985) • 1979년 통일안이 정착됨. - 중학교 문법 교육 폐지	• 1956년 중·고 문법 교과서 분리 제작 • 통일안에 따라 1966년 문법 교과서 제작 • 교과서 5종으로 제한 • 교사용 지도서 의무적으로 덧붙임.	• 문법 용어 논쟁 계속 - 우리말과 한자어 병용 - 교과서마다 달라 혼란 • 1963년 통일안 - 한자어 문법 용어 채택 - 9품사 체계 확정

국정기
(1985~2006)
	• 1987년 5차 교육과정
	 - 국어과가 '국어(상,하), 문법,
	  작문, 문학'으로 나뉨.
	 - 국어과 하위 영역명: '언어'
	• 1992년 제6차 교육과정
	 - 문법 교육 '내용 체계표'가
	  만들어짐.
	 - 국어과 하위 영역명: '언어'
	• 2002년 제7차 교육과정
	 - 보충과목과 심화과목 편성
	 - 국어과 하위 영역명:
	  '국어지식' [◀알아 두기 2]
		• 1963년 통일안에 따라
		국정 교과서 발행 – 1985
		년 "고등학교 문법"
		 - 1991년 "문법"('옛말의 문
		법'이 부록으로, 완전히 통
		일된 체제를 갖춤.)
			• '이다'를 서술격 조사로 정착
			• 한자어와 고유어 문법 용어 함께 씀.
			• 당시 국어학 연구 성과 대폭 반영(통사론 중심)
			 - 학교 문법이 국어학 순수 이론 연구의 결과가
			  중심 내용이 됨.
			• 1992년부터 문법 교육의 내용이 언어 지식 체계
			라는 폭넓은 영역을 아울러야 한다는 점 인식.
			 - '이야기, 바른 언어생활, 표준어와 맞춤법'을 포함
			하여 다룸.
			 - 교육 내용이 국어학 이론 중심에서 다양한 경험
			과 탐구를 하게 하는 국어 지식 체계로 이동
			• 1996년 학교 문법의 내용이 크게 달라짐.

제2차 검인정기 (2007~2010)	• 2007년 개정 교육과정 • 문법 교과서 검인정 제도 도입 - 국어과 하위 영역명: '문법' • 2009년 개정 교육과정 - 선택 과목 '문법'이 '독서와 문법I, 문법과 독서II'로 재구 조화됨.	• 다시 검인정 체제로 전환	• 국어 생활(사용)에 기반을 둔 문법 교육 내용 강화 • 국어에 대한 인식과 탐구 활동 강화(예정)

1963년 학교 문법 통일안 제정은 그동안 혼란을 겪었던 문법 교육의 내용을 통일하려는 시도였다. 그러나 1985년 국정 교과서에 이르러서야 문법 교육의 내용이 완전히 통일되었다. 그리고 7차 교육과정 이후 교육 내용이 학문 문법의 결과물에서 언어에 대한 탐구로 변화하기 시작하여 1996년에 두 번째 국정 교과서가 나오면서부터 문법 교육 내용이 크게 달라졌다.

2007년 개정 교육과정과 2009년 개정 교육과정에서는 2011년부터 시작되는 선택 과목으로서의 문법 교과서를 다시 검인정 체제로 변화시키려 하고 있다. 국정 교과서는 문법 교육 내용을 통일화하여 학교 혼란을 잠식시켰지만, 문법 교육이 획일적인 정답에 대한 이해와 적용으로 흘러 다양성을 통한 문법 교육의 발달에 저해가 되었기 때문이다.

문법 교육에 대한 세 가지 입장

권재일(1995)와 최영환(1995)은 각각 국어 교육 내에서 문법의 위상을 '독자적 입장'과 의사소통을 위한 '통합적 입장'에서 문법의 교육 내용 체계를 구성하였고, 김광해(1997)와 2007개정 문법 교육과정은 '상호보완적 입장'에서 문법의 교육 내용 체계를 구성하였다.

1. 독자적 입장
- 국어 문법의 내재적 가치에 중점을 둠. 국어의 문화적 가치를 존중함. 문법을 문법답게 가르쳐야 한다는 접근.
- 교육 내용 체계
  - 언어의 이해: 언어의 본질, 언어와 인간, 국어의 특질, 국어 연구의 발자취
  - 국어의 역사와 문자: 국어의 계통, 국어의 역사, 국어의 문자
  - 현대 국어의 구조: 음운, 단어, 문장, 의미, 담화
  - 국어의 올바른 사용: 국어의 규범, 올바른 국어 사용, 국어의 앞날

2. 통합적 입장
- 국어 문법의 사용적 가치에 중점을 둠. 문법과 국어 활동의 통합적 가치를 존중함. 올바른 국어사용을 위하여 문법을 가르쳐야 한다는 접근.
- 교육 내용 체계
  - 언어 구조에 대한 지식:
    - 음운과 문자: 음성과 음운, 국어의 음운 체계, 음절, 음운의 변동
    - 단어: 단어의 개념, 단어의 분류와 특성, 단어의 구조, 단어의 의미와 의미 관계, 단어 의미의 변화
    - 문장: 문장의 개념, 문장의 구성, 문장의 종류, 어순, 문장의 확대, 문장 종결, 격, 대우 표현, 시간 표현, 사동 표현, 피동 표현, 부정 표현, 비교 표현
    - 담화: 담화의 요소, 지시와 대용, 전제와 함축, 담화와 의미 관계
  - 언어의 본질과 사용에 대한 지식
    - 언어의 본질: 언어의 체계, 언어 기호의 특성, 언어의 기능, 음성 언어와 문자 언어, 비언어적 의사소통

- 언어와 인간: 언어와 사고, 언어와 사회, 언어와 문화, 언어 습득과 발달
- 국어의 사용 표준어와 맞춤법: 언어 정책, 국어의 특질, 국어의 역사

3. 상호보완적 입장
- 문법의 해석적 가치에 중점을 둠. 문법의 내재적 가치와 통합적 가치의 상호보완성을 존중함. 국어의 내적 가치를 이해하고, 자신과 언중이 사용하고 있는 언어를 탐구하여 그 가치를 판단하고 이를 통해 국어를 발전시킬 수 있는 능력을 기르기 위해 문법을 가르쳐야 한다는 접근.
- 교육 내용 체계
가. 탐구 중심 접근법
  • 우리말 알기
    - 언어 규범: 맞춤법, 표준어, 표준 발음, 한자
    - 언어 일반: 언어의 본질, 언어와 사고, 언어 현상, 언어와 국어
    - 국어 문화: 국어의 특질, 우리말의 역사, 한글의 역사 및 가치, 우리말을 빛낸 인물
    - 국어 탐구: 말소리, 형태소, 단어, 품사, 어휘, 문장(문법 요소), 의미, 이야기
  • 우리말 가꾸기
    - 바른 언어생활: 정확한 단어 구사, 정확한 문장 구사, 논리적인 텍스트 생산
    - 풍부한 언어생활 국어 사랑의 태도: 풍부한 어휘 구사, 어휘력 증진의 방법, 국어 문제의 인식, 국어 발전을 향한 정신
나. 언어의 인식과 탐구 중심 접근법
  • 국어와 앎
    - 언어의 본질: 언어와 인간, 언어의 특성
    - 국어의 구조: 음운, 단어, 문장, 담화, 의미
  • 국어와 삶
    - 국어와 규범: 정확한 발음, 올바른 단어 사용, 좋은 문장 표현, 효과적인 담화 구성
    - 국어와 생활: 일상 언어, 예술 언어, 매체 언어, 전문어
  • 국어와 얼
    - 국어의 변천: 국어가 걸어온 길, 한글의 창제와 문자, 생활 선인들의 국어 생활
    - 국어의 미래: 통일 시대의 국어, 세계 속의 국어, 국어와 인접 분야

☞ 탐구 목표

　ㅇ 인터넷 언어 자료의 사용 규칙을 탐구하기
　ㅇ 인터넷 언어 자료의 사용 현상을 해석하기
　ㅇ 인터넷 언어 자료의 문제점을 개선하도록 지도하기

☞ 탐구 과정

(1) 문제의 제기

　▸ 지도 중점: 실제 사용되고 있는 인터넷 언어 자료에 대해 탐구 경험을 하도록 한다.
　▸ 교수·학습 활동
　• 채팅 대화 자료를 표준어로 고쳐 보기

　　학생1: ⓛ어 집ⓔya?¿
　　학생2: 항궝. 강타. 왕써훗?
　　학생1: 눙ㅠㅣ. 깡빡깡빡ⓒ췌... +.ㅜ
　　학생2: 잉따㉮. 나왕셔. 봉씨닷;;
　　학생1: 앙냐옹꾜얏??¿¿. 글엉. 톨아징ⓖㅓ야.!!-^
　　학생1: 5능. 정망. 쮜공ㅎㅕ셔. 몽ⓛㅑ㉯껭셔. 녜일. 항교에서. 봉씨ⓓㅑ-;;
　　학생2: 그례??. 그럼. 엉쩌. 슈. 엉찌..쟝.쉬여..
　　학생2: 앙 흥 앙 흥 잘 가 효^_^
　　학생2: 준호닝. 앙낭ⓗㅅ췌훗?
　　학생2: 와ⓔ. 대댜ㅂ이.엉써ㅕ훗?
　　기자:^^;
　　학생2: 체렁 몽태훗?
　　학생2: 헐...●ㅏ정씨쟝●ㅏ¿
　　기자: v^^;
　　학생2: v난 ⓞ망 쟘수. \ㅏ\ㅏ.!!

(2) 규칙 발견하기

　▸ 지도 중점: 자료의 규칙을 발견하게 한다.
　▸ 교수·학습 활동

- 위의 자료에서 언어 사용의 규칙을 발견해 보기
(3) 자료 해석하기
  ▸ 지도 중점: 이러한 언어 사용의 문제점을 지적하도록 한다.
  ▸ 교수·학습 활동
  - 이런 언어 사용이 국어의 발전에 미칠 영향을 따져 보자.
(4) 국어 생활 개선 지도하기
  ▸ 지도 중점: 국어 생활의 개선 방향을 제시해 지도하도록 한다.
  ▸ 교수·학습 활동
  - 이런 언어를 사용하는 학생들에게 언어생활의 개선 방향을 어떻게 제시할지 정리해 보자.

▌ 생각해 보기

다음 자료는 어떤 전문가가 문법 교육 문제에 대하여 밝힌 견해이다. 물음에 따라 생각해 보자.

1. 현재 중·고등학교에서 이루어지고 있는 문법 교육의 현실을 돌아보고, 이 글의 타당성을 판단해 보자.
2. 이 주장을 뒷받침하려면 문법 교육에는 어떤 내용들이 포함되어야 하는가?
3. 문법 교육의 개선을 위하여 생각할 수 있는 방향은 무엇인가?
4. 밑줄 친 '실제로 언어를 움직이는 법칙'이란 무엇을 말하는가? 국어교육에서는 이 문제를 어떻게 다룰 수 있는가?

<자료>
저는 국어학을 연구하는 사람이지만 전부터 문법 교육에 대하여 회의적이었습니다. 무엇 때문에 하고 있는지 모호할 뿐 아니라, 그 효과에 대해서도 부정적인 생각을 가지고 있었습니다. 그러나 문법 교육을 중요시했던 것이 우리의 현실이고 보면, 이에 대해 의문을 가지고 있는 교사라고 하더라도 문법을 무시할 수가 없었습니다. 어떤 이유에서인지는 모르겠으나, 문법을 배워야 국어의 힘이 붙는다고 생각한다든가, 문법 교육을 해야 국어 교사답다는 안도감을 느꼈던 것인지, 별 도움도 되지 않는 문법 교육에 많은 시간을 허비하고 있는 것 같습니다.

현재의 학교문법이라는 것은 문법 이론을 적당히 정리한 결과물일 뿐 <u>실제로 언어를 움직이는 법칙과는 질적으로 다른 것</u>입니다. 그러나 유감스럽게도 이러한 문법 교육이 반성 없이 전개되고 있는 것이 현실입니다.

저는 저학년의 경우는 틀린 말을 쓰지 않고, 틀렸더라도 그것을 찾아내어 고칠 줄 아는 힘을 기르는 것이 문법 교육이라고 생각하고 있습니다. 고학년의 경우라면 문법 체계를 가르치는 것이 아니라 문법 용어를 사용하여 국어 교육을 하는 것은 좋다고 생각하고 있습니다. 예를 들면, 이것이 '주어'라든가, 이것이 '목적어'라든가 하는 문법 용어를 사용해서 국어를 해석할 수 있는 힘을 기른다는 것입니다. 문법 용어를 자유롭게 사용한다는 것은 언어를 분석할 줄 아는 능력이 몸에 밴다는 것을 말합니다. 즉, 학생의 문법 실력을 배양하겠다는 문법 교육은 이해가 잘 안되는 것이지만, 문법 용어를 사용하여 국어 교육을 하는 것이라면 이해할 수 있겠다 하는 것입니다.

(김광해 외, 1999:74-75)

▌ 알아 두기

1) 문법 교육론 정립의 두 방향 문법 교육의 방향을 설정하기 위해서는 언어의 내적 구조와 언어 주체의 언어 사용이라는 두 축을 고려해야 한다. 남가영(2007)에서는 이를 '언어 주체의 언어 들여다보기'와 '언어를 통해 인간 들여다보기'라고 표현하고 있다.

2) '국어지식'의 개념 문법의 교육적 가치를 분명히 하여, '우리말을 깊이 있게 이해함으로써 우리말에 대하여 체계적인 지식을 가지게 하는 한편 이를 바탕으로 우리말을 정확하게 사용하는 능력을 기르며, 민족어로서의 우리말을 아끼고 가꾸어 나가는 태도를 기르기'(김광해 외, 1999:68) 위하여 제7차 국어과 교육과정에서 '문법' 영역에 붙여진 명칭이다. 이 명칭의 핵심은 교육의 내용을 '문법'에만 한정하지 말고, '우리말 이해에 필요한 내용 전반으로 확대하고, 교수 학습 방법도 주입식, 암기식 방법을 탈피하여 탐구학습과 같은 새로운 방법을 도입하자는 것이다. 이렇게 내용과 방법을 전환하면, 국어에 대한 이해가 더욱 심화되는 것은 물론 논리적 사고력과 문제 해결을 위한 통찰력까지 기를 수 있어서 교육적 의의가 충분히 확보'(김광해 외, 1999:68)된다는 취지이다.

▌ 더 읽을거리

권재일(1995), 국어학적 관점에서 본 언어 지식 영역의 지도 내용, 국어교육연구 제2집.

김광해(1995), 언어지식 영역의 교수 학습 방법, 국어교육연구 제2집.

김광해(1997), 국어지식교육론, 서울대학교 출판부.

김광해·권재일·임지룡·김무림·임칠성(1999), 국어지식탐구, 박이정.

남가영(2007), 문법교육론 자리매김의 두 방향-문법교육 담론의 생산적 읽기를 바탕으로, 국어교육연구 19집.

민현식(2006), 사범대 문법 교육과정의 구성과 문법 교육의 개선에 대한 연구, 국어교육연구 17집.

임지룡·이은규·김종록·송창선·황미향·이문규·최웅환(2005), 학교문법과 문법교육, 박이정.

임칠성(1998), 시제 교육 연구, 국어교육학연구 8집.

임칠성(2007), 2007 개정 문법 교육과정 검토, 우리말교육현장연구 창간호.

주세형(2006), 국어지식 영역에서의 지식의 성격과 내용 체계화 방법론 연구, 국어교육학연구 25집.

최영환(1995), 언어 능력 신장의 관점에서 본 언어 지식 영역의 지도 내용, 국어교육연구 2집.

Larry Andrews(2006), *Language Exploration and Awareness*, Lawrence Erlbaum Associates.; 이관규 외 역(2008), 국어 수업을 위한 언어 탐구와 인식, 박이정.

Rob Batstone, *Language Teaching: Grammar*, Oxford University Press.; 김지홍 뒤침(2003), 문법, 법문사.

Scott Thornbury(1999), *How to Teach Grammar*, Pearson Education Limited.; 이관규 외 역(2004), 문법을 어떻게 가르칠 것인가?, 한국문화사.

제2부 국어와 앎

제 2 장

언어의 본질

인간은 언어와 더불어 살아간다. 실제로 우리는 눈뜬 시간의 대부분을 듣고, 말하고, 읽고 쓰면서 보낸다. 대화자가 없는 경우 혼잣말을 하거나 속말을 하기도 한다. 이처럼 언어는 우리 가까이에 있으면서 우리 자신과 세상을 이어 주는 통로가 된다. 그러한 언어에 대해서 우리는 얼마만큼 관심을 가지고 이해하고 있는가?

자동차의 내부구조를 잘 모르면서도 운전을 할 수 있듯이, 대부분의 사람들은 언어의 법칙이나 원리에 무관심한 채 언어생활을 수행해 나갈 수 있다. 그러나 언어를 더 잘 이해하고 가르치기 위해서는 언어의 본질, 구조, 작용원리를 관찰·분석·설명하는 훈련을 쌓으면서 언어 세계의 여러 현상들을 체계적으로 탐구할 필요가 있다. 이에 이 장에서는 언어의 본질과 관련된 두 가지 기본적인 사항에 대해서 살펴보기로 한다.

먼저, '언어와 인간'에 대해서이다. 언어와 사고, 언어와 사회, 언어와 문화의 상관성을 살펴보는 과정에서 언어와 인간의 관계를 더 잘 이해하는 계기가 마련될 것이다. 또한 어린이의 언어습득 원리와 과정을 통해 우리 자신이 체득한 언어습득의 신비를 되돌아보면서 미해결 과제들을 스스로 찾아내는 안목이 길러질 것이다.

다음으로, '언어의 특성'에 대해서이다. 언어는 가장 복합적인 기호체계인데, 기호의 일반적인 성격을 바탕으로 언어 기호의 특성을 살펴봄으로써 동물의 의사소통 체계와 구별되는 언어의 특성을 이해할 수 있게 된다. 또한 언어의 기능과 힘을 바탕으로 언어를 사용하는 동기와 우리의 삶 속에서 널리 퍼져 있는 언어의 힘을 탐구해 보는 계기가 형성될 것이다.

1. 언어와 인간

1.1. 언어와 사고

인간을 가리켜 '말할 수 있는 동물', 또는 '생각하는 갈대'라고 한다. 이들 표현은 언어와 사고로써 인간의 특징을 함축적으로 드러내고 있다. 이 경우 '언어'란 말소리를 사용하는 기호 체계이며, '사고'란 마음의 작용방식을 일컫는다. 그런데 언어 없이 사고하는 것이 가능한가? 언어와 사고는 동일한 것인가? 언어는 우리의 사고방식을 결정하는가? 이러한 물음을 바탕으로 언어와 사고의 관계를 살펴보기로 한다.

1.1.1. 사고의 두 가지 유형

마음의 작용방식, 또는 정신적 행위인 '사고'는 언어 없이 이루어지는 비언어적 사고와 언어적 사고로 대별할 수 있다.[◂알아 두기 1]

비언어적 사고의 몇 가지 사례를 들면 다음과 같다. 첫째, 우리의 일상생활에서 공상이나 여러 가지 자유로운 연상은 언어 없이 곧잘 진행될 수 있다. 둘째, 아름다운 그림이나 불쾌한 장면을 보고 반응하게 될 때와 같이 언어가 어떤 대상이나 사건의 감정적 반응에 필수적으로 수반되는 것은 아니다. 셋째, 예술가들이 창조적인 작품을 구상할 경우 반드시 언어를 사용하여 사고하는 것은 아니다. 실제로 우리는 감정적 반응과 같은 정신적 경험을 다른 사람에게 설명하기 위해 언어를 사용할 수 있지만, 이러한 정신적 경험 그 자체는 언어를 초월한다.

한편, 언어적 사고는 전자와 구별된다. 즉 언어가 포함된 사고는 전략을 세울 때, 이야기를 할 때, 문제를 해결할 때 등에서 발생하는 추론적 사고로서, '합리적' 또는 '명제적' 사고라고 부른다. 이러한 사고는 연역적, 귀납적 추론을 포함한다. 언어는 이런 종류의 사고에 대해서 매우 중요한 역할을 담당한다. 즉 단어의 선택과 어순, 문장의 구성과 같은 언어의 형식적 특징은 우리의 사고를 효율적으로 조직하고 표현하는 데 결정적인 통로가 된다.

1.1.2. 언어와 사고의 동일성 여부

전통적으로 언어와 사고의 동일성 여부를 두고 수많은 논의가 진행되어 왔다. 이와 관련하여 두 가지 극단적인 관점이 주목된다(Crystal 1987: 14-15 참조).

첫째, 언어와 사고가 완전히 별개의 실체라는 '독립성 가설'은 언어가 사고에 의존하거나 사고가 언어에 의존할 수 있다는 것이다. 그 가운데서 전통적인 관점은 전자를 지지하는 경향이 강했다. 즉 인간은 사고를 가지고 있으며, 따라서 사고를 언어로 표현하는 것이 자연스럽다고 보았다. 이 관점은 언어가 사고의 '도구'라는 은유적 표현으로 잘 요약된다.

둘째, 언어 없이 합리적인 사고를 하는 것이 가능하지 않다는 점에서, 언어와 사고의 '동일성 가설'이 나타났다. 이에 따르면 언어를 사용하는 방식이 사람들의 사고방식을 결정한다는 것이다. 즉 인간에게 언어가 부여되어 있으며, 언어는 그 거울 영상인 사고를 창조하는 것이 이치에 맞다고 보았다. 이 관점은 언어습득 과정에서 언어가 개념의 학습 방식에 중요한 역할을 한다는 주장과 인간의 사고나 인식을 언어가 결정한다는 사피어-워프 가설에서 찾아볼 수 있다.

그런데 언어와 사고의 극단적인 두 가지 가설은 설득력이 떨어진다. 특히 20세기 전반기에 큰 영향력을 발휘한 '사고는 내면화된 발성일 뿐'이라는 사피어-워프 가설의 언어 결정론은 많은 예외에 부딪히게 되었다. 그 결과 언어와 사고는 상호 의존적이라는 주장이 오늘날 널리 수용되기에 이르렀다. 요컨대, 언어와 사고는 동전의 양면처럼 긴밀한 관계를 맺고 있다. 곧 언어는 사고의 산물이며, 사고는 언어를 통하여 구조화되고 심화된다.

1.1.3. 언어와 사고의 관련 양상

언어와 사고의 관련 양상을 탐구하는 일은 흥미로운 과제이다. 먼저, 언어가 사고에 관여하는 양상을 살펴보기로 한다.

첫째, 언어는 사고 작용의 일환인 기억을 재생하는 데 중요한 변수가 된다. 한 심리 언어학적 실험에서 피험자들에게 ○―○라는 그림을 '안경' 및 '아령'이라는 명칭과 함께 보여 준 뒤, 그들이 봤던 것을 그려보게 했다. 제시된 그림을 '안경'이라는 명칭으로 본 피험자는 ○⌒○와 같은 모양으로 반응한 반면, '아령'이라는 명칭으로 파악한 피험자는 ○＝○와 같은 모양으로 반응하는 경향이 확인되었다. 이 실험의 결과에 따르면 사람들은 지각적인 정보와 함께 명칭을 기억하고 명칭을 통하여 형태를 재구성하는 경향을 보여 주는데, 이것은 언어가 사고에 영향을 미치는 증거라 하겠다.

둘째, 언어가 사고에 영향을 미치는 또 다른 사례는 전기의 유추모형 실험에서 확인된다. 이 실험은 10대 후반 학생들이 잘 알고 있는 두 가지 유추모형을 통해 '전기(電氣)'라는 새로운 개념을 이해시키는 과제였다. 곧 전기의 특성을 한 집단에게는 흐르는 물의 '유압 체계'로, 또 다른 집단에게는 '이동하는 군중'이라는 유추모형으로 가르쳤다. 이 두 가지 유추모형과 전기회로를 대비하면 다음 <표 2-1>, <표 2-2>와 같다(Evans & Green 2006: 98-99참조).

이들 유추모형은 각각 서로 다른 측면에서 전기회로의 특징적인 양상을 정확히 예측했다. 예컨대, 전지의 직렬 회로는 병렬 회로보다 더 많은 전류를 생산할 것이다. 이것은 유압 체계 유추모형으로 예측되는데, 유압 체계에서 직렬 펌프는 번갈아서 더 큰 물의 유량을 생산해 내기 때문이다. 전지가 단순히 군중과 대응하는 '이동하는 군중 모형'에서는 직렬 연결과 병렬 연결 간의 의미심장한 대조를 생각하기는 어렵다. 또한 전기회로의 직렬 저항기는 전류를 줄이는 반면, 병렬 저항기는 전류를 증가시킨다. 이것은 이동하는 군중 모형에 의해서 더 잘 예측되는데, 저항은 직렬 입구보다 병렬 입구에서 더 많은 사람들이 통과하기 때문이다.

이 실험의 결과에 따르면 유압 체계로 교육을 받은 피험자들은 직렬 전지 대 병렬 전지가 전류에 미치는 효과를 더 정확하게 예측하는 반면, 이동하는 군중 모형에 의한 피험자들은 직렬 저항기 대 병렬 저항기가 전류에 미치는 효과를 더 잘 예측했다. 이것은 곧 언어의 선택이 사고 모형에 깊이 관여함을 뜻한다.

유압 체계	전기회로
관	전선
펌프	전지
좁은 관	저항기
수압	전압
관의 굵기	저항
물의 유량	전류

〈표 2-1〉 유압 체계 모형

이동 군중	전기회로
진로/통로	전선
군중	전지
사람들	저항기
사람들의 밀기	전압
입구	저항
통과하는 사람 수	전류

〈표 2-2〉 이동하는 군중 모형

같은 맥락에서 우리는 어린이의 언어발달 과정에서 존대법을 통하여 존대 의식이 확립되고, 언어 순화를 통하여 사고 세계가 순화되는 사례를 흔히 보게 된다.

다음으로, 사고가 언어에 관여하는 양상을 살펴보기로 한다.

첫째, '복잡성의 원리'이다. 이것은 사고의 복잡성이 언어 구조의 복잡성으로 나타나는 경향을 가리킨다. 곧 사고 또는 개념의 양이 언어적 형태 또는 구조의 양을 결정하는 것이다. 예를 들어, '단수/복수, 기본층위/하위층위, 상태/상태변화, 긍정/부정, 현재/과거' 등에서 후자는 전자보다 복잡한 사고이며, 언어 구조상으로도 '아이/아이들, 개/진돗개, 붉다/붉어지다, 규칙/불규칙, 높다/높았다'에서처럼 후자가 전자보다 복잡하다.

둘째, '나 먼저 원리'이다. 이것은 우리의 사고방식이 사물이나 현상에 대해 '나'에게 가까운 요소를 중심으로 지각하고 인지하는 경향을 가리킨다. 병렬관계를 이루는 합성어의 어순은 이 원리에 따른다. 예를 들어, '이곳저곳, 국내외'의 공간적 병렬, '엊그제, 오늘내일하다'의 시간적 병렬, '남북관계/북남관계, 연고전/고연전'과 같은 사회적 병렬의 어순은 자아를 중심으로 형성되어 있다.

셋째, '현저성의 원리'이다. 이것은 우리의 사고방식이 현저한 요소에 일차적인 주의를 환기하는 경향을 가리킨다. 이러한 경향성은 '장단, 여야, 경향, 부모' 등과 같은 합성어뿐만 아니라, 다음과 같이 전경-배경의 배열에 따른 문장 층위에서도 광범위하게 나타난다. 곧 "우체부가 우체국 앞에 있다."라는 문장은 뒷면에 있고 정지된 대상인 '우체국'이 더 현저하고 이동하는 대상인 '우체부'의 참조점 역할을 함으로써 '전경-배경'의 자연스러운 배열을 이루는 반면, 그 배열이 뒤바뀐 "[?]우체국

이 우체부 뒤에 있다."는 어색한 표현이 된다.

넷째, '근접성의 원리'이다. 이것은 정신적으로 함께 속하는 것이 언어적으로도 가까이 위치하는 경향을 가리킨다. 예를 들어, '소문나고 맛있는 울릉도 호박엿'에서 그 어순은 '엿'에 대한 개념적 근접성에 따라 배열된다. 또한 범언어적으로 목적어와 동사는 개념적으로 근접해 있으므로 통사적으로도 인접해 있다.[ˑ알아 두기 2]

1.2. 언어와 사회

인간은 사회적 동물이라고 한다. 곧 인간은 혼자가 아니라 공동체인 사회를 이루어 그 안에서 상호작용하면서 살아간다. 공동체를 유지하고 발전시키는 데는 언어가 매우 중요한 역할을 하게 되므로, 동일한 언어를 사용하는 사회집단을 '언어 공동체(speech community)'라고 한다. 언어 공동체 안에는 언어 변이가 존재한다. 언어 변이의 사회적 요인은 무엇이며 그 양상은 어떠한가? 이러한 물음을 바탕으로 언어와 사회의 관계에 대해서 살펴보기로 한다.

1.2.1. 언어 변이의 요인

언어는 진공상태에 있는 것이 아니라, 사회라는 현실적 공간에서 사용되므로 크고 작은 차이점을 갖게 된다. 언어가 하나의 언어 공동체 속에서 음운, 어휘, 문법적으로 서로 다르게 실현되는 현상을 '언어 변이'라고 한다. 이러한 변이에는 계층, 직업, 세대, 성별과 같은 사회적 요인이 관여하게 된다.

예를 들어, 라디오를 통해 두 명 이상이 대담하는 것을 듣다보면 그 사람의 성별과 출신 지역은 물론이거니와 연령대뿐만 아니라, 학력이나 직업의 유형까지도 짐작할 수 있다. 대담의 내용을 채록하여 글의 형태로 바꾸더라도 유사한 결론에 이르게 된다. 이렇게 볼 때 언어 변이를 통해 언어 공동체의 정체성을 파악할 수 있다.

1.2.2. 사회 계층적 변이

언어 공동체 속에는 사회 계층이 형성되게 마련이다. 전통 사회에는 신분의 구분이 한층 더 명확하였는데, 우리의 경우에는 반상의 구별이 뚜렷하였으며, 인도에는 엄격한 카스트 제도가 존재하였다. 계층적 사회에서는 의식적, 무의식적으로 신분에 걸맞은 언어를 사용하려고 함으로써 자연스레 계층 특유의 언어 변이가 나타나게 되는 것이다. 그런데 공식적으로 신분 계층이 사라진 오늘날에는 신분에 의한 사회 계층적 언어 변이를 포착하기가 쉽지 않다. 그런 점에서 영어의 다음 두 가지 음운적 변이 현상은 꽤 주목된다.

1960년대 중반, 미국 뉴욕의 상류층, 중류층, 하류층이 주 고객인 백화점 세 곳에서 다음과 같은 조사를 실시했다. 고객을 대상으로 "On the fourth floor"라는 발화에서 'fourth'와 'floor'에 있는 '[r]' 발음을 조사한 결과 모음 뒤에 발음되는 [r]의 탈락 비율이 상류층은 30%, 중류층은 41%, 하류층은 82%로 나타났다. 이러한 예비조사 뒤에, 단어 목록을 읽게 했을 때 모든 계층에서 [r] 발음을 탈락시키지 않으려는 경향이 나타났으며, 특히 하류층에서 이 현상이 두드러졌다. 이와 유사한 사례가 1970년대 중반 영국 노리치 주민의 말에서도 조사되었다. 즉 이들 주민들에게는 '-ing'로 끝나는 단어의 발음이 표준영어의 '-ing[ŋ]' 형과 변이형 '-in[n]'의 두 가지로 나타나는데, 그 중 '[ŋ]' 형의 비율은 모든 사회 계층에서 일상적인 말에서보다 신중하게 사용하는 말에서 훨씬 더 높았다. 예를 들어, 하위 노동자층의 경우 단어 목록을 발음하게 했을 때는 약 70%가 '[ŋ]'을 사용하고 일상적인 말에서는 거의 사용하지 않은 반면에, 중류층의 경우 단어 목록의 발음에서는 '[ŋ]'을 100% 사용했지만, 일상적인 말에서는 약 70%만 사용했다.

이 사례에 따르면 무의식적으로 사용하는 일상 언어에서는 (중)상류층이 표준 발음을 사용하는 경향이 높으며, 단어 목록 읽기에서는 (중)상류층보다 하류층이 표준 발음을 의식적으로 사용한다는 것을 알 수 있다. 이 조사에서 주목되는 현상으로서, 하류층은 자신들이 일상적으로 사용하는 말보다 더 우수하다고 간주되는 (중)상류층의 문체를 통해 신분을 향상시키고자 한다는 점이다.

국어 공동체의 경우를 보면, 표준어와 방언 간에 상당한 정도의 언어 변이가 나타난다. 이러한 변이는 단순히 지리적 위치에 국한되는 것이 아니라 사회 계층을 범주화하는 데도 중요한 기준이 되고 있다. 이와 관련하여 표준어는 교양 있는 사람들이 두루 쓰는 현대 서울말로 정함을 원칙으로 삼음으로써, 공식적인 언어생활의 준거 기능뿐만 아니라 교양의 척도 기능을 수행한다. 그 결과 언중들은 표준어 구사를 교양인이 갖추어야 할 필요조건 가운데 하나로 보거나, 지나친 방언의 사용은 촌스럽다는 인식을 갖게 되었다. 이 밖에도 직업에 따라 점잖은 말과 경박한 말, 격식체와 비격식체, 한자어 또는 서구 외래어와 고유어 사용 등 사회 계층적 언어 변이가 나타나기도 한다.

1.2.3. 성별적 변이

언어는 성별이라는 사회적 요인에 따라 변이 양상을 드러내기도 한다. 남성과 여성은 생리적으로 목소리가 다르며 사회적 역할이 달라 말투에도 차이가 있게 마련이다. 세계 여러 언어 가운데는 남성어와 여성어가 음운, 어휘, 형태, 통사 측면에서 구분되는 사례가 적지 않다.[• 알아 두기 3] 국어 공동체의 경우 성별에 따른 언어 변이는 그다지 뚜렷하지 않은데, 몇 가지 경향성을 들면 다음과 같다.

첫째, 표준어와 방언에 대한 수용 양상이 다르다. 실제로 서울에 사는 지역 방언 화자는 언어적 고충이 적지 않으며, 표준어를 구사하려고 애쓰는 사례를 자주 보게 된다. 이 경우 여성은 남성보다 표준어를 구사하기 위해 더 노력하고, 표준어에 대한 적응력도 더 뛰어나다. 역으로, 표준어 화자가 방언 지역에 살게 될 때 남성은 그 방언형에 동화되려고 하는 반면, 여성은 표준어를 고수하는 경향이 강하다.

둘째, 남성과 여성이 선호하는 어조, 종결 어미, 종결 표현이 보고된 바 있다. 어조의 경우 여성이 남성보다 상승어조를 많이 쓰는데, 이는 친밀감·부드러움·공손함을 나타낸다. 종결 어미 '-습니다' 형과 '-요'형에 대하여 방송과 소설에서 남성은 '-습니다' 형을, 여성은 '-요' 형을 많이 쓴다. 종결 표현에서 남성은 서술문을, 여성은 의문문을 더 선호하는데, 서술문은 단정이나 선언과 같이 자기 주장이 강한 표현방식이며, 주장을 펼 경우 의문문은 질문의 표현방식을 사용하기 때문에 간접적 언어행위의 효과를 가져 온다.

한편, 우리 사회의 직업 명칭은 성별에 따라 구분된다. 곧 '의사/여의사, 운전수/여자 운전수, 국회의원/여성 국회의원, 시인/여류 시인'과 같이 남성이 중심으로 된 유형과 '간호사/남자 간호사, 미용사/남자 미용사'와 같이 여성이 중심으로 된 유형이 있다. 이것은 전통적으로 그 직업에 많이 종사하는 성별에 따른 것으로, 사회적 요인이 언어에 반영된 사례이다.

1.2.4. 세대적 변이

나이는 언어 변이를 초래하는 사회적 요인인데, 이것이 곧 세대에 의한 언어 변이이다. 일반적으로 언어 사용이나 인식에서 기성세대는 보수적인 경향을, 신세대는 진보적인 성향을 띤다. 변화를 선호하는 신세대는 언어 변이를 주도하기도 한다. 음운, 어휘, 문법 현상에 관한 세대적 언어 변이의 양상을 들면 다음과 같다.

첫째, 충북 충주지역의 경우, 세대에 따라 '게-개, 베-배, 떼-때'의 국어 단모음 /에/와 /애/를 구별하는 경우와 그렇지 못한 경우가 조사된 바 있다. 곧 이 세 쌍의 발음에 대해, 70대 이상은 100%, 60대는 83.3%, 50대는 72.7%, 40대는 45.5%, 30대는 29.6%가 구별하고 20대 이하는 전혀 구별하지 못하는 것으로 나타났다. 특히 50대와 40대를 경계로 분명한 선이 그어진다. /외/와 /위/를 단모음으로 발음할 수 있는지에 대해서도 60대는 72.9%, 50대는 22.7%로 확연히 구분되었다. 이것은 시대와 지역이 같지만, 나이라는 사회적 요인에 의하여 음운 변이가 형성된 전형적인 사례라 하겠다.

둘째, 오늘날 청소년층에서는 컴퓨터 통신을 통하여 새로운 유행어나 은어를 만들어 즐겨 사용하고 있다. 예를 들어, '비디오'를 '비됴', '죄송합니다'를 '죄송함다', '싫어'를 '시러', '하네요'를 '하네여' 등으로 바꾸어 쓴다. 또한, '고고싱(가자)', '냉무(내용 없음)', '므훗(수상쩍은 미소)', '뽀대나다(멋있다)', '생얼(화장하지 않은 얼굴)' 등의 새말을 사용하기도 한다. 이른바 '신세대'와 '쉰세대' 간에 어휘의 변이가 심화되어 세대 간에 말이 통하지 않는 경우도 생기게 되었다.

셋째, 국어의 특징 가운데 하나인 상대 높임법의 경우, 세대에 따라 등급의 수가 달리 나타남을 볼 수 있다. 상대 높임법의 등급에서 격식체는 '합니다-하오-하네-한다'의 순서로, 비격식체는 '해요-해'의 순서로 실현된다. 기성세대에서는 이 등급이 모두 존재하지만, 젊은 세대에서는 '하오, 하네'가 거의 사라졌으며, 더 나아가 '합니다, 한다'도 '해요, 해'에 밀려나고 있다.

1.3. 언어와 문화

"나는 우리나라가 세계에서 가장 아름다운 나라가 되기 원한다. 가장 부강한 나라가 되기를 원하는 것은 아니다. (중략) 오직 한없이 가지고 싶은 것은 높은 문화의 힘이다. 문화의 힘은 우리 자신을 행복하게 하고 나아가서 남에게 행복을 주겠기 때문이다."『백범일지』에 담긴 이 대목의 초점은 '문화'이다. 나와 남의 행복을 가져다주는 '높은 문화의 힘'은 어디서 오는 것인가? 그 한 가지 해답은 언어와 문화의 상관성을 통해 찾을 수 있을 것이다.

1.3.1. 언어와 문화의 상관성

문화는 한 언어 공동체의 물리적, 정신적 생활양식을 일컫는다. 문화를 정의하는 여러 기준 가운데 언어가 빠질 수 없다. 이른바 영어 문화권, 프랑스어 문화권, 스페인어 문화권, 아랍어 문화권 등의 분류에서 보듯이 언어는 문화적 동일성을 부여하는 기준이 된다. 이것은 곧 지리적 위치나 인종이 다르더라도 동일한 언어를 사용하는 공동체는 동일한 문화를 향유한다는 뜻이다. 본질적으로 문화란 자연 상태를 갈고 닦아 가공하고 세련시킨다는 의미를 지니고 있는데, 언어는 자연 상태를 문화로 끌어올리는 데 중추적인 역할을 맡게 된다. 그러면 구체적으로 언어와 문화의 관계를 보기로 한다.

첫째, 언어에는 문화가 반영되어 있다. 이누이트어에는 '눈(雪)'에 대한 어휘가 다양하게 발달되어 있으며, 사막 지역의 아랍어에는 '낙타'에 관한 어휘가 풍부하며, 필리핀 군도의 이푸게오어에는 '쌀'에 관한 어휘가 이십여 가지나 있다. 이것은 언어 공동체의 환경이나 생활양식이 어휘 속에 투영되어 있는 증거라 하겠다. 또한 우리의 경험에 비추어 볼 때 언어의 습득과 학습은 문화의 습득과 학습이라는 것을 알 수 있다. 실제로, 모국어를 습득하는 과정은 그 언어 공동체의 문화를 습득하는 과정이며, 외국어를 학습하는 것은 그 언어를 배경으로 한 외국문화를 학습하는 일이라 하겠다.

둘째, 언어는 문화를 보존하고 세련시키는 힘을 발휘한다. 동서고금에 걸쳐 자신의 언어를 갈고 닦고 사랑하는 공동체는 국력이 강성하고 문화가 발달한 반면, 그렇지 못한 공동체는 국력과 함께 문화가 쇠약해짐을 보게 된다. 서양 근대사에서 16세기의 스페인, 18세기의 프랑스, 19세기의 영국은 국력을 떨치고 문화적으로 최강국이 되었는데, 이는 각 시기에 이들 국가들이 언어를 통일하고 정비했기 때문이다. 한편, 유네스코의 조사에 따르면 현재 지구상에는 6천여 개의 언어가 사용되고 있으며, 2주 만에 평균 1개 언어가 소멸됨으로써 50% 이상의 언어가 사라질 위기에 놓여 있다고 한다. 언어의 소멸은 문화의 소멸로 이어진다.

요컨대, 언어는 문화를 담는 그릇이므로, 언어를 통해서 그 공동체의 문화를 이해할 수 있게 된다. 또한 언어가 문화의 질을 결정하므로, 언어의 힘은 문화의 힘이라 해도 지나친 말은 아닐 것이다.

1.3.2. 문화유산과 언어문화

우리는 수많은 문화유산을 보유하고 있다. 한복으로 대표되는 의복문화, 김치와 된장찌개의 음식문화, 한옥과 온돌의 주거문화를 비롯하여 윷놀이나 탈춤과 같은 놀이문화, 그리고 충효에 관한 정신문화 등 그 수효를 헤아릴 수 없을 정도이다. 이러한 문화유산은 그 자체로 구조와 내용을 지닌 실체이지만, 단어로서 그 지위가 보전된다. 따라서 어휘는 언어적 문화유산이며, 사전은 어휘를 담고 있는 문화유산의 보고이다.

그런데 국어사전은 전통적인 생활양식으로서 문화유산을 온전히 수용하고 있지는 못하다. 먼저, 방언형으로 남아 있다가 표준어에 밀려 그 의미를 잃거나 사용자들이 사라지면서 소멸 위기에 놓인 토박이말이 적지 않다. 예컨대 "님은 님만이 님이 아니라 그룬 것은 다 님입니다.(한용운, '군말'에서)"의 '그룬', 즉 '기럽다'를 사전에서는 '그립다'의 방언형으로 기술하고 있다. 그러나 토박이말로서 '기럽다'는 "사람이 기럽다.", "쌀이 기럽다."에서처럼 사람과 사물을 포함하여 요긴한데 없어서 아쉽다는 의미를 지닌 것이다. 또한, 홍명희의 '임꺽정', 박경리의 '토지', 최명희의 '혼불' 등에는 수많은 토박이말이 담겨 있다.

한편, 문화의 다양한 유형 가운데 언어로 이루어진 문화를 특별히 '언어문화'라고 한다. 국어 공동체의 언어문화는 어휘를 비롯하여 관용어, 속담, 그리고 높임법

등에서 잘 나타나 있다. 우리의 어휘에는 친족어, 호칭어, 높임말과 낮춤말을 통해 예절에 관한 언어문화가 섬세하게 분화되어 있다. 관용어 가운데는 화가 날 때에 '속이 상하다, 부아가 나다', 두려울 때에 '간이 콩알만 해지다', 슬플 때에 '가슴이 미어지다', 사랑할 때에 '눈이 멀다'고 하는 데서 보듯이 신체 생리적 반응에 따른 감정 표현이 잘 발달되어 있다. 속담은 "콩 심은 데 콩 나고 팥 심은 데 팥 난다.", "열 길 물 속은 알아도, 한 길 사람 속은 모른다."에서 보듯이 우리 겨레의 삶과 지혜를 담고 있다. 또한 높임법에는 화자, 청자, 그리고 기술 대상 간의 관계뿐만 아니라 공적, 사적 장면에 따라 문법 장치가 복합적으로 구비되어 있다. 이와 관련하여 최근 들어 결혼 이주 여성자들이 증가함에 따라 높임법 사용의 어려움을 호소하는 사례가 빈번한데, 이는 다문화 사회에서 풀어야 할 시급한 과제가 아닐 수 없다.

요컨대, 언어가 소멸하면 그 속에 담겨 있는 문화도 소멸하게 된다. 따라서 사라질 위기에 놓여 있는 방언과 문학작품 속의 귀중한 언어적 문화유산을 찾아내어 사전에 올리는 일을 서둘러야 한다. 또한 언어를 모르면 문화를 모르게 되므로, 언어적 문화유산과 함께 언어문화의 가치를 공유하기 위한 방안이 모색될 필요가 있다.

1.4. 언어의 습득

언어의 습득은 인간에게만 가능한 일이며, 언어를 습득한 뒤에야 비로소 인간이 될 수 있다. 아프리카 동부 지역의 스와힐리어에서는 말을 할 줄 모르는 신생아를 'kuntu(사물)'라 부르고, 그 신생아가 말을 깨치게 되었을 때 'muntu(사람)'라고 부른다. 신비하게도 모든 어린이는 걸음마와 함께 말을 하기 시작하여 몇 해 안에 모국어의 복잡하고도 추상적인 구조를 터득하게 된다. 지적 능력이 제한되어 있고 미분화 상태에 있는 어린이가 언제, 어떻게 언어를 깨치게 되는가? 이러한 물음을 바탕으로 언어습득의 원리, 과정, 양상에 대해서 살펴보기로 한다.

1.4.1. 언어습득 이론

언어를 습득하는 원리는 무엇인가? 1950년대 후반기에 행동주의 심리학과 생성주의 언어학은 언어습득에 대해 매우 대조적인 관점을 제시하였다. 언어습득에 관한 행동주의와 생득주의 이론을 보면 다음과 같다.

먼저, 행동주의 심리학에서는 어린이가 백지상태에서 어른의 말을 모방하고 강화하는 경험을 쌓으면서 언어를 배운다고 본다. 이 관점을 '모방이론' 및 '강화이론'이라고 한다. '모방이론'은 어린이가 어른의 말을 그대로 따라 하면서 언어를 습득하게 된다는 것이며, '강화이론'은 어린이가 적합한 말을 하면 칭찬을 받고 잘못된 말을 하면 꾸중을 들으면서 자기 교정을 통해 언어를 습득한다는 것이다.

한편, 언어의 보편성 가설[*관점 비교하기 1]에 바탕을 둔 생득주의 관점은 언어습득이 백지상태에서 모방, 강화에 의해서 이루어지는 것이 아니라, 어린이는 선천적으로 풍부한 언어능력을 타고난다고 주장한다. 좀 더 구체적으로 말해서, 어린이는 선험적으로 예정된 '언어습득 장치(LAD)'가 있으며, 이 장치가 일정한 언어 환경에 노출되기만 하면 언어가 자극되는 양이나 지능에 관계없이 자연스럽게 언어의 습득이 이루어진다는 것이다. 곧 어린이의 언어습득은 천부적인 언어능력이 언어 환경 속에서 저절로 활성화되는 것이지 학습되는 것이 아니라고 보았다.

언어습득 시기의 어린이 말을 관찰해 보면 행동주의 관점은 잘못된 가설임이 드러난다. 즉, 모방이론과는 달리 어린이는 어른의 말을 앵무새처럼 따라 하지 않는다. 예를 들어, "선생님이 잘했다고 했어요."나 "(녹슨 자전거를 보고) 자전거가 피를 흘린다."고 하는데, 이것은 어른의 말에서 결코 사용되지 않은 표현이다. 또한 미국에서 태어나 두 살 때 한국으로 온 네 살짜리 아이와 아빠가 한 다음 대화는 강화이론을 무색하게 한다.

아이 : "밀크 줘."
아빠 : "아냐, '김미 밀크(gimme milk)' 해야 준다."
아이 : "김미 밀크 줘."
아빠 : "'줘' 하지마. '김미 밀크' 해."
아이 : "김미 밀크"
아빠 : "아이구 우리 똘똘이, 참 잘했어요." "근데 뭐 주라고?"
아이 : "김미 밀크 줘."

　　　　　　　　　　　　　　　　　　 – 장영준(2008), 언어의 비밀, 한국문화사. 60쪽 참조.

또한 심리학자들은 앵무새, 침팬지 등에게 말을 가르쳐 보았지만 그 성과는 한결같이 실망스러웠다. 갓난아기와 같은 조건으로 키운 새끼침팬지 '님 침스키'의 경우, 어린이들과 달리 언어 훈련에서 모방에 의한 소수의 단어만 되풀이 할 뿐 문장 구조를 사용하지 못하며, 자발성이나 창조성이 전혀 나타나지 않았다. 이러한 사례를 통해 인간만이 언어를 습득할 수 있다는 것이 명백해졌다.

요컨대, 언어습득에 대한 생득주의는 발상의 전환으로 평가되면서 많은 주목과 지지를 받아왔다. 그러나 생득주의 가설 역시 적지 않은 의문점을 지니고 있다. 곧 선천적으로 타고난 언어능력이 언어 환경 속에 노출됨으로써 저절로 언어가 습득된다면 가정과 교육기관에서 지속적으로 이루어지는 언어교육을 설명하기 어렵다. 또한 언어습득이 지능이나 인지능력과 무관하게 독자적으로 발현된다는 견해에도 검증되지 않은 점이 많다.

1.4.2. 언어습득의 과정

어린이의 언어습득 과정에는 유사하고 보편적인 경향이 나타난다. 언어습득의 시기와 단계에 나타나는 이러한 특성을 보면 다음과 같다.

먼저, 많은 사례에 비추어 볼 때 언어습득에는 결정적인 시기가 있다는 것을 확인할 수 있다. 이른바 '언어습득 장치'가 활성화되는 시기를 언어습득의 '결정적 시기(critical period)'라고 한다. 이 결정적인 시기는 태어나서부터 약 13세경인 사춘기까지이다. 뇌 과학에 따르면, 이 시기에 언어의 성장과 관련이 있는 뇌의 측면화가 이루어진다고 한다. 곧 인간의 언어습득 장치가 결정적 시기에 노출되면 일차언어를 습득하게 되며, 이 시기가 지나면 '고립아'의 사례에서처럼 언어를 배울 수 없거나 외국어처럼 언어를 힘들여 학습해야 한다.

다음으로, 정상적인 어린이는 언어 발달과정에서 다음과 같은 네 가지 단계를 거치는 것으로 드러났다. 첫째, 어린이는 약 6개월 정도에 '옹알이'를 시작하고 말소리를 구별한다. 둘째, 12~18개월경에 한 단어로 한 문장을 대신하는 '한 단어 단계'에 접어든다. 셋째, 두 살이 되기 전에 '두 단어 단계'의 발화를 구사한다. 넷째, 30개월을 전후해서 "엄마 밥 줘!"와 같은 '전보문 화법'의 발화를 시작한다.

이러한 단계를 거쳐, 대부분의 어린이는 4~5세경에 음성 언어를 습득하며, 7~8세가 되면 읽기와 쓰기를 병행하여 일차언어의 언어능력을 완성하게 된다. 이렇게 볼 때 언어습득의 결정적 시기도 젖니를 갈기 시작하는 6세 전후가 가장 활성화되며, 영구치가 자리 잡고 이차성징이 나타나는 13세경에 그 시효가 소멸하는 것으로 보인다.

1.4.3. 언어습득의 양상

언어습득 시기의 어린이는 낯선 세계의 '어린 탐험가'처럼 말소리를 구별해서 내고, 그 말소리에 의미를 담고, 문법에 맞는 문장을 만들어 발화하는 복합적 과제를 수행해야 된다. 음운, 어휘 및 의미, 문법의 발달 양상을 보면 다음과 같다.

첫째, 말소리의 습득은 부류별로 발달되는 특성을 보여 준다. 범언어적으로 조음 방식의 경우 비음이 먼저 습득되고, 활음, 파열음, 유음, 파찰음, 마찰음의 차례로 발달되는 경향을 보이며, 조음위치의 경우 양순음, 연구개음, 치조음, 구개음의 차례로 발달되는 경향을 드러낸다. 실제로 어린이가 '음마(엄마), 맘마(밥)'와 같은 단어를 초기에 사용하는 것을 보면 비음이나 양순음이 일차적으로 발달됨을 알 수 있다. 또한 두세 살 정도의 아이가 '선생님'을 '떤탠니'로, '자동차'를 '다툐타'로 발음하는 과정에서 'ㅅ, ㅈ, ㅊ'와 같은 마찰음과 파찰음을 'ㄷ, ㄸ, ㅌ'와 같은 치조음으로 대치하는 것을 볼 수 있다. 특히 언어습득의 초기 단계에서 'ㅅ' 계열을 발음하는 데 어려움을 나타낸다. 그런데 이 과정에서 흥미로운 사항은 어린이가 '선생님'을 '떤탠니'로 발음하지만, "오늘 떤탠니한테서 뭘 배웠니?"라고 물으면 의아해 하는 것을 볼 때 '선생님'을 '떤탠니'로 생각하지 않는다는 점이다.

둘째, 어휘 및 의미의 습득은 한층 더 복잡하다. 어휘의 경우 기본층위가 상위층위나 하위층위보다 일찍 습득된다. 예를 들어, 한 보고서에 따르면 유아는 2.5세 정도부터 기본층위의 '개'에 대한 개념화를 시작하여 3세까지 습득이 완성되는 반면, 상위층위 '동물'은 4.5세부터이며, 하위층위의 개념화는 5-6세경부터 시작된다고 한다. 의미습득의 경우 어린이는 말소리의 연속체가 사물의 이름으로 사용되는 것을 깨닫는 '명칭 붙이기 단계(1년 미만부터 시작됨)', 특정한 명칭에 일련의 사물이 묶이는 '포장하기 단계(9개월에서 20개월 사이에 나타남)', 포장된 단어를 상호 관련된 부류로 무리 짓는 '망 만들기 단계(5세에서 9세경에 많이 나타남)'가 수행된다. 그 중 포장하기 단계에서는 단어의 의미를 실제보다 좁게 사용하는 '과소 확장(underextension)'과 하나의 명칭에 더 많은 사물을 포함시키는 '과대 확장(overextension)'이 흥미를 끈다(Aitchison 1987: 86-97 참조). 예를 들어, 과소 확장은 '차'를 거리에서 움직이는 차로만 생각하고 서 있거나 그림 속의 차에 대해서는 사용하지 않는 경우이며, 과대 확장은 다리가 네 개인 소, 양 등을 모두 '개'라고 생각하는 사례이다. 언어습득 단계에서 과대 확장이 일어날 가능성은 과소 확장에 비해 ⅓ 이하이지만, 과대 확장이 더 흥미로운 탐구 과제로 알려져 있다.

셋째, 문법의 습득은 규칙 지배적 양상을 보여 준다. 곧 어린이는 어른의 말을 무작정 따라하지 않고 자기 나름대로 규칙을 세우고 그 규칙에 따라서 말을 하는 것을 볼 수 있다. 예를 들어, "계단이가 왜 많아요?", "내가 과자를 먹으는데 과자를 많이 먹으면 이가 상한대요", "어린이집에 친구 하나밖에 없고, 하나밖에 있어요" 등은 어린이가 개발한 문법 규칙의 한 단면을 보여 준다. 어린이에게 이러한 규칙성은 두 단어 발화 시기에서부터 나타난다. 이것은 어린이가 두 단어를 조합하여 쓰는 방식에서 문법 규칙을 적용하고 있으며, 선호하는 조합 방식이 있음을 뜻한다.

이상에서 언어습득의 경험적인 사례를 개략적으로 살펴보았다. 현 단계에서 언어습득의 신비가 온전히 밝혀지지는 않았지만, 모든 어린이는 타고난 언어습득 능력을 활성화하는 과정에서 언어의 규칙을 배우는 것으로 보인다. 요컨대, 어린이는 언어습득의 결정적 시기에 언어능력을 담당하는 두뇌의 발달과 함께 후천적인 언어 환경 및 교육이 어우러져 일차언어의 습득을 완성해 나간다고 하겠다.

2. 언어의 특성 [◂ 관점 비교하기 2]

2.1. 언어의 기호적 특성

언어는 기호의 일종이다. 기호는 외형적인 형식(형태)과 내면적인 내용(의미)으로 이루어지는데, 언어는 매우 복합적 양상을 띠고 있는 기호 체계라 할 수 있다. 아래에서는 기호의 정의와 유형, 기호와 관련된 언어의 특성을 살펴보기로 한다.

2.1.1. 기호의 정의와 유형

기호는 형태와 의미의 상호 작용으로 생성된다. 기호의 형태는 부호, 음성, 손동작에서 보듯이 물리적이며 구체적인 반면, 기호의 형태 속에 담긴 의미는 심리적이고 추상적이다. 인간의 의사소통을 이해하기 위해서는 기호의 성격을 살피는 것이 지름길이 된다. 이것은 의사소통이 기호의 사용, 즉 형태를 의미로 해독하는 과정이기 때문이다.

그런데 의사소통을 실현하는 데는 기호의 형태와 의미만으로 불완전하며, 기호를 해석하는 해석자가 필요하게 된다. 기호는 해석자의 해석에 따라 그 의미가 결정되는 가변성을 지닌다. 예를 들어, 신호등의 '빨강'이 멈춤, '파랑'이 보행, '노랑'이 주의를 의미하게 되는 것은 그 기호에 고유한 값이 매겨진 것이 아니라 해석자가 기호의 형태에서 그러한 의미를 인지할 때 가능한 것이다. 따라서 '형태, 의미, 해석자'를 기호의 3요소라고 한다.

1930년대에 철학자 퍼어스(C.S. Peirce)는 기호의 형태와 의미 간에 존재하는 관계에 따라 기호의 유형을 도상, 지표, 상징으로 구분한 바 있다(임지룡, 2008: 324-328 참조).

첫째, '도상(icon)' 기호는 기호의 형태가 의미의 실질적 특성을 지닌 것으로, 기호의 형태와 의미 간에 유사성이 존재하는 경우이다. 예를 들어, 초상화, 설계도, 지형의 특색을 안내하는 도로 표지판 등은 기호의 형태가 그 의미를 실질적으로 모사하는 도상 기호이다.

둘째, '지표(index)' 기호는 기호의 형태가 그 의미를 자연적인 관계에 의해서 연상하는 것으로, 기호의 형태와 의미 간에 인접성이 존재하는 경우이다. 예를 들어, 연기가 피어 오른 것은 불의 존재를, 제비가 날아오는 것은 봄이 왔음을, 얼굴을 찌푸리는 것은 화가 났음을 알리게 되는데, 이 보기들은 기호의 형태가 자연 상태에서 인접관계에 있는 의미를 간접적으로 유추해 준다는 점에서 지표 기호가 된다.

셋째, '상징(symbol)' 기호는 기호의 형태가 특정한 의미와 관습적으로 약정된 관계를 맺는 경우이다. 예를 들어, 숫자 가운데 '세 개'를 의미하는 '三, Ⅲ, 3'에서 한자나 로마자는 형태가 의미를 암시하는 반면, 아라비아 숫자 3은 형태가 그 의미에 대해 아무런 실마리를 제공하지 않는다는 점에서 상징 기호이다. '입'이나 '나무'와 같은 단어의 음성적 형태와 의미 간의 관계 역시 관습적으로 형성된 상징 기호의 보기이다.

요컨대, 기호의 형태와 의미가 맺는 관계에서 도상 기호는 유연성이 가장 높고, 상징 기호는 유연성이 전혀 없으며, 지표 기호는 부분적으로 유연성이 인정된다.

2.1.2. 언어의 자의성과 도상성

기호의 형태와 의미 관계를 유연성의 기준에서 보면 '자의성'과 '도상성'이 뚜렷한 대립을 이룬다. 언어 기호의 자의성과 도상성의 성격을 기술하면 다음과 같다.

상징 기호의 형식과 내용의 관계는 순전히 관습에 따른 것이므로, 형식을 통해서 내용을 유추할 수 없고 내용을 통해서 형식을 유추할 수 없다. 이처럼 기호의 형식과 내용 간에 필연성을 찾을 수 없는 경우를 '자의성(arbitrariness)'이라고 한다.[• 알아두기 4] 언어의 자의성은 다음 네 가지 측면에서 증명될 수 있다. 곧 단어의 의미에 대한 형태는 언어권마다 다르며, 하나의 형태에 의미가 둘 이상인 동음이의어나 하나의 의미에 둘 이상의 형태를 가진 동의어가 존재하며, 단어의 형태나 의미가 고정되지 않고 변화하는데, 이들은 모두 언어의 자의적인 속성에서 말미암은 것이다.

그러면 언어 기호의 자의성이 갖는 의의를 보기로 한다. 자연언어에서 단어 가운데 대부분의 단일어는 자의적으로 이루어져 있다. 이러한 현상은 언어의 형식인 음성과 내용인 의미가 제약 없이 짝지어질 수 있기 때문인데, 이것이 곧 자의성의 이점인 유연성과 융통성이다. 이와는 대조적으로 동물의 신호 체계는 신호의 형식과 내용 간에 강한 연관관계를 갖는다. 동물의 신호 체계는 형식과 내용의 연계로 이루어져 폐쇄적인데 비해, 인간의 언어는 형식과 내용 간의 자의성을 통해 수많은 단어를 유연하게 만들어 낼 수 있다. 그 반면, 자의성은 사용자가 개별적인 형태와 의미를 일일이 학습하고 기억해야 할 뿐 아니라, 낯선 기호를 해석하는 과정에 어려움을 겪게 된다. 이것은 언어 기호의 자의성이 갖는 부정적인 속성이라 하겠다.

한편, 기호의 형태가 의미를 반영하는 언어의 속성을 '도상성(iconicity)'이라고 한다. 언어의 자의성이 주로 단어, 특히 단일어에 국한되는 성질인 반면, 도상성은 복합어, 문장, 담화 층위에 걸쳐 형식적인 측면의 구조와 내용적인 측면의 의미나 개념 간에 동기화된 속성을 뜻한다. 실제로 단일어의 '눈(眼)', '물(水)', 그리고 '붉다'는 그 구성이 자의적으로 이루어져 있지만, 합성어 '눈물'은 '눈'과 '물', 그리고 파생어 '불그스름하다' 및 '빨강'은 '붉다'와 형태적으로 도상적이다. 문장의 경우 "그는 대문을 열고 집으로 들어갔다."와 "그는 집으로 들어가고 대문을 열었다."에서 문장의 자연스러운 정도는 사건의 자연스러운 시간적 순서, 즉 선형적 순서라는 도상성이 작용하고 있다. 또한 담화의 경우, "어디 가니? 어디 갑니까? 어디 가십니까?"에서 어미의 길이는 청자에 대한 화자의 공손한 정도를 반영하는 양적 도상성과 관련되어 있다. 이처럼 도상성은 언어의 형태와 의미의 연계가 유사성이나 어떤 동기에 기초하므로 기호의 형태에서 내용을 파악하기가 한층 더 쉽고 효율적이다.

이상의 두 측면을 고려해 볼 때, 언어의 자의성과 도상성은 각각의 고유한 지위를 갖는다고 하겠다. 그 중 자의성은 기호의 형태가 의미에 제약을 받지 않음으로써 단어, 특히 단일어를 무한히 만들어 낼 수 있는 기초를 제공한다. 그러나 복합어뿐만 아니라 통사구조나 담화구조 역시 그 구조가 전적으로 자의적으로 구성된 것이라기보다 상당 부분 도상적인 양상을 띠고 있다. 이것은 언어의 진화과정에서 자의성이 갖는 유연성과 융통성, 그리고 구조와 기능 간에 상관성을 추구하는 인간적 경향성이 복합적으로 작용하고 있음을 뜻한다.

2.1.3. 언어의 사회성과 역사성

단어가 만들어지는 일차적 원리는 언어 기호의 자의성에 바탕을 두고 있다. 이 자의성을 구속하고 변화시키는 원리가 사회성과 역사성이다.

먼저, 언어 기호의 '사회성'을 보기로 한다. 언어 기호의 내용과 형식은 자의적으로 형성되었지만, 언어 공동체에 의해 관습적으로 쓰여서 사회에 통용되면 그 관계를 함부로 바꾸거나 없앨 수 없는데, 이를 언어의 '사회성'이라고 한다. 곧 언어 기호의 자의성을 수용하고 구속하는 힘이 사회성인 것이다. 이와 관련하여 페터 빅셀의 다음 우화는 언어 기호의 자의성과 사회성의 관계를 상징적으로 보여 준다.

스위스에 한 늙은 남자가 있었다. 그는 프랑스인들이 침대를 '리'라고 하고, 책상을 '타블', 그림을 '타블로', 의자를 '쉐즈'라고 부르면서도 서로 다 알아들으며, 중국인들도 자신들과 다른 이름을 사용하는데도 자기네들끼리 말이 통하는 것을 신기하게 생각했다. 그리곤 '침대'를 '사진', '사진첩'을 '시계', '아침'을 '남자', '남자'를 '발', '옷장'을 '신문', '눕다'를 '울리다', '울리다'를 '세우다', '시리다'를 '일어나다', '보다'를 '시리다', '올라서다'를 '펼치다'라고 부르기로 했다. 이에 따라 "남자에 이 나이 많은 발은 한참이나 사진 속에서 울리고 있었다. 아홉 시가 되자 사진첩이 세워졌다. 그 발은 시려서 남자가 보이지 않도록 옷장 위에 펼쳤다."처럼 기이한 표현이 이루어졌다. 그는 모든 사물의 이름을 바꾸어 부르면서 원래의 이름을 잊어버리게 되었다. 그 결과 그는 다른 사람의 말을 이해할 수 없을 뿐 아니라, 사람들도 그를 더 이상 이해할 수 없게 되었다.

— '페터 빅셀 지음(1969)/이용숙 옮김(2001), 책상은 책상이다, 예담.' 일부를 간추림.

다음으로, 언어 기호의 '역사성'을 보기로 한다. 언어는 사회적 약속에 의해 그 형태와 의미가 일정하게 보존되는 한편, 시간이 흐름에 따라 변화하기도 하는데, 이를 언어의 '역사성'이라고 한다. 예를 들어, 15세기의 /아슥/가 /아우/로 소리가 바뀌거나, /어리다/가 '어리석다(愚)'에서 '나이가 적다(幼)'로 의미가 바뀐 것은 언어 기호의 역사성을 뜻한다. 이처럼 언어 기호가 변화하는 것은 본질적으로 언어 기호의 자의적인 속성에서 비롯된다. 곧 형태와 의미가 자의적인 관계로 맺어져 있기 때문에 어떤 계기가 형성되면 그 관계가 바뀔 수 있다. 따라서 언어 기호의 역사성은 사회적 구속력을 벗어나 자의성의 본성을 드러낸 것이라 하겠다.

2.1.4. 언어의 규칙성과 창조성

인간의 언어가 동물의 의사소통 체계와 근본적으로 다른 특징 중에서 규칙성과 창조성을 빼놓을 수 없다.

먼저, 언어는 매우 복잡한 양상을 띠지만 결코 무질서하게 뒤얽혀 있는 것이 아니라 일정한 규칙에 따라 조직되어 있다. 이것을 언어의 '규칙성' 또는 '규칙 지배성'이라고 한다. 언어의 규칙성은 언어 단위가 결합되는 과정에서 쉽사리 확인된다. 예를 들어, 음소가 모여 음절을 이루는 경우 '*믈, *블, *플'이나 '*쟈, *져, *죠, *쥬, *졔, *쟤'와 같은 결합체가 우리말 음절로 허용되지 않거나, 단어 층위의 '할아버지/*아할버지, 넘어지다/*넘지어다, 심적/*마음적, 팔리다/*팔리우다'에서 별표가 붙은 것은 우리말 단어가 아니거나 조어법의 규칙에 어긋난 단어이다. 또한 단어가 결합되어 문장을 이루는 경우를 보면, "*붉게 공이 좋다."나 "*학생들이 교실에서 남아 있다."는 통사적 규칙을 어김으로써 비문법적인 문장이 된 것이다.

이것은 국어 공동체가 음절, 단어, 문장의 구성에 대해 잠재의식적으로 공유하고 있는 규칙이 존재함을 가리키며, 그 규칙에 따라 이러한 결합이 허용되지 않는 것이라 하겠다. 그런데 언어의 규칙은 고정 불변된 것이 아니라 새로운 언어 환경에 따라 끊임없이 바뀌고 확장된다. 요컨대, 자연 현상처럼 언어에는 일정한 작용 원리와 질서가 내재해 있다. 우리가 언어를 안다고 하는 것은 바로 이 규칙을 활용하고 규칙에 제약을 받으며, 규칙을 확장해 나간다는 뜻이 담겨 있다.

한편, 인간의 언어에서는 동물의 폐쇄적인 의사소통 체계와 달리 늘 신어가 창조되고 새로운 문장이 생성된다. 언어의 이러한 속성을 '창조성' 또는 '생산성'이라고 한다. 어휘의 측면에서 보면 끊임없이 새로운 꼴의 단어가 만들어질 뿐 아니라 기존 형태에 새로운 의미가 추가된다. 따라서 어휘의 창조성은 편찬된 사전을 늘 구식으로 만들어 버린다.

언어의 '창조성'은 문장의 생성에서 더 잘 실증된다. 모든 언어에는 문장을 구성하는 성분과 기본 구조가 일정하며, 기본 구조를 확장하는 유한한 규칙이 있다. 그럼에도 불구하고 문장의 수효는 무한하다. 우리는 원할 때마다 새로운 문장을 생산할 수 있으며, 가상적인 세계를 문장으로 꾸며낼 수 있다. 이것은 곱셈의 원리에 비유될 수 있는데, 곱셈에 동원되는 유한한 수와 규칙을 통해서 수많은 상황의 곱셈을 수행하는 이치와 마찬가지이다. 이와 관련하여, 문장의 창조성을 가능하게 하는 두 가지 원리를 보기로 한다. 첫째, 문장의 구조적 확장은 주로 "이것은 내가 감명

깊게 읽은 책이다."와 같은 내포나 "간밤에 비가 오고 바람이 불었다."와 같은 접속에 의해 이루어지는데, 이것은 언어의 규칙성 가운데 하나인 '귀환규칙(recursive rule)'[◂알아 두기 5]을 활용한 것이다. 둘째, 문장의 의미적 확장은 "그는 사랑에 빠졌다."와 같은 은유나 "지하철이 파업을 했다."와 같은 환유에 의해서 이루어진다. 이들 문장은 형식논리상 이치에 어긋나지만 인간에게는 이러한 비유적 표현을 자연스럽게 창조하고 이해할 수 있는 능력이 구비되어 있다.

요컨대, 고정적이며 폐쇄적인 동물의 의사소통 체계와 달리 인간의 언어는 규칙성을 활용하여 창조성과 생산성을 발휘하는 개방적 기호 체계라 하겠다.

2.2. 언어의 기능과 힘

"말 한 마디로 천 냥 빚을 갚는다."는 속담이 있다. '말로써' 천 냥 빚을 갚는다는 것은 언어의 기능을 가리키며, '말 한 마디로서' 천 냥 빚을 갚는다는 것은 언어의 힘을 뜻한다. 아래에서는 언어의 기능과 힘을 중심으로 언어의 특성에 대해서 살펴보기로 한다.

2.2.1. 언어의 기능

우리는 왜 언어를 사용하는가? 일상생활 속의 대화를 분석해 보면 언어가 여러 가지 기능을 수행하고 있음을 알 수 있다. 이와 관련하여 의사소통 상황에 관여하는 필수적 요소에 초점을 맞추어 언어의 기능을 기술하면 다음과 같다.

곧 의사소통에는 '주제, 발신자(화자/필자), 수신자(청자/독자), 의사소통 경로, 전언'의 5가지 요소가 필수적인데, 그 각각이 지향하는 바에 따라 '정보적, 표현적, 명령적, 친교적, 미적' 기능이 나타난다. 이 관계를 정리하면 <그림 1>과 같다(Leech 1981: 40-58 참조).

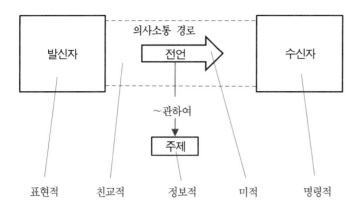

〈그림 1〉 의사소통의 요소에 따른 언어의 기능

첫째, '주제'를 지향하는 '정보적 기능'이다. 이는 전언의 내용이 정보를 담고 있음을 뜻한다. 곧 의사소통에서 발신자의 상황인식에 대한 사실이나 의견을 전달하고 수신자의 견해를 묻는 것은 정보 교환의 요체로서, 이를 언어의 정보적 기능 또는 지시적·명제적·관념적 기능이라고 한다.

둘째, '발신자(화자/필자)'를 지향하는 '표현적 기능'이다. 이는 언어가 발신자의 감정과 태도를 드러내는 기능으로서, 어떤 상황에 대한 반응으로 감탄사나 욕설을 사용하는 데서 볼 수 있다. 실제로 놀랐을 때 비명을 지르고 화가 났을 때 욕설을 퍼부음으로써 감정적 충격이 완화되는데 이것이 곧 언어의 표현적 기능이다.

셋째, '수신자(청자/독자)'를 지향하는 '명령적 기능'이다. 이는 언어가 수신자의 행동이나 태도에 영향을 미치는 기능으로서, 명령이나 요청의 표현이 이에 해당한다.

넷째, 의사소통의 경로를 지향하는 '친교적 기능'이다. 이는 언어가 사회적 상호작용을 원활하게 해 주는 기능으로서, 출근길에 만난 사람과 날씨 이야기를 하거나 의례적인 인사말을 주고받는 것은 실질적인 내용은 없지만 대인관계의 윤활제 구실을 해 준다.

다섯째, '전언'을 지향하는 '미적 기능'이다. 이는 전언의 형식을 미적으로 가다듬어서 표현 효과를 높이는 기능을 말한다. 같은 내용이라도 '아 다르고 어 다르다'라고 하는 데서 볼 수 있듯이, 언어 표현의 형식 자체는 미적 기능을 좌우하게 된다.

요컨대, 언어의 일차적 기능은 '정보적, 표현적, 명령적 기능'이지만, 현대사회에서는 '친교적, 미적 기능' 또한 이에 못지않게 중요한 역할을 한다. 이 밖에 언어는 사고를 돕고, 정체성을 표현하는 기능을 갖기도 한다.

2.2.2. 언어의 힘

언어의 힘을 보여 주는 신화 같은 이야기가 있다. '털 없는 원숭이'와 '바벨탑 이야기'가 그것이다. 영국의 동물학자 데즈먼드 모리스는 『털 없는 원숭이』라는 책을 출간하여 많은 사람들에게 충격을 주었다. 그 내용 속에는 한 가지 질문이 포함되어 있다.

> 오늘날 지구상에는 193종의 원숭이와 유인원이 살고 있다. 그 가운데 192종은 온 몸이 털로 덮여 있고, 단 한 가지 별종이 있으니, 이른바 '호모 사피엔스'라고 자처하는 '털 없는 원숭이'가 그것이다. 곧 땅 위에 살아 있는 온갖 것들이 진화의 경주를 벌이고 있는데, 털 없는 원숭이가 홀로 멀리 앞장서 달리고 있다. 진화의 경주에서 인간이 홀로 앞장서 내달리는 까닭은 무엇인가.
> － '데즈먼드 모리스(1967) 지음/김석희 옮김(2001), 털 없는 원숭이, 영언문화사.' 참조.

지은이는 그 질문의 해답을 다음과 같이 기술하고 있다. "언어야말로 인간이 이룩한 가장 위대한 성취의 하나이다. 협동 활동인 사냥을 하려면 좀 더 정확하고 유익한 의사 전달 수단이 꼭 필요했는데, 언어는 바로 이런 절박한 필요성과 관련되어 있다." 두말할 나위 없이, 털 없는 원숭이는 언어라는 신비의 도구를 가짐으로써 진화의 경주에서 우뚝 서게 된 것이다.

한편, '바벨탑 이야기'는 바빌로니아 지방에서 전해오던 신화가 구약성서에 수록된 것으로 그 내용은 다음과 같다.

> 온 세상이 단어를 포함하여 한 가지 말을 사용하고 있었다. 사람들이 시날 지방 들판에 자리를 잡고 의논하여 돌을 벽돌로, 흙을 역청으로 바꾸어 도시를 세우고 하늘에 닿는 탑을 쌓았다. 하나님이 이런 도시와 탑을 보고 "사람들이 한 종족이라

말이 같아서 안 되겠구나. 이것은 사람들이 하려는 일의 시작에 지나지 않겠지. 앞으로 하려고만 하면 못할 일이 없겠구나. 당장 땅에 내려가서 사람들이 쓰는 말을 뒤섞어 놓아 서로 알아듣지 못해야겠다."고 생각했다. 말이 뒤섞여 버리자 사람들은 도시와 탑을 버리고 사방으로 흩어지게 되었다.

— 대한성서공회(1977), 공동번역 성서.

이 이야기는 사람들이 '한 가지 말'을 사용했을 때 하나님도 두려워할 만큼 강력한 힘을 발휘하였지만, 그 말이 뒤섞이자 아무 일도 못하고 뿔뿔이 흩어져 버렸다는 것이다. '바벨탑 이야기'가 상징하는 언어의 힘은 신화로 끝나지 않는다. 곧 한 가지 말로 의사소통을 할 때와 말이 달라 의사소통이 되지 못할 때의 차이점을 주시경 선생은 다음과 같이 말과 나라의 상관성으로 보여 주고 있다.

말은 사람과 사람의 뜻을 통하는 것이라. 한 말을 쓰는 사람과 사람끼리는 그 뜻을 통하여 살기를 서로 도와줌으로 그 사람들이 절로 한 덩이가 되고, 그 덩이가 점점 늘어 큰 덩이를 이루나니, 사람의 제일 큰 덩이는 나라라. 그러하므로 말은 나라를 이루는 것인데, 말이 오르면 나라도 오르고, 말이 내리면 나라도 내리나니라. 이러하므로 나라마다 그 말을 힘쓰지 아니할 수 없는 바니라.

— 독립기념관에 세워진 '주시경 선생의 말씀비'에서.

이처럼 언어의 힘은 강력하고 위대하다. 그러나 현대 언어과학은 언어의 구조 분석에 골몰하면서 언어의 힘을 체계적으로 살피는 데 소홀하였다. 언어의 기능과 힘은 어떤 점에서 상통하는가? 언어가 어떻게 현실을 규정하고 통제하는가? 언어가 어떻게 사람을 성숙하게 하며, 사람들 간의 관계를 맺어 주며, 겨레 동아리의 얼을 형성하는가? 요컨대, 이러한 물음을 바탕으로 우리의 삶 속에서 언어의 힘을 보여 주고 활용한 사례에 대해 그 힘을 관찰하고, 분석하고, 설명하는 과제가 남아 있다.

▌관점 비교하기

    1) 언어의 상대성과 보편성 가설   언어, 사고, 문화와 관련하여 언어의 상대성과 보편성 가설이 대립되어 왔다. '언어적 상대성(linguistic relativity)'은 서로 다른 언어를 쓰는 겨레는 그 사고나 문화도 상대적이라는 '워프 가설(Whorifian hypothesis)'의 후기 관점이다. 기술언어학은 이 관점을 옹호하여 세상의 언어에는 상호 공통성이 없으며, 따라서 개별 언어들은 서로 다른 차원에서 연구되어야 한다고 보았다. 한편, 생성언어학은 개별 언어들이 표면상 다른 것 같지만, 그 내면구조에는 공통성이 많다는 '언어적 보편성(linguistic university)'을 주장하고, 언어 연구에서 이러한 보편성을 추구하였다. 이 극단적인 두 관점에 대해 인지언어학에서는 언어적 보편성에 다소 더 비중을 두면서 언어적 상대성을 인정하고 있다. 이 경우 언어적 보편성은 본질적으로 종(種)으로서 인간이 공유하는 신체적 특성에서 비롯되는 것이며, 언어적 상대성은 특정한 환경에 기반을 두고 있는 인간의 사회 문화적 경험의 차이에서 비롯된다고 본다.

    2) '언어의 특성'에 대한 구성과 내용   2007년 개정 국어과 교육과정의 <문법>에서는 '언어의 특성'에 대해 "㉮언어의 기호적 특성을 이해한다. ㉯언어의 규칙성, 창조성, 사회성, 역사성을 이해하고 실제 언어생활에서 실례를 찾아 설명한다."로 명시하였다. 그 반면, 이 장에서는 '언어의 특성'을 '언어의 기호적 특성'과 '언어의 기능과 힘'으로 대별하였다. 구체적으로 '언어의 기호적 특성'은 '기호의 정의와 유형'을 바탕으로 '자의성과 도상성', '사회성과 역사성', '규칙성과 생산성'으로 구성하였다. 또한 언어의 중요한 특성인 '언어의 기능과 힘'은 '언어의 기능', '언어의 힘'으로 나누어 기술하였다. 한편, 미국의 언어학자 하켓(C. Hockett, 1960)은 13가지 '구성 자질(design features)'의 목록을 통하여 인간 언어와 동물의 의사소통에 대한 유사점과 차이점을 밝힌 바 있다(Aitchison 1999: 11-19 참조). 그 중 '자의성(arbitrariness)', '생산성(productivity)', '전위성(displacement)', '조형의 이중성(duality of patterning)', '전통적 전달(traditional transmission)' 등이 인간 언어의 중요한 특성으로 간주되고 있다.

▌탐구하기

☞ 탐구 목표

　○ 언어 기호의 자의성·사회성을 설명하기
　○ 언어 기호의 자의성과 사회성을 지지할 수 있는 예를 찾아 제시하기
　○ 언어 기호의 자의성과 사회성의 관련성 설명하기

☞ 탐구 과정

(1) 문제 확인

　▸ 지도 중점: 자의성과 사회성 개념이 포함된 아래 자료와 탐구 목표의 관련성을 확인하도록 한다.

　▸ 교수·학습 활동

　•학습 목표 확인하기

　•제시된 자료 (가), (나)가 언어의 어떤 특성과 관련된 것인지 설명해 보게 한다.

　(가)　에 대한 언어 기호가 한국어는 '개'이고, 일본어는 '이누(犬)', 프랑스어는 '시앵(chien)', 독일어는 '훈트(Hund)'이다. 또 한국어에서 '차다'는 '공을 차다', '날씨가 차다', '시계를 차다', '달이 가득 차다'에서와 같이 여러 개의 동음이의어를 갖는다.

　(나)　한 남자가 어느 날부터인가 '침대'를 '사진', '사진첩'을 '시계', '아침'을 '남자', '남자'를 '발', '옷장'을 '신문', '눕다'를 '울리다', '울리다'를 '세우다', '시리다'를 '일어나다', '보다'를 '시리다', '올라서다'를 '펼치다'로 모든 말을 바꾸어 부르기 시작했다. 그는 말을 바꾸어 부르면서 원래의 말을 잊어버리게 되었다. 그 결과 그는 다른 사람의 말을 이해할 수 없게 되었고, 사람들도 그를 더 이상 이해할 수 없게 되었다.

(2) 탐구 계획 수립
- ▶ 지도 중점: 탐구 목표를 해결하기 위한 탐구 계획을 세부적·구체적으로 수립하도록 한다.
- ▶ 교수·학습 활동
- 문제 해결 방법 탐색하기: 문제 해결 방법 및 순서를 모둠별 토의를 통해 결정하게 한다.
- 문제 해결을 위한 역할 분담하기: 어떤 문제를, 누가, 어떤 방법으로 해결할 수 있을지 구체적으로 역할을 나누게 한다.

(3) 문제 해결
- ▶ 지도 중점
- 언어 기호의 '자의성'과 '사회성'을 더 많은 근거를 통해 이해하도록 한다.
- 언어 기호의 생성과 유지 측면에서 두 가지 언어 기호의 특성을 통합적으로 이해하도록 한다.
- ▶ 유의점: 언어 기호의 두 가지 특성을 보여 주는 예를 충분히 수집하게 하고, 수집한 자료를 바탕으로 타당한 결론에 이를 수 있도록 격려한다.
- ▶ 교수·학습 활동
- 개념 인식하기: 언어 기호의 특성으로서 '자의성'과 '사회성'이 무엇을 의미하는지 확인하도록 한다.
- 자료 모으기: 언어 기호의 '자의성' 및 '사회성'과 관련된 자료를 다양하고, 풍부하게 수집하게 한다.
- 자료 분석하기: 수집한 자료에 대해 '자의성'을 설명하는 데 필요한 자료와 '사회성'을 설명하는 데 필요한 자료로 나누고, 수집한 자료가 '자의성'과 '사회성'을 설명하는 데 적절한지 판단한다.
- 개념 명료화하기: 수집한 자료를 예로 들어 '자의성'과 '사회성'이 언어 기호의 어떤 측면을 두드러지게 드러낸 것인지 설명하도록 한다.
- '자의성'과 '사회성'의 연관성 설명하기: 언어 기호의 '자의성'과 '사회성'이 어떤 관련성을 갖는지 다음의 형식으로 말하게 한다.

> 단어가 만들어지는 일차적 원리는 언어 기호의 [   ]에 바탕을 두고 있는데 이러한 특성을 수용하고 구속하는 원리가 [   ]이다.

(4) 적용

▸ 지도 중점: 언어 기호가 형성될 때 작용하는 '자의성'과 언어 기호를 유지할 때 필요한 '사회성'이 신어에는 어떻게 작용하는지 살피게 한다.

▸ 교수·학습 활동

• 신어 수집하기: 신어 중에서 생긴 지 얼마 지나지 않아 사라진 것과 현재까지 널리 사용되는 것을 나누어 수집한다.

• 신어의 생성과 소멸, 유지의 이유 분석하기: 신어의 생성과 소멸, 유지의 이유를 언어 기호의 '자의성' 및 '사회성'과 관련지어 본다.

▍생각해 보기

1. 다음 자료를 관찰하면서 언어 기호에 대한 '자의성'과 '도상성'의 적용 범위와 장단점을 탐구해 보자.

(가) 단일어: 손(手), 목, 등, 거울, 수레, 붉다, 검다
(나) 합성어: 손목, 손등, 손거울, 손수레, 검붉다
(다) 파생어: 빨강, 불그스름하다, 검정, 거무스름하다
(라) 어순: 이곳저곳/ʳ저곳이곳, 장단(長短)/ʳ단장(短長), 높낮이/ʳ낮높이, 호랑이는 죽어서 가죽을 남기고, 사람은 죽어서 이름을 남긴다./ʳ사람은 죽어서 이름을 남기고, 호랑이는 죽어서 가죽을 남긴다.

2. 다음 자료의 (가)를 통해서 '언어와 사고'의 어떤 측면이 작용하며, (나)를 통해서 '언어의 힘' 가운데 어떤 힘이 작용하는지 탐구해 보자.

(가) 두 대의 자동차가 부딪치는 장면을 참가자에게 보여 준 다음 그 장면을 기술하는 문장에 두 자동차가 '접촉했다' 혹은 '충돌했다'라는 동사를 사용했다. 그런 다음 "깨진 전조등을 봤습니까?"라고 질문했다. 그러자 '충돌했다'라는 동사를 본 피험자들이 '접촉했다'는 동사를 본 피험자들보다 '예'라고 답한 비율이 높았다. (과학동아 2009. 10월호, 특집 2 '언어가 사고를 지배하는가')

(나) 국립중앙박물관이 최근 국보 제207호 '천마도(天馬圖)'의 적외선 사진을 찍었더니 머리 양쪽에서 지금까지 보이지 않았던 두 개의 뿔이 선명하게 드러났다. 이를 통해 천마도의 '천마'가 '말'이 아니라, 상상의 동물로서 성군을 상징하는 '기린(麒麟, 아프리카 기린과는 관계없음)'이라는 주장이 제기되었다. 그럴 경우 천마도는 기린도가 될 것이다. (연합뉴스 2009.9.29.)

3. 다음 사례를 바탕으로 언어 습득기의 어린이에 대한 외국어교육의 문제점을 탐구해 보자.

영어 조기교육을 받은 세 살 난 아이 집을 방문한 적이 있다. 그 부모는 아이에게 '사과'를 가리키면서 "저것이 영어로 무엇이지?"라고 물었는데, 외부 방문객 앞에서 당황한 아이는 "사플"이라고 대답하였다. '사플'은 '사과'와 '애플'의 혼성어이다.

4. 다음 자료를 바탕으로 꿀벌의 의사소통과 인간의 언어 기호 간에 어떤 공통점과 차이점이 있는지 탐구해 보자.

(가) 꿀벌은 춤을 추어 꿀이 있는 방향과 거리, 꿀의 품질을 정확히 알려 준다.
(나) 꿀벌은 춤을 추어 10km 밖에 있는 꿀에 대해서도 그 정보를 완벽하게 전달할 수 있지만, 수직 거리에 있는 꿀의 위치는 아주 가까운 거리조차 전달하지 못한다.
(다) 빈 벌집에서 혼자 자란 꿀벌이라도, 정교함은 상대적으로 부족하지만 다른 꿀벌과 똑같이 춤을 출 수 있다.

▌ 알아 두기

1) 비언어적 사고와 언어적 사고 우리는 사고과정에서 언어의 개재 여부를 다음의 간단한 실험을 통해 확인할 수 있다. 첫째, '당신의 직장을 생각해 보라. 직장에서 집으로 가는 것처럼, 자동차에서 운전을 하듯이, 당신이 따라 가는 길을 시각적으로 그려 보라.' 이 경우 당신의 마음에 떠오른 시각적 이미지의 연속체는 언어와 대부분 독립적일 것이다. 둘째, '한 방문자가 직장에

서 당신의 집에 도착하는 방식을 설명해야 하는 상황을 생각해 보라. 소리 내지 않고 그 과정을 제시하듯이, 당신의 설명 단계를 떠올려 보라.' 이 경우 사고의 연속체는 내적으로 언어를 사용하여 표현될 것이다.

2) **목적어와 동사의 근접성** "그는 산 위에 뜬 달을 바라보고 있었다."와 "He was looking at the moon risen over the mountain."은 목적어와 동사의 개념적 근접성이 통사 구조에 반영된 보기이다(김진우 2004: 431-342 참조). 곧 국어의 SOV 어순이나 영어의 SVO 어순에서 주어 이외의 성분은 대칭적 구성을 이루고 있지만 목적어와 동사는 가장 근접해 있음을 볼 수 있다.

3) **남성어와 여성어** 일본어의 경우 '물' '술' '음식'에 대한 남성어는 'mizu, sake, kuu'이며 여성어는 'ohiya, sasa, taberu'로 분화되어 있으며, 이러한 변이는 종결조사, 문말어미 표현, 감탄사 등에 두루 나타난다. 미국 인디언어 중 하나인 야나어에서는 남성형 명사에 -na를 붙이는데, '막대기'의 남성어는 ''ina'이고, 여성어는 ''i'이며, '사람'의 남성어는 'yāna'이고 여성어는 'yā'이다. 남아프리카의 줄르족의 언어에서는 여성의 경우 [z] 음이 들어간 단어를 쓸 수 없다고 하는데, 실제로 '물'의 남성어는 'amanzi'이며, 여성어는 'amandabi'이다.

4) **기호의 형식과 내용** 소쉬르(1916)는 기호의 '형식'을 '시니피앙(signifiant)'이라 하고 '내용'을 '시니피에(signifié)'라고 하였으며, 언어 기호의 형식과 내용의 관계를 '자의적(arbitrary)'이라고 하였다.(허 웅, 1981: 40-44 참조).

5) **귀환규칙(recursive rule)** 언어는 무한히 반복해서 사용할 수 있다. '진짜 진짜 좋아해, 철수와 영희와 민호와 나'에서처럼 단어를 반복하기도 하고, '날씨가 좋다. 영희가 날씨가 좋다고 말했다. 철수가 영희가 날씨가 좋다고 말했다고 들었다. 민호가 철수가 영희가 날씨가 좋다고 말했다고 들었다고 생각한다.'에서처럼 구문을 반복해서 사용하기도 한다. 이렇게 한 문장 내에서 같은 단어나 구문이 반복적으로 나타나는 것을 '귀환(recursion)'이라고 한다. 인간은 유한한 수의 음소로 무한한 수의 문장을 만들어 내는데 이것은 언어의 문법 규칙들 중에서 '귀환규칙(歸還規則, recursive rule)'이 있기 때문이다(김진우, 2004: 188-190, 강범모, 2005: 24 참조). 다만 언어생활에서 문장의 길이는 의사소통에 맥락에서 화자와 청자가 수용할 수 있는 범위 안에서 유연하게 조정된다.

▌더 읽을거리

강범모(2005), 언어, 한국문화사.

김수업(2006), 배달말 가르치기, 나라말.

김진우(1985/2004), 언어: 그 이론과 응용, 탑출판사.

임지룡·이은규·김종록·송창선·황미향·이문규·최웅환(2005), 학교문법과 문법교육, 박이정.

임지룡(2008), 의미의 인지언어학적 탐색, 한국문화사.

장영준(1999/2008), 언어의 비밀, 한국문화사.

허 웅(1981), 언어학: 그 대상과 방법, 샘문화사.

Aitchison, J.(1987), *Words in the Mind: An Introduction to the Mental Lexicon*, Oxford: Basil Blackwell.; 임지룡·윤희수 옮김(1993). 심리언어학: 머릿속 사전의 신비를 찾아서, 경북대학교출판부.

Aitchison, J.(1999), *Linguistics*, London: Hodder & Stoughton, Teach Yourself Books.; 임지룡 옮김(2003). 언어학 개론, 한국문화사.

Crystal, D.(1987), *The Cambridge Encyclopedia of Language*, Cambridge: Cambridge University Press.

Evans, V. & M. Green(2006), *Cognitive Linguistics: An Introduction*, Edinburgh: Edinburgh University Press.; 임지룡·김동환 옮김(2008). 인지언어학 기초, 한국문화사.

Fromkin, V. *et al.*(1974/2003), *An Introduction to Language*, New York: Holt, Rinehart and Winston.; 박의재·성낙일 옮김(2004). 현대영어학개론, 경문사.

Leech, G.N.(1981), *Semantics,* Harmondsworth: Penguin.

제3장

국어의 구조

1. 음운

2. 단어와 문장

3. 의미

4. 담화

1. 음운

어느 라디오 프로그램에서 전주만 듣고 노래 제목을 맞히는 전화 게임을 했는데, 마침 대구에 사는 30대 총각이 그 게임에 참여했다. 송창식이란 가수가 부른 '한번쯤'이라는 노래의 전주가 나오자 그 총각은 재빨리 정답을 말했으나 이기지 못했다. 그의 발음이 [함번쩜]이었다고 진행자가 오답으로 처리했기 때문이다. 영남방언에 모음 'ㅓ'와 'ㅡ'의 구분이 없다는 점은 이처럼 일반인도 알 정도로 널리 알려져 있다.

－ 이문규(2004)에서 가져옴.

말의 뜻을 구분하는 구실을 하는 말소리의 종류와 체계는 언어마다 다를 뿐 아니라 같은 언어라도 방언에 따라 다를 수 있다. 위의 예화에 나타난 바와 같이, 영남방언에 'ㅓ'와 'ㅡ'의 구분이 없다는 것은 이 두 모음의 다름이 영남방언에서는 말의 뜻을 구분하는 구실을 하지 않는다는 뜻이다. 호남방언에서는 '의사'가 '으사'로 발음된다거나, 평안도 방언에는 구개음화가 일어나지 않았다고 하는 것도 모두 말소리 차원의 문제이다.

말소리는 언어 기호의 형식적 측면을 구성하는, 표현과 전달의 가장 기본적인 요소이다. 따라서 말소리에 대한 탐구는 언어 탐구의 첫 걸음으로서, 인간 언어 능력을 구성하는 가장 기본적인 요소의 작동 원리를 밝히는 일이 된다.

이 절에서는 중·고등학교 국어 과목의 문법 영역 및 고등학교 문법 과목에서 가르칠 말소리 차원의 내용을 살핀다. 말소리 생성의 과정과 원리, 국어의 음운 체계와 음절 구조, 음운의 변동 등에 대한 지식을 이해하고 이 지식의 교수학습에 적합한 탐구 학습 과정을 검토·개발하는 것이 이 절의 중심 내용이다.

1.1. 말소리 생성의 과정과 원리

1.1.1. 말소리 생성의 과정과 발음 기관

인간의 의사소통에 사용되는 소리를 말소리 혹은 음성[**• 알아 두기 1**]이라고 한다. 자연계의 다른 소리들과는 달리, 말소리는 낱낱의 소리 단위로 나누어지는데 이를 분절성(分節性)이라고 한다. 이에 반해 '음향(音響)'이라 불리는, 다른 모든 소리들은 비분절적이다.

말소리는 공기의 움직임에 힘입어 나고 공기에 실려 전달된다. 따라서 말소리가 만들어지는 데는 호흡에 관여하는 여러 기관이 중요한 구실을 하게 된다.

먼저, 말소리 내기의 첫 단계는 공기를 움직여 밖으로 내보내는 것인데 이 일은 허파가 담당한다. 대부분의 언어에서 말소리는 호흡을 위해 허파 속으로 들어 온 공기가 다시 기관과 목구멍을 통해 밖으로 나오는 움직임에 힘입어 만들어진다. 허파에 의해 이루어지는 이 움직임을 '공기 움직이기(발동 과정)'라고 하고, 허파를 '발동부'라 부른다.

허파에서 출발하여 기관을 통해 올라온 공기는 턱 바로 아래쪽에 있는 울대(후두)를 통과하게 되는데, 이 울대 속에 있는 목청(성대)이 소리가 나는 데 가장 중요한 구실을 한다. 즉, 두 쪽의 목청을 가지런히 붙인 상태에서 공기가 통과하면 목청이 가볍게 떨게 되는데 이 떨림이 바로 울림소리(=유성음)가 된다. 우리말에서 모음은 모두 울림소리이고 자음 중에는 'ㄴ', 'ㄹ', 'ㅁ', 'ㅇ' 등이 울림소리이다. 그런데 목청에서는 일단 목청의 떨림, 즉 울림소리가 나기만 하고 일정한 소릿값을 가진 하나의 소리로 되는 데에는 울대 위쪽에 있는 여러 기관의 작용이 필요하다. 그리고 대부분의 안울림 자음들은 아직 목청에서는 소리가 나지 않고, 벌어진 목청 사이를 통과한 공기의 흐름이 울대 위쪽에 있는 여러 기관의 작용에 힘입어 소리가 나게 된다. 목청에서 나는 소리가 울림소리뿐이고[**• 알아 두기 2**] 그것도 아직 실제 소릿값을 갖지 못한 상태이긴 하지만, 최초로 말소리가 만들어지는 곳이라는 의미에서 목청에서 일어나는 일을 '소리 내기(발성 과정)'라하고 목청을 '발성부'라 하기도 한다.

말소리 내기의 마지막 단계는 낱낱의 실제 자음과 모음이 발음되는 단계이다. 울

대를 거쳐 온 공기는 목안(인두)을 거치고, 입이나 코 속을 통과하여 밖으로 나오게
된다. 이 때 공기가 통과하는 목안, 입안, 코안 등 공간의 크기와 모양을 조절하고,
입술, 혀, 이, 잇몸, 입천장 등의 여러 기관 및 부위들이 상호 작용하여 공기의 흐름
에 일정한 작용을 가함으로써 다양한 소릿값을 가진 소리들이 만들어진다. 앞 단계
에서 목청 떨림을 통해 소리 자체가 발생한 울림소리들은 이 단계에서 구체적인 하
나의 소리로 다듬어지고, 목청에서 아직 소리가 나지 않았던 무성음들은 이 단계에
서 바로 일정한 소릿값을 가진 소리로 발음된다. 이 과정을 구체적인 소리가 만들
어진다는 뜻에서 조음 과정이라 하며, 이 과정에 참여하는 기관을 조음부라고 한다.
조음부는 입안 공간을 기준으로 둘로 나뉘는데, 아래쪽에 있는 기관들, 즉 아랫입
술, 아랫니, 혀 등을 능동부라 하고 이들의 위쪽 상대 부위인 윗입술, 윗니, 윗잇몸,
입천장 등을 고정부라고 한다.

　위에서 설명한 말소리 내기의 과정에 관여하는 발음 기관을 그림으로 나타내 보
면 아래와 같다.

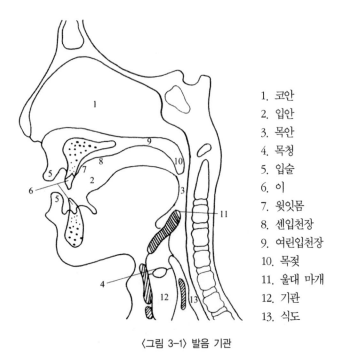

1. 코안
2. 입안
3. 목안
4. 목청
5. 입술
6. 이
7. 윗잇몸
8. 센입천장
9. 여린입천장
10. 목젖
11. 울대 마개
12. 기관
13. 식도

〈그림 3-1〉 발음 기관

1.1.2. 말소리의 종류와 조음 원리

말소리는 일차적으로 분절음과 초분절음으로 나뉜다. 분절음은 'ㅂ'이나 'ㅏ'처럼 자신만의 실질적인 소릿값을 가진 낱낱의 자·모음을 말하고, 초분절음은 분절음에 얹혀 실현되는 말소리의 길이나 높이, 세기, 크기 등을 말한다.

▌분절음▐ 분절음은 일차적으로 자음과 모음으로 나뉘는데, 이 둘은 소리 나는 과정이나 성질이 확연히 다르다.

자음은 공기의 흐름을 공깃길의 어느 곳에서 막거나 방해하는 작용을 통해 내는 소리이다. 예를 들어, '바'의 'ㅂ'을 소리내기 위해서는 제일 먼저 입술을 닫아야 한다. '바'를 발음하려고 마음먹는 순간 두 입술이 저절로 붙는다. 두 입술이 공기의 흐름을 막았으므로, 폐에서 올라온 공기는 극히 짧은 시간 동안 입안에 갇히게 된다. 이어서 모음 'ㅏ'를 발음하기 위해 두 입술을 여는 순간 갇혔던 공기가 입 밖으로 터져나가면서 '바'가 나게 된다. 이 과정을 '다', '가' 등과 비교해 보면, 'ㅂ, ㄷ, ㄱ'은 모두 공기의 흐름을 한 번 막았다가 터뜨려 내는 소리라는 공통점을 지니면서 그 막는 곳이 어디냐에 따라 달라진 소리라는 것을 알 수 있다.

'ㅂ, ㄷ, ㄱ' 등과는 달리 자음 'ㅅ'을 낼 때는 공기의 흐름이 완전히 막히지는 않는다. 다만 혀끝이 윗잇몸 근처로 최대한 접근하여 공깃길의 크기를 최소화한 상태에서 공기를 밀어내면 마찰이 일어나는데, 이 마찰음이 바로 'ㅅ' 소리이다.

'ㅂ, ㄷ, ㄱ, ㅅ' 등이 공기가 입안 통로를 통해 밖으로 나가면서 나는 소리인 데 반해, 'ㅁ, ㄴ, ㅇ'은 공기가 코 안으로 흘러나가면서 이곳을 울려서 나는 소리이다. 이들 소리를 낼 때에는 목젖이 허공에 매달려 코로 통하는 공깃길이 열리는 상태가 된다.

이와 같이, 자음이 공기의 흐름을 막거나 방해하는 움직임을 겪어서 나는 데 반해, 모음은 이런 과정을 겪지 않는다. 다만 혀의 높낮이와 앞뒤 위치를 조정하고 입술의 모양을 바꾸는 등의 동작을 통해 공깃길의 모양을 바꿈으로써 다양한 모음이 소리 나게 된다. 목청에서 난 소리가 목안과 입안을 거쳐 밖으로 나오기까지 거치는 통로, 즉 공깃길의 모양에 따라 여러 모음으로 나누어지는 것이다. 예를 들어,

'ㅣ'는 입안에서 혀를 앞쪽 위로 뻗어 내밀고 입술은 평평한 상태에서 발음되고, 'ㅜ'는 혀는 뒤로 물리고 입술을 동그랗게 한 상태에서 발음된다. 이들에 비해 'ㅏ'는 입을 크게 벌려 혀를 최대한 낮춘 상태에서 발음된다.

▌초분절음 ▌ 초분절음은 자음이나 모음과 같이 자신만의 소릿값을 가지지는 않고 분절음에 얹혀서 실현된다. 길이(length)는 어떤 소리를 내는 시간을 말하는데 '장단'이나 '음장'이라고도 한다. 자음과 모음 둘 다 길이가 있지만, 음운론에서 말하는 길이는 보통 모음의 길이를 가리킨다. 높이(pitch)는 소리의 높고 낮음을 말하는데, 목청 떨림(성대 진동)의 빠르기에 의해 결정된다. 모음의 높이가 말의 뜻을 구분하는데 관여할 경우 이를 '성조(tone)'라고 하는데, 중국어가 좋은 보기이다. 세기(stress)는 소리의 강하고 약한 정도를 말하는데, '강세'라고도 한다. 영어나 독일어에서는 세기가 말의 뜻을 구분하는 데 관여한다. 억양(intonation)도 소리의 높낮이가 변수인 초분절음이지만 그 실현 단위가 구절이나 문장 층위라는 점이 다르다. 억양은 문장 층위의 의미를 구별하기도 하고 화용적 의미를 표현하기도 한다.

1.2. 국어의 음운 체계

1.2.1. 음성과 음운

우리가 듣고 말하는 것으로 믿는 말소리는 사실 실제 말소리와는 차이가 있다. 같은 'ㄱ'이라도 그 물리적인 소릿값은 사람마다 다르고 같은 사람이라도 발음할 때마다 조금씩 다르다. 그러나 우리는 조금씩 다른 'ㄱ'을 발음하고 들으면서도 항상 같은 'ㄱ'을 발음하고 들은 것으로 생각한다. 이것은 우리가 물리적으로 조금씩 다른 그 많은 'ㄱ'들이 공통적으로 가진, 다른 소리와는 구별되는 소릿값을 공통적으로 기억하고, 이 소리를 국어의 다른 소리와 구별되는 하나의 소리로 인식하고 있기 때문이다.

음운론에서는 물리적인 차원의 말소리를 음성(音聲)이라고 하고 모국어 화자가 기억하고 있는, 심리적인 차원의 말소리를 음운(音韻)이라고 한다. '사람마다 'ㄱ'의 발

음이 다 다르다.'라고 할 때의 '
ㄱ'은 음성 차원이고, 'ㄱ'은 한국어 자음 중 하나이
다.'라고 할 때의 'ㄱ'은 음운 차원이다.

　말소리의 물리적인 차원과 심리적인 차원의 관계는 언어마다 다르다. 예를 들어,
'r'와 'l'은 물리적으로는 분명히 다른 소리이다. 'r'는 혀끝을 윗잇몸 쪽으로 살짝 튀
기듯 닿게 하면서 내는 소리이고, 'l'은 혀끝을 윗잇몸 근처에 붙인 채 혀의 양 옆으
로 공기를 흘려보내면서 내는 소리이다. 그런데 영어를 모국어로 쓰는 사람들은 이
두 소리의 다름을 쉽게 알아차리는 데 반해 한국인들은 이 두 소리의 다름을 잘 알
지 못하고 하나의 소리로 인식한다. 'r'와 'l'에 대한 이러한 인식의 차이는 두 언어
에서 이 두 소리가 말의 뜻을 구별하는 데 관여하는가의 여부에 따른 것이다. 즉, 영
어에는 이 두 소리가 같은 음성 환경에 나타나서 이들의 다름에 의해 분화된 낱말
쌍이 존재하지만, 우리말에는 이 두 소리가 같은 음성 환경에 나타나지 않아서, 이
들의 다름에 의해 분화된 낱말쌍이 존재하지 않는다. 예를 들어, 영어의 'read [ríːd]
(읽다)'와 'lead[líːd](이끌다)'는 각각의 어두 자음 'r'와 'l' 때문에 서로 다른 낱말이 되
었다. 이에 반해 우리말에는 이 두 소리의 다름에 의해 달라진 낱말쌍이 존재하지
않는데, 이것은 '다리[tari], 가로[karo]'와 '달[tal], 물[mul]'에서 보듯이 'r'는 모음과 모
음 사이에만 올 수 있고, 'l'은 음절말에만 나타나기 때문이다. 따라서 한국인들은
이 두 소리의 다름을 인식할 수도 없고 그럴 필요도 없는 것이다.[◀알아 두기 3]

　위에서 보았듯이, 영어에서는 음성 'r'와 'l'이 각각 음운의 자격을 가지지만 우리
말에서는 이 두 음성은 한 음운의 변이음이다. 모국어 화자가 인식하는 말소리는
음성이 아닌 음운이다. 한국인들이 'r'와 'l'을 구분하지 못하는 것은 이 두 소리를
하나의 소리 'ㄹ'로 인식하고 있기 때문이다.

　음운론에서 말소리를 분석하여 한 언어에서 음운의 자격을 가지는 말소리를 가
려내는 작업을 '음소 분석'이라고 한다. 음소 분석 작업의 결과 그 언어의 음운 목
록이 만들어지며, 이 음운 목록을 개별 음소들이 지닌 음성적 특징, 음소들 간의 관
계 등을 고려하여 나타낸 것이 음운 체계이다.

1.2.2. 자음

앞에서 말했듯이, 자음은 목청과 목안을 통과해 온 공기의 흐름이 입안 어느 위치에서 방해를 받는 과정을 통해서 난다. 따라서 한 자음이 어떤 소릿값을 가지는가 하는 것은 공기의 흐름이 어느 위치에서 어떤 방법으로 방해를 받느냐에 따라 정해진다. 이 '위치'와 '방법'을 '조음 위치'와 '조음 방법'이라고 부른다.

먼저, 발음 기관의 어느 부위를 자음의 조음 위치로 이용하는가 하는 것은 언어마다 다르다. 현대 국어의 자음은 두 입술, 혀끝-윗잇몸, 앞 혓바닥-센입천장, 뒤 혓바닥-여린입천장, 목청 등의 다섯 곳에서 소리 나는데, 이들을 각각 입술소리(순음), 잇몸소리(치조음), 센입천장소리(경구개음), 여린입천장소리(연구개음), 목청소리(후음)라 부른다.

조음 방법도 언어마다 차이가 있는데, 현대 국어의 자음은 크게 다섯 가지 정도의 방법에 의해 소리 난다. 먼저, 공기의 흐름을 어느 한 곳에서 완전히 막았다가 순간적으로 터뜨리듯 내는 소리를 파열음(터뜨림소리)이라 한다. 앞에서 살폈던 대로, 현대 국어의 'ㅂ, ㄷ, ㄱ'은 각각 두 입술, 혀끝-윗잇몸, 뒤 혓바닥-여린입천장을 닫았다가, 뒤따르는 모음을 발음하기 위해 막힌 곳을 급하게 엶으로써 공기를 터뜨려 내보내는 동작을 통해 소리 난다.

파열음과 같이 공기의 흐름을 한 순간 완전히 막았다가 터뜨리되, 그 터뜨리는 속도를 조금 더디게 하면 순간적으로 생기는 틈 사이로 마찰이 일어난다. 이렇게 파열음과 마찰음의 조음 방식을 함께 이용하여 내는 자음을 파찰음(붙갈이소리)이라고 한다. 'ㅈ(ʧ)'은 앞 혓바닥이 센입천장에 닿았다가 떨어지면서 나는 경구개 파찰음이다. 다음으로, 능동부를 고정부에 닿지 않을 정도로 최대한 접근시켜 만들어지는 좁은 틈으로 공기를 통과시키면 마찰이 일어나면서 소리가 나는데, 이 소리를 마찰음(갈이소리)이라고 한다. 'ㅅ'은 '혀끝-윗잇몸' 위치에서 나는 마찰음이고 'ㅎ (h)'은 목청 사이에서 나는 성문 마찰음이다. 파열음, 파찰음, 마찰음을 낼 때, 막히거나 좁혀졌던 공깃길을 열면서 성문을 힘주어 좁히면 조음 기관, 특히 후두의 근육들이 긴장되면서 밖으로 나가는 공기의 양이 매우 적은 상태로 소리가 나게 되는데, 이 소리는 청각적으로 단단하고 된 인상을 주기 때문에 흔히 된소리 혹은 경음

(硬音)이라 한다. 우리말의 양순 파열음 중에서는 'ㅃ(p')'이, 치조 파열음 중에서는 'ㄸ(t')'이, 연구개 파열음 중에서는 'ㄲ(k')'이 된소리이며, 치조 마찰음인 'ㅆ(s')'이나 경구개 파찰음인 'ㅉ(ʨ')'도 된소리이다. 그리고 막혔던 공깃길이 열릴 때, 성문을 넓게 열고 그 사이로 많은 양의 기류를 내 보내면 [ㅎ] 소리를 낼 때와 비슷한 무성의 마찰이 일어나게 되는데, 이런 무성의 마찰을 일으키며 분출되는 강한 공기의 흐름을 '기(氣)'라고 한다. 파열음이나 파찰음 중에서 기를 수반하는 소리를 유기음(有氣音)이라고 하는데, 거친 느낌을 주는 소리라는 뜻으로 거센소리나 격음(激音)이라고도 부른다. 우리말의 양순 파열음 중에서는 'ㅍ(pʰ)'이, 치조 파열음 중에서는 'ㅌ(tʰ)'이, 연구개 파열음 중에서는 'ㅋ(kʰ)'이 거센소리이고, 경구개 파찰음인 'ㅊ(ʨʰ)'도 거센소리이다.

조음부의 움직임은 파열음과 같으나, 막혔던 공기를 터뜨리는 순간 코로 통하는 공깃길을 열어 그 안으로 공기를 통과시키며 내는 소리를 비음(콧소리)이라고 한다. 비음은 코 안을 울리면서 그리고 목청을 떨어서 내는 소리이므로 모두 울림소리이다. 'ㅁ(m)'은 양순 비음, 'ㄴ(n)'은 치조 비음, 'ㅇ(ŋ)'은 연구개 비음인데, 공기가 코 안을 통과하면서 난다는 점을 제외하고 나면 각각 'ㅂ', 'ㄷ', 'ㄱ'과 조음 위치 및 조음 방법이 같다.

'물, 달'의 받침소리 'ㄹ'은 혀끝의 중앙부를 윗잇몸 근처에 댄 상태에서 혀의 양옆으로 공기를 흘려 내보내면서 내는 소리이고 '나라, 노래'의 'ㄹ'은 혀끝을 윗잇몸 쪽에 한 번 가볍게 튀기듯 닿게 해서 내는 소리인데 두 경우 모두 공깃길을 완전히 막지 않아서 공기는 자유롭게 흘러 나간다. 그래서 이 소리들을 유음(흐름소리)이라고 한다.

위에서 살핀 조음 위치와 조음 방법에 따라 우리말의 자음들은 일정한 체계를 형성하는데 이를 표로 정리하면 다음 쪽의 <표 3-1>과 같다.

표에서 보듯이, 조음 방법으로 보면, 현대 국어에는 파열음의 수가 많은 반면, 마찰음의 수는 상대적으로 적다. 그리고 조음 위치로 보면, 치조음의 수가 상대적으로 많은 편이다. 무엇보다도, 파열음과 파찰음, 마찰음의 된소리, 그리고 파열음, 파찰음의 거센소리가 음소의 자격을 가진다는 점이 현대 국어 자음 체계의 중요한 특징이다.

<표 3-1> 현대 국어의 자음 체계

조음 방법 \ 조음 위치		양순음	치조음	경구개음	연구개음	성문음
파열음	예사소리	ㅂ p	ㄷ t		ㄱ k	
	된소리	ㅃ p'	ㄸ t'		ㄲ k'	
	거센소리	ㅍ pʰ	ㅌ tʰ		ㅋ kʰ	
파찰음	예사소리			ㅈ ʨ		
	된소리			ㅉ ʨ'		
	거센소리			ㅊ ʨʰ		
마찰음	예사소리		ㅅ s			ㅎ h
	된소리		ㅆ s'			
비음		ㅁ m	ㄴ n		ㅇ ŋ	
유음			ㄹ l			

1.2.3. 모음

모음은 공기의 흐름 자체는 어떤 방해도 입지 않은 채 나는 소리로, 그 소릿값은 공깃길의 모양에 따라 결정된다. 공깃길의 모양을 결정하는 데에는, 해당 모음을 발음할 때 가장 높아지는 혀의 부위, 즉 혀의 최고점(最高點)의 전후 위치, 혀의 높낮이 혹은 입을 벌리는 정도, 입술의 모양 등이 관여한다.

이 때, 이 세 요소의 작용에 의해 한번 만들어진 공깃길의 모양을 끝까지 유지한 상태로 내는 모음을 단모음 혹은 단순모음(홑홀소리)이라 하고, 소리 나는 동안에 혀가 움직이거나 입술의 모양이 변하는 등의 작용을 통해 공깃길의 모양에 변화를 주어서 내는 모음을 이중모음(겹홀소리)이라고 한다.

혀의 최고점의 위치에 따라서 전설 모음과 후설 모음이 나누어지고, 혀의 높낮이 혹은 입을 벌리는 정도에 따라서는 고모음(=폐모음), 중모음(=반개모음), 저모음(=개모음)이 나누어진다. 혀의 전후 위치와 높낮이에 따라 정해지는 우리말 단모음의 소릿값을 모음 사각도 위에 나타내면 다음과 같다.

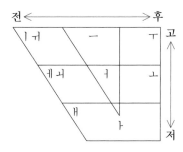

<그림 3-2> 모음 사각도 위의 국어 단모음

한편, 공깃길의 마지막 부분인 입술의 모양도 모음의 소릿값을 결정하는 데 관여하는데, 입술을 둥글게 오므린 상태로 내는 모음을 원순모음이라 하고 입술을 편 상태로 내는 모음을 평순모음이라 한다.

모음의 소릿값을 결정하는 데 관여하는 위의 세 가지 요인에 따라 우리말의 단모음은 일정한 체계를 이루는데 이를 표로 나타내면 다음과 같다.

<표 3-2> 국어의 단모음 체계

고저 \ 전후 \ 원평	전설모음		후설모음	
	평순	원순	평순	원순
고모음	ㅣ i	ㅟ y	ㅡ ɨ	ㅜ u
중모음	ㅔ e	ㅚ ø	ㅓ ə	ㅗ o
저모음	ㅐ ɛ		ㅏ a	

이중모음은 그 나는 과정이 단모음 둘이 이어 나는 것과 비슷하기 때문에 이중모음이라 하지만, 실제로는 두 모음을 한 모음으로 축약시켜 발음한다. 즉, 이중모음은 주모음 구실을 하는 단모음 하나에 반모음[◀알아 두기 4] 하나가 결합하여 만들어지는데, 반모음이 앞에 오고 주모음이 뒤에 오는 것을 상향적 이중모음이라 하고, 그 반대를 하향적 이중모음이라 한다. 예를 들어 우리말의 'ㅑ'는 공깃길의 모양을 순간적으로 모음 'ㅣ'를 발음할 때의 모양을 갖추었다가, 미끄러지듯 'ㅏ'를 발음하는 모양으로 바꾸어 끝까지 유지하면서 내는 상향적 이중모음이다. 이 때 극히 짧게

발음된 'ㅣ' 모음 비슷한 소리가 평순 경구개 반모음인 'ㅣ(j)'이다. '(j)'는 단모음 'ㅣ(i)'와 비슷하지만 그 길이가 훨씬 짧고 혀의 위치도 더 높아서 경구개 쪽에 접근하는 정도가 더 가깝다. 반모음 'ㅣ(j)'가 단모음과 결합하여 만드는 이중모음을 'ㅣ(j)'-계 이중모음이라 하는데, 여기에는 상향 이중모음 'ㅑ(ja), ㅕ(jʌ), ㅛ(jo), ㅠ(ju), ㅖ(je), ㅒ(jɛ)'와 하향 이중모음 'ㅢ(ij)'가 있다. 우리말의 반모음에는 'ㅣ(j)' 외에 원순 연구개 반모음인 'ㅜ(w)'도 있는데, 이 모음은 'ㅜ(u)'와 비슷하지만 그 길이가 훨씬 짧고 조음 위치가 연구개 쪽에 더 가깝다. 'ㅜ(w)'-계 이중모음에는 'ㅘ(wa), ㅝ(wʌ), ㅙ(wɛ), ㅞ(we)' 등이 있는데 모두 상향 이중모음이다.

1.2.4. 운소

길이, 높낮이, 세기, 억양 등의 초분절음은 소통 과정에서 말하는 사람의 정서나 감정을 나타내기도 하고, 단어나 문장의 뜻을 구별하는 구실을 하기도 한다. 한 언어에서 뜻을 구별하는 구실을 하는 초분절음을 운소(韻素)라고 한다. '음운론'이나 '음운 체계'라고 할 때의 '음운'은 바로 '음소'와 '운소'를 함께 가리키는 말이다.

중부 지역어 중심의 현대 국어에서는 길이만이 운소로 인정되는데, 아래 (1)은 그 근거가 되는 낱말쌍들이다.

> (1) 눈(眼)-눈:(雪), 말(馬, 斗)-말:(語), 밤(夜)-밤:(栗), 솔(松)-솔:(刷), 줄(索)-줄:(鑿), 창(窓)-창:(唱), 가정(家庭)-가:정(假定), 구조(構造)-구:조(救助), 무력(無力)-무:력(武力), 사료(飼料)-사:료(史料), 갈다(交替)-갈:다(耕), 말다(捲)-말:다(勿)

위의 각 낱말쌍들은 첫음절의 길이만 다르고 다른 모든 요소가 똑 같은 '최소변별쌍'들이다. 이들의 경우 길이는 분절음과 다름없이 두 낱말을 구별해 주는 구실을 하고 있기 때문에 운소로 인정되는 것이다.

우리말에서 장모음은 일반적으로 낱말의 첫 음절에서만 실현된다. 즉, 표준발음 규정에서 들고 있는 '반신반의[반:신바:늬]', '재삼재사[재:삼재:사]' 같은 예외를 제외하고는 둘째 이하 음절 장모음이 실현되는 경우는 없다. '거짓말[거:진말]', '싸락눈[싸랑눈]', '알밤[알밤]' 등에서 둘째 이하 음절의 '말(語)', '눈(雪)', '밤(栗)'의 발음을 관찰해 보면 알 수 있듯이 장모음을 가진 말이 다른 말 뒤에 오면 단모음으로 발음된다.

1.3. 음절

'사람[sa:ram]'은 5개의 음소와 1개의 운소로 이루어진 낱말이다. 그런데 음성학을 공부하지 않은 보통 사람들은 대개 이 낱말을 2개의 '소리'로 되어 있다고 믿는다. 실제로 우리가 '사람'을 발음할 때는 6개의 음운을 하나하나 떼어서 발음하는 것이 아니라 2개의 덩이로 발음하는데, 이 소리 덩이를 음절(音節)이라고 한다. 다시 말해 우리의 발화는 음절을 최소 단위로 해서 이루어지는 것이다.

아래 (2)의 [ ] 안과 같이, 발화된 문장을 한글로 소리 나는 대로 적을 때 그 글자 하나하나가 한 음절이다.

> (2) 아우가 재빨리 내 옆으로 다가왔다.
>   [아우가 재빨리 내 여프로 다가완따]

말소리가 모여서 음절을 이루는 방식은 언어에 따라 다른데, 현대국어는 최소한 모음 하나가 있어야 한 음절이 만들어진다. (2)에서 모음 하나가 한 음절로 발음된 것이나 자음과 모음이 모여서 한 음절이 된 것은 있지만 모음을 가지지 않은 음절을 찾을 수 없는 이유가 여기에 있다. 따라서 현대국어의 음절은 다음과 같은 구조로 되어 있는 것으로 볼 수 있다.

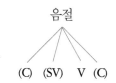

음절

(C) (SV) V (C)

(C : 자음, V : 단모음, SV : 반모음)

〈그림 3-3〉 국어 음절의 기본 구조

( ) 안에 든 C, SV는 있어도 되고 없어도 된다는 뜻이므로, 위의 그림은 현대 국어의 한 음절이 필수 성분인 단모음 하나에, 초성 자음과 반모음이 각각 0개 혹은 1개, 종성 자음이 0개 혹은 1개 붙어서 이루어진다는 점을 나타내고 있다. 예를 들어, 초성 자리에 자음이 둘 이상 오거나, 혹은 모음이 없거나, 혹은 종성 자리에 자음이 둘 이상 오는 소리 연쇄가 있다면 그 소리 연쇄는 우리말의 음절이 되지 못한다. 따라서 초성 자리나 종성 자리에 자음이 둘 이상 달린 외국어 단어가 외래어로 들어오면 이와 같은 우리말의 음절 구조에 맞추기 위해 음절수가 원어와는 달라진다. '밀크←milk[milk]', '스트라이크←strike[straik]', '크리스마스←christmas[krismas]' 등과 같이 국어에 들어온 외래어의 음절수가 원어와 달라진 것은 이와 같은 우리말의 음절 구조 때문이다.

1.4. 음운의 변동

말소리가 그 놓이는 음성 환경에 따라 제 소릿값대로 발음되지 않을 때가 있다. 예를 들어, '밥맨[밤맨]'에서는 첫 음절의 끝 자음인 'ㅂ'이 'ㅁ'으로 발음되고, '물놀이[물로리]'에서는 둘째 음절의 첫 자음 'ㄴ'이 'ㄹ'로 발음된다. '오(來)-+-아서→[와세]'에서처럼 두 소리가 하나로 발음되기도 하고, '가(去)-+-아서→[가세]'와 같이 소리 하나가 탈락하기도 한다. 이처럼 음운이 음성 환경에 따라 그 소릿값이 달라지는 현상을 음운 변동이라고 하는데, 음운 변동은 주로 형태소와 형태소가 결합할 때 나타난다.

음운 변동은 어느 한 언어의 공시태 속에서 일어나는 음운 차원의 바뀜만을 가리킨다. 따라서 중세 국어에 있었던 'ㆍ, ㅸ, ㅿ' 등이 후대로 오면서 소멸된 것이나 중세 국어에서 이중 모음이었던 'ㅔ[əj], ㅐ[aj]' 등이 근대 국어 시기에 단모음으로 바뀐 것과 같은 역사적 변화와는 구별된다. 그리고 '밥이/pap+i/→[pabi]'에서 일어나는 울림소리되기(=유성음화)와 같이 어느 한 음운이 변이음으로 실현되는 현상도 음운 변동에는 포함되지 않는다.

음운 변동은 기준 잡기에 따라 여러 가지로 나눌 수 있다. 변동의 결과에 따라 '교체, 탈락, 첨가, 축약'으로 나누거나, 변동의 음운론적 동기에 따라 '동화'와 '이화'로 나누는 방법도 있다. 먼저, 교체는 하나의 음운이 다른 음운으로 바뀌는 현상을 가리키고, 탈락은 원래 있던 한 음운이 없어지는 현상을 가리킨다. 첨가는 원래는 없던 음운이 추가되는 것을 말하고 축약은 두 개의 음운이 합쳐져서 하나로 되는 것을 말한다. 동화는 한 소리의 소릿값이 그 놓이는 음성 환경과 같아지는 쪽으로 바뀌는 것을 말하는데, 대개 인접음의 조음 위치나 조음 방법을 닮거나 같아진다. 반면, 이화는 한 소리가 주변의 음성 환경과 달라지는 쪽으로 바뀌는 것을 말한다. 한편, 음운 변동을 '제약'의 관점에서 나눌 수도 있는데, '자음군단순화'는 음절 말 위치에서는 하나 이하의 자음만이 발음된다는 음절 구조상의 제약에 따른 것이고 비음동화는 구강음과 비음이 연속적으로 발음될 수 없다는 음운 배열상의 제약에 따른 것이다.

여기서는 음운 변동을 교체, 탈락, 첨가, 축약으로 나누어 살펴보기로 한다.[‘관점 비교하기 1]

1.4.1. 교체

교체는 하나의 음운이 다른 음운으로 바뀌는 것을 말하는데, '대치'라고도 한다. 국어에서 교체에 속하는 음운 변동으로는 평파열음화, 비음동화, 유음화, 'ㄹ'의 비음화, 조음위치동화, 구개음화, 된소리되기, 'ㅣ' 모음역행동화 등이 있다.

▌평파열음화 ▌ 현대 국어에서는 음절말의 자음이 놓이는 자리에 'ㄱ, ㄴ, ㄷ, ㄹ, ㅁ, ㅂ, ㅇ'의 7개 자음만이 올 수 있다. 따라서 이 7 자음에 속하지 않는 파열음과 파찰음, 마찰음이 음절말 위치에 오면 평파열음인 'ㄱ, ㄷ, ㅂ' 중 하나로 바뀐다.

(3) ㄱ. 낚시→[낙씨], 부엌 안→[부어간]
　　(비교) 낚으면→[나끄면], 부엌에 →[부어케]
　ㄴ. 솥→[솓], 윗옷 →[위돋], 먹었고 →[머걷꼬], 젖→[젇], 꽃도→[꼳또]
　　(비교) 솥+에 →[소테], 셋으면 →[씨스면], 먹었으면 →[머거쓰면],
　　　　젖이 →[저지], 꽃은 →[꼬츤]

ㄷ. 무릎→[무릅], 무릎 위→[무르뷔]
   (비교) 무릎에→[무르페], 높이면→[노피면]
ㄹ. 놓는→[논는], 놓소→[노쏘]
   (비교) 놓으면→[노으면], 놓고→[노코]

위에서 모음으로 시작하는 조사나 어미가 결합될 때에는 받침으로 쓰인 자음이 연음되어 제 소릿값을 유지하는 데 반해, 한 단어의 말 자음으로 발음될 때나 자음으로 시작하는 조사나 어미와 결합할 때에는 변동이 일어난다는 사실을 확인할 수 있다. ㄹ)에서 '놓는'의 'ㅎ'은 보통 'ㅎ→ㄷ→ㄴ'의 과정을 거친 것으로 보고, '놓소'는 '녿소'를 거쳐 [노쏘]가 된 것으로 본다. 이제 (3)ㄱ~ㄹ의 음절 말에서 일어난 변동을 다음과 같이 정리할 수 있다.

(4) ㅋ, ㄲ→ㄱ
   ㅌ, ㅅ, ㅆ, ㅈ, ㅊ, ㅎ→ㄷ
   ㅍ→ㅂ

이 변동을 자음의 조음 위치와 조음 방법의 차원에서 관찰해 보면, 파열음은 같은 조음 위치의 된소리와 거센소리가 예사소리로 바뀐 것이고, 마찰음과 파찰음은 조음위치와 조음 방법이 함께 바뀌어 치조음의 평파열음인 'ㄷ'으로 바뀌었다. 결국, 변동의 결과는 모두 평파열음이 되었다.[ˑ알아 두기 5] 그래서 이 변동을 '평파열음화'라고 부른다.

▌ 비음동화와 'ㄹ'의 비음화 ▌ 다음 자료를 보면 무성 자음이나 자음군이 비음 'ㅁ, ㄴ' 앞에서 비음으로 바뀐다는 사실을 확인할 수 있다.

(5) ㄱ. 입만→[임만], 옆문→[염문], 밟는→[밤ː는], 읊는→[음는],
   없는→[엄ː는]

ㄴ. 닫는→[단는], 밭만→[반만], 웃는→[운:는], 있는→[인는], 짖는→[진는], 꽃망울→[꼰망울], 놓는→[논는]

ㄷ. 죽만→[중만], 닦는→[당는], 부엌문→[부엉문], 넋만→[넝만], 닭만→[당만]

위의 자료에 나타나는 변동의 양상을 정리하면 다음과 같다.

(6) ㄱ. 'ㅂ, ㅍ, ㄼ, ㄿ, ㅄ'이 'ㅁ, ㄴ' 앞에서 'ㅁ'으로 바뀐다.
   ㄴ. 'ㄷ, ㅌ, ㅅ, ㅆ, ㅈ, ㅊ, ㅎ'이 'ㅁ, ㄴ' 앞에서 'ㄴ'으로 바뀐다.
   ㄷ. 'ㄱ, ㄲ, ㅋ, ㄳ, ㄺ'이 'ㅁ, ㄴ' 앞에서 'ㅇ'으로 바뀐다.

관여하는 자음의 수가 많아서 겉보기에는 복잡해 보이지만, 이 변동은 평파열음화나 자음군단순화 이후에 일어나므로 실제로 변동되는 자음은 'ㅂ, ㄷ, ㄱ'의 셋뿐이다.

(7) ㄱ. 옆문→엽문→[염문], 읊는→읖는→읍는→[음는]
   ㄴ. 밭만→받만→[반만], 놓는→논는→[논는]
   ㄷ. 닦는→닥는→[당는], 닭만→닥만→[당만]

따라서 이 변동은 평파열음인 'ㅂ, ㄷ, ㄱ'이 비음인 'ㅁ, ㄴ' 앞에서 각각 'ㅁ, ㄴ, ㅇ'으로 바뀌는 현상으로 정리할 수 있는데, 구강음이 뒤따르는 비음에 동화되는 현상이므로 비음동화라 부른다. 비음동화는 양순음, 치조음, 연구개 위치의 평파열음이 자신의 조음 위치는 그대로 둔 채 조음 방법만 뒤따르는 자음에 동화되는 역행 동화이다.

다음의 자료는 'ㄹ'이 다른 자음 뒤에서 'ㄴ'으로 바뀌는 현상을 보여 준다.

(8) 십리→[심니], 압력→[암녁], 담력→[담:녁], 생산량→[생산냥], 의견란→[의:견난], 백로→백노→[뱅노], 석류→석뉴→[성뉴], 궁리→ [궁니], 대통령→[대:통녕], 침략→[침냑], 능름→[능늠]

이 변동은 유음 'ㄹ'이 같은 조음 위치의 비음인 'ㄴ'으로 바뀌는 현상이므로 '비음화' 또는 ''ㄹ'의 비음화'라 부른다. 비음이 아닌 자음이 비음으로 바뀌는 점이 공통적이긴 하지만, 앞의 비음동화가 파열음이 뒤따르는 비음에 동화되는 현상임에 반해 유음의 비음화는 동화로 보기는 어렵다는 점에서 이 둘은 성격이 다르다고 할수 있다.

▌ 유음화 ▌ 'ㄴ'이 'ㄹ'의 앞이나 뒤에 오면 'ㄹ'로 바뀌는 경향이 있다.

> (9) ㄱ. 달님→[달림], 물난리→[물랄리], 실내→[실래], 월남→[월람], 줄넘기
>   →[줄럼기], 섫네→설네→[설:레], 닳는→[달른], 찰나→[찰라], 핧네→
>   [할레]
>   ㄴ. 권력→[궐력], 난로→[날:로], 반론→[발:론], 산림→[살림], 연령→[열
>   령], 편리→[펼리], 한류→[할:류], 대관령→[대:괄령]

(9ㄱ)은 'ㄹ'(자음군단순화의 결과인 'ㄹ' 포함) 뒤에서 'ㄴ'이 'ㄹ'로 바뀌는 현상을 보여주고, (9ㄴ)은 'ㄹ' 앞에서 'ㄴ'이 'ㄹ'로 바뀌는 현상을 보여 준다. 그래서 'ㄹ'과 'ㄴ'의 순서에 따라 (9ㄱ)을 순행적 유음화라 하고 (9ㄴ)을 역행적 유음화라 한다. 순행적 유음화는 고유어와 한자어에 모두 적용되는데 반해 역행적 유음화는 한자어에만 적용된다. 그리고 앞의 비음화에서 들었던 '생산량, 의견란'을 포함한 다음의 예들은 역행적 유음화와 같은 조건을 갖추었음에도 불구하고 이 변동이 적용되지 않고 'ㄹ'의 비음화'를 겪는다.

> (10) 결단력→[결딴녁], 보존료→[보:존뇨], 상견례→[상견녜], 이원론→[이:원논],
>   입원료→[이붠뇨]

이런 점들을 고려할 때, 순행적 유음화와 역행적 유음화는 그 결과의 동일성에도 불구하고, 같은 변동의 양면으로 보기보다는 별개의 변동 현상으로 처리하는 것이 합리적이다.

■ **조음위치동화** ▋ 앞의 비음동화나 유음화는 연속하는 두 자음의 조음방법을 같게 함으로써 발음을 더 편하게 하려는 동기에 의해 일어난다. 이에 반해 앞 자음의 조음 위치를 뒤 자음의 그것에 동화시키는 변동도 있다.

(11) ㄱ. 문법→[문뻡/뭄뻡], 겉만→[건만/검만], 옷맵시→[온맵씨/옴맵씨], 꽃망울
→[꼰망울/꼼망울], 꽃밭→[꼳빧/꼽빧], 낮부터→[낟뿌터/납뿌터]
ㄴ. 손가락→[손까락/송까락], 준공→[준·공/중·공], 많고→[만·코/망·코], 앉고
→[안꼬/앙꼬], 닫고→[닫꼬/닥꼬], 꽃기→[꼳끼/꼭끼], 맡고→[맏꼬/막꼬]
ㄷ. 감기→[감·기/강·기], 임금님→[임·금님/잉·금님], 삶기→[삼·끼/상·끼], 밥그
릇→[밥끄른/박끄른]

위에 든 단어들의 표준 발음은 [ ] 안의 '/' 왼쪽 것들이지만, 실제로는 오른쪽처럼 발음되는 경우도 많다. 이 오른쪽 발음은 연달아 오는 두 자음 중 앞 자음의 조음 방법은 그대로 유지한 채, 그 조음 위치만 뒤 자음의 위치에 동화시킨 결과이다. (11ㄱ)은 치조음이 양순음 앞에서 양순음화하는 것이고, (11ㄴ)은 치조음이 연구개음 앞에서 연구개음화하는 것이며, (11ㄷ)은 양순음이 연구개음 앞에서 연구개음화하는 것을 보여 준다. 변동의 방향에 따라 이름을 붙이면 (11ㄱ)은 '양순음화'가 되고 (11ㄴ)과 (11ㄷ)은 '연구개음화'가 된다. 앞의 자음이 뒤 자음의 조음 위치에 동화된다는 점에서 이 변동은 역행 동화에 속한다.

조음위치동화는 치조음이 뒤따르는 양순음이나 연구개음에 위치 동화되고, 양순음이 뒤따르는 연구개음에 위치 동화되는 현상이다. 반대로 양순음이 치조음 앞에서 위치 동화되거나 연구개음이 치조음이나 양순음 앞에서 위치 동화되는 현상은 일어나지 않는다. 이런 사실에서 국어 자음의 조음 위치에 다음과 같은 순위가 있다는 결론을 이끌어 내기도 한다.

(12) 조음위치동화에 따른 자음의 강도 순위
치조음, 경구개음 < 양순음 < 연구개음

▌된소리되기 ▌ 파열음과 파찰음, 마찰음의 예사소리가 된소리로 바뀌는 것을 된소리되기 혹은 경음화라고 한다. 이 현상은 매우 생산적인 음운 변동이긴 하지만, 다양한 조건에서 나타나기 때문에 이들을 모두 묶어 하나의 규칙으로 설명하기가 어렵다.

---

(13) ㄱ. 값도→[갑또], 갓길→[가ː낄/간ː낄], 국밥→[국빱], 닫고→[닫꼬], 닭장→
　　　[닥짱], 먹성→[먹썽], 목덜미→[목떨미], 옆집→[엽찝], 입버릇→[입뻐
　　　른], 잡도록→[잡또록]

　ㄴ. 굶고→[굼ː꼬], 담고→[담ː꼬], 신고→[신ː꼬], 안고→[안ː꼬]

　ㄷ. 갈 데가→[갈떼가], 줄게→[줄께], 할 것을→[할꺼슬], 할 수는→[할쑤는],
　　　할 적에→[할쩌게]

　ㄹ. 갈증→[갈쯩], 말살→[말쌀], 물질→[물찔], 절도→[절또], 열정→[열쩡],
　　　일시→[일씨], 1중대→[일쭝대], 18조→[십팔쪼]

(13ㄱ)은 음절 말 자음 'ㄱ, ㄷ, ㅂ' 뒤에서 'ㄱ, ㄷ, ㅂ, ㅅ, ㅈ'이 된소리로 바뀌는 것을 보여 주고 있다. (13ㄴ)은 어간의 말 자음이 'ㄴ, ㅁ'일 때 뒤따르는 어미의 자음이 된소리로 바뀌는 현상을 보여 주고 있는데, 같은 유성 자음인 'ㄹ' 뒤에서는 이 현상이 나타나지 않는 것으로 보아 (13ㄴ)류에 나타나는 된소리되기의 음성 환경은 '비음 뒤'로 보는 것이 좋겠다. (13ㄷ)은 관형사형 어미 뒤에서 일어나는 된소리되기의 보기이고, (13ㄹ)은 한자어에서만 나타나는 된소리되기로 'ㄹ' 뒤에서만 일어난다는 점, 'ㄷ, ㅅ, ㅈ'만이 그 대상이 된다는 점이 특이하다.

▌구개음화 ▌ 구개음화는 'ㄷ', 'ㅌ'이 모음 'ㅣ' 앞에서 각각 'ㅈ'과 'ㅊ'으로 바뀌는 현상이다.

---

(14) 굳이→[구지], 미닫이→[미다지], 해돋이→[해도지], 낱낱이→[난ː나치], 피붙
　　이→[피부치], 벼훑이→[벼훌치], 솥이→[소치], 붙이다→[부치다], 갇히다→
　　[가치다], 묻히다→[무치다]

이 변동은 치조음이 뒤따르는 모음 'ㅣ'의 조음 위치에 이끌려 경구개음으로 바뀌는 현상이다. 따라서 엄밀하게 말하자면 '경구개음화'라 해야 하지만 일반적으로 '구개음화'로 부른다. 이 변동은 모음의 조음 위치에 자음이 동화되는 것으로 알려져 있지만, 사실은 파열음이 파찰음으로 바뀌었으므로 조음 방법도 함께 바뀌는 현상이다.

구개음화를 좀 더 정확하게 설명하자면 아래 자료를 고려해야 한다.

> (15) ㄱ. 마디→[마디], 어디→[어디], 잔디→[잔디], 티끌→[티끌], 디디다→[디디다], 버티다→[버티다], 느티나무→[느티나무]
>
> ㄴ. 밭이랑→[반니랑], 홑이→[혼니붙]

한 형태소 안에서 'ㄷ', 'ㅌ'이 'ㅣ'와 직접 만나고 있는 (15ㄱ)이나 단어 경계를 사이에 두고 'ㅌ'과 'ㅣ'가 만나고 있는 (15ㄴ)에서는 구개음화가 일어나지 않고 있음을 알 수 있다. 따라서 구개음화는 파생이나 곡용처럼 형태소와 형태소가 만나는 경우에만 일어나고 한 단어 안이나 합성 과정에서는 일어나지 않는 것으로 정리할 수 있다.[• 알아 두기 6]

■ / ㅣ / 모음역행동화 ■ 모음 동화에 의한 음운의 교체 현상으로는 'ㅣ' 모음 역행 동화가 있다.

> (16) 고기→[괴기], 곰팡이→[곰ː팽이], 두루마기→[두루매기], 막히다→[매키다], 먹이다→[메기다], 법(法)이다→[베비다], 벗기다→[벧끼다], 사람이→[사래미], 아비→[애비], 오라비→[오래비], 죽이다→[쥐기다], 지팡이→[지팽이]

위의 자료에서, 후설 모음 'ㅏ, ㅓ, ㅡ, ㅗ, ㅜ' 등이 각각 전설 모음 'ㅐ, ㅔ, ㅣ, ㅚ, ㅟ' 등으로 바뀌는데, 다른 음성 자질의 바뀜은 없이 오로지 '후설성 → 전설성'의 변동만 겪는다. 즉, 이 변동은 모음의 소릿값 중에서 '혀의 높낮이'와 관련된 값은 바뀌지 않고 '혀의 앞뒤 위치'와 관련된 값만 바뀌는 현상이다. 아울러 이 변동은 앞 음절 후설 모음이 뒤 음절 모음 'ㅣ'의 전설성에 동화되어 나타나기 때문에 보통 'ㅣ' 모음 역행 동화라 부른다.

한편 비슷한 음성 조건을 갖추고 있음에도 불구하고 'ㅣ' 모음 역행 동화가 잘 일어나지 않는 다음 자료를 자세히 살펴 위의 자료와 비교해 보면, 이 변동이 일어나는 음성 조건을 좀 더 정확하게 규정할 수 있다.

> (17) 굳이→[×귀지], 다치다→[×대치다], 머리→[×메리], 밭이→[×배치], 부리→
> [×뷔리], 아침→[×애침], 어디→[×에디], 옷이→[×외시], 젖이→[×제지]

(17)은 앞 음절 후설 모음과 뒤 음절 'ㅣ' 사이에 치조음이나 경구개 자음이 끼어 있으면 'ㅣ' 모음 역행 동화가 잘 일어나지 않음을 보여 준다.

1.4.2. 탈락

탈락은 원래 있던 한 음소가 없어지는 것을 말하는데, '삭제'라고도 한다. 현대 국어에서 탈락에 속하는 음운 변동으로는 자음군단순화[ㆍ관점 비교하기 2], 'ㄹ' 탈락, 'ㅎ' 탈락, 어간 끝 모음 'ㅡ' 탈락, 어미 첫 모음 'ㅡ' 탈락, 어미(혹은 어간) 첫 모음 'ㅏ, ㅓ' 탈락 등이 있다.

▌자음군단순화 ▌ 겹받침 소리가 음절말 위치에 오면 그 중 한 자음은 탈락하고 하나만 발음된다. 현대 국어의 겹받침 소리로는 'ㄳ, ㄵ, ㄶ, ㄺ, ㄻ, ㄼ, ㄽ, ㄾ, ㄿ, ㅀ, ㅄ' 등 11 가지가 있는데, 이들이 음절말에 놓이면 각각 'ㄱ, ㄴ, ㄷ, ㄹ, ㅁ, ㅂ, ㅇ' 중 하나로 발음된다. 이것은 음절말 위치에서 두 자음 중 하나가 탈락하는 변동이므로 '자음군단순화' 혹은 '겹받침줄이기'라고 부른다.

자음군단순화의 결과 어느 자음이 남는가 하는 것은 방언마다 차이가 있는 경우도 있는데, 아래 자료는 표준발음법 규정에 따른 발음을 제시한 것이다.

(18) 넋→[넉], 몫과→[목꽈], 앉는다→[안는다], 얹고→[언꼬], 끊는다→[끈는다],
많네→[만:네], 기슭→[기슥], 늙지→[늑찌], 닭집→[닥찝], 앎→[암:], 닮는다
→[담:는다], 떫고→[떨:꼬], 여덟→[여덜], 짧다→[짤따], 물곬→[물꼴], 옰만
→[올만], 핥다→[할따], 훑는다→[훌른다], 읊고→[읍꼬], 읊지→[읍찌], 뚫
네→[뚤:레], 않는다→[알른다], 값→[갑], 없다→[업:따], 가엾다→[가:엽따]

위의 자료에 나타난 자음군단순화의 양상을 정리해 보면 다음과 같다.

(19) ㄳ→ㄱ, ㄵ→ㄴ, ㄶ→ㄴ, ㄺ→ㄱ(/ㄹ), ㄻ→ㅁ, ㄼ→ㄹ(/ㅂ), ㄽ→ㄹ,
ㄾ→ㄹ, ㄿ→ㅍ, ㅀ→ㄹ, ㅄ→ㅂ

대부분 두 자음 중 어느 하나로 정해지지만, 'ㄺ'과 'ㄼ'은 상황에 따라 선택적으
로 발음된다. 즉, 'ㄺ'은 'ㄹ'이 탈락하고 'ㄱ'이 남는 것이 일반적이지만 '늙거내늘
꺼내'나 '읽괴일꾀'처럼 'ㄱ'으로 시작하는 어미 앞에 오는 어간말 자음 'ㄺ'은
'ㄹ'로 발음된다. 또 'ㄼ'은 'ㄹ'로 발음되는 것이 원칙이지만, 동사 '밟[밥:]-'의 받침
'ㄼ'은 '밟고[밥:꼬], 밟지[밥:지], 밟는데[밤:는데]'처럼 'ㅂ'으로 발음되며, '넓적하다
[넙쩌카다], 넓죽하다[넙쭈카다], 넓둥글다[넙뚱글다]' 등에서도 'ㅂ'이 발음된다.

■ 'ㄹ' 탈락 ■ 'ㄹ' 탈락에는 두 가지가 있는데 하나는 용언이 활용할 때 나타나고
다른 하나는 파생어나 합성어가 만들어질 때 나타난다. 먼저, 동사와 형용사의 어간
말 자음 'ㄹ'은 몇몇 어미 앞에서 탈락하는 현상을 보여주는데 그 조건에 따라 다시
둘로 나뉜다.

(20) ㄱ. 살+느냐→[사:느냐], 멀니→[머:니], 살+는데→[사:는데], 멀+나→[머:
나], 살+세→[사:세], 살+시고→[사:시고]
ㄴ. 멀+ㄴ→[먼:], 살+ㄹ→[살:], 멀+ㄹ까→[멀:까], 살+ㄹ수록→[살:쑤록],
멀+ㅁ→[멈:], 살+ㅂ시다→[삽:씨다]

(20ㄱ)과 (20ㄴ)을 나눈 것은 어간 말 자음 'ㄹ'이 어미의 첫 자음인 'ㄴ, ㅅ' 앞에서 탈락하는 것과 어간 말 자음 'ㄹ'과 어미 첫 자음의 결합으로 생긴 자음군을 단순화시키기 위해 'ㄹ'이 탈락하는 것을 구별하기 위해서이다.

다음은 파생어나 합성어가 만들어지면서 나타나는 'ㄹ' 탈락이다.

> (21) 딸+님→[따님], 버들+나무→[버드나무], 불+삽→[부삽], 쌀+전→[싸전],
> 열+닫+이→[여:다지], 울+짖다→[우짇따], 활+살→[화살]

(21)은 앞 형태소의 마지막 음소인 'ㄹ'이 뒤 형태소의 첫 자음 'ㄴ, ㄷ, ㅅ, ㅈ' 앞에서 탈락하는 현상을 보여 준다. 이 경우에는 '달나라[달라라], 물놀이[물로리], 물새[물쌔], 물장난[물장난]' 등과 같이, 같은 조건에서도 'ㄹ'이 탈락하지 않는 예들이 있다는 점에서 (20)과 다르다.

▌'ㅎ' 탈락 ▌ 'ㅎ' 탈락도 용언의 활용에서 나타난다. 즉, 어간의 마지막 음소인 'ㅎ'과 'ㄶ, ㅀ'의 'ㅎ'은 모음으로 시작하는 어미나 접사 앞에서 탈락한다.

> (22) 끊어서→[끄너서], 낳아서→[나아서], 놓아라→[노아라], 많은→[마:는],
> 싫어도→[시러도], 쌓인→[싸인], 앓으면→[아르면]

'ㅎ'은 후두음으로 분류하긴 하지만 사실 그 조음 위치가 뚜렷하지 않아서 뒤따르는 모음의 무성음처럼 발음된다. 따라서 모음 사이나 유성 자음과 모음 사이에서는 제 소릿값을 유지하기가 어렵다. 울림소리 사이의 'ㅎ'이 탈락하는 것은 이 때문이다. 표준 발음으로 인정되지는 않지만 '간회[가뇌], 실학[시락], 올해[오래], 전화[저:놔], 잔하고[자나고], 겸하니[겨마니]' 등과 같은 경우에도 'ㅎ' 탈락 현상이 나타나기도 한다.

▌모음 탈락 ▌ 모음 탈락은 모음으로 끝난 어간과 모음으로 시작하는 어미가 결합

할 때 일어난다. 두 모음을 연이어 발음하기 위해서는 그 사이에 음절 경계를 두어야 하기 때문에 힘이 더 들기 마련인데, 이러한 노력을 절약하는 방법 중 하나로 모음 하나를 탈락시키는 것이다.

> (23) ㄱ. 고프+아서→[고파서], 끄+어서→[꺼서], 따르+아서→[따라서], 쓰+어라
> →[써라], 치르+었+다→[치럳따], 크+었+다→[컫따]
> ㄴ. 가+아서→[가서], 건너+어라→[건너라], 만나+았+고→[만낟꼬], 자라+
> 아라→[자라라], 펴+었+고→[펻꼬]
> ㄷ. 개+어서→[개어서/개:서], 깨(破)+어라→[깨어라/깨:라], 내:+었+고→[내
> 얻꼬/낻:꼬], 매:+어라→[매어라/매:라], 베:+어서→[베어서/베:서], 새(漏)+
> 었+고→[새얻꼬/샌:꼬]

(23ㄱ)에서는 어간의 말 모음 '一'가 어미 모음 'ㅏ, ㅓ' 앞에서 탈락하고 있고, (23ㄴ)에서는 어간 말 모음 'ㅏ, ㅓ' 뒤에서 모음 어미 'ㅏ, ㅓ'가 탈락하고 있다. 이 두 경우의 모음 탈락이 필수적인 데 반해, (23ㄷ)과 같은, 어간 말 모음 'ㅐ, ㅔ' 뒤에서의 모음 어미 'ㅏ, ㅓ' 탈락은 수의적이어서 [ ] 안의 ' / ' 왼쪽과 오른쪽 발음이 모두 가능하다. 아울러 (23ㄷ)의 경우 모음 탈락 이후 어간 모음이 길게 발음되는 점도 (23ㄱ), (23ㄴ)과 다르다.[◀관점 비교하기 3]

1.4.3. 첨가

'첨가'는 원래 없던 소리가 추가되는 현상을 말하는데, '삽입'이라고도 한다. 우리말의 음운 첨가에는 'ㅅ' 첨가, 'ㄴ' 첨가가 있다.

■ 'ㅅ' 첨가 ■ 합성이나 파생의 과정에서 앞말이 모음이나 유성 자음으로 끝날 때, 'ㅅ'이 첨가되는 경우가 있는데, 이때에는 된소리되기나 비음동화 등이 이어진다.

> (24) ㄱ. 내+가→[내까/낻까](냇가), 빨래+돌→[빨래똘/빨랟똘](빨랫돌), 차+집→
> [차찝/찯찝](찻집), 코+등→[코뜽/콛뜽](콧등), 해+살→[해쌀/핻쌀](햇살)

ㄴ. 내+물→[낸:물](냇물), 뒤+문→[뒨:문](뒷문), 아래+마을→[아랜마을](아
랫마을), 양치+물→[양친물](양친물), 코+물→[콘물](콧물)

ㄷ. 등+짐→[등찜](등짐), 보름+달→[보름딸](보름달), 손+금→[손끔](손금),
술+잔→[술짼](술잔), 창+살→[창쌀](창살), 초승+달→[초승딸](초승달)

ㄹ. 곳간(庫間)[고간/곧깐], 내과(內科)[내:꽈], 셋방(貰房)[세:빵], 숫자(數字)[수:짜/
숟:짜], 찻간(車間)[차깐/찯깐], 초점(焦點)[초쩜], 치과(齒科)[치꽈], 툇간(退間)/
[퇴:깐/퇻:깐/퉤:깐/퉫:깐], 횟수(回數)[회쑤/횓쑤/훼쑤/훽쑤]

위에서 (24ㄱ)과 (24ㄴ)은 앞말이 모음으로 끝난 경우인데, (24ㄱ)에서는 된소리되
기가 뒤따르고 (24ㄴ)에서는 비음동화가 뒤따르고 있다.

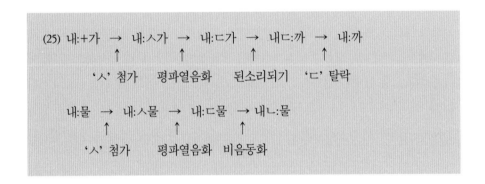

'ㅅ' 첨가는 발음과 표기 둘 다와 관련이 있다. 현재의 표준 발음법에서는 (24)류
의 '낸깨'와 '내깨' 둘 다를 표준으로 인정하고 있고, 한글 맞춤법에서는 'ㅅ' 첨
가를 반영하여 사이시옷을 받쳐 적도록 하고 있다.

(24ㄷ)은 앞말이 유성 자음으로 끝난 경우인데, 이때에도 된소리되기가 뒤따라 일
어나지만 앞말이 이미 받침을 가지고 있기 때문에 사이시옷은 적지 않는다.

한자어는 글자 하나가 한 형태소와 같은 구실을 한다. 따라서 (24ㄹ)에서 보듯이,
한자어에도 국어의 합성어나 파생어처럼 'ㅅ' 첨가가 일어난다. 그러나 현행 한글
맞춤법에서는 한자어의 경우 '곳간(庫間), 셋방(貰房), 숫자(數字), 찻간(車間), 툇간(退間),
횟수(回數)' 등 여섯 단어 외에는 사이시옷을 적지 않기로 정하였다.

'ㅅ' 첨가는 다른 음운 변동과는 달리, 같은 조건에서도 일어나지 않는 경우가 많다는 점이 특징이다. 다음 자료는 위 (24)와 같은 조건을 가지고 있는데도 'ㅅ' 첨가가 일어나지 않는 예들이다.

(26) 가로등[가로등], 금가락지[금가락찌], 금반지[금반지], 방법[방법], 비바람[비바람], 소가죽[소가죽], 오리발[오:리발], 종이배[종이배], 콩밥[콩밥], 토끼잠[토끼잠]

■ 'ㄴ' 첨가 ■ 합성어나 파생어에서, 앞말이 자음으로 끝나고 뒷말의 첫 음절이 모음 'ㅣ'나 반모음 'ㅣ'로 시작하는 경우 뒷말의 초성 자리에 'ㄴ'이 첨가되는 경우가 있다. 아래 (27ㄱ)은 고유어, (27ㄴ)은 한자어 보기이다.

(27) ㄱ. 꽃+잎→[꼰닙](꽃잎), 눈+요기→[눈뇨기](눈요기), 막+일→[망닐](막일), 맨+입→[맨닙](맨입), 불+여우→[불려우], 삯+일→[상닐], 솜+이불→[솜:니불]
　　 ㄴ. 교육+열→[교:융녈](교육열), 색+연필→[생년필](색연필), 소독+약→[소동냑](소독약), 영업+용→[영엄뇽], 신+여성→[신녀성](신여성)

'ㄴ' 첨가도 'ㅅ' 첨가처럼 같은 조건에서 일어나지 않는 경우가 있는데, 아래 (28ㄱ)은 현재의 표준 발음법에서 'ㄴ' 첨가가 일어나지 않은 발음을 표준발음으로 정한 것이고, (28ㄴ)은 'ㄴ' 첨가가 일어난 발음과 일어나지 않은 발음을 둘 다 표준발음으로 인정한 것들이다.

(28) ㄱ. 등용문[등용문], 목요일[모교일], 3·1절[사밀쩔], 송별연[송:벼련], 6·25[유기오], 절약[저략]
　　 ㄴ. 검열[검:녈/거:멸], 금융[금늉/그뮹], 야금야금[야금냐금/야그마금], 욜랑욜랑[욜랑뇰랑/욜랑욜랑]

1.4.4. 축약

'축약'은 두 음운이 하나로 합쳐지는 현상을 말하는데, '거센소리되기'와 '반모음화'가 여기에 속한다.

▌ **거센소리되기** ▌ 거센소리되기란 파열음이나 파찰음의 예사소리가 'ㅎ'과 결합하여 거센소리로 바뀌는 현상으로 '유기음화'라고도 한다.

> (29) ㄱ. 놓고→[노코], 많+지→[만:치], 빨갛고→[빨가코], 싫지→[실치], 않고→
>   [안코], 좋+던→[조:턴], 쌓고→[싸코]
>   ㄴ. 낙하산→[나카산], 못하고→[모카고], 밝히고→[발키고], 법학→[버팍], 앉
>   히고→[안치고], 옷하고→[오타고], 좁히고→[조피고], 축하→ [추카]

(29ㄱ)은 용언의 어간 말 자음 'ㅎ' 뒤에 'ㄱ, ㄷ, ㅈ'으로 시작하는 어미가 이어질 때 일어나는 거센소리되기를, (29ㄴ)은 'ㄱ, ㄷ, ㅂ' 등의 자음이 앞에 오고 'ㅎ'이 뒤따를 때 일어나는 거센소리되기를 보여 준다. (29ㄴ)에서 거센소리되기의 대상이 되는 자음은 평파열음화나 자음군단순화를 거친 'ㄱ, ㄷ, ㅂ'도 있다.

▌ **반모음화** ▌ 어간의 끝 모음과 어미의 첫 모음이 만날 때 어간 모음이 반모음으로 바뀌면서 하나로 축약된다.

> (30) ㄱ. 가두+어라→[가둬라], 두+어라→[둬:라], 보+아서→[봐:서], 오+아서→
>   [와서], 주+어서→[줘:서], 채우+어서→[채워서], 미루+어라→[미뤄라]
>   ㄴ. 기+어서→[겨:서], 피+었+고→[폈:꼬], 남기+어→[남겨], 덤비+어라→
>   [덤벼라], 이기+었+다→[이곈따]

(30ㄱ)에서는 어간의 끝 모음 'ㅗ, ㅜ'가 어미의 첫 모음 'ㅏ, ㅓ' 앞에서 반모음 'w'로 변하여 각각 이중모음 'ㅘ, ㅝ'로 축약되는 현상을, (30ㄴ)에서는 어간의 끝 모음 'ㅣ'가 어미 모음 'ㅏ, ㅓ' 앞에서 반모음 'j'로 변하여 이중 모음 'ㅕ'로 축약되는 현상을 보여 준다. 이 축약은 대부분 수의적이어서 축약되지 않은 형태, 즉 '가 두어라'나 '기어서'도 가능하지만, '오+애[왜]'나 '채우+에[채워]'처럼 축약형만 가능한 경우도 있다. 그리고 위에서 보듯이, 축약된 음절이 어두 음절이면 대부분 축약에 대한 보상으로 해당 모음이 장모음화하지만, '오+애[왜]'는 예외이다.

　이 변동은 두 모음이 하나의 이중모음으로 합쳐진다는 점에서 '모음 축약'이나 '음절 축약'이라고도 한다. 그러나 모음 하나가 반모음으로 바뀌는 현상이라는 점을 중시하면 음운의 '교체'로 분류될 수도 있다.

관점 비교하기

1) **음운 변동의 분류 방식** 이 책에서는 음운 변동을 교체, 탈락, 첨가, 축약으로 분류하였지만, 관점에 따라 다른 방식으로 분류할 수도 있다. 예를 들어, 제7차 고등학교 문법 교과서의 '음운의 변동' 단원은 다음과 같은 네 개의 소절로 되어 있다.

1. 음절의 끝소리 규칙
2. 음운의 동화(자음동화, 구개음화, 모음동화, 모음조화)
3. 음운의 축약과 탈락(축약, 탈락)
4. 사잇소리 현상

그런데 이 분류 체계는 그 기준이 일정하지 않다는 데 문제가 있다. '음절의 끝소리 규칙'이나 '사잇소리 현상'은 '동화, 축약, 탈락' 등과 대등한 층위가 아니며, '동화' 역시 '축약'이나 '탈락' 등과는 분류 기준이 다르기 때문이다. 음운 변동을 어떻게 분류하여 제시하는가 하는 문제는 교수·학습의 방향이나 학습자의 탐구 과정에 중요한 영향을 미칠 수 있으므로 신중하게 다루어져야 한다.

2) **평파열음화와 자음군단순화** 역대 문법 교과서에서는 평파열음화와 자음군단순화를 '음절의 끝소리 규칙'으로 묶어 다루어 왔다는 점에서 이 책과는 다른 관점을 보이고 있다. 이들이 평파열음화와 자음군단순화를 하나로 묶은 것은 이 두 현상이 음절말에서 일어난다는 점, 그리고 변동의 결과가 7 자음 중 하나라는 공통점을 지니기 때문이다. 그러나 음운 층위에서 일어나는 변동의 방향이라는 기준으로 보면, 평파열음화는 음운의 교체 현상이고 자음군단순화는 탈락 현상이어서 분명히 차이가 있다. 따라서 평파열음화와 자음군단순화를 각각 교체와 탈락으로 나누어 따로 제시하고, 그 공통점을 탐구하도록 하는 것이 효과적이다.

3) **모음 탈락** 모음 탈락을 설명하는 데는 한두 가지 남은 문제가 있다. 먼저 '가+아서→가세'류에서 탈락하는 것이 어간 모음인지 어미 모음인지 판단하기 쉽지 않다. 어미 모음이 탈락한 것으로 보면, 이 부류와 '개+어서→개:세'류를 모두 어미 모음의 탈락으로 설명할 수 있다는 장점이 있으나, '가+아(명령)→가'에서 명령형 어미가 탈락하고 없는 상태로 '명령'의 의미를 담고 있다고 설명하는 것이 어색하다는 단점도 있다. 이런 점 때문에 '가아서 → [가세]'류에 대해서는

어간 모음이 탈락한 것으로 보는 관점도 있다. '개+어서→[개ː서]'류에 대해서도 모음이 탈락한 것이 아니라 어미 모음이 어간 모음에 완전 동화되었다고 보는 관점도 있다. 이렇게 보는 이유는 다른 경우에는 모음 탈락이 일어나도 어간 모음이 장모음화하지 않는 데 반해, '[개ː서]'류에는 탈락 이후 장모음화가 일어나기 때문이다.

▌탐구하기

☞ 탐구 목표

○ 비음동화의 규칙성과 원리 파악하기
○ 언어생활에서 비음동화의 적용 사례 조사하기
○ 비음동화와 관련된 국어 규범 확인하기

☞ 탐구 과정

(1) 문제의 제기
- ▶ 지도 중점: 음운 변동을 확인하고, 그 속에 내재한 규칙성과 원리를 파악하려는 문제의식을 갖게 한다.
- ▶ 교수·학습 활동
- • 표기와 발음이 다른 낱말의 예 들기
- • 주어진 자료를 발음해 보고 소리 나는 대로 적기

국물[ ]	잡는대]	닫는대]
맏며느리[ ]	무럭무럭[ ]	밥만[ ]

- • 어떤 소리가 어떻게 바뀌었는지 말해 보기
- • 변동이 일어나는 원인에 대해 생각해 보기

(2) 가설 세우기
- ▶ 지도 중점: 자료에 나타난 변동에 대한 가설을 세워 보게 한다.
- ▶ 교수·학습 활동

• 위의 자료에서 말소리가 바뀐 모습을 다음과 같이 정리하기

[　　　　]이/가 [　　　　](에)서 [　　　　]로 바뀐다.

(3) 자료 수집하기
　▸ 지도 중점: 가설을 검증하고 비음동화 규칙을 발견하는 데 적합한 자료를 수집하게 한다.
　▸ 교수·학습 활동
　• 가설이 맞는지 검증하고 보완하는 데 필요한 언어 자료 모으기

(4) 비음동화의 규칙성과 원리 파악하기
　▸ 지도 중점: 수집한 자료를 분석하여 앞 단계에서 세운 가설을 검증·보완하여 비음동화의
　　　　　　　 규칙성과 음운론적 동기 등을 찾도록 지도한다.
　▸ 교수·학습 활동(1): 규칙 세우기
　• 자료 분류하기: 수집한 자료를 탐구 목적을 염두에 두고 분류하기
　• 자료 분석하기: 변동 대상 음운, 변동의 방향, 조건 등 알아보기
　• 규칙 세우기: 위의 분석 결과를 바탕으로 변동 규칙 만들기

[　　　　]이/가 [　　　　](에)서 [　　　　]로 바뀐다.

　• 규칙 비교하기: 개인별, 모둠별로 세운 규칙을 앞의 가설 단계에서 세운 규칙과 비교하
　　　　　　　　　 고, 다른 사람, 다른 모둠이 세운 규칙과 비교해 보기
　• 규칙 완성하기: 다른 사람, 다른 모둠에서 제시한 자료나 규칙을 참고하여 규칙 완성하
　　　　　　　　　 기
　▸ 교수·학습 활동(2): 변동의 음성적 동기 파악하기
　• 변동의 원인 생각하기: 위에서 세운 규칙과 자료를 다시 보면서 이 변동이 일어나는 원
　　　　　　　　　　　　 인이나 동기를 생각하기
　• 변동의 이름 붙이기: 위의 활동 결과를 바탕으로 이 음운 변동의 이름 붙이기

(5) 적용·일반화하기
　▸ 지도 중점: 비음동화가 적용된 사례를 외래어나 통신언어 등에서 찾아 검토해 보도록 지
　　　　　　　 도한다.

▶ 교수 · 학습 활동(1) 외래어, 통신 언어 자료 찾아 검토하기
  • 비음동화가 적용되는 외래어나 통신 언어 자료 수집하기
  • 외래어의 원어식 발음과 한국어식 발음 비교해 보기
  • 비음동화가 일어난 대로 적는 방식의 장단점 생각해 보기
▶ 교수 · 학습 활동(2) 관련 국어 규범 확인하기
  • 비음동화와 관련된 국어 규범 찾아 보기
  • 한글 맞춤법 제1항과 표준 발음법 제18항을 비음동화와 관련 지어 살펴보기

▌생각해 보기

1. 다음 자료를 차례대로 관찰하면서 구개음화 규칙을 탐구해 보자.

> (가) 굳이→[구지], 밭이→[바치], 붙이다→[부치다], 닫혀→[다처]
> (나) 굳은→[구든], 굳어→[구더], 밭은→[바튼], 붙어서→[부터서]
> (다) 마디(節)→[마디], 어디→[어디], 디디다→[디디다], 티끌→[티끌]
> (라) 밭이랑→[반니랑], 홑이불→[혼니불]
> (마) 둏다(好)>좋다, 디다(落)>지다, 티다>치다, 텬디(天地)>천지

▶ 1단계: 자료 (가) - 'ㄷ, ㅌ'이 'ㅈ, ㅊ'으로 바뀐다.
▶ 2단계: 자료 (가)~(나) - 이 변동은 모음 'ㅣ' 앞에서만 나타난다.
▶ 3단계: 자료 (가)~(다) -
▶ 4단계: 자료 (가)~(라) -
▶ 5단계: 자료 (가)~(마) -

2. 어간의 끝 모음 'ㅡ' 탈락 현상을 다음 사항에 유의하며 탐구해 보자.
  ▶ 이 변동이 '체언+조사'에도 나타나는가?
  ▶ 'ㅅ' 불규칙 활용의 'ㅅ' 탈락형에도 이 변동이 적용되는가?

3. <비교> 자료를 함께 검토하면서 아래 자료에 나타난 된소리되기의 조건을 탐구해 보자.

담고 → [담:꼬], 굶고 → [굼:꼬], 신고 → [신:꼬], 안고 → [안:꼬]

<비교 1> /돈:+도/[돈:도], /섬:+과/[섬:과]
<비교 2> /감+기+다/[감기다], /굶+기+다/[굼기다], /안+기+다/[안기다],
/옮+기+다/[옴기다]
<비교 3> /돌:+고/[돌:고], /멀:+다/[멀:다], /살:+지/[살:지]

▌ 알아 두기

1) '음성'의 두 가지 뜻 '음성'은 두 가지 뜻을 가지고 있다. 먼저 '음성'은 사람의 '목소리'나 '말소리'라는 뜻으로 쓰이는데, 이때에는 자연계의 다른 소리들을 가리키는 '음향'과 구분된다. 라디오 드라마가 끝난 뒤, 그 드라마에 '음성'을 제공한 성우들과 '음향(효과)'를 만든 사람을 따로 소개하는데 이 둘은 소리로만 이루어지는 라디오 드라마의 가장 중요한 두 요소이다. 한편, 언어학에서는 '음성'을 실제 발화된 상태의 말소리를 가리키는 뜻으로 쓰기도 하는데, 이 경우의 상대어는 '음소' 혹은 '음운'이다. 즉, 실제로 발화된 말소리의 물리적인 상태를 '음성'이라고 하고, 인간의 머릿속에 존재하는 심리적인 상태의 말소리를 '음운'이라고 하여 구분하는 것이다.

2) 목청에서는 울림소리만 날까? 목청에서 나는 안울림소리(무성음)도 있다. 'ㅎ'은 흔히 후두 마찰음이라고 부르고 있는데 이는 두 목청 사이의 마찰에 의해 나는 소리라는 것이다. 그런데 'ㅎ'은 뒤의 모음에 따라 마찰이 일어나는 장소가 달라서 그 나는 위치를 목청으로 고정하기 어려운 면이 있다. 학교 문법에서는 편의상 목구멍소리, 혹은 후두 마찰음 등으로 분류해 왔다. 한편, 모음도 무성음으로 날 수가 있는데, 속삭임 소리에서는 모음도 무성음으로 난다.

3) 음소와 변이음, 상보적 분포 우리말에서 [r]와 [l]은 /ㄹ/이 음성 환경에 따라 달리 실현된 상태라고 할 수 있는데, 음운론에서는 이를 '변이음'이라고 부른다. 한 음소의 변이음인 둘 이상의 음성은 그 음소가 나타나는 전체 음성 환경을 분할하여 각각 한 부분씩에 배타적으로 나타난다. /ㄹ/의 변이음 중에서 [r]이 모음 사이에, [l]이 음절말에 나타나는 것이나, /ㅂ/의 변이음인 [b]

가 울림소리 사이에, [p]가 그 밖의 환경에 나타나는 것과 같다. 이런 분포 관계를 상보적 분포라고 하는데 상보적 분포 관계에 있는 둘 이상의 말소리는 대개 한 음소의 변이음이다.

4) '반모음'이란 이름 '반모음'이란 자음과 같이 공기의 흐름에 방해를 입어서 나는 소리가 아니라는 점에서 자음으로 보기는 어렵지만 그렇다고 단모음과 같은 정도의 모음성, 예컨대 단독으로 음절을 구성할 수 있는 성질을 갖추지 못했기 때문에 모음으로 보기도 어려워서 붙인 이름이다. 이를 '반자음'이라고 부르기도 한다. 또 이 소리는 조음 기관이 주모음을 조음하기 위한 자세로 옮아가는 도중에 나는 소리란 뜻에서 '과도음'이라 부르기도 하고, 순간적으로 주모음을 향해 미끄러지듯 짧게 나는 소리라 해서 '활음'으로 부르기도 한다.

5) 중세 국어에도 평파열음화가 있었을까? 「훈민정음」 해례(解例)의 종성해(終聲解)에 다음과 같은 진술이 나타난다.

然ㄱㆁㄷㄴㅂㅁㅅㄹ 八字可足用也 如빗곶爲梨花 엿의갗爲狐皮 而ㅅ字 可以通用 故只用ㅅ字

종성 표기는 'ㄱ, ㆁ, ㄷ, ㄴ, ㅂ, ㅁ, ㅅ, ㄹ'의 여덟 자만으로도 충분하다는 뜻이다. 이 시기에는 받침 자음을 대체로 소리 나는 대로 적었다는 사실을 고려할 때, 위의 진술은 중세 국어 시기에 종성(음절말)에서 실제로 발음된 자음이 여덟 개였음을 말해 준다. 이로 보아, 'ㅅ'이 포함되어 있어 '평파열음화'라고 부르기는 어렵지만, 중세 국어에도 현대 국어의 평파열음화와 유사한 변동이 있었다고 말할 수 있다.

6) 근대 국어와 현대 국어의 구개음화 근대 국어 시기에는 모음 /ㅣ/나 반모음 /ㅣ̆/ 앞의 모든 /ㄷ/, /ㅌ/이 각각 /ㅈ/과 /ㅊ/으로 바뀌는 강력한 구개음화가 일어났다. 이 구개음화의 결과 다음과 같은 두 가지 변화가 생겼다.

ㄱ) 형태소 내부에 'ㄷ+ㅣ(ㅣ̆)'나 'ㅌ +ㅣ(ㅣ̆)'를 가진 단어는 그 형태 자체가 바뀌게 되었다.

됴타(好) > 좋다, 디다(落) > 지다, 텬디(天地) > 천지, 부텨(佛) > 부처

ㄴ) 체언의 끝 자음이나 용언의 어간 끝 자음 'ㄷ, ㅌ'이 'ㅣ(ㅣ̆)'로 시작하는 조사나 접사 앞에

서만 'ㅈ', 'ㅊ'으로 바뀌어 발음되는 현상이 나타났다.

밭은[바튼], 밭에서[바테서], 밭으로[바트로], 밭이 → [바치], 밭이다 → [바치다]

ㄱ)의 결과 형태소 내부에 구개음화의 조건을 갖춘 단어는 존재하지 않게 되었다. 그래서 ㄴ) 과 같은 곡용이나 파생 과정에서 나타나는 구개음화만 음운 변동으로 남게 된 것이다. 한편, '마 디', '어디' 등은 구개음화가 일어났던 시기에 그 형태가 '마듸', '어듸'여서 역사적인 구개음화의 적용 대상에서 제외되어 있었다. 이들이 오늘날과 같은 '마디', '어디'와 같은 형태를 갖게 된 것 은 역사적 구개음화가 힘을 잃고 난 후에 /ㅢ/>/ㅣ/의 변화를 겪었기 때문이다.

▌ 더 읽을거리

김차균(1998), 나랏말과 겨레의 슬기에 바탕을 둔 음운학 강의, 태학사.
배주채(2003), 한국어의 발음, 삼경문화사.
신지영·차재은(2003), 우리말 소리의 체계, 한국문화사.
이기문·김진우·이상억(2000), 국어음운론(증보판), 학연사.
이문규(2004), 국어교육을 위한 현대 국어 음운론, 한국문화사.
이진호(2005), 국어음운론강의, 삼경문화사.
이현복(1998), (개정판) 한국어의 표준발음, 교육과학사.
이호영(1996), 국어 음성학, 태학사.
최명옥(2004), 국어음운론, 태학사.
허 웅(1985), 국어 음운학: 우리말 소리의 오늘·어제, 샘문화사.

2. 단어와 문장

　우리의 의사소통은 기본적으로 문장을 단위로 이루어진다. 다음 (1)은 하나의 문장인데, 먼저 이 문장의 짜임새를 잠깐 살펴보기로 하자.

　(1) 나는 넓은 바다를 보았다.

　이 문장은 먼저 '나는'과 '넓은 바다를 보았다'로 분석된다. 앞부분은 다시 '나'와 '는'으로 나뉜다. 뒷부분은 '넓은 바다를'과 '보았다'로 나뉘는데, '넓은 바다를'은 다시 '넓은'과 '바다를'로, '바다를'은 다시 '바다'와 '를'로 나뉜다. 이렇게 분석하였을 때, '나, 는, 넓은, 바다, 를, 보았다' 등을 단어라고 한다. 이렇게 보면 의사소통의 기본적인 단위인 문장은 단어들이 모여 구성된다는 것을 알 수 있다.

　그런데 '넓은'이라는 단어는 다시 각각 고유한 의미를 지닌 '넓-'과 '-은'으로 나뉠 수 있고, '보았다'는 '보-' '-았-', '-다'로 나뉠 수 있다. 이렇게 단어는 다시 고유한 의미를 지닌 더 작은 단위로 나뉘는데, 그 단위를 문법에서는 형태소라 한다. 결국 형태소들이 모여 단어를 이루고 이러한 단어들이 문장을 구성한다고 하겠다.

　문장은, 서술어의 성격에 따라 조금씩 다르기는 하지만, 일정한 구실을 하는 성분들로 짜여 있다. 예를 들어 위 문장에서 '보았다'는 서술어, '나는'은 주어, '넓은'은 관형어, '바다를'은 목적어 구실을 한다.

　이제 제2절에서는 문장을 구성하는 단위들과 문장의 다양한 기능에 대해서 살펴보기로 하겠다. 먼저 형태소와 단어의 성격과 그 짜임새에 대하여 살펴보고, 이어서 문장의 성격과 그 짜임새에 대하여 살핀 다음, 문장의 다양한 기능을 문장 종결, 높임 표현, 시간 표현, 사동, 피동, 부정 등으로 나누어 제시하기로 하겠다.

2.1. 단어

2.1.1. 형태소와 단어의 성격

▌형태소 ▌ 언어는 음성의 측면과 의미의 측면이라는 두 속성을 가지고 있으며, 이들은 규칙이나 원리에 의하여 서로 밀접한 관계를 맺고 있다. 이렇게 하여 일정한 음성형식과 일정한 의미형식을 갖추고 있는 형식을 언어 형식이라고 한다. 언어 형식에서 가장 작은 단위를 형태소라 한다. 문장 (1)을 다시 보자.

(1) 나는 넓은 바다를 보았다.

　문장 (1)에서 '나는'이 '나'와 '는'으로 분석되는 것은 '나'의 자리에 '너'와 같은 다른 말이 쓰일 수 있고, '는' 대신에 '가'와 같은 다른 말이 쓰일 수 있기 때문이다. '넓은'이 '넓-, -은'으로, '바다를'이 '바다, 를'로, '보았다'가 '보-, -았-, -다'로 분석되는 것도 마찬가지 이유에서이다. 이렇게 분석된 말들은 각각 일정한 뜻을 지니고 있다. '나'는 말하는 이 자신을, '넓-'은 면적이 큰 모습을, '바다'는 땅을 제외한 지구의 부분을, '보-'는 눈으로 사물을 인식하는 일을 각각 의미한다. '는'과 '를', 그리고 '-은'은 말 사이의 관계를, '-았-'은 시간과 관련된 사실을 각각 표시하며, '-다'는 문장을 끝맺는 기능을 지니고 있다. 그런데 이들 각각의 말들은 더 이상 분석하면 뜻을 잃어버리거나 뜻을 일정하게 잡기 어렵게 된다. 이렇게 일정한 뜻을 가진 가장 작은 말의 단위를 형태소라 한다.

　이와 같이 형태소는 언어 형식의 가장 기초적인 단위이기 때문에, 문법 기술에 앞서 그 성격을 미리 밝혀 둘 필요가 있다. 형태소의 유형은 다음과 같은 세 가지 관점으로 분류된다.

　첫째, 형태소의 의미 특성에 따라 성격이 드러난다. 즉 형태소는 일정한 의미 형식을 갖추고 있기 때문에 반드시 의미를 가지는데, 그 의미가 어휘 의미를 가질 때를 어휘 형태소라 하고(예: 나, 바다, 보-), 문장에 대한 문법 기능을 수행하는 문법 의미를 가질 때를 문법 형태소라고 한다(예: 는, 를, -았-, -다).

둘째, 형태소 가운데는 앞뒤에 다른 형태소를 결합하지 않고 따로 떼어서 말하더라도 충분히 자립하여 실현이 가능한 형태소가 있는가 하면 그렇지 못하고 다른 형태소에 반드시 의존해야만 실현이 가능한 형태소가 있다. 이렇게 자립할 수 있는 형태소를 자립 형태소라 하고(예: 나, 바다) 그렇지 못하고 다른 형태소에 반드시 의존해야만 하는 형태소를 의존 형태소라 한다(예: 는, 를, 보-, -았-, -다: - 표는 앞뒤에 반드시 다른 형태소가 놓인다는 뜻이다).

셋째, 구성 안에서 중심 의미를 가지는 형태소가 있는가 하면 이 중심 의미를 가지는 형태소를 의미적으로 도와주는 형태소가 있다. 문장 (1)의 '바다를'에서 '바다'가 중심 의미이며, '를'은 '바다'가 문장의 목적어 기능을 가지도록 도와준다. '보-았-다'에서는 '보-'가 중심되는 형태소이며, '-았-'과 '-다'는 이를 의미적으로 도와주는 형태소이다. 이와 같이 구성 안에서 차지하는 의미 비중에 따라, 중심 의미를 가지는 형태소를 어근 형태소, 의미적으로 도와주는 형태소를 접사 형태소라 한다. 다음에서 밑줄 친 형태소가 접사 형태소이다.

(2) 산-돼지<u>가</u> <u>올</u>-벼를 <u>짓</u>-밟-<u>았</u>-<u>다</u>.

그런데 접사 형태소는 이들이 가지고 있는 의미 특성에 따라 둘로 나뉜다. 문장 (2)에서 '올-, 짓-'과 같이 어휘 의미를 가지는 접사를 어휘 접사 또는 파생 접사라 하고, '가, 를, -았-, -다'와 같이 문법 의미를 가지는 접사를 문법 접사 또는 굴곡 접사라 한다. 그리고 접사는 어근에 결합하는 위치에 따라 접두사, 접미사, 그리고 접요사 등으로도 나뉜다.

▮ **단어** ▮ 문장 (1)에서 '보-, -았-, -다'는 각각 의존 형태소인데, 이들은 서로 어울려야만 비로소 자립할 수 있다. 그리고 '나'에 결합한 '는'과 '바다'에 결합한 '를'은 의존 형태소이다. 그러나 이들은 '보았다'에 나타나 있는 '-았-, -다'와는 성격이 다르다. '는'과 '를'은 자립 형태소에 결합하는 데 대하여, '-았-'과 '-다'는 의존 형태소에 붙는다. 이와 같이 자립할 수 있는 말이나, '는, 를'처럼 자립 형태소에 붙어서

쉽게 분리될 수 있는 말들을 단어라 한다.

2.1.2. 단어의 갈래

▌ 품사 ▌ 다음 문장을 통해 품사에 대해 살펴보기로 하자.

> (3) 영희가 일찍 일어나서 창문을 열었다.

위의 문장은 '영희, 가, 일찍, 일어나서, 창문, 을, 열었다'라는 일곱 개의 단어로 되어 있다. 그런데 이들 단어 가운데에는 공통된 성격을 띤 것이 있다. '영희'는 사람의 이름을 표시하고, '창문'은 물건의 이름을 표시한다. 가리키는 대상은 각각 다르지만, 사물의 이름을 표시한다는 점에서 이들은 공통된 성질을 띠고 있다. 그리고 이러한 단어들에는 '가, 을'과 같은 문법 관계를 나타내는 말이 결합되어 있다. 그런데 '일어나서', '열었다'는 움직임의 의미를 표시할 뿐만 아니라, 경우에 따라서 '일어난다, 열고'와 같이 형태가 바뀌기도 하여 '영희'나 '창문'과는 그 성질이 다르다.

이와 같이 공통된 성질을 지닌 단어끼리 모아 놓은 단어의 갈래를 품사(品詞)라 한다. 학교 문법에서는 국어의 품사를 명사, 대명사, 수사, 조사, 동사, 형용사, 관형사, 부사, 감탄사를 설정하고 있다.

▌ 체언 ▌ 명사, 대명사, 수사는 주로 문장의 주체가 되는 자리에 쓰이므로 이들을 묶어서 체언이라 한다.

명사는 사물의 이름을 나타내는 단어이다. 문장 (4)의 밑줄 친 '철수, 책, 사람'은 구체적인 사물의 이름이고, '평화, 모임'은 추상적인 개념이나 현상의 이름이다. 그리고 '철수'는 특정한 사물에 붙여진 이름으로 고유 명사라 하며, 그밖의 명사들은 보통 명사라 한다.

> (4) ㄱ. <u>철수</u>는 <u>책</u>을 읽고 있다.
> ㄴ. <u>평화</u>를 사랑하는 <u>사람</u>들의 <u>모임</u>이 열렸다.

한편 문장 (5)에서 '수'와 '것'은, 명사가 놓이는 자리에 쓰여 명사의 역할을 한다. 이처럼 명사의 성격을 지니고 있지만 그 의미가 의존적이어서 앞에 꾸미는 말이 와야만 쓰일 수 있는 말을 의존 명사라 한다. 그렇지 않은, 다른 말의 도움을 받지 않아도 홀로 쓰일 수 있는 명사를 자립 명사라 한다.

(5) 혼자 일어설 <u>수</u> 있는 힘을 기르는 <u>것</u>이 중요하다.

어떤 사물에 대하여 구체적인 이름을 나타내지 않고 다만 그 사물을 가리키면서, 명사가 놓일 자리에 대신하여 쓰이는 말을 대명사라 한다. 대명사에는 인칭 대명사와 지시 대명사가 있다.

(6) ㄱ. <u>나</u>는 <u>누구</u>와 함께 갈까?
　　ㄴ. <u>우리</u>는 너에게 <u>저분</u>을 소개할 예정이다.

문장 (6)의 밑줄 친 단어는 모두 사람을 가리키는 인칭 대명사이다. '우리, 나'는 일인칭, '너'는 이인칭, '저분'은 삼인칭, '누구'는 특정한 인칭이 정해져 있지 않으며, 주로 의문문에 쓰인다.

(7) ㄱ. <u>그것</u>은 <u>여기</u>에 놓아라.
　　ㄴ. <u>어디</u>서 <u>무엇</u>이 되어 다시 만나랴.

문장 (7)의 밑줄 친 단어는 지시 대명사이다. '그것, 무엇'은 사물을, '여기, 어디'는 장소를 가리킨다. '어디, 무엇'은 알지 못하는 것에 대한 물음을 표시한다.

사물의 수량이나 차례를 가리키는 단어를 수사라 한다. 문장 (8ㄱ)의 '둘'은 수량을 말해 주는 수사인데 이를 양수사(量數詞)라 하고, (8ㄴ)의 '첫째'는 차례를 가리키는 수사인데 이를 서수사(序數詞)라 한다.

(8) ㄱ. 우리 <u>둘</u>이 힘을 합쳐 일해 보자.
　　ㄴ. 네가 신경 쓸 일 가운데 <u>첫째</u>가 건강이다.

체언 가운데서 셈의 대상이 되는 명사와 대명사는 복수 표시의 접사 '-들'을 취할 수 있다. 그러나 복수 표현에 '-들'을 꼭 붙여야 하는 것은 아니다. (9ㄱ)의 '학생'에는 '-들'이 결합해 있지만, (9ㄴ)의 '참새'에는 그렇지 않다. 그리고 (9ㄷ)처럼 '-들'은 체언 외에 용언이나 부사에도 붙는다.

(9) ㄱ. 지금부터 <u>학생들</u>이 등교하기 시작하는 시간이다.
　　ㄴ. <u>참새</u> 세 마리가 앉아 있었다.
　　ㄷ. <u>어서들</u> 오너라. 우선 <u>앉아들</u> 있어라.

■ **관계언** ■ 조사는 주로 체언 뒤에 결합해서 그 말이 다른 말과 맺는 관계를 나타내거나 특별한 뜻을 더해 주기도 한다. 그래서 조사를 관계언이라 한다. 조사는 그 기능과 의미에 따라 격조사, 접속 조사, 보조사 등으로 나눈다.

먼저 격조사는 앞에 오는 체언이 문장에서 일정한 자격을 가지도록 해 준다. '가'와 '이'는 주격 조사, '의'는 관형격 조사, '을'은 목적격 조사, '에'는 부사격 조사, '야'는 호격 조사이다. '이다'는 서술격 조사로,[ˑ**관점 비교하기 1**] 자립성이 있는 말에 붙어서 서술어를 만드는데, 다른 조사와 전혀 달리, 활용하는 특성이 있다.

(10) ㄱ. 영희<u>가</u> 내 책<u>을</u> 자기<u>의</u> 집<u>에</u> 가지고 갔다.
　　ㄴ. 철수<u>야</u>, 이것<u>이</u> 바로 자연<u>의</u> 일반 법칙이다.

접속 조사는 두 단어를 같은 자격으로 이어 주는 구실을 하는데, '과/와'가 있다.

(11) ㄱ. 봄철이면 이 산에는 개나리<u>와</u> 진달래꽃이 가득 핀다.
　　ㄴ. 우리들도 연극<u>과</u> 영화를 아주 좋아합니다.

격조사가 올 자리에 놓여서 특별한 뜻을 더해 주는 조사를 보조사라 한다. 아래 문장에서 '만', '는', '도'는 주격 혹은 목적격 자리에 놓여 있으면서 앞에 있는 체언에 '단독', '대조', '역시'의 뜻을 더해 준다. 보조사에는 이외에 '까지, 마저, 조차,

부터' 등이 더 있다.

이 밖에 우리말에는 다음과 같이 특별한 기능을 지니는 조사들도 있다. 다음 문장에서 '요'는 청자 높임을 나타내며, '고'는 인용절을 이끈다.

> (12) ㄱ. 비가 내리는데요 우산을 가지고 오시지요
> ㄴ. 남의 말을 귀담아 들으라고 말했어요

▌용언 ▌ 동사와 형용사는 문장의 주어를 서술하는 기능을 하는데, 이들을 묶어서 용언이라 한다. 문장 (13)에서 밑줄 친 '읽는다, 오시기, 기다렸다'는 문장의 주어가 되는 '나', '어머니', '우리'의 움직임을 나타낸다. 이러한 단어를 동사라 한다.

> (13) ㄱ. 나는 아침에 늘 신문을 <u>읽는다</u>.
> ㄴ. 우리는 어머니께서 빨리 <u>오시기</u>를 <u>기다렸다</u>.

동사에는 움직임이나 작용이 그 주어에만 그쳐서 목적어가 필요 없는 자동사와, 움직임이 다른 대상에 미쳐서 목적어가 필요한 타동사가 있다. 위에서 '오시기'는 자동사이지만, '읽는다, 기다렸다'는 타동사이다.

문장 (14)에서 밑줄 친 '달다, 무뚝뚝했지만, 그러하였다'는 문장의 주어가 되는 '과일', '그 분'의 성질이나 상태를 나타낸다. 이러한 단어를 형용사라 한다. '달다, 무뚝뚝했지만'은 성질이나 상태를 나타내는 성상 형용사(性狀形容詞)이고, '그러하였다'는 지시성을 지닌 형용사로서 지시 형용사(指示形容詞)이다.

> (14) ㄱ. 과일은 모두 맛이 <u>달다</u>.
> ㄴ. 그분은 말투도 <u>무뚝뚝했지만</u>, 태도는 더욱 <u>그러하였다</u>.

용언 중에는 단독으로는 쓰일 수 없고 반드시 다른 용언에 기대어 그 말에 뜻을 더해 주는 용언이 있다. 이를 보조 용언이라 한다. 밑줄 친 '두었다, 싶다, 아니하다'는 보조 용언으로 그 앞에 있는 용언의 뜻을 더해 주고 있다. 보조 용언의 도움을

받는 용언을 본용언이라 한다.

(15) ㄱ. 아침을 든든하게 먹어 <u>두었다</u>.
ㄴ. 나도 너를 따라가고 <u>싶다</u>.
ㄷ. 여름 날씨가 그다지 덥지 <u>아니하다</u>.

■ **용언의 활용, 어미** ■ 용언은 끝이 여러 가지 모습으로 바뀌는 특성이 있다. 이처럼 용언의 끝이 문법 기능에 따라 여러 가지 모습으로 바뀌는 것을 활용이라 한다. 용언은 어간과 어미로 이루어져 있다. 어간은 활용하지 않는 부분으로 보통 어휘 의미를 가지고, 어미는 여러 형태로 활용하면서 동시에 문법 기능을 가진다. 어미에는 어말 어미(語末語尾)와 선어말 어미(先語末語尾)가 있다. 어말 어미는 용언을 끝맺는 위치에 놓이고, 선어말 어미는 어말 어미 앞에 놓인다. (16)에서 '-는, -다, -면, -지'는 어말 어미이고, '-시-, -었-, -겠-'은 선어말 어미이다. 어말 어미는 그 자체만으로도 어간에 결합하여 단어를 이룰 수 있으나, 선어말 어미는 반드시 어말 어미를 필요로 한다.

(16) ㄱ. 아버지께서 마음에 <u>드는</u> 선물을 <u>주셨다</u>.(←주-시-었-다)
ㄴ. 하루쯤 <u>쉬면</u>, 기분이 한결 좋아지<u>겠지</u>.

어말 어미는 기능에 따라 종결 어미, 연결 어미, 전성 어미로 나뉜다. 문장 (17ㄱ)에서 '-다'는 문장을 완전히 종결하는 종결 어미이다. 이렇게 문장을 끝맺는 종결 어미에는 평서형 어미, 감탄형 어미, 의문형 어미, 명령형 어미, 청유형 어미가 있다. (17ㄴ)의 '-는데'는 문장을 끝맺지 않고, 앞절을 뒷절에 연결하는 연결 어미이다. 이렇게 문장을 이어 주는 연결 어미에는 대등적 연결 어미, 종속적 연결 어미가 있는데, 특히 '-고'처럼 본용언을 보조 용언에 이어 주는 것은 보조적 연결 어미라 한다. (17ㄷ)에서 '-은, -기'가 쓰인 '추운'과 '지나가기'는 각각 관형어와 목적어의 구실을 하고 있다. 이와 같이, 서술하는 기능과 더불어 또 다른 기능을 하도록 하는 어미를 전성 어미라 한다. '-은'은 관형사형 어미이고, '-기'는 명사형 어미이다.

(17) ㄱ. 우리나라에서 세계 박람회가 열렸다.

ㄴ. 바람은 좀 자는데, 비는 계속 내리고 있구나.

ㄷ. 우리는 추운(←춥-은) 겨울이 빨리 지나가기만을 기다렸다.

■ **수식언** ■ 관형사와 부사는 모두 뒤에 오는 다른 말을 꾸미는 기능을 하기 때문에 수식언이라 한다. 다음 밑줄 친 단어는 모두 체언 앞에 놓여서 그 내용을 자세하게 꾸며 주고 있다. 이렇게 체언을 수식하는 단어를 관형사라 한다.

(18) ㄱ. <u>이</u> 사람은 세상의 <u>온갖</u> 걱정을 혼자 떠맡아 해요.

ㄴ. <u>한</u> 어깨에 <u>두</u> 지게 질까.

관형사에는, '온갖'과 같이 사물의 성질이나 상태를 꾸며 주는 성상 관형사(性狀冠形詞)와, '이'처럼 어떤 대상을 가리키는 지시 관형사(指示冠形詞)가 있다. 그리고 '한, 두'처럼 수량을 나타내는 수 관형사(數冠形詞)도 있다. 부사는 주로 용언을 꾸며서 그 뜻을 더 분명하게 해 주는 단어이다.

(19) ㄱ. 저 차는 <u>너무</u> <u>빨리</u> 달려서 <u>무척</u> 위험하다.

ㄴ. <u>이리</u> 와서 내 말을 들어 보아라.

ㄷ. 그 분을 한 번도 <u>못</u> 뵈었습니다.

ㄹ. 파도치는 소리만 <u>철썩철썩</u> 들려온다.

ㅁ. 가을 산이 온통 단풍으로 <u>울긋불긋</u> 물들었다.

위에서 '빨리, 무척'은 모두 뒤에 오는 용언을, '너무'는 뒤에 있는 부사 '빨리'를 꾸미고 있다. 부사는 '바로 그것'과 같이 체언 앞에 오기도 한다. 부사에는 '어떻게'라는 방식으로 용언을 꾸미는 성상 부사, '이리'와 같이 특정한 대상을 가리키는 지시 부사, '못'과 같이 부정의 뜻을 가진 부정 부사가 있다. 그런데 성상 부사 가운데 '철썩철썩, 울긋불긋'처럼 사물의 소리와 모양을 흉내내는 부사들을 특히 의성 부사, 의태 부사라 한다.

이들은 문장 가운데 어느 한 성분만을 한정해 주므로 성분 부사라 하고, '과연'과
같이 문장 전체를 꾸며 주는 것은 문장 부사라 하고, '그러나'와 같이 앞 문장의 뜻
을 뒷 문장에 이어 주는 것은 접속 부사라 한다.

> (20) ㄱ. <u>과연</u> 나는 똑똑해.
>   ㄴ. 사람에게는 의식주가 필요하다. <u>그러나</u> 그것만으로는 살 수 없다.

■ 독립언 ■ 감탄사는 화자의 부름, 느낌, 놀람이나 대답을 나타내는 단어이다. 문
장 (21)에서 '여보'는 부름을, '아'는 느낌을, '예'는 대답을 나타낸다. 감탄사는 형태
가 변하지 않으며, 놓이는 위치가 비교적 자유롭다. 이들은 문장 속의 다른 성분에
얽매이지 않고 독립성을 가지므로 독립언이라 한다.

> (21) ㄱ. <u>여보</u>, 벌써 연말이 다 되었어요
>   ㄴ. <u>아</u>, 세월이 참 빠르군.
>   ㄷ. <u>예</u>, 그래요

2.1.3. 단어의 짜임새

■ 단어의 짜임새 ■ 다음 밑줄 친 단어들은 모두 명사이지만 이들의 짜임새는 각
각 다르다. '산'이나 '나무'는 하나의 형태소로 되어 있지만, '밤나무'나 '햇밤'은 두
개의 형태소로 되어 있다. '산, 나무'처럼 하나의 형태소로 이루어지는 단어를 단일
어라 하며, '밤나무'나 '햇밤'처럼 두 개 이상의 형태소로 이루어지는 단어를 복합
어라 한다.

> (22) ㄱ. 이 산에는 <u>나무</u>가 많다.
>   ㄴ. <u>밤나무</u>에 <u>햇밤</u>이 많이 열렸다.

복합어를 형성하는 방법에는 두 가지가 있다. 첫째는 어근과 접사가 결합하여 복합어를 형성하는 방법이다. '햇밤'은 '밤'이라는 어근에 접사 '햇-'이 결합하여 복합어를 형성하였다. 이러한 복합어를 파생어라 한다. 둘째는 두 개 이상의 어근이 결합하여 복합어를 형성하는 방법이다. '밤나무'는 '밤'과 '나무' 두 개의 어근이 결합하여 복합어를 형성하였다. 이러한 복합어를 합성어라 한다.

▌파생어 ▌ 다음 밑줄 친 단어들은 파생어이다.

> (23) ㄱ. <u>선무당</u>이 사람 잡는다.
> ㄴ. 새들이 둥지를 찾아들며 <u>날개</u>를 접는다.
> ㄷ. 짐승들은 <u>먹이</u>를 찾느라고 산 속을 헤매고 있었다.

'선무당'의 '선-'은 어근 앞에 오는 접두사이고, '날개, 먹이'의 '-개, -이'는 어근 뒤에 붙는 접미사이다. 다음 문장 (24)의 밑줄 친 단어는 접두 파생어인데, 접두사는 뒤에 오는 어근의 뜻을 제한할 뿐, 품사를 바꾸는 일은 없다. '군소리'에서 접두사 '군-'은 '쓸데없는, 가외의'라는 뜻으로, 어근 '소리'가 나타낼 수 있는 뜻을 일부 제한할 뿐이다. '짓눌렀다'에서 접두사 '짓-'도 '함부로, 흠씬'의 뜻을 어근 '누르-'에 더해 주지만 품사를 바꾸지는 않는다.

> (24) ㄱ. 뒤에서 <u>군소리</u>를 많이 하는 것은 좋은 태도가 아니다.
> ㄴ. 옛날 군주들은 백성들의 자유를 <u>짓눌렀다</u>.

접미사는, 접두사와 달리, 어근의 뜻만 제한하는 것이 아니라, 그 앞에 오는 어근의 품사를 바꾸는 경우도 많다. '놀이'는 동사의 어간 '놀-'을 어근으로 하여, 여기에 접미사 '-이'를 붙여 파생 명사를 만들었다. 그러나 '멋쟁이'는 명사 '멋'을 어근으로 하여 접미사 '-쟁이'를 붙였으나, 품사는 바뀌지 않았으며 다만 '어떤 특징이 있는 사람'이라는 뜻을 보탤 뿐이다. '물리었다'는 동사의 어간 '물-'이 그대로 어근이 되고 여기에 피동 접미사 '-리-'가 결합한 것이다.

> (25) ㄱ. 우리도 <u>놀이</u> 문화를 건전하게 키워야 한다.
> ㄴ. 그는 언제나 <u>멋쟁이</u>였다.
> ㄷ. 개가 고양이에게 <u>물리었다</u>.

▌ 합성어 ▌ 다음 밑줄 친 단어들은 합성어이다.[◂알아 두기 1]

> (26) ㄱ. 나의 <u>큰형</u>은 올해 대학교를 졸업한다.
> ㄴ. 일을 할 때에는 늘 <u>앞뒤</u>를 잘 살펴야 한다.

'큰형'은 형용사의 관형사형 '큰'과 명사 '형'이, '앞뒤'는 명사 '앞'과 '뒤'가 결합하여 형성된 합성 명사이다. 합성어는 이와 같이 두 개 이상의 어근이 모여 형성된다.

> (27) ㄱ. 이제 곧 도시를 <u>벗어나면</u> 초록빛 산과 들이 펼쳐질 것이다.
> ㄴ. 지금이 한창 <u>뛰노는</u> 때이다.
> ㄷ. <u>마주선</u> 인형끼리 음악에 맞춰 <u>춤추고</u> 있었다.

'벗어나면'과 '뛰노는'은 모두 동사 둘이 결합된 합성 동사이다. '마주선'은 부사와 동사가 결합되었고, '춤추고'는 명사와 동사가 결합된 합성 동사이다.

> (28) ㄱ. <u>높푸른</u> 하늘을 바라보며 한가로이 풀밭에 누워 있다.
> ㄴ. 보기에 좋은 음식이 대개 <u>맛있더라</u>.

'높푸른'은 형용사의 어간 '높-'에 또 하나의 형용사 '푸르-'가 바로 결합되었고, '맛있더라'는 명사에 형용사가 결합된 합성 형용사이다.

2.2. 문장

2.2.1. 문장의 성격

■ **문장** ■ 문장의 짜임새를 이해하기 위하여 먼저 문장 (1)을 살펴보기로 하자.

> (1) 우리 한글은 매우 체계적이다.

이 문장은 우선 '우리 한글은'과 '매우 체계적이다'로 분석된다. 앞부분은 '체계적이다'의 주체이고, 뒷부분은 그 주체에 대한 서술이다. 앞부분은 다시 '우리'와 '한글은'으로 분석되는데 '우리'는 '한글'을 꾸미고, '한글'은 꾸밈을 받고 있다. 뒷부분도 '매우'와 '체계적이다'로 분석되는데, 그 관계도 꾸미고 꾸밈을 받는 관계이다. 이러한 관계는 다음과 같이 계층적으로 나타낼 수 있다.

> (2) 우리   한글은   매우   체계적이다.

문장이 이처럼 계층적으로 분석되는 이유는, '우리'와 '한글' 사이의 관계나 '매우'와 '체계적이다' 사이의 관계는 매우 긴밀하지만, 그에 비해 '한글'과 '매우' 사이는 그렇게 긴밀한 관계로 맺어져 있지 않는 데 있다. 이와 같이 문장은 먼저 큰 부분으로 나뉘고, 또 다시 작은 부분으로 나뉘어 구성되어 있다. 이 때, '우리 한글은' 부분을 주어부라 하고, '매우 체계적이다' 부분을 서술부라 한다. 글을 쓸 때 마침표가 놓이는 자리는 한 문장이 끝났음을 뜻한다. 이것은, 문장은 하나의 독립된 언어 형식, 곧 그 자체로 하나의 통일성을 가지는 짜임새임을 말한다. 결국, 문장이란 그 자체로서 통일성을 가지며 계층적으로 긴밀하게 구성되어 있는 독립된 언어 형식이라고 할 수 있다.

문장은, 서술어의 성격에 따라 조금씩 다르기는 하지만, 일정한 구실을 하는 성분들로 짜여 있다. 예를 들어 다음 문장에서 '면담하셨다'는 서술어, '선생님께서'는 주어, '학생들을'은 목적어, '어제'는 부사어 구실을 한다.

(3) 선생님께서 어제 학생들을 면담하셨다.

이같이 문장을 구성하여 일정한 구실을 하는 요소들을 문장 성분이라 한다. 그리고 문장 성분이 되게 하는 여러 언어 형식들을 성분의 재료라 한다.

■ **문장 성분** ■ 문장에서 가장 중심 구실을 하는 성분은 서술어이다. 다른 문장 성분들과는 달리, 서술어는 잘 생략되지 않으며, 다양한 활용 어미를 통해 문장의 문법 기능들은 대개 이들에 의해 표현된다. 그래서 문장에서 서술어가 가장 중심이며, 다른 성분들은 서술어에 직접 혹은 간접으로 이끌려 있다.[▪ 알아 두기 2]

문장 성분은 주성분과 부속 성분, 그리고 독립 성분으로 나뉜다. 주성분은 문장의 골격을 이루는 성분이며, 부속 성분은 주로 주성분의 내용을 수식하는 성분이며, 독립 성분은 주성분이나 부속 성분과 직접 관계 없이 문장에서 따로 떨어져 있는 성분이다. 주성분에는 서술어를 비롯하여 주어, 목적어, 보어가 있으며, 부속 성분에는 관형어와 부사어가 있으며, 독립 성분에는 독립어가 있다.

■ **성분의 재료** ■ 모든 단어는 문장 성분의 기본 재료가 된다. 다만 조사는 단독으로는 문장 성분이 될 수 없고 반드시 체언에 결합해서 한 덩어리가 되어 여러 문장 성분의 구실을 한다. 다음 문장에서 '참', '잘', '먹는다'와 같은 단어는 단독으로 문장 성분이 되며, '우리'는 조사 '는'과 결합해서, '김치'는 조사 '를'과 결합해서 문장 성분이 된다.

(4) 우리는 김치를 참 잘 먹는다.

문장 성분은 단어로만 이루어지는 것이 아니라, 구나 절로 이루어지기도 한다.

아래 문장의 밑줄 친 부분은 구나 절로서 문장 성분이 되었다. 구(句)는 중심되는 단어와 그것에 부속되는 단어를 한데 묶은 언어 형식을 말하며, 절(節)은 따로 서기만 하면 문장이 되는 구성이면서, 완전히 끝나지 않고 다만 문장의 어떤 성분이 된 언어 형식을 말한다.

(5) ㄱ. <u>나의 희망</u>은 세계적인 과학자가 되는 것이다.　　　(명사구)
　　ㄴ. 선생님께서는 <u>철수가 모범생임</u>을 잘 알고 계신다.　(명사절)

2.2.2. 문장 성분

■ 서술어 ■　서술어는 문장의 중심 성분으로, 주어인 '무엇이' 혹은 '누가'에 대해서 '어찌하다', '어떠하다', '무엇이다'로 나타난다. 다음 문장의 밑줄 친 부분이 서술어인데, '어찌하다'는 동사로, '어떠하다'는 형용사로, '무엇이다'는 체언에 '이다'가 붙어서 실현된다.

(6) ㄱ. 영희는 요즘 디자인을 <u>배운다</u>.　　(어찌하다 - 동사)
　　ㄴ. 그 사람은 마음이 <u>너그럽다</u>.　　(어떠하다 - 형용사)
　　ㄷ. 그는 우리 학교 <u>농구 선수이다</u>.　(무엇이다 - 서술격 조사 '이다')

서술어는 용언의 종류에 따라서 주어 하나만을 필요로 하는 것, 주어와 또 다른 문장 성분 둘을 필요로 하는 것, 그리고 문장 성분 셋을 필요로 하는 것이 있다. 다음 문장과 같이 자동사 '가다'는 다른 성분이 생략되더라도 주어 하나만으로도 온전히 문장을 구성할 수 있다.

(7) <u>우리는</u> (수업을 마치고) (바로) 갔다.

타동사 '보다'는 주어와 목적어 둘이 있어야 온전한 문장을 구성한다.

(8) 철수는 (어제 저녁에) (재미나는) 연극을 보았다.

그런데 자동사 중에는 문장 (9ㄱ)처럼 주어 외에 부사어를, (9ㄴ)처럼 타동사 중에는 주어와 목적어 외에 부사어를 필수적으로 가지는 경우도 있다.

(9) ㄱ. 사람들은 (늘) 대자연과 투쟁해 왔다.
    ㄴ. 할아버지께서 우리들에게 세뱃돈을 주셨다.

대부분의 형용사는 (10ㄱ)처럼 주어 하나만을 필수적으로 가지지만, (10ㄴ)의 '같다'처럼 주어와 부사어 둘을 필수적으로 가지기도 한다.

(10) ㄱ. (너희들의) 마음씨가 (무척이나) 곱구나.
     ㄴ. (우리들의) 우정은 (빛나는) 보석과도 같다.

위에서와 같이, 대부분의 자동사와 형용사처럼 주어 하나만을 필수적으로 가지는 것을 한 자리 서술어라 하고, 타동사나 형용사 '같다'처럼 주어 외에 또 다른 한 성분을 필수적으로 가지는 것을 두 자리 서술어라 하고, 동사 '주다'처럼 주어를 포함하여 세 성분을 필수적으로 가지는 것을 세 자리 서술어라고 한다.

▌ 주어 ▌ 주어는 서술하는 주체를 나타내는 문장 성분으로 모든 문장에 필수적이다. '무엇이 어찌하다/어떠하다/무엇이다'에서 '무엇이' 또는 '누가'에 해당한다.

주어는 체언에 주격 조사가 결합하여 실현된다. 전형적인 주격 조사는 '이/가'인데, 주어를 높일 때에는 '께서'가 쓰인다. 주어가 단체를 나타내는 명사이면 '에서'가 대신 쓰일 수 있다.

(11) ㄱ. 잎이 무성하니, 나무가 더욱 커 보인다.   (이/가)
     ㄴ. 아버지께서 우리들에게 말씀하셨다.   (께서)
     ㄷ. 이번에도 우리 학교에서 우승을 차지했다.   (에서)

주격 조사 대신 보조사를 결합하여 주어를 실현할 수 있으며, 여기에 주격 조사가 다시 결합할 수도 있다. 그리고 상황에 따라 주격 조사가 생략되어 주어를 실현할 수 있다

> (12) ㄱ. <u>우리는</u> 연극을 보고 나서 바로 집으로 갔다.　　(보조사)
> 　　 ㄴ. <u>자신만이</u> 옳다고 생각하지 마라.　　(보조사+주격 조사)
> 　　 ㄷ. 어디 가니? 응, 학교 가.　　(주격 조사 생략)

■ 목적어 ■ 타동사는 어떤 대상을 필요로 하는 동작을 나타낸다. 타동사가 쓰인 문장에서 그 동작의 대상을 나타내는 문장 성분이 목적어이다.

목적어는 체언에 목적격 조사 '을/를'이 결합하여 실현된다. 목적격 조사 대신 보조사가 결합하여 목적어를 실현할 수 있으며, 여기에 목적격 조사가 다시 결합할 수 있다. 물론 목적격 조사가 생략될 수도 있다.

> (13) ㄱ. 나는 <u>수박을</u> 잘 먹고, 동생은 <u>참외를</u> 잘 먹는다.　(목적격 조사)
> 　　 ㄴ. 나는 <u>수박도</u> 잘 먹고, <u>참외도</u> 잘 먹는다.　　(보조사)
> 　　 ㄷ. 동생은 <u>수박만을</u> 좋아한다고 했다.　　(보조사+목적격 조사)
> 　　 ㄹ. 넌 <u>수박</u> 좋아해? 아니, 난 <u>참외</u> 좋아해.　　(목적격 조사 생략)

■ 보어 ■ 서술어가 되는 용언 가운데서 '되다'나 '아니다'는 두 자리 서술어로서, 다음 문장의 밑줄 친 성분을 필수적으로 가진다.

> (14) ㄱ. 영희는 이제 <u>고등학생이</u> 되었다.
> 　　 ㄴ. 철수는 아직 <u>고등학생이</u> 아니다.

위 문장은 '고등학생이'와 같은 말이 없으면 불완전한 문장이 된다. 따라서 '고등학생이'와 같은 말을 보어라 한다. 보어(補語)는 체언에 보격 조사 '이/가'가 결합하여 실현된다.

▌관형어 ▌ 관형어는 체언으로 실현되는 주어, 목적어 앞에서 이들을 꾸미는 문장 성분이다. 그래서 관형어는 문장에서 필수적인 성분은 아니다. 관형어는 관형사에 의해 실현될 뿐만 아니라, 체언에 관형격 조사 '의'가 결합되어 실현되거나 관형절에 의해 실현되기도 한다.

> (15) ㄱ. 우리는 <u>옛</u> 친구를 다시 만났다.　　　　　　　　　(관형사)
> 　　　ㄴ. 우리는 <u>겨울산의</u> 설경을 좋아한다.　　　　　(체언 + 관형격 조사)
> 　　　ㄷ. 우리는 <u>철수가 돌아온</u> 사실을 아직 모르고 있었다. (관형절)

▌부사어 ▌ 부사어는 주로 서술어를 꾸미는 문장 성분이다. 부사어는 문장 (16)에서와 같이 부사에 의해('참, 과연'), 부사에 보조사를 결합해서('무척이나') 실현된다. 뿐만 아니라 체언에 부사격 조사가 결합되어('오후에, 시골에서, 종이로, 나라보다') 실현되기도 한다.

> (16) ㄱ. 가을 하늘이 <u>참</u> 높아 보인다. <u>과연</u> 아름답구나.
> 　　　ㄴ. 우리들은 <u>오후에</u> <u>시골에서</u> 돌아왔다.
> 　　　ㄷ. 영희는 <u>종이로</u> 학을 접는다.
> 　　　ㄹ. <u>확실히</u> 우리 나라가 다른 어느 <u>나라보다</u> 더 살기 좋다.

　　부사어에는 어느 특정한 성분을 수식하는 성분 부사어가 많지만, 위 (16ㄱ)의 '과연', (16ㄹ)의 '확실히'처럼 문장 전체를 꾸며 주는 문장 부사어도 있다.

　　부사어는 대부분 수의적으로 나타나는 성분이지만, 서술어에 따라 필수적인 성분이 되기도 한다. 문장 (17)에서 부사어를 필수적으로 가지는 경우는, 세 자리 서술어인 동사 '주다, 삼다, 넣다, 두다' 등의 경우와 두 자리 서술어인 형용사 '같다, 비슷하다, 닮다, 다르다' 등의 경우가 있다.

(17) ㄱ. 선생님께서 영희한테 책을 <u>주셨다</u>.
    ㄴ. 영희는 어머니와 <u>닮았다</u>.

■ **독립어** ■ 독립어는 어느 성분과도 직접적인 관련이 없는, 독립된 성분이다. 뒤에 오는 성분과 함께 하나의 문장을 구성하며 문장 전체를 꾸미는 구실을 한다. 감탄사, 체언에 호격 조사가 결합된 형태 등이 독립어가 된다.

(18) ㄱ. <u>아아</u>, 드디어 기다리던 방학이 되었다.   (감탄사)
    ㄴ. <u>신이여</u>, 우리들을 보호하소서.   (체언+호격 조사)

2.2.3. 겹문장의 짜임새

■ **홑문장과 겹문장** ■ 앞에서 여러 문장 성분들을 살펴보았다. 이 가운데 가장 중심 구실을 하는 성분이 서술어이며, 하나의 문장이 구성되기 위해서는 최소한 서술어와 그 서술의 주체인 주어를 갖추어야 한다는 것을 확인하였다.

(19) ㄱ. <u>젊은이들은</u> 주로 현대 음악을 <u>좋아한다</u>.
    ㄴ. <u>달빛이</u> 아주 <u>밝구나</u>.
    ㄷ. <u>금강산은</u> 우리나라의 <u>명산이다</u>.

위 문장에는 서술어가 한 번만 나타나서, 주어와 서술어의 관계가 한 번만 이루어져 있다. 이러한 짜임새를 가진 문장을 홑문장이라 한다.

그런데 다음 문장들은 그렇지 않고, 서술어가 두 번 또는 그 이상 나타나서 주어와 서술어의 관계가 두 번 또는 그 이상 이루어져 있다. 문장 (20ㄱ)에는 서술어가 '정당했음'과 '깨달았다' 둘이 있고, 각각의 주어는 '그가'와 '우리는'이다. (20ㄴ)에는 서술어가 '가고'와 '논다' 둘이 있고, 각각의 주어는 '형은'과 '동생은'이다. (20ㄷ)에는 서술어가 '오더라도', '개이면', '출발한다' 셋이 있고 각각 주어는 '비가',

'안개만', '비행기는'이다.

> (20) ㄱ. 우리는 이제 그가 정당했음을 깨달았다.
>   ㄴ. 형은 학교에 가고 동생은 집에서 논다.
>   ㄷ. 비가 부슬부슬 오더라도 안개만 개이면 비행기는 출발한다.

이처럼 서술어가 둘 이상 나타나 주어와 서술어의 관계가 두 번 이상 이루어진 짜임새를 가진 문장을 겹문장이라 한다. 홑문장이 겹문장을 이루는 과정에는 두 가지 유형이 있다. 첫째는 위의 (20ㄱ)처럼, 한 홑문장을 절로 바꾸어 다른 문장의 어떤 성분이 되도록 하는 과정이다. '그가 정당했다'라는 홑문장이 '그가 정당했음'이라는 명사절로 바뀌어 전체 문장의 목적어가 되었다. 이러한 짜임새를 가진 문장을 안은 문장이라 한다. 둘째는 위의 (20ㄴ)과 (20ㄷ)처럼 홑문장이 둘 이상 서로 이어져서 겹문장을 구성하는 과정이다. 이러한 짜임새의 문장을 이어진 문장이라 한다.

▌**안은 문장** ▌ 한 홑문장이 절 형식으로 바뀌어 다른 문장의 한 성분으로 안겨 이루어지는 문장이 안은 문장이다. 홑문장이 다른 문장의 한 성분으로 안길 때에는 명사절, 관형절, 부사절, 서술절, 인용절로 안기는 경우들이 있다.

문장 (21)에서 밑줄 친 부분은 홑문장이 '-음'이나 '-기'와 결합하여 명사절이 되어, 전체 문장의 한 문장 성분이 된 것이다.

> (21) ㄱ. <u>철수가 축구에 소질이 있음</u>이 학교에 알려졌다.   (주어)
>   ㄴ. <u>어린이가 그런 일을 하기</u>가 쉽지 않다.   (주어)
>   ㄷ. 영희는 <u>철수가 축구에 소질이 있음</u>을 모르고 있었다.   (목적어)
>   ㄹ. 농부들은 금년에도 <u>농사가 잘 되기</u>를 바랐다.   (목적어)
>   ㅁ. 우리는 <u>날씨가 맑기</u>에 산책을 했다.   (부사어)

문장 (22)에서 밑줄 친 부분은 홑문장이 관형절이 되어 체언을 수식하는 관형어의 구실을 하고 있다. 이들은 각각 관형형 어미 '-은, -는, -을, -던'과 결합하여 관형절을 이루어 안긴다.

> (22) 이 책은 <u>내가 읽은/읽는/읽을/읽던</u> 책이다.

문장 (23)에서 밑줄 친 부분은 홑문장이 부사절이 되어 전체 문장의 부사어 구실을 하고 있다. '우리가 입은 것과 똑같다', '아는 것도 없다'가 접미사 '-이'와 결합하여 부사절을 이루어 안긴다.

> (23) ㄱ. 그들은 <u>우리가 입은 것과 똑같이</u> 입고 있다.
>   ㄴ. 그는 <u>아는 것도 없이</u> 잘난 척한다.

문장 (24)에서 밑줄 친 부분은 홑문장이 서술절이 되어 전체 문장의 서술어 구실을 하고 있다.

> (24) ㄱ. 할아버지께서는 <u>인정이 많으시다.</u>
>   ㄴ. 나는 <u>코스모스가 좋다.</u>

그런데 이들 문장은 모두 한 문장에 주어가 둘 있는 문장으로 보인다. 그 가운데 하나는 겹문장의 주어이고, 다른 하나는 겹문장의 서술어로 안긴 서술절의 주어이다. (24ㄱ)에서 '인정이'의 서술어는 '많으시다'이고, '할아버지께서는'의 서술어는 '인정이 많으시다'이다. (24ㄴ)에서 '코스모스가'의 서술어는 '좋다'이고, '나는'의 서술어는 '코스모스가 좋다'이다.

다음 문장 (25)에서 밑줄 친 부분은 홑문장이 그대로 인용절이 되어 전체 문장에 안겨 있다. 한 문장을 인용절로 바꿀 때에는 문장에 조사 '고'와 '라고'를 결합한다. '고'는 간접 인용절에, '라고'는 직접 인용절에 결합한다.

> (25) ㄱ. 나는 <u>한결이가 학교에 간다</u>고 말했다.   (간접 인용절)
>   ㄴ. 나는 "<u>한결이가 학교에 간다.</u>"라고 말했다.   (직접 인용절)

▌ **이어진 문장** ▌ 다음 문장과 같이 홑문장이 둘 이상 이어져 이루어진 겹문장이 이어진 문장이다.

> (26) 봄이 오니 날씨가 따뜻하다.

이 문장은 '봄이 오다'라는 홑문장과 '날씨가 따뜻하다'라는 홑문장이 연결 어미 '-니'에 의해 이어진 문장이다. 여기에서 '봄이 오니'를 앞절이라 하고, '날씨가 따뜻하다'를 뒷절이라 한다.

이어진 문장은 앞절에 결합된 연결 어미의 뜻에 의해 앞절과 뒷절의 관계가 결정된다. 연결 어미 '-고'가 결합된 문장 (27ㄱ)은 의미 관계가 대등적으로 대등하게 이어진 문장이라 하고, 연결 어미 '-면'이 결합된 문장 (27ㄴ)은 의미 관계가 종속적으로 이어진 문장이라 한다.

> (27) ㄱ. 영희는 연극을 좋아하고 철수는 영화를 좋아한다.
> ㄴ. 내가 일찍 일어나면 아버지께서 칭찬하실 것이다.

대등하게 이어진 문장에서 앞절이 뒷절에 대해 가지는 의미 관계는 나열, 대조, 선택 등이다. 선택 관계는 대체로 연결 어미가 중첩되어 표현된다.

> (28) ㄱ. 어제는 하늘도 맑았고 바람도 잠잠했었다.   (나열)
> ㄴ. 함박눈이 내리지만 날씨가 춥지는 않다.   (대조)
> ㄷ. 산으로 가든지 바다로 가든지 (나는 괜찮아요.)   (선택)

종속적으로 이어진 문장에서 앞절이 뒷절에 대해 가지는 의미 관계는 이유, 조건, 의도, 결과, 전환 등 다양하다.

> (29) ㄱ. 약속한 시간이 다 되어서 나는 더 머물 수 없었다.   (이유)
> ㄴ. 손님이 오시거든 반갑게 맞이하여라.   (조건)
> ㄷ. 우리는 한라산에 오르려고 아침 일찍 일어났다.   (의도)

2.3. 문법 기능

2.3.1. 문장 종결

▌문장 종결법 ▌ 말하는 이는 문장을 끝맺는 종결 어미에 기대어, 자기의 생각이나 느낌을 듣는 이에게 여러 가지 방식으로 표현할 수 있다. 다음 문장 (1ㄱ)은 듣는 이에게 대답을 요구하는 표현이며, 문장 (1ㄴ)은 듣는 이에게 행동을 요구하는 표현이다.

> (1) ㄱ. 어제 저녁에 뭘 했니?
>   ㄴ. 자세히 말해 보아라.

이러한 문장 종결의 여러 방식을 문장 종결법이라 한다. 국어 문법에서 마침법, 의향법, 서법, 문체법 등으로도 기술되어 왔다. 문장 종결법은 말하는 이가 듣는 이에 대한 태도를 나타내기 때문에 상대 높임법과 관련되어 있다. 문장 종결의 유형에는 평서문, 감탄문, 의문문, 명령문, 청유문 등이 있다.[◂**관점 비교하기 2**]

▌평서문 ▌ 평서문은 말하는 이가 듣는 이에 대하여 특별히 요구를 하는 일이 없이, 자기의 생각을 단순하게 전달하는 문장이다.

> (2) ㄱ. 철수는 어제 시골 할머니댁에 <u>다녀왔다</u>.
>   ㄴ. 우리나라는 사계절이 <u>뚜렷하다</u>.

이와 같이 평서문은 그저 말하는 이가 언어 내용을 평범하게 진술하고 있다. 다음은 말하는 이가 듣는 이에게 자기 의사의 실현을 약속하는 평서문이다.

> (3) ㄱ. 나도 네 뜻을 <u>따르마</u>.
>   ㄴ. 이번 일요일에는 반드시 <u>갈게요</u>.

▌감탄문 ▌ 감탄문은 말하는 이가 듣는 이를 별로 의식하지 않거나 거의 독백하는 상태에서 자기의 느낌을 전달하는 문장이다.

> (4) ㄱ. 너는 노래도 잘 <u>부르는군</u>!
> ㄴ. 아, 벌써 새 아침이 <u>밝았구나</u>!

▌의문문 ▌ 의문문은 말하는 이가 듣는 이에게 질문하여 그 대답을 요구하면서 언어 내용을 전달하는 문장이다.

> (5) ㄱ. 아버지께서도 지금 <u>오셨습니까</u>?
> ㄴ. 너는 언제 <u>왔니</u>?

의문문은 듣는 이에게 대답을 요구하는 문장이지만, 위의 문장 (5ㄱ)처럼 긍정이나 부정의 대답을 요구하기도 하고, (5ㄴ)처럼 '언제'와 같은 물음말이 포함되어 있어 듣는 이에게 설명하는 대답을 요구하기도 한다. 긍정이나 부정의 대답을 요구하는 의문문을 판정 의문문, 물음말이 포함되어 있어 듣는 이에게 설명하는 대답을 요구하는 의문문을 설명 의문문이라 한다.

▌명령문 ▌ 명령문은 말하는 이가 듣는 이에게 어떤 행동을 하도록 요구하면서 언어 내용을 전달하는 문장이다.

> (6) ㄱ. 길이 막히니 서둘러 <u>출발하십시오</u>.
> ㄴ. 건강한 생활을 위하여 열심히 <u>운동하여라</u>.
> ㄷ. 물음에 알맞은 답의 번호를 <u>고르라</u>.

그런데 명령문은 평서문이나 의문문과 달리, 문장 안에서 여러 가지 제약을 받는다. 명령문의 주어는 반드시 듣는 이로 설정되며, 서술어는 동사로 한정되며, 시간 표현 선어말 어미 '-었-', '-더-', '-겠-'과 함께 나타나는 일도 없다.

■ 청유문 ■ 청유문은 말하는 이가 듣는 이에게 어떤 행동을 자기와 함께 하도록 요청하면서 언어 내용을 전달하는 문장이다.

> (7) ㄱ. 우리 함께 생각해 <u>봅시다</u>.
>   ㄴ. 출발 시간이 얼마 안 남았으니 빨리 <u>가자</u>.

청유문도 명령문처럼 문장 안에서 여러 가지 제약을 받는다. 주어는 '우리'와 같이 반드시 말하는 이와 듣는 이가 함께인 경우이며, 서술어는 동사로 한정되며, 시간 표현 선어말 어미 '-었-', '-더-', '-겠-'과 함께 나타나는 일도 없다.

2.3.2. 높임 표현

■ 높임법 ■ 말하는 이가 언어 내용을 전달할 때에는 듣는 이와 문장에 등장하는 주체와 객체에 대하여 높임의 태도를 표현할 수 있다. 말하는 이가 어떤 대상에 대하여 높임의 태도를 나타내는 문법 기능을 높임법이라 한다. 우리 말은 다른 나라 말보다 높임법이 더 발달되어 있어서, 높임법은 국어의 중요한 특질이다.

높임법은 말하는 이가 주체, 객체, 그리고 듣는 이에 대하여 높임의 태도를 나타내기 때문에, 높이는 대상이 누구인가에 따라 주체 높임법, 객체 높임법, 상대 높임법으로 나뉜다.

■ 주체 높임법 ■ 주체 높임법은 문장의 주어가 지시하는 대상, 곧 서술의 주체에 대하여 말하는 이가 높임의 태도를 나타내는 문법 기능이다. 다음과 같이 주로 주체 높임법은 선어말 어미 '-(으)시-'에 의해 표현된다.

> (8) ㄱ. 철수가 그 책을 <u>읽었다</u>.
>   ㄴ. 선생님<u>께서</u> 그 책을 <u>읽으셨다</u>. (←읽-으시-었-다)

문장 (8ㄱ)과는 달리 (8ㄴ)에는 선어말 어미 '-(으)시-'가 결합되어 있다. 그래서 말하는 이가 주어인 '선생님'에 대해 높임의 태도를 나타내고 있다. 곧 주체 높임법은 선어말 어미 '-으시-'에 의해 '높임'과 '높이지 않음'이 대립된다.

주체 높임법은 주격 조사에 의해서도 표현된다. 문장 (8)에서 주격 조사 '가'에 대해 '께서'가 쓰여 높임의 태도를 나타낸다. 또한 주체 높임법은 동사에 의해서도 표현될 수 있는데, 다음 문장 (9)에서 '있다'와 '계시다'의 대립이 예가 된다. '먹다-잡수시다', '자다-주무시다', '아프다-편찮으시다', '죽다-돌아가시다' 등의 대립도 마찬가지이다.

(9) ㄱ. 철수가 집에 <u>있다</u>.
　　ㄴ. 아버지께서 집에 <u>계신다</u>.

주체 높임법은 일반적으로 높여야 할 대상인 주체에 대해 높임의 태도를 나타내는 것이지만, 그렇지 않고 높여야 할 대상의 신체 부분, 소유물, 생각 등과 관련된 말에 '-(으)시-'를 결합하여 간접적으로 높임의 태도를 실현하기도 한다. (10ㄱ)에서 '밝으십니다'(←밝-으시-ㅂ니다)의 주어는 '귀'인데 높임이 나타나 있다. '귀'는 '할머니'의 신체 부분이기 때문에 간접적으로 '할머니'를 높인 셈이다. (10ㄴ)에서 '타당하십니다'의 주어는 '말씀'으로, '말씀'은 선생님의 생각이기 때문에 간접적으로 '선생님'을 높인 셈이다.

(10) ㄱ. 할머니께서는 아직 귀가 밝으십니다.
　　ㄴ. 선생님의 말씀이 타당하십니다.

▌객체 높임법 ▌ 객체 높임법은 문장의 객어인 목적어나 부사어가 지시하는 대상, 곧 서술의 객체에 대하여 말하는 이가 높임의 태도를 나타내는 문법 기능이다. 객체 높임법은 주로 동사에 의해 표현된다.

(11) ㄱ. 나는 친구를 <u>데리고</u> 학교로 갔다.
　　ㄴ. 나는 아버지를 <u>모시고</u> 집으로 왔다.

(12) ㄱ. 나는 이 책을 철수<u>한테</u> <u>주었다</u>.
　　ㄴ. 나는 이 책을 선생님<u>께</u> <u>드렸다</u>.

　곧 동사 '데리다' 대신에 '모시다', '주다' 대신에 '드리다'를 사용하여 객체인 '아버지, 선생님'을 높이고 있다. 그리고 객어가 부사어일 경우, 부사격 조사 '에게/한테'에 대해 '께'가 쓰여 객체 높임을 표현하기도 한다.
　객체 높임법은, 주체 높임법의 '-(으)시-'처럼 일정한 선어말 어미에 의해서 표현되지 않고, 다만 몇몇 특정 동사에 의해 표현될 뿐이어서 현대 국어에서는 그 쓰임이 아주 한정되어 있다.

■ **상대 높임법** ■　상대 높임법은 말하는 이가 듣는 이, 곧 말의 상대방에 대하여 높임의 태도를 나타내는 문법 기능이다. 청자 높임법이라 하기도 한다. 상대 높임법은 주로 종결 어미에 의하여 표현된다.

(13) ㄱ. 영희야 책을 조용히 <u>읽어라</u>. 아기가 <u>깨겠다</u>.
　　ㄴ. 박 군, 이리 와서 <u>앉게</u>. 혼자 <u>왔는가</u>?
　　ㄷ. 어서 서둘러 <u>가오</u>. 왜 <u>꾸물거리오</u>?
　　ㄹ. 이 책을 <u>읽으십시오</u>.

　위 문장에서처럼 듣는 이에 따라 상대방을 높이는 정도가 종결 어미의 대립에 의해서 '높임'과 '높이지 않음'으로 분화되는데, 높임은 다시 여러 등급으로 분화되어 있다. 위 문장에서 명령문의 경우를 보면, '-어라, -게, -(으)오-, -(으)십시오'와 같이 높임의 태도가 정도에 따라 여러 등급으로 표현되어 있다. 이러한 분화를 상대 높임의 등급이라고 한다. 그 등급의 이름을, 명령형 어미에 따라 해라체, 하게체, 하오체, 합쇼체라 부르기도 한다.
　그런데 상대 높임법은 조사 '요'를 결합해서 표현하는 경우가 있다. 다음과 같이 '-어'와 '-어요'의 대립에 의해서 분화되어 있다.

(14) ㄱ. 영희야 책을 조용히 <u>읽어</u>. 아기가 <u>깨겠어</u>.

ㄴ. 박 군, 이리 와서 <u>앉아</u>. 혼자 <u>왔어</u>?

ㄷ. 어서 서둘러 <u>가요</u>. 왜 <u>꾸물거려요</u>?

ㄹ. 이 책을 <u>읽으셔요</u>.

문장 (13)이 좀 더 격식적인 표현이라고 한다면, 문장 (14)는 격식을 덜 차리는 표현이다. 일반적으로 격식적인 표현은 의례적이어서 심리적인 거리감을 나타내는데 반해, 격식을 덜 차리는 표현은 친근감을 나타내 준다.

■ **높임법의 실현 조건** ■ 높임법을 실현하는 조건은 곧 높임의 의향을 결정짓는 조건이다. 대체로 말하는 이와 대상자(듣는 이, 주체, 객체)의 수직 관계로서는 나이, 신분, 친족 관계 등이며, 수평 관계로서는 친밀도, 성별 등이다. 실제 이러한 요소가 함께 작용하여 높임의 의향을 결정짓는다. 이러한 조건이 때로는 한 가지, 때로는 두 가지가 복합적으로 작용한다. 이들 조건들은 경우에 따라 서로 어긋나기도 하고, 말하는 이의 심리적 태도가 깊이 적용하기도 하여 복잡한 양상을 보인다. 그래서 높임법의 실현을 결정하는 데는 조건이 전제된다. 그 가운데 하나가 말하는 이가 높임의 의향을 실현할 수 있는 환경이 설정되어 있느냐 그렇지 않느냐 하는 것이다. 주체높임법의 예를 들어보자.

(15) ㄱ. 큰형님께서 돌아오셨어요

ㄴ. 큰형이 돌아왔어요

화자인 '아우'가 문장의 주체인 '큰형'에 대한 높임의 의향을 가질 때에는 당연히 문장 (15ㄱ)이 실현되어야 한다. 그러나 아우가 이 말을 누구에게 하느냐 하는 것이 고려된다. 우선 듣는 이가 말하는 이(='주체의 아우')의 친구거나 아우, 또는 주체의 친구일 때는 (15ㄴ)보다는 (15ㄱ)이 훨씬 더 용인성이 큰 문장이 된다. 그러나 듣는 이가 말하는 이의 아버지, 어머니, 선생님 등 손위일 경우에는 (15ㄴ)이 적절한 표현이다.

2.3.3. 시간 표현

■ **시제, 양상, 양태** ■ 문장의 서술은 시간 표현의 대상이 된다. 서술의 동작이나 상태가 전달되는 시점을 발화시라 하고, 동작이나 상태가 일어나는 시점을 사건시라고 하는데, 문장의 시간 표현과 관련을 맺는 문법 기능은 매우 다양하다.

먼저 시간 표현과 관련을 맺는 문법 기능에는 발화시에 대한 사건시의 위치를 제한하는 것이 있다.

> (16) ㄱ. 우리들은 어제 들놀이를 다녀왔어요.
> ㄴ. 학생들이 지금 운동장에서 배구를 한다.
> ㄷ. 내일은 날씨가 맑겠다.

문장 (16ㄱ)은 발화시를 기준으로 사건시가 앞선 경우이며, (16ㄴ)은 사건시와 발화시가 같은 경우이며, (16ㄷ)은 사건시가 뒤선 경우이다. 이를 각각 과거, 현재, 미래라고 하는데, 이와 같이 말하는 이가 발화시를 기준으로 사건시의 앞뒤를 제한하는 문법 기능을 시제라 한다.

시간 표현과 관련을 맺는 문법 기능에는 시간의 흐름 속에서 동작이 일어나는 모습을 나타내는 것도 있다. 발화시를 기준으로 동작이 계속 이어가는 모습, 동작이 막 끝난 모습, 되풀이되어 일어나는 모습 등이 그것이다. 이를 각각 진행, 완료, 반복이라 하는데, 이렇게 발화시를 기준으로 동작이 일어나는 모습을 나타내는 문법 기능을 동작상이라 한다. 문장 (17)을 보면, '-고 있다' 구성을 통해 진행상을, '-아 있다' 구성을 통해 완료상을, '-고-는 하다' 구성을 통해 반복상을 표현하고 있다.

> (17) ㄱ. 철수는 지금 학교에 <u>오고 있다</u>.　　　　　　(진행)
> ㄴ. 철수는 지금 학교에 <u>와(←오-아) 있다</u>.　　　　(완료)
> ㄷ. 나는 아침이면 호숫가에 <u>가곤(←가-고-는) 하였다</u>.　(반복)

시간 표현과 관련을 맺는 또 다른 문법 기능에는 사건에 대한 말하는 이의 심리적인 태도를 나타내는 것이 있다. 동작이나 상태를 지금-이곳의 현실 세계에서 인식하기도 하고, 현실과 단절된 그때-그곳의 세계에서 인식하기도 한다. 또한 일에 대해 추측을 하거나 일에 대한 의지를 실현하기도 한다. 이를 각각 현실, 회상, 추측, 의지라 하는데, 이러한 문법 기능을 양태라고 한다.[◂ 알아 두기 3]

(18) ㄱ. 철수는 지금 학교에 간다.　　　　　　　　　　(현실)
　　　ㄴ. 영희는 비가 오면 꼭 호숫가로 나가더라.　　(회상)
　　　ㄷ. 철수는 내가 말하면 같이 가 줄 거야.　　　　(추측)
　　　ㄹ. 아무도 안 하면 나라도 해야겠다.　　　　　　(의지)

▌ **시간 표현 파악의 어려움** ▌ 국어에서 시간 표현을 나타내는 선어말 어미는 고정된 하나의 문법 기능을 실현하지도 않는다.[◂ 관점 비교하기 3]

(19) ㄱ. 나는 어제 시골에 갔다.
　　　ㄴ. 나는 오늘 시골에 갔다가 올 거야.
(20) ㄱ. 내일은 날씨가 좋겠다.
　　　ㄴ. 그는 어제 꽤 힘들었겠구나.
　　　ㄷ. 이번 대회 우승은 꼭 내가 해야겠다.

문장 (19)에서 '-었-'이 과거, 완결 등을, 문장 (20)에서 '-겠-'이 미래, 추측, 의지 등을 실현하고 있다. 이들 선어말 어미는 시제, 양상, 양태의 세 기능 가운데 어느 것을 나타내고 있는가를 파악하기란 대단히 어렵다. 이 세 기능이 서로 별개로 작용하는 것이 아니고 늘 관련성을 가지고 있기 때문이다. 국어의 시제 체계를 파악하기 어려운 이유가 여기에 있다. 그래서 학교 문법에서는 이를 단순하게 현재 시제, 미래 시제, 과거 시제와 같이 기술하고 있다.

▌ **현재 시제** ▌ 문장 (21)에서와 같이 현재 시제는 동사의 경우에는 선어말 어미 '-

는-, -ㄴ-'에 의해 표현되고, 형용사나 '이다'의 경우에는 특별히 어미가 결합되지 않은 채 표현된다.

> (21) ㄱ. 학생들이 지금 도서관에서 책을 <u>읽는다</u>.
>   ㄴ. 언니는 시험 기간인 요즈음 매우 <u>바쁘다</u>.
>   ㄷ. 저 분은 현재 우리 동네 <u>동장님이시다</u>.

현재 시제가 관형절로 안길 때에는 문장 (22)와 같이 관형형 어미로 표현되는데, 동사에는 '-는'이, 형용사나 '이다'에는 '-(으)ㄴ'이 쓰인다.

> (22) ㄱ. 도서관은 지금 책을 <u>읽는</u> 학생들로 붐빈다.
>   ㄴ. 요즈음 저렇게 <u>친절한</u> 분은 처음 본다.
>   ㄷ. 현재 우리 동네 <u>동장님이신</u> 저 분은 친절하시다.

또한 현재 시제는 '지금, 요즈음, 현재' 등과 같은 시간 부사와 함께 쓰이면 현재 시제의 특징이 더욱 분명해진다. 그리고 경우에 따라 현재 시제를 나타내는 형태로 확실성 있는 미래, 보편적인 진리를 나타내기도 한다.

> (23) ㄱ. 우리는 내일 그 친구와 만난다.
>   ㄴ. 지구는 자전하면서 또한 태양의 주위를 공전한다

▌과거 시제▐ 문장 (24)과 같이 과거 시제는 선어말 어미 '-었-'으로 표현된다. '어제, 지난' 등과 함께 쓰이면 과거 시제의 특징이 더욱 분명해진다.

> (24) ㄱ. 나는 어제 그 책을 끝까지 다 <u>읽었다</u>.
>   ㄴ. 지난 겨울에는 날씨가 무척이나 <u>추웠다</u>.
>   ㄷ. 우리가 다녀온 곳은 백제의 옛 도읍인 <u>부여였다</u>.

과거 시제가 관형절로 안길 때에는 문장 (25)와 같이 관형형 어미로 표현되는데, 동사일 때에는 '-(으)ㄴ'이, 형용사나 '이다'일 때에는 '-던'이 쓰인다.

(25) ㄱ. 그 책을 <u>읽은</u> 사람들은 모두 감탄하였다.
ㄴ. 무척이나 <u>춥던</u> 지난 겨울은 힘들었어요.
ㄷ. 우리는 고등학교 <u>학생이던</u> 지난 시절이 그리워졌다.

과거의 어느 때에 기준을 두고, 그때의 일이나 경험을 돌이켜 생각하는 것을 회상이라고 하는데, 선어말 어미 '-더-'로 표현된다. 다음 문장들은 모두 말하는 이가 주어에 대하여 직접 경험한 것을 회상하여 표현하고 있다.

(26) ㄱ. 철수는 어제 도서관에서 책을 <u>읽더라</u>.
ㄴ. 어제는 날씨가 몹시 <u>춥더군</u>.

■ **미래 시제** ■ 발화시를 기준으로 사건시가 뒤선 시점을 나타내는 것이 미래 시제이다. 장차 일어날 일을 표현하거나, 추측이나 의지를 표현하기도 한다. 미래 시제는 선어말 어미 '-겠-'으로 표현된다. '내일, 다음에'와 같은 시간 부사와 함께 나타나면 미래 시제의 특징이 더 분명해진다. 그러나 '-겠-'은 단순히 미래 시제만 나타내는 것이 아니라, 추측과 의지를 나타내기도 한다. 그리고 관형절에 안길 때 미래 시제는 관형형 어미 '-을'로 표현된다.

(27) ㄱ. 내일은 비가 오겠다.   (단순한 미래)
ㄴ. 나도 아마 그 정도의 문제는 풀겠다.   (추측)
ㄷ. 그 일을 제가 꼭 하겠어요.   (의지)
(28) 음악회에 갈 사람들은 미리 신청하시기 바랍니다.

'-겠-' 대신 '-(으)리-'로 표현되기도 하며, 또한 관형형 어미와 의존 명사가 합쳐진 '-을 것이-' 구성으로도 표현된다.

(29) ㄱ. 그 일은 제가 <u>맡으리라고</u> 예상했어요.

ㄴ. 내일은 아마 눈이 <u>올 것이다.</u>

ㄷ. 우리는 이번에 이 일을 기필코 하고 <u>말 것이다.</u>

2.3.4. 사동 표현

■ **사동법** ■ 다음 문장을 살펴보면, 문장 (30ㄱ)에서는 주어인 철수가 책 읽는 동작을 직접 한 반면, (30ㄴ)에서는 주어인 선생님이 다른 사람인 철수에게 책 읽는 동작을 하도록 했다. 이것은 각각 동사 '읽다'와 '읽히다'에 의해 나타난다.

(30) ㄱ. 철수가 책을 읽었다.

ㄴ. 선생님께서 철수에게 책을 읽히셨다.

문장 (30ㄱ)처럼 주어가 직접 동작을 하는 것을 주동(主動)이라 하는데, 이와 달리 (30ㄴ)처럼 주어가 남에게 동작을 하도록 하는 문법 기능을 사동(使動)이라 한다. 사동문에는 먼저 문장 성분이 바뀐다. 주동문에서 주어인 '철수'가 사동문에서는 부사어로 바뀌는 한편, 새로운 주어 '선생님'이 나타났다. 결국 사동문은 대응하는 주동문보다 하나의 문장 성분을 더 가지게 되는 셈이다. 다음에는 동사가 바뀐다. 주동문에는 '읽다'가 쓰였고, 사동문에는 '읽히다'가 쓰였다.

■ **사동문의 실현 방법** ■ 사동문은 대체로 다음과 같은 두 방법으로 표현된다.

(31) ㄱ. 선생님께서 철수에게 책을 <u>읽히셨다.</u>

ㄴ. 선생님께서 철수에게 책을 <u>읽게 하셨다.</u>

문장 (31ㄱ)에서는 접미사 '-히-'가 결합하여 사동을 표현하였으며, 문장 (31ㄴ)에서는 보조적 연결 어미 '-게'에 보조 용언 '하다'가 이어진 통사적 구성으로 사동을 표현하였다. 이들을 각각 파생적 사동문과 통사적 사동문이라 한다.

파생적 사동문은 동사에 사동 접미사 '-이-, -히-, -리-, -기-, -우-, -구-, -추-' 등을 결합하여 표현한다. 문장 (32)은 각각 자동사, 타동사, 형용사의 사동 표현이다. 형용사는 주동사가 될 수는 없으나, 그 문장 구성과 의미가 사동문과 차이가 없어, 역시 사동 표현을 나타낸 것으로 본다.

> (32) ㄱ. 따스한 햇살이 얼음을 <u>녹인다</u>.   (자동사의 경우)
> ㄴ. 주인이 당나귀에게 짐을 <u>지웠다</u>.   (타동사의 경우)
> ㄷ. 선생님께서 눈높이를 <u>낮추신다</u>.   (형용사의 경우)

그런데 파생적 사동문은 분포가 대단히 제한적이어서, 정해진 동사, 형용사에만 나타난다. 예를 들어, 다음과 같은 파생적 사동문은 나타나지 않는다.

> (33) ㄱ. *내가 그를 <u>오이었다</u>.
> ㄴ. *왕은 선비에게 벼슬을 <u>얻이었다</u>.
> ㄷ. *불행은 오히려 마음의 생각을 <u>깊이었다</u>.

통사적 사동문은 보조적 연결 어미 '-게'에 보조 용언 '하다'가 이어진 통사적 구성으로 표현한다.

> (34) ㄱ. 선생님께서 영희를 <u>가게 하셨다</u>.
> ㄴ. 선생님께서 철수에게 책을 <u>읽게 하셨다</u>.

그런데 통사적 사동문은 파생적 사동문과는 달리 자유롭게 만들 수 있다. 파생적 사동문이 불가능하였던 문장들도 통사적 사동문으로는 모두 표현된다.

> (35) ㄱ. 내가 그를 <u>오게 하였다</u>.
> ㄴ. 왕은 선비가 벼슬을 <u>얻게 하였다</u>.
> ㄷ. 불행은 오히려 마음의 생각을 <u>깊게 하였다</u>.

▌사동문의 의미 ▌ 파생적 사동문과 통사적 사동문이, 비록 같이 사동을 표현하고 있지만, 의미 해석이 서로 다를 수 있다. 파생적 사동문에는 어머니가 직접 딸에게 색동옷을 입혔다는 뜻도 있고(직접 사동), 어머니가 딸이 스스로 색동옷을 입도록 했다는 뜻도 있다(간접 사동). 그러나 통사적 사동문에서는 어머니가 직접 딸에게 색동옷을 입혔다는 뜻은 없다.

> (36) ㄱ. 어머니께서 딸에게 색동옷을 입히셨다.
>   ㄴ. 어머니께서 딸에게 색동옷을 입게 하셨다.

2.3.5. 피동 표현

▌피동법 ▌ 다음 문장을 살펴보면, 문장 (37ㄱ)에서는 주어인 사냥꾼이 제 힘으로 행하는 동작을 나타내는 반면, (37ㄴ)에서는 주어인 토끼가 남의 행동에 의해 행해 지는 동작을 나타낸다. 이러한 특징은 각각 '잡다'라는 동사와 '잡히다'라는 동사에 의해 나타나고 있다.

> (37) ㄱ. 사냥꾼이 토끼를 <u>잡았다</u>.
>   ㄴ. 토끼가 사냥꾼에게 <u>잡히었다</u>.

문장 (37ㄱ)과 같이 주어가 제 힘으로 행하는 동작을 나타내는 문법 기능을 능동 (能動)이라 하는데, 이와 달리 (37ㄴ)과 같이 주어가 남의 행동에 의해 행해지는 동작 을 나타내는 문법 기능을 피동(被動)이라 한다. 능동과 이에 대응하는 피동의 의미는 근본적으로는 같지만, 말하는 상황에 따라 능동으로나 피동으로 나타내기도 한다. 흔히 능동은 행동주를 부각시킬 때, 피동은 그 대상을 더 부각시킬 때 쓰인다.

피동문에서는 사동문에서와 마찬가지로 문장 성분이 바뀐다. 위의 문장의 능동문 에서 주어 '사냥꾼'이 피동문에서 부사어로 바뀌는 한편, 능동문에서 목적어였던 '토끼'가 새로운 주어로 나타났다. 다음으로는 동사의 모습이 바뀐다. 능동문에서는 '잡다'라는 동사가 쓰였고, 피동문에서는 '잡히다'라는 동사가 쓰였다.

■ 피동문의 실현 방법 ■ 피동문은 주로 파생적 방법으로 표현된다. 문장 (38)과 같이 동사에 피동 접미사 '-이-, -히-, -리-, -기-' 등을 결합하여 표현하는데, 결합되는 동사가 매우 제한적이다. 피동 접미사는 사동 접미사와 형태가 비슷하다. 그리고 문장 (39)처럼 '-어지다' 표현으로도 피동의 의미를 나타낸다.

(38) ㄱ. 기적소리가 <u>들리더니</u>, 멀리서 기차가 보이기 시작했다.
　　 ㄴ. 경찰이 추격하던 범인이 드디어 <u>잡혔다</u>.
　　 ㄷ. 오랫동안 소식이 <u>끊기었던</u> 친구가 전화를 했다.
(39) ㄱ. 속상했던 마음이 이제 다 <u>풀어졌다</u>.
　　 ㄴ. 오늘은 붓글씨가 잘 <u>써진다</u>.
　　 ㄷ. 학술 조사단에 의해 역사의 새로운 사실이 <u>밝혀졌다</u>.

2.3.6. 부정 표현

■ 부정법 ■ 다음 문장을 살펴보면, 문장 (40ㄱ)에 나타나 있는 의미가 (40ㄴ), (40ㄷ)에서는 부정의 뜻을 나타내고 있다. 그것은 (40ㄱ)에는 '만나다'라는 동사가, (40ㄴ), (40ㄷ)에서는 '만나지 않다', '만나지 못하다'가 쓰였기 때문이다.

(40) ㄱ. 영희는 음악회에서 철수를 만났다.
　　 ㄴ. 영희는 음악회에서 철수를 만나지 않았다.
　　 ㄷ. 영희는 음악회에서 철수를 만나지 못했다.

문장 (40ㄱ)과 같은 긍정 표현에 대하여, 문장 (40ㄴ), (40ㄷ)처럼 언어 내용의 의미를 부정하는 문법 기능을 부정(否定)이라 한다. '아니하다'나 '아니'가 쓰인 부정문은 어떤 상태가 그렇지 않음을 나타내거나 동작주의 의지에 의해 어떤 동작이 일어나지 않음을 나타낸다. '못하다'나 '못'이 쓰인 부정문은 주어의 의지가 아닌 능력이나 그밖의 다른 이유로 그 일이 일어나지 못함을 나타낸다.

■ 부정문의 실현 방법 ■ 부정문을 표현하는 방법에는 두 가지 형식이 있다. 첫째,

부정 부사 '아니'나 '못' 다음에 용언을 이어 구성하는 형식이다. 둘째, 용언 어간에 보조적 연결 어미 '-지'를 결합하여 여기에 '아니하다, 못하다'를 이어 구성하는 형식이다.

> (41) ㄱ. 영희는 아직 철수를 안 만났다.
>   ㄴ. 영희는 아직 철수를 못 만났다.
> (42) ㄱ. 영희는 아직 철수를 만나지 않았다.
>   ㄴ. 영희는 아직 철수를 만나지 못했다.

단순 부정문의 경우, 명령문이나 청유문으로 종결되면, 다음과 같이 '아니하다' 대신에 '말다'가 쓰인다.

> (43) ㄱ. 너무 심하게 <u>운동하지는 말아라.</u>
>   ㄴ. 산과 바다를 <u>오염시키지 맙시다.</u>

▌ **부정문의 의미** ▌ 부정문에서는 부정이 미치는 범위에 따라 같은 문장이라도 둘 이상의 의미로 해석될 수 있다. 다음 문장은 세 가지 의미로 해석된다.

> (44) 철수는 그 책을 읽지 않았다.
>   부정의 대상: 철수 (그 책을 읽은 것은 철수가 아니다.)
>   부정의 대상: 그 책 (철수가 읽은 것은 그 책이 아니다.)
>   부정의 대상: 읽다 (철수가 그 책에 관해 한 일은 읽은 것이 아니다.)

'아니하다'뿐만 아니라 '못하다'도 마찬가지이다. '못하다'가 쓰인 다음 문장도 세 가지 의미로 해석된다.

> (45) 나는 영희를 보지 못했다.
>   부정의 대상: 나 (영희를 보지 못한 것은 나다.)

부정의 대상: 영희 (내가 보지 못한 사람은 영희이다.)
부정의 대상: 보다 (내가 영희를 보지만 못했을 뿐이다.)

그런데 부정문에 수량을 나타내는 '다, 모두, 조금, 많이' 등이 있으면 부정의 범위에 부사가 들어 갈 수도 있고, 그렇지 않을 수도 있어 두 가지로 해석된다.

(46) 동네 사람들이 다 오지 않았다.
　　<의미 1> 동네 사람들 가운데 온 사람이 하나도 없다.
　　<의미 2> 동네 사람들이 오긴 왔는데, 모두 온 것이 아니다.

그런데 이 문장에 보조사 '는'이 결합하여 '동네 사람들이 다 오지는 않았다'가 되면 <의미 2>로만 해석된다.

1) '이다'의 품사적 성격 '이다'의 품사적 성격에 대해서는 국어 문법에서 오래 논의해 온 문제이다. '이다'는 체언에 결합하여 그 체언이 서술어의 기능을 수행하도록 한다. 그렇기 때문에 다음과 같은 두 가지 특징이 있다. 첫째는, 체언에 결합한다. 둘째는 활용을 한다. 이러한 두 가지 특징 중 어느 것을 부각하느냐에 따라 품사적 성격이 둘로 나뉜다. 첫째 특징을 부각하는 경우에는 '조사'로 설정한다. 왜냐하면 체언에 결합하기 때문이다. 그래서 서술격 조사라 기술하는 것이다. 이 학설은 정인승 선생으로 대표되는데, 학교 문법도 여기에 속한다. 둘째 특징을 부각하는 경우에는 용언의 하나인 '지정사'(잡음씨)로 설정한다. 왜냐하면 동사나 형용사처럼 활용을 하기 때문이다. 이 학설은 최현배 선생, 허웅 선생으로 대표된다.

2) 문장 종결 유형 국어 문법에서 문장 종결 유형에 대하여 학자마다 다른 견해가 있어 왔다. 최현배(1971)에서는 '마침법'이라는 범주를 설정하고 베풂꼴, 물음꼴, 시킴꼴, 꾀임꼴 등으로 하위범주를 설정하였다. 허웅(1983)에서는 '마침법(의향법)'이라는 범주를 설정하고 청자에 대한 화자의 태도에 따라 크게 두 가지로 체계화하고 있다. 하나는 청자에 대하여 특별한 요구를 하는 일이 없이, 청자에게 자기의 할 말을 해 버리거나, 자기의 느낌을 나타내거나, 또는 청자에게 약속을 하면서 문장을 끝맺는 방법인데, 이를 '서술법'이라 했다. 다른 하나는, 화자가 청자에게 무언가를 요구하면서 문장을 끝맺는 방법인데, 이것은 다시 대답을 요구하는가, 행동을 요구하는가에 따라 두 가지로 나누어지는데, 대답을 요구하는 방법을 '물음법'이라 했으며, 행동을 요구하는 방법은 또 두 가지로 나뉘어져서, 하나는 청자의 행동만을 요구하는 것과 다른 하나는 청자에게 화자 자신과 함께 행동하기를 요구하는 것인데, 이들을 각각 '시킴법', '꾀임법'이라 했다. 이렇게 해서 네 개의 기본 하위범주 체계로 정립했으며, 명시적으로 밝히지는 않았으나 서술법은 평서법, 감탄법, 약속법의 세 하위범주를 가진다. 권재일(1992)의 기술도 이와 비슷하다. 고영근(1976)에서는 첫째, 청자의 의도에 영향을 안 미치는 것으로, 청자에게 진술하는 '설명법', 청자에게 약속하는 '약속법', 청자에게 감탄하는 '감탄법' 등을, 둘째, 청자의 의도에 영향을 미치는 것으로, 청자에게 정보를 요구하는 '의문법', 청자에게 행동을 요구하되 단독행동을 요구하는 '명령-허락법', 공동행동을 요구하는 '공동법', 청자에게 행동을 경계하는 '경계법' 등을 세워 체계화하였다. 학교문법(1985/1991) 및 남기심·고영근(1985)에서는 평면적으로 평서법, 감탄법, 의문법, 명령법, 청유법 등을 세워 체계화하였다.

3) 시제 기술 방법　주시경(1910)은 시제를 '이 때(현재)', '간 때(과거)', '올 때(미래)'로 삼분하였는데 '간 때'는 '다 되어 잇는 것'과 '되엇다가 없어진 것'을 뜻한다고 하고, '다 되어 잇는 것'은 '앗'에 의해서, '되었다가 없어진 것'은 '엇엇'에 의해서 표시된다고 기술하고 있다. 최현배(1971)에서는 시제를 '더'의 유무에 따라 '바로 때매김'(직접시제), '도로 생각때매김'(회상시제)으로 나누고 이들은 각각 '움직임의 때'를 기준으로 '으뜸때'(원시), '끝남때'(완료시), '나아감 때'(진행시), '나아가기 끝남때'(진행완료시)의 네 가지로 다시 나누었으며 이 네 가지는 각각 '이적'(현재), '지난적'(과거), '올적'(미래)의 시제로 나타나서 모두 스물네 가지 때매김의 체계를 형성하는 것으로 기술하고 있다. 그리고 진행상('나아감')은 '-고 있-', '-ㄴ다'에 의해 표시되는 것으로, 완료상('끝남')은 과거('지난적')표시와 같은 꼴인 '앗'에 의해 표시되는 것으로 기술하였다. 나진석(1971)에서는 '때, 상, 서법'의 복합 범주로서의 시제체계를 세웠으며, 남기심(1978)에서는 국어의 시제범주의 존재를 부정하고 양상과 양태 범주만을 인정하려 하였다.

▌탐구하기

☞ **탐구 목표**

○ 간접 인용절 구성에 나타나는 종결 어미의 특징 이해하기

☞ **탐구 과정**

(1) 문제의 제기

　　다음 평서문을 살펴보면, 어떠한 종결 어미로 종결되었더라도 간접 인용절로 안길 때에는 모두 '-다'로 바뀌는 것을 알 수 있다.

　ㄱ. 철수는 어제 할머니댁에 다녀왔다.
　→ 철수는 어제 할머니댁에 <u>다녀왔다</u>고 말했다.
　ㄴ. 철수는 어제 할머니댁에 다녀왔어.
　→ 철수는 어제 할머니댁에 <u>다녀왔다</u>고 말했다.
　ㄷ. 철수는 어제 할머니댁에 다녀왔습니다.
　→ 철수는 어제 할머니댁에 <u>다녀왔다</u>고 말했다.

(2) 가설 세우기

　평서문의 특징을 바탕으로 간접 인용절에 안길 때 나타나는 종결 어미 특징을 제시해 보자.

(3) 자료 수집하기

　▸감탄문의 예

　　ㄱ. 너는 노래도 잘 <u>부르는군</u>!

　　→ 나는 네가 노래도 잘 _____고 말했다.

　　ㄴ. 아, 벌써 새 아침이 <u>밝았구나</u>!

　　→ 나는 벌써 새 아침이 _____고 말했다.

　▸의문문의 예

　　ㄱ. 아버지께서도 지금 <u>오셨습니까</u>?

　　→ 아버지께서도 지금 _____고 여쭈었다.

　　ㄴ. 너는 언제 <u>왔니</u>?

　　→ 너는 언제 _____고 물었다.

　　ㄷ. 그 산은 <u>높은가</u>?

　　→ 그 산은 _____고 물었다.

　▸명령문의 예

　　ㄱ. 길이 막히니 서둘러 <u>출발하십시오</u>.

　　→ 길이 막히니 서둘러 _____고 말씀 드렸다.

　　ㄴ. 건강한 생활을 위하여 고루고루 <u>먹어라</u>.

　　→ 건강한 생활을 위하여 고루고루 _____고 하였다.

　　ㄷ. 물음에 알맞은 답의 번호를 <u>고르라</u>.

　　→ 물음에 알맞은 답의 번호를 _____고 하였다.

　▸청유문의 예

　　ㄱ. 우리 함께 생각해 <u>봅시다</u>.

　　→ 우리 함께 생각해 _____고 제안했다.

　　ㄴ. 출발 시간이 얼마 안 남았으니 빨리 <u>가자</u>.

　　→ 출발 시간이 얼마 안 남았으니 빨리 _____고 제안했다.

(4) 원리 파악하기

위의 자료를 통하여 간접 인용절에 나타날 수 있는 국어의 종결 어미에는 어떤 것들이 있는지 제시해 보자.

(5) 적용·일반화하기

위에서 탐구한 것을 바탕으로 국어의 문장 종결법의 한 특징을 정리해 보자.

▌생각해 보기

1. 다음 [자료]를 통하여 명령형 어미가 나타나는 조건을 생각해 보자. 용언의 어휘 특성 때문인지, 음운 특성 때문인지를 따져 보고 규칙을 제시해 보자.

   [자료] 사과를 먹어라.   댐의 물을 막아라.

         서둘러 일을 하여라.   어서 뛰어 가거라.

         이리로 급히 오너라.

2. 어미가 본래의 뜻으로 쓰이지 않고 말하는 장면에 따라 다른 뜻으로 쓰이는 경우가 있다. 이를 화용적 의미라 한다. 다음 자료의 평서문, 의문문, 청유문이 각각 어떤 의미로 쓰이는지 확인해 보고, 왜 그러한 의미로 쓰이게 되었는지 생각해 보자.

   [자료] 지금 몇 시쯤 되었는지 알고 싶습니다.

         그렇게만 된다면 얼마나 좋을까?

         빨리 가지 못 하겠니?

         너무 덥구나. 창문 좀 열어 주겠니?

         좀 조용히 합시다.

3. 파생적 사동법과 통사적 사동법에 나타나는 부사어의 수식 영역에는 차이가 있다. 다음 자료의 두 문장에서 '10분 뒤에'는 사냥꾼의 행위 시점인지 토끼의 행위 시점인지 잘 따져 살펴보자. 그리고 이를 바탕으로 문장 (ㄷ)은 성립하지 못하며 (ㄹ)은 성립하는 이유를 설명해 보자.

[자료]　(ㄱ) 사냥꾼은 토끼를 10분 뒤에 <u>죽였다</u>.

　　　　(ㄴ) 사냥꾼은 토끼를 10분 뒤에 <u>죽게 했다</u>.

　　　　(ㄷ) 사냥꾼은 토끼를 내일 <u>죽였다</u>.

　　　　(ㄹ) 사냥꾼은 내일 토끼가 <u>죽게 하였다</u>.

▌ 알아 두기

1) **통사적 합성어와 비통사적 합성어**　합성어는 형성 방법에 따라 통사적 합성어와 비통사적 합성어로 나뉜다.

　　(ㄱ) 이제 곧 도시를 <u>벗어나면</u> 초록빛 산과 들이 펼쳐질 것입니다.

　　(ㄴ) 그 곳에서 <u>뛰놀</u> 때가 그립습니다.

합성 동사를 형성할 때, '벗어나면'과 '뛰놀'은 모두 동사 어근 둘이 결합한 합성 동사이다. '벗어나면'은 동사 어간 '벗-' 뒤에 보조적 연결 어미 '-어'가 붙은 다음에 동사 어근 '나'가 결합하여 우리말의 문장이나 구절의 배열 구조와 일치한다. 그러나 '뛰놀'은 동사 어간 '뛰-' 바로 뒤에 동사 어근 '놀-'이 결합하여 우리말의 문장이나 구절의 배열 구조, 즉 통사적 구성과 일치하지 않는다. 이 때, 우리말의 통사적 구성 방식과 일치하는 합성어를 통사적 합성어라 하며, 그렇지 않은 합성어를 비통사적 합성어라 한다. 한편 합성어는 그 의미 관계에 따라 대등합성어, 종속합성어, 융합합성어 등으로 나누기도 한다.

2) **어순**　문장 안에서 각 문장 성분 사이의 상대적 위치, 곧 문장 성분의 배열 순서를 어순이라고 한다. 주어, 서술어, 목적어가 서로 놓이는 방식에 따라 세계 여러 언어들은 다양한 어순의 유형을 가진다. 예를 들어 영어나 중국어는 '주어+서술어+목적어'의 어순의 유형이고, 국어는 '주어+목적어+서술어'의 어순 유형이다. 그런데 어떤 언어는 어순이 문법 기능을 나타내기 때문에 중요한 역할을 하는가 하면, 어떤 언어는 활용 어미나 조사와 같은 것이 문법 기능을 나타내기 때문에 어순이 그다지 중요한 역할을 하지 않는다. 이러한 언어에서는 문장 성분들의 상대적 위치가 고정되어 있지 않아서 문장 안에서 성분들이 자유롭게 이동할 수 있다. 국어는 주로 활용 어미와 조사에 의해 여러 문법 기능을 나타내기 때문에 비교적 자유로운 어순을 가진다.

(ㄱ) 철수가 책을 읽었다. (주어+목적어+서술어)

(ㄴ) 책을 철수가 읽었다. (목적어 이동)

국어의 문장 성분 가운데 가장 고정적인 것은 서술어다. 서술어의 위치는 문장의 맨 끝이 기본적이다. 서술어가 문장 끝에 위치하고, 나머지 문장 성분의 위치는 비교적 자유롭다. 물론 문장 안에서 문장 성분의 이동은 절대적으로 자유로운 것이 아니고 일정한 조건에서만 가능하다. 주어는 문장의 가장 앞에 위치하며, 목적어나 보어는 서술어 앞에 위치하는 것이 기본적이다. 관형어와 부사어는 그들이 수식하는 문장 성분 바로 앞에 오는 것이 기본적이다. 그런데 관형어는 어떠한 경우에도 이러한 기본 위치에서 이동될 수 없지만, 부사어는 여러 위치로 자유롭게 이동될 수 있다. 그리고 독립어는 문장 가장 앞이나 가장 뒤에 위치한다.

3) 양태 문법 기술에서, 양태(modality)는 화자의 주관적인 태도와 관련되는 문법적 관념으로서, 활용에 의한 굴곡적 방법을 비롯, 명사, 동사, 부사 등의 어휘, 어순 등의 통사, 억양 등의 음운 방법에 두루 걸쳐 실현되는 범주이다. 이러한 양태는, 첫째 일(동작이나 상태)에 대한 화자의 태도, 둘째 듣는 이에 대한 말하는 이의 태도로 나뉜다. 여기서 기술하는 문장 종결법은 바로 듣는 이에 대한 말하는 이의 태도를 나타내는 양태이다. 흔히 서법(mood)은 양태가 일정한 굴곡적 층위에서 실현될 때의 문법범주를 말한다. 인도-유럽어학에서는 직설법(indicative), 가정법(subjunctive), 명령법(imperative), 부정법(infinitive), 분사법(participle)을 설정하였으며, Jespersen은 indicative (말하는 이가 일을 사실로 파악하는 태도), subjunctive(말하는 이가 일을 비현실적으로 파악하는 태도), imperative (말하는 이의 의지나 소원을 나타내는 태도) 등으로 설정하였다.

▌더 읽을거리

고영근(1976), 현대국어의 문체법에 대한 연구, 어학연구 12-1, 서울대학교 어학연구소

교육부(1985/1991/1996), 인문계 고등학교 문법, 대한교과서주식회사.

교육인적자원부(2002), 고등학교 문법, (주) 두산.

국립국어원(2005), 외국인을 위한 한국어문법 1, 커뮤니케이션북스.

국립국어원(2005), 외국인을 위한 한국어문법 2, 커뮤니케이션북스.

권재일(1992), 한국어 통사론, 민음사.

권재일(2005), 남북 언어의 문법 표준화, 서울대학교 출판부.

김광해·권재일·임지룡·김무림·임칠성(1999), 국어지식탐구 - 국어교육을 위한 국어
　　　　　학개론, 박이정.

고영근·구본관(2008), 우리말 문법론, 집문당.

남기심·고영근(1985/1995), 표준 국어 문법론, 탑출판사.

남기심(2001), 현대 국어 통사론, 태학사.

주시경(1910), 국어 문법, 박문서관.

최현배(1971), 우리 말본, 정음사.

허　웅(1983), 국어학 - 우리말의 오늘·어제 -, 샘문화사.

허　웅(1995), 20세기 우리말의 형태론, 샘문화사.

허　웅(1999), 20세기 우리말의 통어론, 샘문화사.

3. 의미

언어의 음성 형식 속에는 의미가 담겨 있다. 일상 언어의 의미는 우리의 머릿속에서 저장되고 생성되므로, 종이 사전에 기술되어 있는 것과 달리 그 속성이 추상적이며 심리적일 뿐 아니라 유동적이어서, 의미의 실체를 가시적으로 드러내어 기술하기가 쉽지 않다. 그러나 언어의 일차적인 기능이 의미를 주고받는 것이므로, 오늘날에 이르러 의미의 체계적인 이해와 교육의 필요성이 점차 증대되고 있다.

이에 이 절에서는 국어의 구조를 탐구하기 위한 방법의 하나로 의미와 관련하여 다음 네 가지 사항에 대해서 살펴보기로 한다. 첫째, '의미의 본질'에서는 의미의 정의, 유형, 층위를 중심으로 의미 탐구의 기본 개념을 설명한다. 둘째, '어휘의 의미'에서는 의미의 분석, 동음이의어와 다의어, 의미의 계열관계로서 하의관계·동의관계·대립관계, 의미의 결합관계로서 관용관계·연어관계를 중심으로 어휘의 의미 양상을 설명한다. 셋째, '문장의 의미'에서는 의미 역할, 문장의 동의성과 중의성, 전제와 함의를 중심으로 문장의 의미 양상을 설명한다. 넷째, '발화의 의미'에서는 발화행위 이론, 간접 발화행위, 협력 원리를 중심으로 발화의 의미 양상을 설명한다.

이러한 의미 탐구의 과정을 통해서 다음과 같은 효용성을 기대할 수 있다. 첫째, 의미의 본질과 작용 양상에 대한 체계적인 이해는 그 자체로 가치 있는 언어적 탐구 과제일 뿐 아니라 언어를 사용하는 인간의 본질 해명에 기여할 수 있다. 둘째, 의미의 교육을 비롯하여 언어의 사용 영역 및 예술 영역의 표현과 이해 교육에 기여할 수 있다. 셋째, 언어정책·사전편찬·언어공학 등의 응용 및 실용적인 분야에 기여할 수 있다.

3.1. 의미의 본질

언어는 형식과 내용으로 이루어지는데, 개략적으로 언어의 음성 형식에 대응되는 내용을 의미라고 한다. 언어를 매개로 하는 의사소통은 화자가 표현한 음성 속의 의미를 청자가 해석하는 과정이다. 따라서 의미는 언어의 핵심적인 요소가 된다. 의미의 본질과 관련하여 의미의 정의, 의미의 유형, 의미의 층위에 대해서 살펴보기로 한다.

3.1.1. 의미의 정의

의미를 한마디로 정의하기는 어렵다. 그 까닭은 의미의 속성이 추상적이고 심리적인데다가 어휘, 문장, 발화에 따른 의미 층위가 다양하기 때문이다. 이 점을 고려하여 의미의 정의에 대한 다섯 가지 관점을 소개하기로 한다.

▌개념설▐   의미의 '개념설'은 언어 표현이 사물과 직접적으로 연결되는 것이 아니라, 우리의 머릿속에 있는 '개념'을 통해 연결된다는 것으로 단어의 의미를 '개념'으로 보는 견해이다. 이 관계를 오그든 & 리차즈(C.K. Ogden & I.A Richards, 1923)에서는 <그림 1>과 같은 기호 삼각형으로 나타낸 바 있다.

<그림 1>에서 '상징'은 단어로 지칭되는 언어 표현이며, '지시물'은 경험 세계 속의 사물이며, '사고'는 개념인데, '상징'과 '지시물' 사이를 점선으로 표시함으로써 그 관계가 직접적이 아니라 '사고' 즉 '개념'을 통해 간접적으로 연결된다고 본다. 예를 들어, '개'라는 언어적 상징은 현실 세계의 '개'라는 지시물에서 추상화된 '사고' 즉 '개념'을 환기하여 그 의미를 부여하게 된다는 것이다.

언어 표현이 '사고' 즉 '개념'을 통해 지시물로 연결된다고 보는 의미의 개념설은 단어의 의미에 대해 어느 정도 타당한 정의로 평가된다. 그러나 개념설의 경우 '개념'의 실체가 불명확하며, 지시물에 대한 '개념'의 추상도에 차이가 날 뿐 아니라, 단어의 상징에 대해 언중들이 환기하는

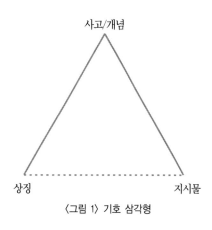

〈그림 1〉 기호 삼각형

개념 간에 일관성이 확보되기 어렵다는 문제점을 지니고 있다.

▌ 점검표설 ▌ 의미의 '점검표설'은 단어의 의미를 필요 충분 속성의 집합으로 규정한다. 예를 들어, '정사각형'이라는 단어는 '닫힌 도형, 네 개의 변을 가짐, 변의 길이 및 각이 동일함'이라고 하는 기준 속성 또는 점검표를 갖추고 있는데, 이러한 속성이나 점검표를 의미로 간주한다.

점검표설은 의미의 성분분석 이론과 상통하는데, 이것은 물질이 분자나 원자로 분해되듯이, 단어의 의미를 의미 성분의 결합체로 보고 의미 성분이라는 더 작은 단위로 분석하는 것을 말한다. 예를 들어, '노총각'의 의미는 [+인간][+남성][+성숙][-결혼], 그리고 '노처녀'의 의미는 [+인간][-남성][+성숙][-결혼]의 네 가지 의미 성분으로 분석된다.

그러나 점검표설은 다음과 같은 문제점을 지니고 있다. 첫째, 어떤 속성이 점검표의 목록에 들어가는지 결정하기 어렵다. 예를 들어, '노총각'은 위에서 든 필수적 의미 외에도 부가적으로 '씀씀이가 헤픔, 순수성이 약함, 무능함' 등을 상정할 수 있는데, 필수적 성분과 부가적 성분 간의 경계를 나누는 기준이 모호하다. 둘째, 사물에 해당하는 어떤 필수적 조건도 찾기 어려울 때 점검표는 실제로 존재하지 않는 것처럼 보인다. 예를 들어, '호랑이'의 핵심적 의미를 '육식성, 네 다리, 줄무늬' 등으로 규정한다 하더라도 예외적인 경우가 많이 발생하게 되는데, 극단적으로 '채식성'이거나 '다리가 세 개'이거나 '줄무늬가 없는' 문제의 동물에 대해 여전히 '호랑이'라고 부르게 되는 현상을 설명하기 어렵다. 셋째, 단어의 의미를 구성하는 점검표가 있다고 하더라도 단지 몇몇 전문가들만이 그것을 알고 있을 것이며, 전문가들끼리도 의견이 일치한다고 볼 수는 없다.

▌ 원형설 ▌ 의미의 '원형설'은 단어의 의미란 범주이며, 범주의 판정은 참조점인 원형과의 대조를 통하여 결정된다는 관점이다. 또한 단어의 의미는 범주 원소의 원형을 통하여 인지되며, 범주는 원형적 구성원과 다양한 주변적 구성원으로 이루어진다고 본다. 이 경우 '원형'이란 해당 범주를 대표할 만한 가장 '전형적, 적절한,

중심적, 이상적, 좋은' 보기를 가리킨다. 예를 들어, "정원에 새가 있다."라고 할 때 '새'는 '닭, 타조, 펭귄'이 아니라, '참새, 비둘기, 까치'를 떠올리게 된다. 이 경우 '참새'는 새의 원형적 보기인 반면, '펭귄'은 주변적 보기이다.

범주의 구성원들 사이에는 '원형 효과', 즉 원형적 보기가 주변적 보기에 비해 다음과 같은 우월성을 나타낸다. 첫째, 원형적인 보기는 주변적인 보기에 비해 그 범주의 소속 여부를 판단하는 데 시간이 덜 걸린다. 둘째, 원형적 보기는 범주의 판단이나 추론의 기준이 된다. 셋째, 어린이들은 범주의 원형적인 보기를 먼저 습득한다. 넷째, 실어증 환자는 범주의 원형적인 보기보다 주변적인 보기를 발화하는 데 더 많은 오류를 나타낸다.

원형설은 단어의 의미가 본질적으로 유동적이며 불명확하므로 의미의 점검표설의 문제점들을 극복하는 대안이 될 수 있다.[▸알아 두기 1] 그런데 원형설은 구체적인 대상의 자연범주를 설명하는 데는 효과적이지만 지시물이 추상적이거나 지시물 자체가 없는 경우에는 설명에 한계를 지닌다.

■ 진리 조건설 ■ 의미를 지시 대상으로 간주해 온 전통적 관점은 '진리 조건설'로 이어져 의미를 '진리 조건'으로 규정하기에 이르렀다. 예를 들어, '토끼'라는 단어의 의미는 이 세상에 존재하는 '토끼'의 집합이며, "우리 집에서 기르는 토끼는 갈색이다."라는 문장의 의미는 그것이 어떠한 진리 조건에서 참이 될 수 있는가를 나타내는 진리 조건의 문제로 본다.

진리 조건설에서는 지시 대상이나 진리 조건이 같으면 의미가 동일한 것으로 처리한다. 즉, '금성/샛별/개밥바라기'는 동일한 지시 대상을 가리키므로 동의어가 된다. 또한 "학생이 책을 읽었다./책이 학생에게 읽혔다."의 능동문과 피동문은 진리 조건적 의미가 동일한 동의문으로서, 한 쪽이 참이라면 다른 쪽도 참이며 한 쪽이 거짓이면 다른 쪽도 거짓이 된다.

그런데 이 관점은 다음과 같은 측면에서 설득력이 약하다. 첫째, 단어의 지시 대상이 동일하다고 하더라도 '샛별'은 새벽녘 동쪽 하늘에서 나타날 때 사용되며, '개밥바라기'는 저녁에 서쪽 하늘에서 나타날 때 사용되는 데 비해, '금성'은 중립적이며 일반적인 명칭으로 사용되므로 그 의미가 같다고 하기 어렵다. 둘째, 능동문과 피동문이 진리 조건적 의미가 같다고 하더라도 수량 표현과 함께 쓰이면 의미 차이가 나타난다. 즉 능동문인 '학생 열 명이 책 두 권을 읽었다.'는 학생들이 적게는 두 권에서 많게는 스무 권을 읽었다는 뜻이지만 피동문인 '책 두 권이 학생 열 명에게 읽혔다.'는 학생들이 책 두 권만 읽은 것으로 이해된다.

요컨대, 의미를 단순히 이 세계에 존재하는 지시 대상으로 보거나 객관적으로 동일한 지시 대상에 진리 조건이 같다고 하여 그 의미가 동일하다고 하는 것은 의미의 본질에서 벗어나 있다.

▌ 해석설 ▌ 의미의 '해석설'은 의미란 객관적 대상의 개념적 내용에 국한되는 것이 아니라, 그러한 개념적 내용에 대하여 의미를 부여하는 화자의 '해석'을 포함한다는 관점이다. 이 경우 '해석'은 대안적 방식으로 장면이나 상황을 파악해서 언어로 표현하는 화자의 선택을 가리킨다. 예를 들어, 반병의 술을 보고 "술이 반병밖에 남지 않았다."라고도 하며 "술이 반병이나 남았다."라고도 한다. 또한 노 아웃의 만루 상황인 야구 경기에서 "위기다!"라고도 하며 "기회다!"라고도 한다. 이것은 동일한 장면이나 상황에 대해 화자의 다른 선택, 즉 해석이 반영되어 있음을 보여 준다.

이러한 발상은 언어 자체가 의미를 부호화하는 것이 아니라 단어를 포함한 언어 단위가 의미 구성의 촉진제 역할을 한다는 것이며, 의미 구성은 화자가 발화 문맥을 배경으로 적절한 해석을 선택하는 동적 과정임을 뜻한다. 이와 관련하여 장면이나 상황의 해석에 관여하는 변인에는 구체성과 추상성에 관한 '층위', 개방적 또는 제한적 시계에 관한 '범위', 객관성과 주관성에 관한 '시점', 전경과 배경에 관한 '현저성' 등이 있다. 이것은 곧 화자가 장면이나 상황의 객관적인 의미를 기계적으로 전달하는 것이 아니라, 대안적인 사고나 언어 표현을 통해 주체적, 적극적, 능동적으로 해석하는 것이라 하겠다. 그 결과 의미의 해석설에 따르면 동일한 지시 대상인 '동해'와 '일본해'의 의미를 동의적이라고 보지 않으며, 능동문과 피동문의 경우 진리 조건이 동일할지라도 그 의미는 다르다고 본다.

요컨대, 해석설에서는 한 표현의 의미란 그 표현이 환기하는 개념적 내용과 그 내용이 표현 목적을 위해 해석되는 방법과의 함수관계로 규정한다. 이러한 관점은 의미의 객관주의와 인지주의의 서로 다른 노선 가운데 후자에 바탕을 두고 있다. [◀관점 비교하기 1]

3.1.2. 의미의 유형

의미의 유형은 관점에 따라 그 갈래를 달리하게 된다. 여기서는 리치(Leech 1981: 9-23)의 7가지 의미 유형을 보기로 한다. [◀알아 두기 2]

첫째, '개념적 의미'는 언어적 의사소통에서 핵심적 의미를 말한다. 이것은 언어 표현이 지니고 있는 필수적이고도 기본적인 성질에 바탕을 둔 것이며, 감정 가치나 문맥적 쓰임이 배제된 것으로서 '사전적 의미'라고도 한다. 예를 들어, '물, 얼음, 수증기'가 H_2O라는 성분을 공유하듯이, '아버지'와 '아빠, 부친, 엄친'이나 'father' 등은 [+인간][+남성][+결혼][+자녀] 등의 의미 성분을 가진 것으로서 그 개념적 의미가 동일하다.

둘째, '내포적 의미'는 개념적 의미에 덧붙은 전달 가치로서, 주변적·가변적·개방적인 특성을 지닌다. 예를 들어, '노총각'과 '노처녀'에 대해 개념적 의미는 [±남성]이라는 기준에서 구분되지만, 능력, 성격, 순수성 등에서 연상되는 내포적 의미는 매우 다르다. 개념적 의미에 비해 내포적 의미는 개인이나 사회집단, 문화적 배경에 따라 유동적이고 상대적이다.

셋째, '사회적 의미'는 '문체적 의미'라고도 하는데, 언어가 사용되는 사회적 변인이 반영된 의미를 말한다. 예를 들면, 전남방언의 "니가 꼭 가야 쓰것냐?", "느그 아부지는 돈 잘 벙께 쓰것다.", "그만허면 쓰것습디다."의 '쓰다'는 '되다, 좋다, 괜찮다'를 뜻하는 전남방언 특유의 사회적 의미를 지닌다. 또한 폭우가 내리는 상황을 보고 "바깥 날씨가 조금 궂지요?"와 "저놈의 염병할 비 좀 보소!"라는 표현에서 두 화자의 사회적, 문체적 의미가 다르게 실현됨을 볼 수 있다.

넷째, '정서적 의미'는 언어 표현에 화자의 감정이나 태도가 부가된 의미를 말한다. "아 다르고 어 다르다."라는 우리 속담은 정서적 의미의 차이를 잘 드러내 준다. 예를 들어, '졸랑졸랑/찰랑찰랑/철렁철렁/출렁출렁'에서 모음에 따른 어감의 차이뿐만 아니라, 동일한 지시 대상이라 하더라도 '순사-순경-경찰', '동해-일본해'의 정서적 의미가 매우 다름을 알 수 있다.

다섯째, '반사적 의미'는 동일한 지시 대상에 대한 둘 이상의 언어 표현에서 개념적 의미는 동일하지만 어감이 다른 것을 말한다. 예를 들어, '아버지'가 중립적인 어감을 갖는 데 비해, '아빠'는 친근함이, '엄친'은 위엄의 의미가 반사된다.

여섯째, '연어적 의미'는 어떤 단어의 의미가 다른 단어와 함께 놓이는 방식에 따라 특징적인 모습으로 실현되는 것을 말한다. 예를 들어, '귀여운 아가씨/청년'에서 '귀엽다'라든가, '진한 색채/커피/향기/사랑' 등에서 '진하다'의 의미는 그 단어가 놓인 주변적 요소에 따라 의미가 달라진다.

일곱째, '주제적 의미'는 화자나 필자에 의해 의도된 의미로서, 흔히 억양이나 어순 교체를 통해 실현된다. 예를 들어, "그는 동생을 때리지 않았어."에서 '그는, 동생을, 때리지'의 어느 부분에 강세를 두느냐에 따라 주제적 의미가 달라진다. 또한 '진달래꽃'에서 "죽어도 아니 눈물 흘리우리다."라는 표현은 부정어와 목적어의 어순을 도치시킴으로써 강조의 주제적 의미를 드러낸다.

3.1.3. 의미의 층위

의미의 연구는 어휘, 문장, 발화 층위로 대별된다. 그 중 어휘와 문장 층위의 의미는 주로 사용자를 고려하지 않은 중립적 의미를 기술하는 반면, 발화 층위의 의미는 화자와 청자가 고려된 실제 상황의 의미를 기술한다. 이 세 가지 층위의 성격을 살펴보면 다음과 같다.

첫째, 어휘 층위의 의미 연구 분야를 '어휘 의미론'이라고 한다. 어휘 의미론에서는 명사, 동사, 형용사, 부사와 같은 내용어를 검토의 대상으로 삼는다. 내용어를 어휘소라고 하는데, 어휘소 '먹다'를 보면, 형태적으로 "동생이 밥을 {먹는다/먹었다/먹겠다}."에서처럼 문법 요소의 결합에 의해 다른 모습으로 실현되기도 하며, 의미적으로 "{밥/술/담배}를 먹다."에서처럼 <먹다(食)><마시다(飮)><피우다(喫)>의 세 가지 '의의'에 대응되기도 한다. 어휘 층위에서는 어휘소를 대상으로 의미의 분석, 단어의 구분, 의미 관계 등을 다룬다.

둘째, 문장 층위의 의미 연구 분야를 '문장 의미론'이라고 부른다. 문장 의미론은 단어가 결합되어 문장을 이루는 과정에서 나타나는 의미, 통사적 규칙 및 용인성을 논의한다. 문장의 의미와 구성 요소 각각의 의미는 밀접한 관련이 있지만, 구성 요소의 의미 총화가 문장의 의미는 아니다. 따라서 어휘 층위에서 규명할 수 없는 많은 의미 현상들이 문장 층위의 관심사가 된다.

셋째, 발화 층위의 의미 연구 분야를 '화용론'이라고도 한다. 어휘 의미론과 문장 의미론에 비하여, 화용론은 발화의 의미가 화자와 청자, 장면 등을 포함한 화맥에 따라 어떻게 사용되고 이해되는가를 다룬다.

3.2. 어휘의 의미

어휘는 단어의 집합이며, 명사·동사·형용사·부사 등의 내용어는 '어휘적 의미'를 갖는다. 아래에서는 의미의 분석, 동음이의어와 다의어, 의미의 계열관계 및 결합관계를 통하여 어휘의 의미를 살펴보기로 한다.

3.2.1. 의미의 분석

물질이 분자나 원자로 구성되어 있듯이, 단어 역시 필수적 의미 성분의 집합으로 구성된다고 볼 수 있다. 그에 따라 단어를 의미 성분으로 분석하는 방식을 '성분분석'이라고 한다. 성분분석은 관련된 '의미장'을 전제로 하는데, '사람'의 의미장을 중심으로 의미의 성분분석에 대해서 설명하기로 한다.

예를 들어, '소년'의 의미는 [+인간][+남성][-성숙]의 세 가지 의미 성분으로 구성된다. 이 세 개의 성분은 '사람'의 의미장을 형성하는 '소녀, 성인남자, 성인여자'에 대하여 공통된 성분과 시차적 성분을 통해 대립된다. 즉 '소년'은 '종' 차원의 '인간'과 '비인간', '성별' 차원의 '남성'과 '여성', '성숙' 차원의 '성숙'과 '미성숙'이라는 여섯 개의 성분과 관련된다. 단어의 성분을 정의하기 위해서는 성분을 [ ] 속에 넣고, '±'의 이분법적 기호를 사용하는데, 각 차원의 한 쪽은 다른 쪽과 상보적 관계에 있으므로 [±인간][±남성][±성숙]의 세 가지 성분으로 단순화시키면 '사람'의 의미장은 (1)과 같이 표시된다. 이 경우, [+인간]은 공통적 성분이며, [±남성]과 [±성숙]은 변별적 성분 또는 시차적 성분이다.

(1) ㄱ. 소년 : [+인간] [+남성] [−성숙]

ㄴ. 소녀 : [+인간] [−남성] [−성숙]

ㄷ. 성인남자 : [+인간] [+남성] [+성숙]

ㄹ. 성인여자 : [+인간] [−남성] [+성숙]

단어를 성분으로 분석할 때 관련된 성분을 어느 범위까지 제시할 것인가를 고려하게 된다. 예를 들어, '소년'의 경우 [+인간][+남성][−성숙]뿐만 아니라 [+유생물]나 [+구체물]과 같은 성분이 첨가될 수 있지만, 이들은 '잉여 성분'으로서 [+인간]을 통해서 저절로 예측되기 때문에 명시할 필요가 없다. 따라서 의미 기술의 간결성을 위하여 (2)와 같은 '잉여 규칙'이 설정되는데, 이는 "어떤 단어에 [+인간] 또는 [−인간]이라는 의미 성분이 제시되면 [+유생물]이라는 의미 성분이 자동적으로 전제된다."를 뜻한다.

(2) [±인간] ⋯⋯⋯⋯⋯⋯⋯⋯⋯⋯⋯⋯⋯⋯➤ [+유생물]

의미의 성분분석 이론은 장단점을 지니고 있다. 곧 성분분석은 단어의 의미 분석, 의미장 및 의미 관계의 기술, 선택 제약에 따른 문장의 모순 관계나 변칙 관계를 파악하는 데 효율적이다. 한편, 문제점을 보면 다음과 같다. 첫째, 수많은 단어를 의미의 필요 충분한 성분으로 기술하기 어려우며, 전문가라 하더라도 그 기준이 동일할 수 없다. 둘째, 사물을 이루는 필요하고도 충분한 의미 성분을 찾기 어렵거나 경계를 설정하기 어려운 경우가 허다하다. 셋째, 일상 언어에 흔한 은유나 환유와 같은 비유 표현을 성분 분석의 잣대로 규정하게 되면 대부분 선택 제약을 어긴 비문법적인 문장이 되고 만다.

3.2.2. 동음이의어와 다의어

▌ **정의** ▌ 동일한 형태를 지닌 경우라 하더라도 의미적 상관성 여부에 따라 둘 이상의 별개의 단어가 되기도 하고 하나의 단어가 되기도 한다. 이른바 '동음이의어'

와 '다의어'가 그러한데, 정의상으로는 이 둘이 뚜렷이 구별된다. <그림 2>에서 보듯이 '동음이의어'는 둘 이상의 서로 다른 단어가 의미와 무관하게 동일한 형태를 지닌 것을 가리키며, '다의어'는 한 형태의 단어가 둘 이상의 관련된 의미를 지닌 것이다.

〈그림 2〉 '동음이의어'와 '다의어'

예를 들어, '쓰다'의 경우 '글씨를 쓰다/모자를 쓰다/약이 쓰다'의 '쓰다'는 별개의 단어인 동음이의어인 반면, '모자를 쓰다/우산을 쓰다/누명을 쓰다'의 '쓰다'는 상호 관련된 의미로 이루어진 다의어이다.

(3) 고개¹ ① 목의 뒷등이 되는 부분. (고개가 아프다.)
　　　　② 머리. (누가 부르는 것 같아 고개를 뒤로 돌렸다.)
　　고개² ① 산이나 언덕을 넘어 다니도록 길이 나 있는 비탈진 곳. (고개를 넘다.)
　　　　② 일의 중요한 고비나 절정을 비유적으로 이르는 말. (노래 중간의 그 고개만 잘 넘어가면 된다.)
　　　　③ 중년 이후 열 단위만큼의 나이를 비유적으로 이르는 말. (이미 오십 고개를 넘어섰다.)
(4) 고개 ① 목의 뒷등.
　　　　② 머리. (고개를 돌리다.)
　　　　③ 산이나 언덕을 넘어 다니게 된 비탈진 곳. (고개를 넘다.)

한편, '목'의 경우 『표준국어대사전』에서는 (5)와 같이 신체 부위의 '목①'과 공간의 '목③'이 다의어로 기술되어 있다.

(5) 목 ① 척추동물의 머리와 몸통을 잇는 잘록한 부분. (목이 긴 여자)

② 어떤 물건에서 동물의 목과 비슷한 부분. (목이 긴 장화)

③ 통로 가운데 다른 곳으로는 빠져 나갈 수 없는 중요하고 좁은 곳. (목에 숨어서 적을 기다리다).

④ 곡식의 이삭이 달린 부분. (이삭 목)

(3)-(5)에서 '고개'와 '목'에 대한 사전적 기술의 혼란상을 보면 동음이의어와 다의어의 변별 기준을 설정하기가 어렵다는 것을 알 수 있다. 이와 관련하여, 기존의 사전편찬이나 언어 교육에서는 하나의 형태에 둘 이상의 의미가 나타날 때 핵심적 의미를 공유한 경우만을 다의어로 보고 그렇지 않은 경우를 동음이의어로 처리하는 경향이 우세하였다.

그러나 우리의 직관이나 경험에 비추어 볼 때 다의어 가운데 구성원 간에 핵심의미를 공유하지 않거나 그 경계가 불명확한 경우가 허다한데, 이 경우 의미적 연쇄에 의해 그 관련성이 어느 정도 인정되면 다의어로 처리하는 것이 타당하다. 그까닭은 의의가 다를 때마다 별개의 형태를 부여하게 되면 우리의 기억 능력이 이를 감당하기 어렵게 되기 때문이다. 따라서 다의어는 관련된 여러 가지 의미를 하나의 형태로 범주화하려는 효율적 장치라 하겠다.

▌다의어의 특성 ▌ 단어의 형태와 의미는 본래 1:1로 맺어져 있지만, 기존 단어의 형태에 관련된 여러 가지 의미가 모여 다의어가 형성된 것이다.[＾알아 두기 3] 이 경우 다의어는 관련된 '의의'를 대표하는 '중심의미(원형의미)'와 이에 대응되는 '주변의미(확장의미)'로 구성된다.

다의어의 중심의미와 주변의미는 여러 가지 측면에서 비대칭적이다. '사다'와 '팔다'의 다의적 용법에서 (6ㄱ), (7ㄱ)은 중심의미이며, (6ㄴ), (7ㄴ)은 주변의미인데, 양자 간의 비대칭적 양상을 보면 다음과 같다.

(6) ㄱ. 과일을 사다.   ㄴ. 병(病)을 사다, 인심을 사다, 공로를 높이 사다.
(7) ㄱ. 과일을 팔다.   ㄴ. 양심을 팔다, 한눈을 팔다, 아버지의 이름을 팔다

첫째, '사다'와 '팔다'가 중심의미로 사용될 때는 구체적인 상품에 대한 상거래 행위의 의미를 표시하며, '사다'와 '팔다' 사이에 대립관계가 성립하지만, 주변의미로 쓰일 때는 그렇지 않다. 둘째, 인지적인 측면에서 '사다, 팔다'의 중심의미는 주변의미에 비해 더 뚜렷한 특징을 갖는다. 즉 중심의미로 사용되는 '사다'와 '팔다'는 주변의미에 비해 언어 습득이나 학습의 시기가 빠르며, 우리 머릿속에 뚜렷이 각인됨으로써 일상 언어생활에서 더 쉽게 이해되고 연상된다. 그 반면에 주변의미로 사용되는 '사다'와 '팔다'는 구체적인 상품을 대상으로 한 상거래가 아니므로, (6ㄱ), (7ㄱ)의 '사다, 팔다'와 동일한 단어인지 아닌지 의문이 생길 정도이다. 셋째, 구조적인 측면에서 (8)과 같이 '사다, 팔다'의 중심의미는 통사적 제약이 없는 반면, 주변의미는 제약을 지니는데, 가격 표시나 장소, 그리고 '(비)싸게' '(잘)잘못' 등의 평가 부사어가 올 수 없다.

(8) {과일/ ²인심/ ²한눈}을 {오천 원에/시장에서/싸게/비싸게/잘/잘못} {샀다/팔았다}.

넷째, 빈도적인 측면에서 '사다, 팔다'의 중심의미는 주변의미에 비해 사용 빈도가 높다. 초등학교 『국어』 교과서 30권(1997, 교육부)의 경우 '사다'는 254회, '팔다'는 44회의 빈도수를 갖는데, 그 의미적 용법에 따른 빈도수의 양상은 (9), (10)과 같다.

(9) 사다(254회): ① 사는 이가 파는 이에게 돈을 주고 상품을 소유하다.
           <254회: 100%>
(10) 팔다(44회): ① 파는 이가 사는 이에게 상품을 주고 돈을 소유하다.
           <41회: 93.18%>
         ② 감각 기관의 집중력을 다른 곳으로 돌리다. <3회: 6.82%>

요컨대, '사다'와 '팔다'의 다의적 용법에 비추어 볼 때 중심의미와 주변의미는 대칭적이지 않고, 중심의미가 주변의미에 비해 구체적이며, 인지적·구조적·빈도적 측면에서 우월성을 띠고 있다.

3.2.3. 의미의 계열관계

의미의 '계열관계'는 문장 속에서 단어가 종적으로 대치되는 관계이다. 예를 들어, "고기를 굽다."에서 '굽다'의 대상인 '고기/적/밤'이나, '고기'의 서술어인 '굽다/삶다/찌다'는 선택의 계열관계를 이룬다. 의미의 계열관계를 이루는 하의관계, 동의관계, 대립관계를 보면 다음과 같다.

▌**하의관계** ▌ '하의관계'는 단어의 의미적 계층구조에서 한 쪽이 의미상 다른 쪽을 포함하거나 다른 쪽에 포함되는 관계를 말한다. 이 경우, 보다 더 일반적인 쪽을 '상위어'라고 하고, 특수한 쪽을 '하위어'라고 하며, 동위 관계에 있는 하위어의 무리를 '공(통)하위어'라고 한다. 예를 들어, '동물, 개, 삽살개'의 경우, '동물'은 '개'의 상위어이며 역으로 '개'는 '동물'의 하위어이다. 이 관계는 상대적이므로, 또한 '개'는 '삽살개'의 상위어이며 '삽살개'는 '개'의 하위어가 된다. 한편, '개'와 함께 '소, 고양이'는 '동물'의 '공하위어' 또는 '동위어'가 된다. 하의관계의 논리와 기본층위의 특성을 보기로 한다.

먼저, 하의관계의 논리적 특성을 기술하면 다음과 같다. 첫째, '포함'과 관련된 하의관계의 논리이다. 이 경우 무엇이 무엇을 포함하는가는 의미를 외연적으로 보느냐, 내포적으로 보느냐에 따라 다르다. 즉 외연적인 관점에서 보면, '동물'과 같은 상위어가 지시하는 부류는 '개'와 같은 하위어가 지시하는 부류를 포함한다. 한편, 내포적인 관점에서 보면, '개'의 의미는 '동물'의 의미보다 더 풍부하므로 '개'는 '동물'의 의미를 포함한다. 따라서 '상위어'는 의미의 외연이 넓고 내포가 좁은 반면, '하위어'는 의미의 외연이 좁고 내포가 넓다.

둘째, '함의'와 관련된 하의관계의 논리이다. 하의관계는 일방적 함의가 성립되는데, 다음과 같은 함의관계가 유지된다면 B는 A의 하위어이다.

(11) ㄱ. '이것은 B이다'는 '이것은 A이다'를 일방적으로 함의한다.
ㄴ. '이것은 A가 아니다'는 '이것은 B가 아니다'를 일방적으로 함의한다.

(11)에 따라 '이것은 개(B)이다'는 '이것은 동물(A)이다'를 일방적으로 함의하며, '이것은 동물(A)이 아니다'는 '이것은 개(B)가 아니다'를 일방적으로 함의하는 경우, '개(B)'는 '동물(A)'의 하위어가 된다. 곧 하위어는 상위어를 함의하지만, 역으로 상위어는 하위어를 함의하지 않는다.

다음으로, 하의관계는 수직적으로 상위층위, 중간층위, 하위층위의 계층구조를 이룬다. 의미장 이론에서, 각 층위의 가치는 등가적이며, 분류의 편의상 상위어가 하위어에 비해 우선적인 것으로 간주되어 왔으며, 언어습득에서 상위어가 하위어보다 의미 성분이 단순하므로 먼저 습득될 것으로 보았다. 그러나 중간층위, 즉 '기본층위'는 다음과 같은 특징을 지닌다.

첫째, 인지적인 측면에서 기본층위는 사람들이 보편적으로 사물을 지각하고 개념화하는 층위이다. 예를 들어, 한 사물을 보고 "저것이 무엇이냐?"라는 질문에 대답할 때 '동물-개-삽살개-청삽사리' 가운데 일반적으로 '개'를 선택하게 되는데, 계층구조에서 이 층위가 곧 기본층위에 해당한다. 기본층위는 우리의 머릿속에서 그 영상을 명확히 떠올릴 수 있다는 점에서 인식의 기준점이 된다. 둘째, 기능적인 측면에서 기본층위는 발생 빈도가 높고 언어습득 단계에서 가장 이른 시기에 습득된다. 셋째, 언어적인 측면에서 기본층위는 형태가 짧고 고유어인 경우가 대부분이다. 대조적으로 하위층위는 합성어나 파생어가 많다는 점에서 형태가 길며, 상위층위나 하위층위는 다른 언어에서 차용되는 경우가 흔하다.

■ **동의관계** ■ '동의관계'는 형태가 다른 둘 이상의 단어가 동일한 의미를 지닌 것을 말한다. 이 경우 '동일한 의미'에 대해서 엄격한 기준을 적용하느냐 또는 느슨한 기준을 적용하느냐에 따라 절대적 동의어와 상대적 동의어로 구분된다. 절대적 동의어는 의미 차이 없이 모든 문맥에서 교체될 수 있는 경우인데, 실제로 그러한 예는 매우 드물다. 따라서 대부분의 동의어는 '비슷한말' 또는 '유의어'라고 하는 상

대적 동의어이다. 동의어의 유형과 의미 검증의 기준을 살펴보기로 한다.

먼저, 동의어의 형성 배경을 중심으로 그 유형을 보면 다음과 같다. 첫째, '방언'의 차이에 따른 동의어이다. 이는 지리적으로 이질적인 화자 집단이 동일한 대상을 두고 서로 다른 명칭을 사용할 때 형성되는 동의어이다. 이 경우 특정한 방언권에 속해 있는 화자들은 동의어의 존재를 의식하지 못하게 된다. 예를 들어, 표준어의 '다슬기'는 지역에 따라 '골뱅이, 고딩이, 올갱이, 우렁이, 사고딩이' 등으로 사용된다.

둘째, '문체'의 차이에 따른 동의어이다. 고유어와 외래어가 공존하는 경우 문체가 다른 동의어가 형성되는데, 일반적으로 고유어는 입말 또는 비격식체로, 외래어는 글말 또는 격식체로 쓰인다. 예를 들어, '머리-두상', '소젖-우유-밀크'는 고유어와 외래어 사이에 형성된 문체상의 동의어이다.

셋째, '전문성'의 차이에 따른 동의어이다. 특정 직업이나 전문 분야에서 사용되는 전문어가 일상어와 접촉하게 될 때 동의어가 형성된다. 예를 들어, 의학 용어의 '캔서'와 '암', 화학 용어의 '염화나트륨'과 '소금', 군대 용어의 '얼차려'와 '체벌' 등에서 보는 바와 같다.

넷째, '내포'의 차이에 따른 동의어이다. 이것은 개념적 의미는 동일하지만 감정가치가 다른 동의어를 가리킨다. 예를 들어, '기쁘다-즐겁다'는 좋은 느낌을 공통으로 가지지만, '기쁘다'의 느낌은 마음에서 오고 '즐겁다'의 느낌은 몸에서 온다. 또한 '동무-친구'의 경우, 오늘날에 이르러 '동무'는 부정적인 내포를 지닌 채 거의 사용되지 않는 반면, '친구'는 중립적인 의미로 세력을 넓히게 되었다.

다섯째, '완곡어법'에 따른 동의어이다. 죽음, 질병, 성에 관해서 두려움이나 어색함을 피하기 위해 완곡어법을 사용하는 경우, 직설적 표현과 완곡어법 간에 동의어가 형성된다. 예를 들어, '죽다-돌아가다', '성폭행하다-폭행하다' 등은 직설표현과 완곡어법에 의한 동의어이다.

다음으로, 동의어의 의미 차이를 검증하는 기준을 보기로 한다. 첫째, 문맥 속에서 동의어의 교체검증을 통해 분포를 살펴보는 방법이다. 예를 들어, '틈-겨를'은 간격을 뜻하는데, '틈'과 '겨를'은 (12ㄱ)의 시간적인 용법에서는 교체가 가능하나, (12ㄴ)의 공간이나, (12ㄷ)의 추상적인 관계에서는 교체가 불가능하다.

(12) ㄱ. 쉴 {틈/겨를}이 없다.

　　ㄴ. 창문 {틈/ *겨를}(으)로 바람이 들어온다.

　　ㄷ. 우정에 {틈/ *겨를}이 생겼다.

둘째, 대립어를 사용하여 동의어의 의미 차이를 검증하는 방법이다. 예를 들어, '맑다-깨끗하다'의 경우, '물, 공기, 시야'와의 결합에서 그 경계가 분명하지 않은데, 이들과 대립관계에 있는 '흐리다-더럽다'를 대비시키면 '맑은 물/흐린 물' '깨끗한 물/더러운 물'에서 보듯이 '흐리다'와 '더럽다'에 상응하는 의미 차이가 '맑다'와 '깨끗하다'에서 드러난다. 또한 '기쁘다-즐겁다'의 의미 차이는 대립어를 통해 명확해지는데, '기쁘다'의 대립어는 '슬프다'이며, '즐겁다'의 대립어는 '괴롭다'인데, 이를 통해 '기쁘다/슬프다'는 마음, 그리고 '즐겁다/괴롭다'는 주로 몸과 관련된 것이 드러난다.

셋째, 동의관계의 정도가 모호한 단어들을 하나의 축으로 배열하는 방법이다. 예를 들면, '실개천-개울-시내-내-하천-강-대하'에서처럼, 관련된 단어들을 순차적으로 배열하게 되면 '개울'과 '시내'의 의미 차이가 드러난다.

■ **대립관계** ■ '대립관계'는 의미적으로 대립을 이루는 단어의 쌍을 가리키며, 그 전형적인 경우가 이원대립이다. 대립관계가 성립하기 위해서는 단어들 간에 공통된 의미 특성이 많아야 한다. 예를 들어, '남자'와 '여자', '길다'와 '짧다', '사다'와 '팔다'와 같은 대립어는 상위어 '사람', '길이', '상거래'에서 보듯이 다수의 공통된 의미 특성을 전제로 하고 한 가지 매개변수에 의해 대립을 이루고 있다. 대립관계의 유형과 의미 특성을 보면 다음과 같다.

먼저, 대립관계의 유형에는 다음 세 가지가 있다. 첫째, '반의어'는 정도나 등급에 있어서 대립을 이루는 것으로서, '길다/짧다, 쉽다/어렵다, 빠르다/느리다'와 같은 형용사가 그 보기이다. 반의어를 이루는 대립의 기준은 상대적인데, '길이, 난이도, 속도' 등의 판정 기준은 대상이나 장면에 따라 다르며, 그 판정은 주관적이다. 이러한 반의어는 대립의 양극 사이에 중간 지역을 갖는다. 따라서 논리적으로 단언과 부정에 대한 일방 함의관계가 성립된다. 즉, 'X는 길다'는 'X는 짧지 않다'를 함의하지만, 그 역은 성립되지 않는다. 또한 반의어의 단어 쌍을 동시에 부정해도 모순되지 않는다. 즉, 'X는 길지도 않고 짧지도 않다.'라는 표현이 가능하다.

둘째, '상보어'는 대립관계의 개념적 영역을 상호 배타적인 두 구역으로 양분하는 경우로서, '남성/여성, 참/거짓, 살다/죽다'가 그 보기이다. 상보어를 이루는 대립의 기준은 절대적인데, '남자'와 '여자', '살다'와 '죽다' 등의 대립은 어떤 시대 어떤 지역에서도 뚜렷이 구별되는 절대적 사항이다. 이러한 상보어는 대립의 양극 사이에 중간 지역이 존재하지 않는다. 따라서 논리적으로 단언과 부정에 대한 상호 함의관계가 성립된다. 즉, '그 사람은 남자이다.'는 '그 사람은 여자가 아니다.'를 함의하며, 그 역도 가능하다. 또한 상보어의 단어 쌍을 동시에 부정하게 되면 "'그 사람은 남자도 여자도 아니다."에서 보듯이 모순이 된다.

셋째, '방향대립어'는 맞선 방향을 전제로 하여 위치·관계·이동 및 동작의 측면에서 대립을 이루는 경우이다. 예를 들어, 공간적 위치의 '위/아래, 앞/뒤, 오른쪽/왼쪽', 인간적 관계의 '부모/자식, 남편/아내, 스승/제자', 이동 및 동작의 '가다/오다, 사다/팔다, 입다/벗다' 등이다. 그 중 위치나 관계의 대립은 기준점을 중심으로 한 상대적 개념이다.

다음으로, 대립관계의 비대칭성을 보기로 한다. 종래 대립관계의 단어 쌍은 구조적으로나 의미적으로 등가적으로 간주되어 왔지만, 다음과 같이 언어적 맥락이나 언중의 의식 속에서 비대칭적이다. 첫째, 반의어 '길다/짧다, 높다/낮다, 깊다/얕다, 멀다/가깝다, 넓다/좁다, 굵다/가늘다, 두껍다/얇다, 크다/작다' 등에서 '길다'와 같은 (+)쪽이 '짧다'와 같은 (-)쪽에 비해, 빈도수가 높고, (13)과 같이 중립적인 의문문에서 사용되고, '길이/*짧이'와 같이 파생명사나 파생부사, 또는 '높다랗다/*낮다랗다'와 같이 파생형용사가 생산되며, '높낮이/*낮높이', "{길고 짧은/*짧고 긴} 것은 대 보아야 안다."와 같이 합성어나 구에서 앞자리에 놓인다는 점에서 적극적이다.

(13) ㄱ. 연필이 어느 정도 깁니까?　　(중립적)
　　　ㄴ. 연필이 어느 정도 짧습니까?　　(유표적)

둘째, 상보어의 '남성/여성'의 성별이 대립될 경우 남성이 여성에 비해 우월성을 띤다. 즉 '{청소년/*청소녀} 보호 선도의 달'에서 보듯이 '(청)소년'은 '(청)소년'과 '(청)소녀' 대립의 중화 환경에 쓰여 상위어가 된다. 합성어의 경우 '남녀/*여남, 부모/*모부, 소년소녀/*소녀소년'과 같이 일반적인 경우 '남성'이 앞자리에 놓이는 반면, '연놈/*놈년, 비복(婢僕)/*복비(僕婢), 암수(자웅(雌雄))/*수암(*웅자(雄雌))'와 같이 비속어, 비천한 신분, 동물의 경우 '여성'이 앞자리에 놓인다.

셋째, 방향대립어의 경우이다. 먼저, 공간적 위치 대립에서 '위/아래, 앞/뒤, 오른쪽/왼쪽'의 경우, (14)에서 보듯이 '위, 앞, 오른쪽'은 긍정적이며, '아래, 뒤, 왼쪽'은 부정적이다. 또한 '착탈(着脫)' 대립의 경우, '입다·쓰다·신다·두르다·끼다'에 대한 '벗다', '끼우다·꽂다'에 대한 '빼다', '매다·차다·드리다'에 대한 '풀다'에서 보듯이, '착(着)'에 관한 쪽은 다양하고 분화되어 있는 반면, '탈(脫)'에 관한 쪽은 제한되어 있다.

(14) ㄱ. 한 수 {위/아래}다.
ㄴ. 의식수준이 {앞섰다/뒤처졌다}.
ㄷ. 그는 내 오른팔이다./왼 고개를 젓다.

3.2.4. 의미의 결합관계

의미의 '결합관계'는 문장 속에서 단어가 횡적으로 맺는 관계이다. 예를 들어, "어머니가 쌀을 씻어서 밥을 짓는다."에서 '쌀-씻다', '밥-짓다', '어머니-밥-짓다'는 결합관계의 보기이다. 의미의 결합관계를 이루는 관용관계, 연어관계에 대해서 살펴보기로 한다.

■ **관용관계** ■ '관용어'는 둘 이상의 단어가 구(句)의 형식을 이룰 때 의미가 특수화되고 구성 방식이 고정된 결합관계를 말한다. 관용어의 성격과 의미적 투명성을 보기로 한다.

먼저, 관용어는 의미 및 구조적인 측면에서 다음과 같은 특성을 지닌다. 첫째, 관용어의 의미는 구성요소의 의미 총화가 아닌 제삼의 새로운 의미를 지닌다. 둘째, 관용어의 구성은 고정된 표현형식을 지닌다. 예를 들어, '미역국 먹다'라는 표현은 의미적인 측면에서, '미역으로 끓인 국을 먹다'라는 글자 그대로의 의미와 '실패하다(낙방하다)'라는 관용적 의미를 지니고 있다. 그런데 '미역국'과 '먹다'의 개별적 의미를 알고 있다고 해서 '실패하다(낙방하다)'라는 관용적 의미를 알 수는 없다. 또한 구조적인 측면에서 보면, 글자 그대로의 의미인 경우에는 (15ㄴ-ㄷ)과 같이 구조적인 변형이 자유로우나, 관용어의 경우 '미역국'과 '먹다'의 관계는 고정되어 구조적인 변형이 허용되지 않는다. 이와 같이, 통사적 변형을 통하여 문장 구조를 확장하거나 해당 성분을 다른 요소로 대치할 경우, '실패하다'라는 관용적 의미가 보존되지 않는다. 따라서 관용어는 의미적으로나 형식적으로 관습화된 의미 단위라 하겠다.

> (15) ㄱ. 그가 미역국을 먹었다.
>   ㄴ. 그가 {미역을 먹었다./미역국을 끓였다.}
>   ㄷ. 그가 {뜨거운 미역국을/미역국을 맛있게/식당에서 미역국을} 먹었다.

    일반적으로, 구체적인 상황에 쓰이던 표현이 유사한 일반적인 상황에 적용되면서 점차 그 유래가 잊혀지게 되면 관용어로 정착된다. 예를 들어, '시치미 떼다'에서 '시치미'는 매 주인의 주소를 적어 매의 깃털 속에다 매어 둔 네모 꼴 뿔로서, 다른 사람이 그 시치미를 뗌으로써 매를 훔치게 된 것인데, 그와 유사한 상황에서 비유적으로 쓰이다가 관용어가 된 것이다. 이와 관련하여, 관용어는 의미의 투명성 정도에 따라 세 가지 유형으로 나눌 수 있다. 곧 '어처구니가 없다'와 같이 관용적 의미를 글자 그대로의 의미에서 유추하기 어려운 경우, '바가지 긁다'와 같이 관용적 의미를 어느 정도까지는 글자 그대로의 의미로 유추할 수 있는 경우, '무릎을 꿇다'와 같이 관용적 의미를 상당 부분 글자 그대로의 의미로 유추할 수 있는 경우이다.

■ **연어관계** ■ '연어'란 상호의존적 기대치를 갖는 단어의 결합관계이다. 예를 들

어, '새빨간 거짓말'이나 '새까만 후배'에서 '새빨간'과 '거짓말', 그리고 '새까만'과 '후배'는 연어관계를 형성한다. 연어적 선호와 제약을 들면 다음과 같다.

먼저, 연어관계의 예측 가능성을 (16)의 예에서 보기로 한다.

(16) 그 소녀는 예쁜 ____을/를 가졌다.

(16)의 빈자리에 기대되는 명사는 '눈, 인형, 옷' 등이다. 곧 '예쁘다'와 연어관계에 놓이는 결합체는 '눈, 인형, 옷' 등으로 예측이 가능하지만, 역으로 '눈, 인형, 옷' 등에서 '예쁘다'를 기대하기는 어렵다. 이 경우 '예쁘다'를 선택자라 하고, '눈, 인형, 옷'을 피선택자라고 한다. '체언+용언' 형의 연어인 '코를 골다'와 '몸부림을 치다'는 선택자와 피선택자의 방향이 반대인데, 전자는 용언이 선택자인 반면, 후자는 체언이 선택자이다.

다음으로, 연어관계의 의미적 제약을 보기로 한다. (16)에서 '예쁘다' 자리에 '곱다'나 '아름답다'를 대치하여도 결합이 가능하다. 그러나 '예쁜 금모래/고운 금모래'에서는 의미가 다르며, '?예쁜 이야기/아름다운 이야기'에서는 제약이 나타난다. 이 경우 '?예쁜 이야기'와 같이, 단어의 결합관계에 나타나는 제약을 포괄적으로 '공기제약'이라고 한다.

공기제약에는 연어제약과 선택제약의 두 가지 유형이 있다. 그 중, '연어제약'은 연어관계에 의한 관습적 제약으로서, '{두꺼운/두터운} 옷', '{*두꺼운/두터운} 우정'에서 보듯이 개념적 의미가 동일한 '두껍다'와 '두텁다'에 대해 '옷'은 둘 다 연어적으로 선호되지만, '우정'은 '두껍다'와 연어제약 관계에 놓인다. 한편, '선택제약'은 문장의 구성단위 간에 선호되는 제약으로서, 다음의 (17)의 두 문장은 선택제약을 어김으로써 모순적, 변칙적 문장이 된 것이다.

(17) ㄱ. ?우리 고모는 노총각이다.
    ㄴ. ?우리는 밥을 마신다.

일반적으로, 연어제약을 어긴 경우는 동의어의 대치로 그 관계를 복원시킬 수 있는 반면, 선택제약을 어기면 모순이 되거나 변칙적이므로 제약의 강도가 더 강하다고 하겠다.

3.3. 문장의 의미

'문장의 의미'는 문장을 구성하는 내용어의 의미와 기능어의 통사적 규칙에 의한 합성적 의미가 기본이 된다.[◂알아 두기 4] 그러나 문장의 의미는 글자 그대로의 합성적 의미를 지닌 채 중립적인 상태로만 존재하는 것이 아니라, 통사적 규칙, 문맥이나 상황에 따라 가변성을 지니게 된다. 아래에서는 의미 역할, 동의성, 중의성, 그리고 전제와 함의에 대해서 살펴보기로 한다.

3.3.1. 의미 역할

'의미 역할'이란 문장 내에서 서술어에 의해 기술되는 행위나 사태에 대한 명사구의 의미 몫을 가리킨다. 문장이 의미를 전달하기 위해서는 문장 내의 단어들이 각자의 의미 역할을 적절하게 수행해야 한다. 예를 들어, "철수가 책을 샀다."에서 '철수'는 행위의 주체라는 역할을, '책'은 행위의 대상이라는 역할을 한다. 이러한 의미 역할은 서술어와 어울려 문장을 이룰 경우 명사구들이 갖는 의미 내용인데, 이 때 서술어와 함께 쓰이는 표현들을 '논항'이라고 한다.

의미 역할은 서술어에 따라 다른 명사구의 의미에서 공통성을 추출한 것이다. 예를 들어, "그가 노래를 불렀다."와 "철수가 집으로 짐을 옮겼다."에서 '그'는 노래를 부르는 사람이고, '철수'는 짐을 옮기는 사람으로서 실제로 둘이 같은 것은 아니지만, '행위자'라는 공통된 의미 역할을 갖는다. 또한 (18)과 같은 행동 연쇄사건 구문에서 각각의 주어는 '행위자, 도구, 사물'을 상술한다. 이 경우 '자동차 문'은 목적어 또는 주어로 나타나지만, 그 의미 역할은 수동자이다. 이처럼 의미 역할은 문법 구조에 반영되는 의미의 측면을 파악하기 위해 고안된 것으로 사태에 대한 고정된 해석을 전제로 한다.

(18) ㄱ. 범인이 못으로 자동차 문을 열었다.

ㄴ. (바로 이) 못이 자동차 문을 열었다.

ㄷ. 자동차 문이 열렸다.

의미 역할은 서술어의 의미를 구성하는 데 필수적으로 요구되는 '필수적 의미역할'과 문장에서 서술어의 의미를 보충하는 '수의적 의미 역할'로 나뉜다. '필수적 의미 역할'은 (19)와 같이 7가지가 있다.

(19) ㄱ. 행위자: 어떤 행위를 수행하는 주체로 대개 유정물이며 고의성이나 의도성을 가진다. (철수가 편지를 쓴다.)

ㄴ. 도구: 행위의 수단이 되는 것이다. (열쇠로 문을 연다.)

ㄷ. 수동자: 어떤 행위에 영향을 받거나 상태 변화를 겪는 것이다. (철수가 옷을 입었다.)

ㄹ. 경험자: 서술어에 의해 내적인 상태에 영향을 받는 것이다. (철수가 냄새를 맡았다.)

ㅁ. 수혜자: 어떤 행위가 행해졌을 때 이익을 받는 개체이다. (내가 철수 대신 예약했다.)

ㅂ. 출처: 이동 및 상태변화의 출발점이다. (나는 도서관에서 책을 빌렸다.)

ㅅ. 목표: 이동 및 상태변화의 도착점이다. (나는 책을 책장에 꽂았다.)

한편, '수의적 의미 역할'은 '장소, 이유, 목적, 경로, 시간, 방법' 등과 같이 문장에서 서술어의 의미를 보충하는 역할을 한다. 이처럼, 의미 역할은 의미론과 통사론 사이의 상호작용하는 접점을 밝히는 데 기여하며, 여러 서술어 부류의 특성을 기술하는 데 도움이 된다.

3.3.2. 문장의 동의성

문장의 동의성이란 형식을 달리한 둘 이상의 문장이 동일한 의미 값을 갖는 것을 말하며, 이러한 문장을 '동의문'이라고 한다. 종래 동의문으로 간주되어 온 사례를 중심으로 동의성의 정도를 살펴보기로 한다.

첫째, 능동문과 피동문의 동의성 여부이다. (20)과 같은 능동문과 피동문은 진리 조건적 의미가 동일할지라도 그 실제의 의미 가치는 다르다. 곧 (20ㄱ)에서는 '사냥꾼'이 통사적 전경이 되고 '사슴'이 통사적 배경이 되며, (20ㄴ)에서는 이 관계가 역전된 것이라 하겠다. 이 경우 주어, 즉 통사적 전경에 의미의 초점이 놓이게 된다.

> (20) ㄱ. 사냥꾼이 사슴을 쫓았다.
> ㄴ. 사슴이 사냥꾼에게 쫓겼다.

둘째, 대립어에 의해 논항이 교체된 경우의 동의성 여부이다. (21)의 두 문장은 대립어 '사다/팔다'의 교체에 의한 동의문으로 진리 조건적 의미가 동일하다. 이 경우 역시 능동문과 피동문에서처럼 주어가 통사적 전경이 되어 초점을 받는다. 이것은 '좋은 값으로', '헐값으로'와 같은 부사어(구)를 넣으면 그 의미 차이가 뚜렷이 드러난다.

> (21) ㄱ. 동생이 형한테 땅을 샀다.
> ㄴ. 형이 동생한테 땅을 팔았다.
> (21)′ ㄱ. 좋은 값으로/헐값으로, 동생이 형한테 땅을 샀다.
> ㄴ. 좋은 값으로/헐값으로, 형이 동생한테 땅을 팔았다.

셋째, 처소논항과 관련하여 주어와 부사어의 교체에 의한 동의성 여부이다. (22)의 두 문장은 진리 조건적 의미가 같지만, (23)의 경우 두 문장은 진리 조건적으로 의미 차이가 나타난다. 곧 (23ㄱ)은 밤하늘 전체에서 별들이 반짝이는 '전체적 효과'를 나타내는 반면, (23ㄴ)은 밤하늘의 일부에서 별들이 반짝이는 '부분적 효과'를 나타낸다.

> (22) ㄱ. 강이 물고기로 넘치고 있다.
> ㄴ. 물고기가 강에 넘치고 있다.
> (23) ㄱ. 밤하늘이 별들로 반짝인다.
> ㄴ. 별들이 밤하늘에 반짝인다.

넷째, 장단형 사동문의 동의성 여부이다. (24ㄱ)의 파생접사 '-이-'에 의한 단형 사동과 (24ㄴ)의 '-게 하다'에 의한 장형 사동에서 전자는 직접적이며, 후자는 간접적이다. 곧 새의 죽음에 대한 책임과 비난이 직접적인 경우에는 단형 사동이 쓰이는 반면, 모이를 주지 않았거나 제대로 돌보지 않음으로써 새가 죽게 된 간접적인 경우에는 장형 사동이 쓰인다.

> (24) ㄱ. 영수가 그 새를 죽였다.
> ㄴ. 영수가 그 새를 죽게 했다.

요컨대, 문장의 동의성은 둘 이상의 문장이 동일한 의미를 갖는 것이지만, 이는 개념적 의미나 진리 조건적 의미가 같다는 것이 전제될 뿐, 구성 방식의 차이는 의미 차이를 반영한다.

3.3.3. 문장의 중의성

중의성이란 하나의 단어나 문장이 둘 이상의 의미로 해석되는 것을 가리키며, 중의성을 띤 문장을 '중의문'이라고 한다. 아래에서 문장의 구조에 따른 중의성의 다섯 가지 양상을 살펴보기로 한다.[◆알아 두기 5]

첫째, 주어와 목적어의 범위에 따른 중의성이다. (25ㄱ)은 "영수가 보고 싶어 하는 친구가 많다."와 "영수를 보고 싶어 하는 친구가 많다."의 두 가지 의미를 지니며, (25ㄴ)은 "영수와 철수가 창수를 때렸다."와 "철수와 창수를 영수가 때렸다."의 두 가지 의미를 지닌다는 점에서 중의적이다.

> (25) ㄱ. 영수가 보고 싶은 친구들이 많다.
>   ㄴ. 영수는 철수와 창수를 때렸다.

둘째, 비교의 범위에 따른 중의성이다. '보다'에 의한 비교구문에서 비교의 대상과 주체가 중의적이다. 곧 (26ㄱ)은 "어머니는 아버지와 아들을 사랑하는데, 그 중에서 아들을 더 사랑한다."와 "어머니와 아버지는 아들을 사랑하는데, 어머니가 더 사랑한다."의 두 가지 의미를 지니며, (25ㄴ) 역시 "남편은 아내와 낚시를 좋아하는데, 그 중에서 낚시를 더 좋아한다."와 "남편과 아내는 낚시를 좋아하는데, 남편이 더 좋아한다."가 되어 중의적이다.

> (26) ㄱ. 어머니는 아버지보다 아들을 더 사랑한다.
>   ㄴ. 남편은 아내보다 낚시를 더 좋아한다.

셋째, 수식의 범위에 따른 중의성이다. (27ㄱ)의 관형어 '사랑하는'은 '친구'와 '친구의 여동생'을 수식할 수 있으며, (27ㄴ)의 부사어 '어제'는 '온 친구'와 '친구를 만났다'를 수식할 수 있다는 점에서 중의적이다.

> (27) ㄱ. 내가 사랑하는 친구의 여동생을 만났다.
>   ㄴ. 그는 어제 고향에서 온 친구를 만났다.

넷째, 부정의 범위에 따른 중의성이다. '몇' 및 '다'와 부정어가 나타날 때 전체와 부분의 두 가지 의미가 나타난다. 즉 (28ㄱ)은 "몇 문제를 못 풀었다."와 "몇 문제밖에 못 풀었다."로, (28ㄴ)은 "학생들이 모두 출석하지 않았다."와 "학생들이 일부 출석하지 않았다."가 되어 중의적이다.

> (28) ㄱ. 시험에서 몇 문제 풀지 못했다.
>   ㄴ. 학생들이 다 출석하지 않았다.

다섯째, 동작과 양태에 따른 중의성이다. (29)의 '착탈'에 관한 '-고 있다' 구문은 동작의 진행과 양태의 두 가지 의미를 지닌다는 점에서 중의적이다.

> (29) ㄱ. 그때 그는 {모자를 쓰고/넥타이를 매고/외투를 입고/장갑을 끼고/구두를 신고} 있었다.
>   ㄴ. 그때 그는 {모자·외투·장갑·구두를 벗고/넥타이를 풀고} 있었다.

요컨대, 의사소통 과정에서 화자나 필자는 일정한 방향의 표현 의도에 따라 문장을 생성하므로 중의성을 의식하지 못하지만, 중의문을 인식한 청자나 독자는 이해의 과정에서 혼란을 겪게 된다. 이 점을 고려해 볼 때 중의성 그 자체는 언어적으로 매우 흥미로운 현상이라 하겠다.

3.3.4. 전제와 함의

언어의 주된 기능은 정보의 전달에 있으므로, 전달된 정보의 진위를 가리는 일이 필요하다. 이 경우 우리는 현실세계의 지식에 비추어 문장의 참과 거짓이라는 판단을 내리며, 문장 속에 포함된 정보의 적절성 여부를 가리게 된다. 예를 들어, "한국산 석유는 질이 좋습니까?"라는 질문에 대해서 "예."나 "아니요"라는 대답이 이루어질 수 없다. 즉 이 질문 속에는 '한국에 석유가 난다.'라는 정보가 내포되어 있는데, 현실적으로 한국에는 석유가 나지 않으므로 이 질문은 부적절하다. 문장의 부가적 정보에는 전제와 함의가 있다.

먼저, 문장의 전제를 보기로 한다. 문장의 참과 거짓을 결정하기 위해서는 당면한 정보가 참이라는 조건이 보장되어야 하는데, 이러한 조건을 '의미적 전제'라고 한다. (30)의 두 문장을 살펴보기로 한다.

(30) ㄱ. 동생은 어제 산 책을 읽었다.
     ㄴ. 동생이 어제 책을 샀다.

주명제 (30ㄱ)의 핵심적인 의미 정보는 "동생이 어떤 책을 읽었다."이다. 아울러 주명제 속에서 (30ㄴ)과 같은 부가적인 정보를 추론할 수 있는데, 이것이 전제이다. 전제의 중요한 특징은 주명제가 부정되어도 참이 된다는 점이다. 즉 '동생이 어제 산 책을 읽지 않았다.'라고 하더라도 전제는 그대로 보존된다.

다음으로, 문장의 함의를 보기로 한다. 한 문장 속의 부가적인 정보 가운데 전제와 구별되는 또 다른 정보로 '의미적 함의'가 있다. (31)의 두 문장을 살펴보기로 한다.

(31) ㄱ. 동생이 유리창을 깼다.
     ㄴ. 유리창이 깨졌다.

주명제 (31ㄱ) 속에는 (31ㄴ)의 "유리창이 깨졌다."라는 부가적 정보가 포함되어 있는데, 이것이 함의이다. 함의의 중요한 특징은 주명제가 부정되면 부가적 정보인 함의는 참도 거짓도 아니게 된다는 것이다. 즉 '동생이 유리창을 깨지 않았다.'라고 할 경우 유리창이 깨질 수도 있고 그렇지 않을 수도 있다.

요컨대, 문장의 부가적인 정보 가운데 전제는 주명제가 부정될 경우라도 그 의미가 보존되는 반면, 함의는 주명제가 부정될 때 그 의미가 보존되지 않는 특성을 지닌다.

3.4. 발화의 의미

'발화'란 잠재적이고 추상적 차원의 문장이 현실적인 언어 상황에서 사용되는 것을 가리킨다. 동일한 표현이라 하더라도 문장 층위와 발화 층위의 의미는 구별되는데, 문장의 의미는 '표현-의미' 사이의 이중 관계인 반면, 발화의 의미는 '화·청자-표현-의미' 사이의 삼중 관계를 형성한다.[▪알아 두기 6] 예를 들면, "도서관이 어디 있는지 아십니까?"와 같은 표현에 대하여 문장 층위에서는 "예./아니요."로 대답할 수 있겠지만, 발화 층위에서는 질문을 요청으로 수용하여 도서관으로 가는 길을 안내하게 된다. 아래에서는 발화의 의미를 중심으로 발화행위 이론, 간접 발화행위, 협력 원리에 대해서 살펴보기로 한다.

3.4.1. 발화행위 이론

'발화행위'란 발화가 어떤 행위를 수행하는 것을 말한다. 예를 들어, "뒤로 돌아가!"라는 장교의 구령은 힘으로 밀치는 것과 동일한 효력을 나타내며, "피고에게 3년 형을 선고합니다."라는 판사의 진술은 죄인을 감옥으로 끌고 가 감금하는 것과 같은 효력을 발휘한다. 이처럼 발화가 물리적 행위와 유사한 효력을 갖는 데 대한 관심이 철학 및 언어 연구에서 전개되었는데, 이들 중 가장 대표적인 것이 오스틴(J. Austin, 1962)과 제자들이 내놓은 '발화행위 이론'이다(임지룡, 1992: 346-359 참조).

먼저, 발화행위 이론의 이분법에 따르면 발화는 수행발화와 단정발화로 대별된다. 그 중 '수행발화'란 약속, 명명, 내기, 경고, 사죄 등 행위에 관한 발화이며, '단정발화'란 사물의 내용에 대한 참과 거짓을 진술하는 발화이다. (32)와 같은 수행발화는 요청이나 약속에 관련된 것으로서 그 결과는 적절하거나 부적절한 것이 되며, (33)과 같은 단정발화는 사실의 기술에 관련된 것으로서 그 결과는 참이나 거짓이 된다.

(32) ㄱ. 문을 닫아라.

ㄴ. 그 사람을 채용하겠다.

(33) ㄱ. 문이 닫혀 있다.

ㄴ. 그 사람을 채용합니다.

이와 같이 발화를 이분법으로 구분할 경우 다음과 같은 문제점이 나타난다. 즉 수행발화뿐만 아니라 단정발화도 경우에 따라서는 경고, 추측 등의 행위를 나타내게 되는데, "기차가 온다."라는 발화는 사실의 진술일 뿐만 아니라 그 자체가 경고를 나타내기도 한다. 또한, 단정발화의 결과가 반드시 참과 거짓으로 나타나는 것도 아닌데, "한국산 석유는 질이 좋다."는 한국에 석유가 나지 않으므로 참과 거짓의 문제가 아니라 부적절한 것이 된다.

이로써 발화의 이분법이 폐기되고 다음과 같은 삼분법이 타당성을 얻게 되었다. 즉, '표현 행위'는 형식과 의미를 지닌 언어 단위를 발화하는 것이며, '표현내적 행위'는 표현 행위 안에서 수행되는 발화의 효력을 말하며, '표현달성 행위'는 표현내적 행위의 효력이 달성된 결과를 뜻한다. 예를 들어, 방문객을 향해 "문이 열려 있습니다."라고 하게 될 때 이 발화는 문이 열려 있다는 의미의 '표현 행위', 문을 닫으라는 경고나 명령의 '표현내적 행위', 방문객이 문을 닫게 되는 '표현달성 행위'에 관한 세 가지 발화행위가 성립된다.

한편, 표현 이면에서 어떤 효력을 가져오는 발화행위의 기능을 '표현내적 수행력'이라고 한다. 이와 관련하여, 표현내적 수행력을 효과적으로 달성하기 위한 조건을 '적절성 조건'이라고 하며, '명제내용 규칙', '예비 규칙', '성실 규칙', '필수 규칙' 등이 있다. 예를 들어, '약속하다'에 대한 적절성 조건을 보면, '화자의 미래 행위 지시'(명제내용 규칙), '화자는 약속 행위에 대하여 청자가 좋아할 것으로 믿음'(예비 규칙), '화자의 약속 행위에 대한 분명한 의도가 있음'(성실 규칙), '화자가 약속의 수행에 대한 객관적인 의무를 가짐'(필수 규칙) 등과 같다.

3.4.2. 간접 발화행위

발화행위에는 직접 발화행위와 간접 발화행위가 있다. 직접 발화행위는 발화의 형태와 기능이 일치하는 것으로서, 의문·명령·청유·평서형 종결어미가 쓰인 발화는 각각 의문문·명령문·청유문·평서문의 기능을 수행한다. 그 반면, 간접 발화행위는 형태와 다른 기능을 수행한다. 이 점을 확인해 보고 간접 발화행위의 효용을 살펴보기로 한다.

먼저, '간접 발화행위'는 (34)와 같이 평서형이나 (35)와 같이 의문형의 형식을 지니고 있으면서 명령이나 요청의 기능을 수행한다.

(34) ㄱ. 조용히 들어 봅니다. (조용히 들어 보아라.)
ㄴ. 내일까지 보고서를 작성해 옵니다. (내일까지 보고서를 작성해 오세요.)
(35) ㄱ. 교실에서 떠들면 되겠니? (교실에서 떠들지 마라.)
ㄴ. 돈 가진 것 있니? (돈 좀 빌려 다오.)

그러면, 직접 발화행위 대신에 간접 발화행위를 하게 되는 까닭은 무엇인가? 이것은 다음 두 가지 측면으로 설명될 수 있다. 첫째, 청자에 대한 화자의 배려라 하겠다. 화자가 직접적인 의문문이나 명령문을 사용하게 되면, 청자는 그에 대한 대답이나 행위를 수행해야 하는 부담을 안게 되는데, 평서형이나 의문형에 의한 간접 발화행위는 청자 측에 부담을 줄여 준다. 둘째, 화자 자신에 대한 배려이다. 의문문이나 명령문을 사용하여 어떤 요청을 했는데도 그에 대한 청자의 반응이 불성실하거나 청자가 거절하게 될 경우 화자 스스로 위신이나 체면에 손상을 입게 된다. 따라서 간접 발화행위는 청자뿐만 아니라 화자에게 부담을 줄여 주는 이점이 있다.

요컨대, 간접 발화행위는 하나의 발화가 둘 이상의 표현내적 수행력을 갖는 것으로서, 대화 참여자에 대한 상호 배려의 효과를 갖는다.

3.4.3. 협력 원리

대화는 화자와 청자가 함께 이루어 내는 협력의 과정이다. 화자의 발화에는 수많은 함축적 정보가 담겨 있는데, 원활한 의사소통을 위해서는 청자가 이 함축적 정보를 성공적으로 해석해 내어야 한다. 미국의 철학자 그라이스(H.P. Grice, 1975)는 이 과정을 '협력 원리'로 설명하였다(임지룡, 1992: 352-354 참조). 협력 원리는 "당신이 참여하고 있는 대화의 각 진행 단계에서 대화의 목적이나 방향에 요구되는 만큼 기여하라."라는 일반 원리 아래 네 가지 하위 원리, 즉 '대화의 격률'로 이루어져 있다. '대화의 격률'과 '대화의 함축'을 살펴보기로 한다.

먼저, 대화의 격률은 '질·양·관련성·방식'의 네 가지가 있다. '질의 격률'은 대화 참여자의 기여가 진실 되게 하라는 것으로, (36)과 같이 거짓이나 (37)과 같이 충분한 증거가 없는 것을 말하지 말라는 것이다.

> (36) 갑: 체중이 얼마니?
>   을: 불면 날아갈 정도입니다.
> (37) 갑: 그 사람 성격이 어떻지?
>   을: 키가 큰 걸 보니 싱거울 거예요.

'양의 격률'은 진행되고 있는 대화의 목적에 필요한 만큼의 정보를 제공하라는 것으로, (38)과 같이 과소 정보나 (39)와 같이 과잉 정보를 피하라는 것이다.

> (38) 갑: 그 사람 어때?
>   을: 좋은 사람이야.
> (39) 갑: 지금 몇 시쯤 됐지?
>   을: 11시 11분 11초를 막 지나가고 있습니다.

'관련성의 격률'은 대화의 내용이 해당 주제에 관련되도록 하라는 것인데, (40)의 부부 간 대화에서 남편의 대화는 관련성의 격률에 충실하지 못하다.

(40) 아내: 여보, 구경 잘 하고 왔어요?
    남편: 구경은 무슨 구경. 고생만 하다가 왔지.

'방식의 격률'은 대화의 형식이 명료해야 한다는 것으로서, 모호성이나 중의성을 피하며, 간략하고 순서에 맞도록 하라는 격률이다. (41)은 눈물을 흘리는 주체가 선수인지 감독인지 중의적이므로 방식의 격률에 어긋난다.

(41) 골을 넣은 박지성 선수는 눈물을 흘리며 감격하는 히딩크 감독의 품에 안겼습니다.

다음으로, 대화의 함축을 보기로 한다. 일상 대화에서 화자와 청자는 협력의 원리가 준수될 것이라는 믿음을 공유하고 있다. 그러한 믿음의 연장선상에서, 화자가 의도적으로 협력의 원리를 깨뜨림으로써 청자에게 함축된 의미를 추론하도록 하는데, 이것을 '대화의 함축'이라고 한다. 다음 (42)-(44)에서 '을'의 발화에는 대화의 함축이 포함되어 있다.

(42) 갑: 그 청년 어떻게 생각하니?
    을: 사주를 보니 궁합이 나쁘대.
(43) 갑: 그 친구 이번 모임에 안 나왔지요?
    을: 예. 그런데, 그 사실을 가족에게는 말하지 마세요.
(44) 갑: 요즘, 회사 형편이 어떻습니까?
    을: 날씨 한번 좋습니다.

▌ 관점 비교하기

1) 의미의 객관주의와 인지주의 현대 언어학에는 생성문법과 형식의미론으로 대표되는 '객관주의 언어관', 그리고 인지문법과 인지의미론으로 대표되는 '인지주의 언어관'이 있다. 이 둘을 구별하는 주된 특징은 언어 이론에서 의미가 차지하는 위치와 관련이 있는데, 그 차이를 세 가지 측면에서 기술하면 다음과 같다.

첫째, '의미'에 대한 시각이다. 객관주의에서는 한 표현의 의미를 그 표현이 환기하는 필요 충분 조건의 개념적 내용이라고 규정하였으며, 그 궁극적인 목표는 문법적으로 정확하고 의미적으로 수용 가능한 문장 생성의 논리적 규칙을 설정하는 데 있었다. 그 반면, 인지주의에서는 의미를 개념의 주체와 객체로 구성되는 개념화라고 보며, 따라서 한 표현의 의미는 그 표현이 환기하는 개념적 내용과 그 내용이 표현 목적을 위해 해석되는 방법과의 함수관계로 규정한다.

둘째, 언어 표현의 구조와 의미에 대한 시각이다. 객관주의 언어관에 따르면 언어 표현의 구조는 의미와 무관한 형식적인 규칙에 의해 결정되며, 따라서 언어의 형식적 분석을 중시해 왔다. 그 반면, 인지주의 언어관에 따르면 언어의 구조와 의미는 인지적 필터를 통해 이해되고 동기화되어 있다고 본다. 즉 인지주의자들은 언어의 구조가 인지의 직접적인 반영이라고 주장하는데, 왜냐하면 특정한 언어 표현은 주어진 상황을 개념화하는 특정한 방법과 관련이 있다고 보기 때문이다.

셋째, 의미에 대한 언어적 지식과 백과사전적 지식에 대한 시각이다. 객관주의에서는 순수한 '언어적 지식'과 화자의 '백과사전적 지식'을 엄격히 분리하고, 의미 분석의 대상을 '언어적 지식'으로 국한시켰다. 그 반면, 인지주의에서는 의미를 언어적 지식과 세상사의 지식 속에 들어 있는 인지구조로 가정하여 그 둘의 뚜렷한 구분을 부정하며, 언어의 의미를 본질적으로 백과사전적 지식으로 본다.

2) 동음이의어와 다의어의 처리 용언에서 의미적 상관성을 가졌으나 품사가 다른 경우, 이를 동음이의어 볼 것인가 다의어로 볼 것인가가 문제시된다. '크다, 늦다, 밝다'에 대한 『연세한국어사전』, 『표준국어대사전』의 처리 방식은 다음과 같이 상이하다.

<크다> 『연세한국어사전』
크다¹ (동) ① 자라다, 커지다. (아들이 어서 커 철이 들기를 기다렸다.)
         ② 발전하다, 성장하다. (한창 커 가고 있는 신생 회사.)

크다² (형) ① (사람이나 사물의 부피, 넓이, 길이, 높이, 둘레, 규모가) 보통의 정도를 지나다. (덩치가 크지 못하다.) (중간 뜻풀이 생략)

⑰ 대강, 대충. (전래 동화 교육의 방법은 크게 두 가지로 나뉜다.)

『표준국어대사전』

크다 (형) Ⅰ ① 사람이나 사물의 외형적 길이, 넓이, 높이 부피 따위가 보통 정도를 넘다. (키가 크다.) (중간 뜻풀이 생략)

⑭ '뛰어나다', '훌륭하다'의 뜻을 나타내는 말. (큰 업적을 남기다.)

(동) Ⅲ ① 동식물이 몸의 길이가 자라다. (키가 몰라보게 컸구나.) (중간 뜻풀이 생략)

⑦ 수준이나 지위 따위가 높은 상태가 되다. (한창 크는 분야라서 지원자가 많다.)

<늦다> 『연세한국어사전』

늦다¹ (동) 일정한 시간 안에 이르지 못하다. (약속 시간에 늦었다.)

늦다² (형) ① 일정한 때에 뒤져 있다. (늦은 조반.)

② 어떤 시간이나 기간의 마지막 무렵에 속해 있다. (늦은 밤.)

『표준국어대사전』

늦다 (동) 정해진 때보다 지나다. (그는 약속 시간에 항상 늦는다.)

(형) ① 기준이 되는 때보다 뒤져 있다. (시계가 오 분 늦게 간다.)

② 시간이 알맞을 때를 지나 있다. (늦은 점심.)

③ 곡조, 동작 따위의 속도가 느리다. (박자가 늦다.)

<밝다> 『연세한국어사전』

밝다¹ (동) ① 어둠이 걷히고 환하게 되다. (어느덧 방 안이 밝아 있었다.)

② 밤이 지나 가다. (아직 날이 밝으려면 멀었다.)

밝다² (형) Ⅰ ① 환하다. (유리창엔 햇살이 밝았다.) (중간 뜻풀이 생략)

⑨ 바르고 각듯하다. (인사성이 밝다.)

Ⅱ 어떤 부분에 막히는 데 없이 환히 잘 알아 능숙하다. (서울 물정과 지리에 밝은 그가 길 안내를 맡았다.)

『표준국어대사전』

밝다 (동) Ⅰ 날이 새다. (벌써 새벽이 밝아 온다.)

(형) Ⅱ 1 ① 불빛 따위가 환하다. (밝은 조명.) (중간 뜻풀이 생략)
⑦ 긍정적이고 좋은 상태에 있다. (전망이 밝다.)
2 어떤 일에 대하여 막히는 데 없이 잘 알다. (한학에 밝다.)

위에서 본 바와 같이 '크다, 늦다, 밝다'는 동사와 형용사로 사용되는데, 『연세한국어사전』에서는 별개의 단어인 동음이의어로, 『표준국어대사전』에서는 하나의 단어인 다의어로 처리하고 있다. 이처럼 용언의 경우 동사와 형용사가 의미적 연관성을 지닌 경우는 의미 기능의 연쇄에 의해 다의적 확장으로 처리하는 것이 우리의 직관이나 경험과 일치한다고 하겠다.

▌ 탐구하기

☞ 탐구 목표

○ 다의어의 중심의미와 주변의미가 구조, 빈도, 인지적으로 비대칭적임을 이해한다.

☞ 탐구 과정

(1) 문제 인식

▶ 지도 중점: 다의어의 의미적 비대칭성이 뜻하는 바를 실제 언어 자료를 통해 체험하도록 한다.

▶ 교수·학습 활동

• 사전에서는 한 단어의 표제어에 대해 아래와 같이 다양한 뜻을 열거하고 있는데, [1], [2], [3]의 각 의미들이 등가적인지 생각해 보자.

사다

[1] 값을 치르고 어떤 물건이나 권리를 자기 것으로 만들다. (문구점에서 학용품을 <u>사다</u>.)

[2] ① 가진 것을 팔아 돈으로 바꾸다. (어머니는 시장에 나가 쌀을 팔아 돈을 <u>샀다</u>.)

---

② 안 해도 좋을 일을 일부러 하다. (<u>사서</u> 고생하다.)

③ 다른 사람의 태도나 어떤 일의 가치를 인정하다. (공로를 높이 <u>사다</u>.)

④ 대가를 치르고 사람을 부리다. (짐꾼을 <u>사서</u> 이삿짐을 날랐다.)

[3] 다른 사람에게 어떤 감정을 가지게 하다. (남한테서 의심을 <u>살</u> 만한 일은 하지 마라.)

• 문제 해결을 위해 다음 질문에 답해 보자.

1. '비대칭성'이란 무엇을 뜻하는가?

2. 중심의미와 주변의미란 무엇을 말하는가? 위의 '사다'에서 중심의미와 주변의미는 무엇인가?

3. '다의어의 의미적 비대칭성'을 드러내는 전형적 예는 무엇인가?

(2) 가설 세우기

▶ 지도 중점: 다의어의 비대칭성을 확인하기 위해 세 가지 측면으로 나누어 가설을 세우도록 유도한다.

▶ 유의점: 가설 설정을 위한 질문을 제공해 준다.

▶ 교수·학습 활동

• 아래 질문에 답해 보자.

중심의미와 주변의미 가운데

1. 합성이나 파생의 방식으로 새로운 단어를 만들 때 중심적인 역할을 하는 것은?

2. 통사적으로 제약을 덜 받는 것은?

3. 일상 언어생활에서 사용 빈도가 더 높은 것은?

4. 어린 아이들이 더 빨리, 더 쉽게 배우는 것은? 또 일반인들이 더 쉽게 연상하는 것은?

• 위의 질문에 대한 정확한 답을 찾고자 한다. 학습 목표를 참고하여 ( )안에 알맞은 말을 넣어 가설을 세워 보자.

> 다의어의 중심의미와 주변의미는 (   ), (   ), (   ) 면에서 비대칭적이다.

(3) 문제 해결
  ▶ 지도 중점: 제공된 자료를 해석하여 가설을 확인하고 '다의어의 비대칭성'의 의미를 규정하도록 한다.
  ▶ 유의점: 제시된 자료를 바탕으로 관련된 자료를 더 수집하고 이를 해석하도록 유도한다.
  ▶ 교수·학습 활동
  • 자료를 활용하여 가설의 성립 여부를 확인해 보자.
  - 각 자료가 다의어의 비대칭성 중 어떤 측면에 대한 근거가 될 수 있을지 설명해 보자.

> [자료 1] 초등학생에게 '머리'라는 단어를 불러준 다음 그 단어를 포함한, 가장 먼저 떠오르는 문장을 하나씩 쓰라고 하였다. 그 결과는 다음과 같았다.
>   ① 골이 들어 있는 목 위 부분(예: 머리가 크다): 47.7%
>   ② 머리털(예: 머리를 염색하다): 32.5%
>   ③ 생각(예: 머리가 좋다): 17.5%
>   ④ 나이가 들다(예: 머리가 굵어지다): 1.0%
>   ⑤ 언저리(예: 밥상머리): 0.7%
>
> [자료 2] 초등학교 교과서에 나타난 '머리'의 다의적 용법에 따른 빈도는 다음과 같았다.
>   ① 골이 들어 있는 목 위 부분(예: 머리를 긁적이며 말하였다.): 61.2%
>   ② 머리털(예: 임금님은 머리를 빗겨 주었다.): 19.8%
>   ③ 생각(예: 일을 할 때에는 머리를 쓸 생각은 하지 않고): 12.4%
>   ④ 사물의 윗부분(예: 연의 머리가 기울어졌다.): 4.1%
>   ⑤ 일의 시작(예: 말과 글의 첫 머리): 2.5%

[자료 3] '바람'이 중심의미로 쓰이는 경우와 주변의미로 쓰이는 경우 격조사의 결합 양상을 조사해 보면 중심의미는 격조사에 제약이 없는 반면 주변의미는 제약을 받는다.

▶ 다의어의 중심의미와 주변의미는 어떤 측면에서 비대칭적인지 위의 자료를 바탕으로 정리해 보자.

(4) 적용
▶ 지도 중점: 다른 예를 통해 다의어의 비대칭성을 증명하도록 한다.
▶ 교수·학습 활동
  • '밝다'라는 단어의 중심의미와 주변의미를 대상으로 구조, 빈도, 인지적 양상을 비교해 보고, 두 종류의 의미가 대칭적인지 비대칭적인지 설명해 보자.

■ 생각해 보기

1. '흘러가다'를 사전에서 찾아 의미 확장의 원리를 아래와 같이 탐구해 보았다. 이를 참고로 하여 '꺼내다'의 주변 의미를 3가지 이상 찾아 의미 확장의 원리가 무엇인지 찾아보자.

흘러가다	'이동'에 대한 머릿속 영상
[1] 시냇물이 흘러가는 소리	
[2] 구름은 조금씩 산 너머로 흘러가고 있었다.	구체물(시냇물→구름)
[3] 얘기가 엉뚱한 방향으로 흘러갔다.	⇩
[4] 산업 기밀이 다른 회사로 흘러갔다.	추상적인 존재(이야기 → 정보 → 시간)
[5] 세월이 흘러가다.	

2. 관용어의 투명성과 관련하여 다음의 예를 세 가지 유형으로 나누어 보고, '모국어 화자'와 '외국어 화자'의 관용어 인식에 대한 차이점을 밝혀보자.

> 바가지를 긁다/ 바가지를 쓰다/ 국수를 먹다/ 미역국을 먹다/ 깡통을 차다/ 시치미를 떼다/ 시집(장가)을 가다/ 김칫국을 마시다/ 입이 무겁(가볍)다/ 손이 크다/ 손이 달리다/ 콧대가 높다/ 코앞에 닥치다/ 무릎을 꿇다/ 꼬리를 잡히다

3. 다음 문장에서 부사어, 수량사의 유무에 따라 동의성의 여부를 밝혀보자.
   (1) ㄱ. 철수는 (일부러) 순이를 붙잡았다.
       ㄴ. 순이는 (일부러) 철수에게 붙잡혔다.
   (2) ㄱ. 마을의 (모든) 청년은 (두) 아가씨를 사랑하고 있다.
       ㄴ. (두) 아가씨가 마을의 (모든) 청년에게 사랑을 받고 있다.

4. 다음의 우스개 소리는 대화의 격률 가운데 어떤 것을 의도적으로 위배함으로써 웃음을 자아내고 있는가? 최근 유행하고 있는 개그 프로그램 중의 하나를 골라 대화의 격률이라는 측면에서 웃음 유발의 기제를 찾아보자.

> 영수가 버스를 탔다.
> 영수: 이 차 어디로 가요?　　　　버스 기사: 앞으로 갑니다.
> 영수: 뭐예요? 여기가 어딘데요?　　버스 기사: 차 안입니다.
> 영수: 지금 장난하는 겁니까?　　　버스 기사: 운전하고 있습니다.

▌알아 두기

1) 점검표설과 원형설　'점검표설'은 "범주는 구성원 모두가 공유하는 필요 충분 속성으로 이루어지며, 범주는 명확한 경계를 가지며, 범주의 구성원들은 동등한 자격을 갖는다."는 '고전 범주화'의 원리에 뿌리를 두고 있다. 한편, '원형설'은 "범주는 원형을 중심으로 가족의 닮음처럼

연쇄적인 망을 이루며, 그 경계는 불분명하며, 범주의 구성원 간에는 원형에서부터 주변에 이르기까지 비대칭성을 이루고 있다."는 '원형 범주화'를 성립시켰다.

2) 의미의 유형　리치(G.N. Leech)가 나눈 의미의 7가지 유형 중 내포적·사회적·정서적·반사적·연어적 의미는 '연상적 의미'로 묶을 수 있다. 한편, 크루스(D.A Cruse, 1990: 148-149)는 참과 거짓을 결정할 수 있는 문장의 '기술적 의미(descriptive meaning)', 화자가 표현하고자 하는 감정과 태도에 초점을 맞춘 '표현적 의미(expressive meaning)', 언어 표현을 통해 청자가 떠올릴 수 있는 영상이나 느낌에 해당하는 '환기적 의미(evocative meaning)'와 같은 세 가지 의미 유형을 제시하였다.

3) 다의어의 의미 확장 양상　중심의미를 기준점으로 하여 다의어의 의미가 확장되는 양상에는 다음과 같은 다섯 가지 경로가 있다. 첫째, '사람→동물→식물→생물'(눈: ①그는 눈이 크다. ②게 눈. ③새싹의 눈. ④그물·저울·바둑판의 눈.) 둘째, '공간→시간→추상'(깊다: ①계곡이 깊다. ②밤이 깊다. ③인연이 깊다.) 셋째, '물리적→사회적→심리적'(있다: ①그는 방에 있다. ②그는 회사에 있다. ③그 눈동자 입술은 내 가슴에 있다.) 넷째, '문자성→비유성→관용성'(짧다: ①토끼는 앞발이 짧다. ②그는 실력이 짧다. ③우리 집 양반은 입이 짧다.) 다섯째, '내용어→기능어'(주다: ①닭에게 모이를 준다. ②그의 등을 두들겨 주었다.)

4) 합성성의 원리　문장의 의미는 그 문장을 구성하는 어휘적 의미와 그 문장이 포함하는 문법적 의미로부터 도출되는데, 이것을 '합성성의 원리'라고 한다. 예를 들어, "개가 제 운동화를 망가뜨렸어요"라는 문장의 의미는 어휘적 요소와 문법적 요소를 합성하는 복합적 개념이다. 이 문장의 상황은 '파괴의 사건'으로, 파괴자는 '개'로, 파괴대상은 '(화자의) 운동화'로 기술되며, 과거 시제는 상황이 발화시점을 앞선다는 것을 상술한다. 따라서 이 문장은 특정한 상황에 대한 개념으로서, 그 합성적 의미는 "발화 시점 이전의 어떤 시간에 개가 화자 소유의 운동화를 망가뜨렸다."가 된다.

5) 모호성　'모호성(vagueness)'은 '중의성(ambiguity)'과 구별되는 개념으로서, "정원에 새가 있다."거나 "산이 높다."에서 '새'가 어떤 새를 가리키는지, '높다'가 어느 정도의 높이를 의미하는지 알 수 없으므로 모호하다고 한다. 이러한 모호성은 '밤과 '낮', '이마'와 '머리'의 경계를 비롯하여, 기상 현상이나 색채어와 같은 연속적인 척도를 가진 범주 경계에서 흔히 관찰된다.

6) 발화·문장·명제의 구분 발화란 화자를 고려한 언어 단위이다. 예를 들어, 한 어린이가 "무궁화 꽃이 피었습니다."라고 하는 것은 하나의 발화이며, 동일한 공간에서 다른 어린이가 "무궁화 꽃이 피었습니다."라고 하면 하나의 문장을 두고 두 개의 발화가 이루어진 셈이다. 이 경우 '문장'은 발화에 비해서 중립적이며 잠재적인 문법 단위라 할 수 있다. 그 반면, '명제'는 문장보다 더 추상적인 언어 단위로서, 타당한 추론의 규칙을 만들기 위하여 논리학에서는 문장의 핵심적인 정보만을 정선한 것이다.

▌더 읽을거리

김광해·권재일·임지룡·김무림·임칠성(1999), 국어지식탐구, 박이정.

박영순(1994), 한국어 의미론, 고려대학교 출판부.

윤평현(2008), 국어의미론, 역락.

임지룡(1992), 국어 의미론, 탑출판사.

임지룡(1997), 인지의미론, 탑출판사.

임지룡(2008), 의미의 인지언어학적 탐색, 한국문화사.

임지룡·이은규·김종록·송창선·황미향·이문규·최웅환(2005), 학교문법과 문법교육, 박이정.

천시권·김종택(1973), 국어의미론, 형설출판사.

Cruse, D.A.(1990), "Language, meaning and sense: Semantics", in N.E. Collinge(ed.), *An Encyclopedia of Language*, London and New York: Routledge, 139-172.

Cruse, D.A.(2000), *Meaning in Language*, Oxford: Oxford University Press.; 임지룡·김동환 옮김(2002). 언어의 의미: 의미·화용론 개론, 태학사.

Leech, G.N.(1981), *Semantics*, Harmondsworth: Penguin.

4. 담화

- 여러 가지 이정표
- 교통 신호등의 불빛
- 앞뒤가 맞지 않는 두 살 아이의 말
- 한 회 분의 연재소설
- 장편소설 "혼불"

위에서 제시한 항목들 중에서 어떤 것이 담화나 텍스트이고 어떤 것이 담화나 텍스트가 아닌가? 담화나 텍스트란 과연 무엇인가? '소설, 논문, 교과서 소단원의 글 등'을 일반적으로 담화나 텍스트라고 하는데 실제로 담화나 텍스트라고 일컬어지는 범위는 매우 광범위하다. 그래서 어떤 것이 담화나 텍스트이고 어떤 것이 담화나 텍스트가 아닌지를 명확하게 규정하기란 쉬운 일이 아니다.

담화나 텍스트는 기호학, 언어학은 물론 문학, 문체론, 수사학, 역사학, 인류학, 종교학, 민담학, 서지학, 사회학, 언론학, 광고학, 법학, 정치학, 경제학 등 매우 광범위한 학문들과 관련되어 있다. 그리고 각 분야의 텍스트 접근법도 다르다.

문법에서도 담화나 텍스트와 관련해서 여러 가지 용어들을 마주치게 된다. 어떤 문법 책에서는 '담화'라고 하는 것을 다른 책에서는 '텍스트'라고 하는데, 이 둘은 같은 것인가? 텍스트학, 텍스트언어학, 화행론, 화용론, 대화(담화)분석은 각각 무엇인가?

따라서 담화를 공부하기 위해서는 먼저 문법 내에서 담화와 텍스트의 개념을 명확히 이해하고, 그 연구의 대상과 방법을 알아야 한다. 그리고 텍스트의 속성에 대해 잘 파악해야 한다.

이 절에서는 담화와 텍스트의 개념을 밝히고, 담화와 텍스트의 성격들인 텍스트성, 담화의 유형, 담화의 장면과 그에 따른 표현 방식에 대해 살펴본다.

4.1. 담화의 개념

■ **담화의 개념** ■ 담화의 개념은 텍스트의 개념과 함께 쓰이기도 한다. 일반적으로 문자 언어로 되어 비상호적인 것을 '텍스트', 음성언어로 되어 상호작용적인 것을 '담화'라고 하기도 하고, 혹은 비교적 일정한 길이가 있는 것을 '담화', '금연'과 같이 아주 짧은 단위에서 장편소설과 같이 매우 큰 단위를 지닌 것을 '텍스트'라고 하여 구분하기도 한다. 교육과정에서는 담화를 발화들의 구성체로, 그리고 발화란 문장이 음성 언어로 실현된 것을 지칭하는 것으로 규정하고 있다. 그런데 담화와 함께 텍스트도 문법 교육에서 다루어야 할 중심 주제이며 담화 연구는 텍스트언어학의 연구를 기반으로 하는 내용들이 많기 때문에 이 글에서는 담화에 텍스트를 포함하여 다루고자 한다. 담화는 화용론, 화행론, 대화 분석,[◆ **알아 두기 1**] 문체론[◆ **알아 두기 2**] 등과 관련이 되는 개념이다.

담화를 연구하는 분야는 텍스트언어학이다. 텍스트언어학은 1970년대부터 급격하게 발전해온 학문이다. 텍스트는 '직물 조직'을 뜻하는 라틴어 textus에 기원을 두고 있는데 이 말이 '짜다, 엮다'의 의미를 가진 textere로 변해서 텍스트(text)의 어원이 되었다.

텍스트라는 개념은 그 개념을 사용하는 분야마다 조금씩 달리 정의한다.[◆ **관점 비교 하기 1**] 문법에서 텍스트란 '의도성이 있는 완결된 하나의 의미 덩어리'라고 정의할 수 있다. 온전한 한 편의 글은 주제(의도)를 지니고 있으며 하나의 유기체(완결성)이기 때문에 전형적인 텍스트들이다. '불이야!'와 같은 외침도 의도를 지닌 완결된 하나의 의미 덩어리이다. 그리고 10권에 이르는 최명희의 장편 소설 "혼불"도 하나의 주제를 가지고 있으므로 하나의 텍스트다. 그런데 "혼불" 각 권마다 소주제들이 있어서 각 권들도 의도를 지닌 완결된 하나의 의미 덩어리이므로 "혼불"의 각 권들은 각각 하나의 텍스트가 된다.

텍스트 연구는 초기에 텍스트의 내적 구조, 즉 '텍스트 문법'에 대해 연구하다가 지금은 텍스트의 기능에 대해 연구하는 분야로 발전하였다.

■ **텍스트의 영역 한정** ■ 텍스트는 대상 영역에 따라 개념을 달리할 수 있다. 텍스트

학에서는 텍스트의 개념을 '의사소통을 가능하게 하는 모든 의미 매체(상징, 신호를 포괄한)의 집합'으로 확대하여 모든 의사소통을 다룰 수 있다. 여기에는 표정, 시선 등을 비롯하여 몸짓언어나 공간학(Proxemics) 등을 포괄하는 비언어적 의사소통은 물론이고, 수신호나 회화, 음악은 물론 이정표나 신호등의 불빛까지도 포함될 수 있다.

그런데 신호나 상징 기호를 텍스트라고 부를 수는 있지만 텍스트학의 연구 대상에 이들 모두를 포함하게 되면 텍스트학은 모든 소통을 다루게 되어 독립된 학문으로서의 정체성을 구현하기 어렵게 된다. 그래서 텍스트학의 각 연구 분야마다 나름대로의 경계를 정해 텍스트를 연구한다. 문법에서 담화는 언어가 중심이 되는 텍스트(담화)의 형식과 의미를 다루어 텍스트학의 다른 분야와 경계를 이룬다.

특히 우리 국어교육에서 문법 과목은 화법, 독서, 작문 과목 등과 함께 존재하기 때문에 문법 과목에서 다루는 담화는 화법, 독서, 작문 과목의 교육 내용과도 일정한 경계를 이루면서 통합적으로 접근하여야 한다.

4.2. 텍스트성

언어 텍스트는 일정한 의도를 표현하기 위해 하나의 의미 덩어리를 구축한 것이다. 그러므로 어떤 텍스트가 온전한 텍스트로서 인정을 받으려면 몇 가지 조건을 갖추어야 한다. 이 조건을 텍스트성(textuality)이라고 한다. 텍스트성으로 응결성(coherence), 응집성(cohesion), 의도성(intentionality), 수용성(acceptability), 정보성(informativity), 상황성(situationality), 상호텍스트성(intertextuality)을 꼽는다.

▌응결성 ▌ 응결성이란 하나의 텍스트란 구성 요소들이 하나의 의미를 지향해야 한다는 텍스트의 성질을 가리킨다. 단위 텍스트의 의미가 여러 가지로 나뉘게 되면 텍스트로서의 자격을 잃게 된다는 것이다. 이는 작문에서 통일성과 흡사한 개념이다. 교육과정해설서에서는 통일성에 대해 다음과 같이 설명하고 있다.

> 그런데 '목이 말랐다. 그래서 물을 안 마셨다.'와 같은 경우에는 위의 예처럼 '그

래서'가 두 문장 사이에 들어 있지만 매우 어색하다. 두 문장이 의미상 잘 연결되지 않기 때문이다. 이러한 예를 통해 한 편의 글이 '글다움'을 확보하기 위해서는 대용어나 접속 부사 등의 사용과 상관없이 의미적 일관성을 확보해야 함을 알 수 있다. 통일성은 담화 또는 글의 심층적 연결 관계를 가리키는 개념으로 주제적 일관성이라고도 볼 수 있다.(2007년 개정 국어과 교육과정 해설서 147쪽)

텍스트가 응집성을 확보하는 것도 상황에 따라 가변적이다. 다음은 한 신문(동아일보 1998년 7월 9일)의 제1면에 실린 항목들로서(고영근, 1999:164에서 재인용), 이들 항목들만으로는 어떤 응결성도 확보할 수 없어서 하나의 텍스트로서 존재할 수 없다.

전국 일주 태극기 날리기
뮤지컬 '명성황후' 미국 순회 공연
정부 수립 50주년 기념 국제 학술 포럼
산 강 바다 되살리기 국토 청결 운동
백범 김구 선생 일대기 창극 공연
겨레의 노래와 응원가 제정 보급
국민 화합 기원 올리기
안중근 의사 일대기 연극 공연(제1면)

그러나 이것이 '도약 힘찬 한국 정부 수립 50주년 기념 本報 8대 행사 펼칩니다.'라는 표제와 함께 '8대 행사'라는 제목으로 묶이게 되면 하나의 텍스트로서의 자격을 얻게 된다.

응결성은 참여자들이 상호 교섭하여 의미를 구성해 가는 대화에서 더욱 두드러진다. 상호 교섭이란 상대와 더불어 의미를 구성하는 화법의 성격으로서, 상대의 의도와 반응을 곧바로 해석하여 의사소통의 장면에 반영하여야 한다는 것을 뜻한다. 대화에서 상대의 의도와 반응을 반영하지 못하면 응집성을 잃게 되어 온전한 대화가 될 수 없다. 화법에서는 문자 언어와 다른 방식으로 응결 장치나 응결 전략을 사용하기도 한다. 예를 들어, "방금 네 말을 듣다보니 생각나는데……"는 응결력을 계속 유지하면서 새로운 대화의 방향을 제시할 수 있다. 이런 응결 장치는 서로 아무런 관련도 없어 보이는 별개의 말들에 의미 있는 관계를 부여한다.

글에서 응결성은 주제의 일관성, 즉 통일성으로 나타난다. 글 속에 즉 주제의 일관성을 해치는 내용들을 포함하게 되면 글의 응결성이 떨어진다.

▌응집성 ▌ 응집성은 문법적 결속 구조와 관련된 텍스트의 성질이다. 다양한 층위의 문법 요소들을 통해 텍스트 내의 표현들을 결속시키는 문법 형태적인 결합을 응집성이라고 한다. 그런데 텍스트언어학에서는 문법적 결속 구조와 관련된 텍스트의 성질을 '응집성'이라 표현하고, 하나의 텍스트란 구성 요소들이 하나의 의미를 지향해야 한다는 텍스트의 성질을 '응결성'이라고 표현하는 경우가 많으니 유의하여야 한다.

응집성 장치로는 음운론적 응집 장치, 형태론적 응집 장치, 통사론적 응집 장치가 있다.[◆알아 두기 3]

▌음운론적 응집 장치 ▌ 음운론적인 문법 형태를 통해 텍스트의 결속을 유지하는 장치이다. 시에서 운율을 활용하는 방법이나 광고에서 같은 음상을 사용하는 것 등이 그 대표적인 예이다.

> (1) 신학기에 새 운동화를 신는다는 건 <학생화 광고>

▌형태론적 응집 장치 ▌ 형태론적인 문법 형태를 통해 텍스트의 결속을 유지하는 장치이다. 텍스트를 문법적으로 응결시키기 위해 동일한 형태소나 유사한 형태소들을 사용한다.

> (2) 보이는 건 연산력, 숨은 실력은 창의력 <학습지 광고>
> (3) 블휘 기픈 남ᄀᆞᆫ ᄇᆞᄅᆞ매 아니뮐**씨** 곶됴코 여름 하ᄂᆞ니
>   ᄉᆡ미 기픈 므른 ᄀᆞᄆᆞ래 아니그츨**씨** 내히 이러 바ᄅᆞ래 가ᄂᆞ니 (용비어천가 2장)

▌통사론적 응집 장치 ▌ 접속사나 대용어와 같이 문장을 연결하기 위해 사용하는 통사 요소들을 가리킨다.

> (4) 나랏 사ᄅᆞ미 굴그니여 혀그니여 우디 아니ᄒᆞ리 업더라. 그ᄢᅴ 부텻 成光이 더욱 顯ᄒᆞ샤 一萬 ᄒᆡ흔ᄢᅴ 도든 ᄃᆞᆺᄒᆞ더라. (월인석보 10, 12뒤)
> [현대역] 나라사람들 중 큰 사람과 작은 사람들이 울지 아니할 사람이 없었다. 그 때 부처의 위광이 더욱 드러나 일만 개의 해가 함께 돋은 듯하였다.

혹은 동일한 단어를 반복적으로 사용하여 응집성을 보이기도 한다.

> (5) 德望이 뎌러ᄒᆞ실ᄊᆡ 가다가 도라ᄒᆞᆯ 軍事ㅣ 조걋긔 黃袍니피ᅀᆞᄫᆞ니
>   忠誠이 이러ᄒᆞ실ᄊᆡ 죽다가 살언 百姓이 아ᄃᆞ님ᄉᆞ긔 袞服 니피ᅀᆞᄫᆞ니
>   (용비어천가 25장)
> [현대역] (송 나라 태조의) 덕망이 저러하시매, 가다가 돌아오는 군사가 자기 자신에게 임금의 옷(황포)을 입혀드리니.
>   (환조의) 충성이 이러하시매, (학정에) 죽다가 살아난 백성이 (환조의) 아드님께 임금의 옷(곤복)을 입혀드리니.

응집 장치는 대용어나 유의어, 상하의어 등과 같이 의미의 등가성에 기대어 문장을 연결하기도 하지만('김연실전'의 예), 문맥에 의해 추론 가능할 경우 의미의 함축에 기대어 문장을 응집하기도 한다('오우가'의 예).

> (6) 연실이의 고향은 평양이었다. 연실이의 아버지는 옛날 감영의 이속(吏屬)이었다. 양반 없는 평양서는 영리(營吏)들이 가장 행세하였다. 연실이의 집안도 평양서는 한때 자기로라고 뽐내던 집안이었다. ― 김동인, '김연실전'에서
>
> (7) 내 벗이 몇이라 하니 수석과 송죽이라
>   동산에 달 오르니 그 더욱 반갑고야
>   두어라 이 다섯밖에 더하여 무엇하리 ― 윤선도, '오우가'에서

'오우가'에서는 물, 돌, 소나무, 대나무, 달이 벗이고 다섯이다. 어휘의 의미상 등가적이지 않지만 윤선도의 자연관에 따라 이들이 벗으로 응집되어 있다.

동양에서는 오랜 전부터 응결성과 응집성에 관한 논의를 해 왔다. 중국 남북조 시대 유협은 그의 '문심조룡(文心雕龍)'에서도 응결성과 응집성을 조화롭게 갖추어야 좋은 글이 될 수 있다는 점을 지적하고 있다. 대체로 '문심'이란 주제를 '조룡'이란 형식을 의미한다고 할 수 있다.

우리나라의 고전 시학에서도 응결성과 응집성 논의가 있었다. 시를 쓸 때 신의(新意)를 중시한 이규보와 용사(用事)를 중시한 이인로의 논의가 대표적이다. '용사'란 응집성에, '신의'란 대체로 응결성에 해당한다고 할 수 있다.

■ **의도성** ■ 텍스트가 표현자의 의도에 따라 구성되어야 한다.

(8) 가. 山에
　　　 山에
　　　 피는 꽃은
　　 저만치 혼자서 피어 있네.
　　　　 － 김소월의 '산유화'에서

(8) 나. 산에 산에 피는 꽃은
　　 저만치 혼자서 피어 있네.

제시된 '산유화'의 1행과 2행의 행 구분은 작가의 의도를 드러내고 있다. 행 구분을 하지 않을 경우 '山'의 의미는 평면적인 반면, 행 구분을 할 경우에는 '山'의 입체성을 시각적으로 부여하게 된다.

■ **수용성** ■ 텍스트가 대상에게 수용 가능한 것이어야 한다.

(9) 生死路隱 / 此矣有阿米次肹伊遣 / 吾隱去內如辭叱都 / 毛如云遣去內尼叱古 (三國遺事, '祭亡妹歌'에서)

(10) 生死 길흔 / 이에 이샤매 머믓거리고, / 나는 가느다 말ㅅ도 / 몯다 니르고 느닛고. (고등학교 문학 교과서)

> (11) 생사(生死) 길은 / 예 있으매 머뭇거리고, / 나는 간다는 말도 / 못다 이르고 어찌 갑니까. (중학교 국어 교과서)

'제망매가' 텍스트를 각각 다르게 표현한 것은 그 텍스트를 읽게 되는 삼국유사 집필 당시의 독자, 오늘날의 고등학생, 중학생들의 수용 가능성을 고려한 것이다.

▌정보성 ▌ 텍스트가 적절한 정도의 정보를 담고 있어야 한다. 그런데 정보성이 지나치게 낮으면 지루해지거나 대수롭잖게 취급될 것이며, 역으로 지나치게 높으면 이해가 어렵게 된다. 따라서 텍스트의 수용자는 정보성이 낮은 경우에는 정보성을 격상시키고, 정보성이 높은 경우에는 정보성을 격하시키는 책략을 수행하게 된다.

> (12) 사람들 사이에 섬이 있다.
>   그 섬에 가고 싶다. — 정현종, '섬'
> [유취] 사람들이 모여 사는 이 속세 안에도 사람들의 세상과 구별되는 세상이 있다. 그 세상은 속세와는 전혀 다른 세상이고, 호젓하며, 신비스럽다. 나는 그 세상으로 가서 살고 싶다.

'사람들 사이에 섬이 있다'는 수용자의 측면에서 기대 밖의 정보를 띠고 있는데, 이는 섬이란 원래 바다나 호수 안에 있기 때문이다. 그 결과 수용자들은 섬이란 독립적이다, 신비스럽다, 호젓하다, 속세와 분리되어 있다는 기존 지식을 활용하여 [유취]와 같이 이 시의 정보성을 격하시켜 유추하게 된다.

▌상황성 ▌ 텍스트가 사용하고 있는 상황에 적합해야 한다.

> (13) 학교 앞. 천천히!
> [해석] 운전자들은 차를 천천히 운전하기 바랍니다. 왜냐하면 이곳은 학교 앞이기 때문에 어린이들이 인근에서 놀고 있으며, 학생들이 언제 도로로 뛰어들지 모르기 때문입니다. 차는 천천히 움직일 때 세우기가 더 쉽습니다.

'학교 앞, 천천히!'라는 도로 표지판은 보행자가 천천히 움직이라는 것이 아니라, [해석]과 같이 운전자에게 차를 천천히 운전할 것을 요청하는 것으로 해석된다. 만약 이 표지판을 [해석]과 같이 표기한다면, 시간과 주의력이 제한되어 있는 운전자에게 부적절한 텍스트가 되고 말 것이다. 따라서 이 표지판은 학교 앞에서 운전자의 상황성을 고려하여 경제적인 방식으로 텍스트를 표현한 것이라 할 수 있다.

▌상호텍스트성▐ 텍스트들의 형태나 의미가 다른 텍스트들에 대한 지식에 의존해야 한다.

> (14) 此亦何如彼亦何如(차역하여피역하여)
>   城隍堂後垣頹落亦何如(성황당후원퇴락역하여)
>   我輩若此爲不死亦何如(아배약차위불사역하여)
> [현대역] 이런들 어떠하며 저런들 어떠하리
>   만수산 드렁칡이 얽어진들 어떠하리
>   우리도 이같이 얽어져 백년까지 누리리라
> (15) 此身死了死了一百番更死了(차신사료사료일백번갱사료)
>   白骨爲塵土魂魄有無也(백골위진토혼백유무야)
>   鄕主一片丹心寧有改理歟(향주일편단심녕유개리여)
> [현대역] 이 몸이 죽고 죽어 일백 번 고쳐 죽어
>   백골이 진토되어 넋이라도 있고 없고
>   님 향한 일편단심이야 가실 줄이 이시랴

이 두 시는 우리 역사에서 유명한 '하여가'와 '단심가'이다. 두 텍스트는 묻고 답하는 텍스트로서 '단심가'의 의미를 이해하기 위해서는 역사적인 배경은 물론 바로 앞 텍스트인 '하여가'의 의미를 이해해야 한다.

이처럼 한 담화의 의미를 이해하기 위해서는 그 담화의 언어적 의미뿐만 아니라 그 담화의 의미에 영향을 미치는 장면을 이해해야 한다. 그래서 담화의 의미를 이해하는 데에도 합성성의 원리가 적용된다. 담화의 의미는 각 문장들의 의미가 다른 문장들의 의미에 영향을 미치기 때문에 그 담화를 이루는 개별 문장의 의미의 합보

다 크다. 또한 담화는 화자와 청자는 물론 장면과 같은 언어 외적인 요소들이 의미에 영향을 미치기 때문에 한 담화의 의미를 파악하려면 언어적인 요소와 함께 언어 외적인 요소들이 의미에 미치는 영향을 파악해야 한다.

의미뿐만 아니라 텍스트의 형식에서도 상호텍스트성을 확인할 수 있다. '숙제를 하느냐 마느냐, 그것이 문제로다.'와 같은 표현도 '사느냐 죽느냐, 그것이 문제로다' 라는 기존 텍스트 경험에 의존한 것으로서, 상호 텍스트성은 문학에서 말하는 패러디의 근원이 되기도 한다.

4.3. 담화의 유형

▌담화 유형화의 필요성 ▌ 담화를 유형화하는 것은 무엇 때문인가? 담화의 유형별 특성을 알게 되면 해당 담화에 좀 더 쉽게 접근할 수 있기 때문이다. 문학 작품을 시, 소설, 수필, 희곡 등으로 가르게 되면 각 장르의 특성이 밝혀지게 되고 그래서 각 장르에 속하는 작품들에 쉽게 접근할 수 있게 된다. 예를 들어, 시의 특징이 운율과 함축적 의미라면 운율과 함축적 의미를 통해서 시를 감상할 수 있게 되고 시를 쓸 때도 운율과 함축적 의미가 잘 드러나도록 고려할 수 있다.

담화 자체가 워낙 광범위하기 때문에 담화를 유형화하는 데에도 여러 가지 기준이 있지만, 대체로 화자의 의도나 수행 기능을 중심으로 담화를 유형화한다.[◄ **관점 비교하기 2**]

▌화자의 의도에 따른 담화 유형 ▌ 일반적으로 담화를 담화의 생산 의도에 따라 다음과 같이 다섯 가지 담화로 나눈다.[◄ **관점 비교하기 3**]

---

* 정보 제공 담화 : 어떤 정보를 제공하는 기능을 하는 담화
     예) 강의, 뉴스, 보도, 보고서, 안내문
* 호소 담화 : 호소를 통하여 상대를 설득하고자 하는 기능을 하는 담화
     예) 광고, 설교, 연설

- 약속 담화 : 해당 약속을 수행하겠다고 다짐하는 기능을 하는 담화
  예) 맹세, 선서, 계약서, 합의서
- 사교 담화 : 사회적 상호작용에서 주로 심리적 정서를 전달하여 관계를 원활하게 하기 위한 기능을 하는 담화
  예) 잡담, 인사말, 환영 인사, 문안 편지,
- 선언(宣言) 담화 : 어떤 집단이 자기의 방침, 의견, 주장 따위를 외부에 정식으로 표명하여 새로운 사태를 불러일으키는 담화
  예) 계엄령 선포, 선전 포고, 유언장, 임명장, 판결문

2009 개정 국어과 교육과정에서는 담화의 유형을 화자의 의도에 따라 다음과 같이 네 가지로 나누고 있다.

- 정보 전달 담화
- 설득 담화
- 사회적 상호작용 담화
- 정서 표현 담화

정보 전달 담화는 보고서나 설명문과 같이 정보를 제공하고자 하는 의도를 가진 담화이다. 설득 담화는 광고나 논설문처럼 담화를 통하여 상대를 설득하고자 하는 담화이다. 사회적 상호작용 담화는 인사말이나 초대의 글처럼 개인적·사회적 목적으로 공식적·비공식적 상황에서 긍정적·비판적 인간관계를 형성하기 위해 이루어지는 담화이다. 정서 표현 담화는 시나 소설처럼 개인의 정서를 표현하여 미적 즐거움을 얻고자 하는 담화이다.

개정 교육과정에서는 기존의 '친교 담화'를 '사회적 상호작용 담화'라고 개명하였는데, 기존의 '친교'라는 용어가 개인적 목적으로 비공식적 상황에서 긍정적 인간관계의 형성만을 추구하는 것으로 그 의미가 축소될 수 있기 때문이라고 중학교 해설서(19쪽)에서 밝히고 있다.

어떤 담화이든지 이 중 하나의 기능이 중심적이지만, 대개 하나의 담화가 하나의 기능만을 수행하지 않고 몇 개의 기능을 동시에 수행한다. 예를 들어, '홍도의 자연'이라는 설명문이 홍도의 자연에 대한 정보를 제공하지만 마지막에, '그러므로 우리가 자연을 잘 보존하자.'와 같은 설득적인 내용을 담아 호소 기능을 하는 경우가 많다. 그러므로 어떤 담화의 기능을 이해할 때는 세부적인 기능보다는 중심 기능이 무엇인지 파악하여 이해하여야 한다. 또 각 기능을 별개의 기능으로 인식하는 것보다는 일종의 연속체로서 인식할 필요가 있다.

4.4. 담화의 장면과 표현

담화를 구성하는 요소로는 담화의 기본이 되는 발화, 화자와 청자, 그리고 구체적인 의미가 상호 작용하는 장면이다. 이 중 장면은 언어 내적 장면과 언어 외적 장면으로 나뉜다. 전자는 한 담화 내에서 발화를 둘러싼 앞뒤 발화들을 가리키고, 후자는 담화가 사용되는 시간적 공간적 배경을 가리킨다. 언어 외적 장면이란 담화가 사용되는 시공간에 존재하는 상대가 나보다 높은 경우와 낮은 경우 높임의 표현 방식이 달라지는 것과 같은 경우를 말한다.

담화에는 장면과 관련해서 표현의 방식이 결정되는 것들이 있는데, 지시 표현, 높임에 따른 표현, 심리적 태도에 따른 표현, 생략 등이 그것들이다. 이 표현들은 다른 부분에서 구체적으로 다루기 때문에 여기에서는 각각의 표현 방식에 대해 간단하게 정리하고자 한다.

▌**지시 표현/원근에 따른 표현** ▌ '이, 그, 저'와 같은 표현들은 그 자체로 내용적인 의미를 가지지 않고 사람, 사물, 장소, 동작, 상태 등 대상을 지시하는 문법적인 기능을 한다. 지시 표현은 담화를 문법적으로 결속시키기 때문에 지시 표현은 대표적인 형태론적인 응집성 장치이다.

> (16) 이, 그, 저/이것, 그것, 저것
> 여기, 저기, 거기

이리, 그리, 저리
이 때, 그 때, 저 때, 접때
이렇다, 그렇다, 저렇다.
이이, 그이, 저이/나, 저, 너희, 저희/이이, 그이, 저이
자기

담화의 내용을 잘 이해하기 위해서는 지시 표현들이 정확이 무엇을 가리키는지 잘 파악해야 한다.

(17) 미술 시간에 나는 만화 주인공을 그려보라고 했다. 터미네이터를 그리고 싶다면 <u>그것</u>을 완벽하게 그려 보라고 했다. 처음부터 잘 되지 않으면 모눈금을 긋고, <u>그것</u>도 안 되면 대고 베끼기라도 하라고 했다. 남이 잘 되었다 못되었다 하기 전에 아이들은 자신의 눈앞에서 자기 손으로 터미네이터의 모습이 완성되는 것을 보았다. 아이들은 스스로 놀라워하였고, 그 후에는 <u>그것</u>을 코팅해서 책받침으로 썼다. 아이들은 최초로 '나도 뭐가 된다!'는 느낌을 받았던 것이다.

― 박재동, '만화 내 사랑'에서

위 글의 밑줄 친 '그것'들은 같은 표현이지만 지시하는 대상이 아주 다르다.

지시 표현 중에는 '누구, 아무/무엇, 어디, 아무데'와 같이 특정한 대상을 지시하지 않고 막연히 지시하는 표현들이 있는데 이를 부정칭(不定稱)이라고 한다.

'이것, 저것, 그것'이 항상 대칭적으로 쓰이는 것은 아니다. '이것'과 '저것'은 쓸 수 있지만 '그것'을 쓸 수 없는 장면이 있고, 또 '이것'과 '그것'은 쓸 수 있지만 '저것'은 쓸 수 없는 장면도 있다.

▌ **높임에 따른 표현** ▌ 높임 표현은 문장 자체보다는 담화의 장면에 등장하는 인물들(화자, 청자, 제 삼자 등)의 상하 관계와 친소 관계에 의해 상대적으로 결정된다. 그래서 화자가 주체에 대해 높임의 의향이 있다고 해서 주격 조사 '께서'가 항상 쓰이는 것은 아니다. 다음 문장에서 담화의 장면에 등장하는 청자를 고려하여 '선생

님'에 '이'가 쓰였다.

> (18) 교장 선생님, 김 선생님이 오시랍니다.

주제 높임의 어미 '-시-'도 마찬가지이다. 화자가 주체에 대해 높임의 의향이 있을 때 '-시-'가 결합하지만, 높임의 의향이 없을 때에는 결합되지 않을 수 있다. 그뿐만 아니라 주체에 대해서는 높임의 의향이 없더라도 주체에 속한 일, 사물, 사람에 대해 높임의 의향을 나타낼 때에는 '-시-'가 결합되는 경우가 있다. 이것이 바로 장면에 의해 실현되는 간접 높임이다.

아래 문장에서 '-시-'가 쓰인 것은 '따님, 말씀'은 높임의 대상은 아니나 '사장님'에 속한 것이기 때문에 높임의 대상이 된 것이다. 이는 '-시-'가 화용론적인 요소가 될 수 있다는 것을 의미한다.

> (19) 사장님 따님이십니다.
> (20) 다음은 사장님 말씀이 있으시겠습니다.

■ **심리적 태도에 따른 표현** ■ 문장은 크게 명제를 나타내는 부분과 그 명제에 대한 화자의 심리적 태도를 드러내는 양태(modality) 부분으로 나뉜다.

내가 내일 다시 오 +	겠	+	다
명제	명제 내용에 대한 화자의 심리적 태도		표현 의도

이 양태 부분은 문장 내적인 요소에 의해 결정되는 것이 아니라 그것을 발화하는 장면에 있는 화자의 태도에 의해 결정된다. 양태를 실현한 문법 요소를 서법(mood)이라고 한다.

(21) ㄱ. 그래, 그 일은 내가 맡았다.

ㄴ. 그래, 그 일은 내가 맡는다.

ㄷ. 그래, 그 일은 내가 맡겠다.

(21)은 모두 그 일을 내가 맡을 것이라는 내용을 명제적 진술로 담고 있지만, '-았-, -는-, -겠-'이라는 표현을 통해 그 의지가 서로 다르다는 것을 알 수 있다.

종결 어미를 통해서도 화자는 심리적 상태(추정, 의심, 놀라움 등)를 드러내 보이기도 한다.

(22) ㄱ. 아니, 벌써 끝냈<u>어</u>?

ㄴ. 아니, 벌써 끝냈<u>네</u>.

ㄷ. 아니, 벌써 끝냈<u>구나</u>.

ㄹ. 아니, 벌써 끝내<u>다니</u>.

화자는 자신의 심리적 태도는 어미뿐만 아니라 보조 용언이나 보조사는 물론 억양 등을 통해서도 드러낼 수 있다.

(23) ㄱ. 너<u>까지</u> 나를 속이다니.

ㄴ. 너<u>마저</u> 나를 속이다니.

ㄷ. 너<u>조차</u> 나를 속이다니.

ㄹ. 너<u>도</u> 나를 속이다니.

■ **생략** ■ 장면을 통해 복원 가능한 표현들을 생략하는 현상을 말한다.

(24) 갑 : 철수?

을 : 응, 아직 안 왔어.

1. 학문 분야에 따른 텍스트의 정의

① 일상적인 정의 : 텍스트는 일상적으로 '주석, 번역, 서문 및 부록 따위에 대한 본문이나 원문'을 가리킨다. 그래서 '텍스트언어학'을 '본문언어학'이라 부르기도 한다. 이런 개념 외에도 텍스트는 일상적으로, 만화 등에서 그림에 상대되는 글자(대사말 등), 외국 영화의 자막, 교재, 발표 인쇄물, 드라마 대본 등을 광범위하게 가리킨다.

② 기호학자의 정의 : 기호학에서 텍스트란 의미를 드러내는 모든 존재(기호)를 가리킨다. 그래서 문학작품은 물론 건축물, 유행, 유무형의 문화, 도시 계획 등 세상에 존재하는 모든 것들은 물론 세상의 모든 사건까지도 모두 텍스트라고 본다. 그런데 세상에 존재하는 모든 것이 텍스트라면 텍스트가 범주로서의 정체성을 확보하기 어렵다는 어려움이 있다.

③ 언어학자의 정의 : 언어학에서 텍스트는 두 가지 의미를 지닌다. 첫째, 문장의 상위 단위를 가리킨다. 전통문법에서는 문장을 언어 분석의 최종 단위로 보았지만, 문장을 최종 단위로 보게 되면 '이, 그, 저'와 같은 지시어나 '그리하다'와 같은 대용어 등과 같이 문장을 넘어서 의미를 가질 수 있는 언어 요소를 설명할 때 어려움을 겪게 된다. 따라서 언어 분석의 단위로 문장을 넘어선 단위인 텍스트라는 범주를 설정하였다. 이처럼 문장을 넘어선 텍스트에 존재하는 문법을 연구하는 분야가 '텍스트 문법'으로서 텍스트 언어학이 발전하기 시작하던 시기에 아주 활발하게 연구되었다. 둘째, 텍스트의 사용에 초점을 둔 의미이다. 1970년대로 접어들어 화용론이 언어학에 본격적으로 도입되면서부터 언어의 내적 체계보다 언어를 사용하는 상황과 관련하여 언어가 어떤 기능을 하는지에 관심을 두기 시작하였다. 화행론, 화용론, 대화(담화)분석 등이 여기에 속한다. 이 관점에서는 일정한 기능을 하는 언어 단위들을 텍스트라고 본다. 첫째를 명제적 관점이라 하고 둘째를 동태적 관점이라고 한다.

④ 문학자의 정의 : 문학자(수용미학자)들은 텍스트와 작품(work)을 구별한다. 텍스트란 작가가 창작해 놓은 창작물 자체를 가리키고, 작품이란 독자가 그 텍스트를 읽고 해석한 해석물을 가리킨다. 수용미학자들이 이처럼 텍스트와 작품을 구별하는 것은 진정한 작품은 독자의 해석을 통해서 그 가치가 발현된다고 보기 때문이다. 전통적인 문학연구에서는 텍스트에 초점을 두었지만 수용미학에서는 텍스트보다는 작품에 초점을 둔다.

2. 담화의 분류 기준

담화의 유형을 화행론적인 기준에 따라 나누는 방법과 심리적 기준에 따라 나누는 방법이 있다.

① 화행론적 담화 유형 : 담화의 화행적 기능을 고려하여 담화를 정보적 담화, 설득적 담화, 책무적 담화, 친교적 담화, 선언적 담화로 나누어 담화를 다음과 같이 분류하기도 한다.

담화 유형	지배적인 화행	담화 종류
정보적 담화	주장, 예측, 보고, 전달, 설명, 추측, 분류	뉴스, 보고서, 진단 소견서, 논픽션, 서평, 독자 편지 등
설득적 담화	명령, 요청, 지시, 권고, 충고	광고 선전, 홍보 담화, 논평, 작업 안내서, 사용 지침서, 처방전, 법률, 지원서, 탄원서 등
책무적 담화	협박, 약속, 내기	계약서, 합의서, 보증서, 서약서 등
친교적 담화	사과, 감사, 축하, 인사, 위로, 애도	축하 편지, 조문, 문안 편지, 인사말 등
선언적 담화	세례, 해임, 사면, 사임, 임명, 정의	위임장, 유언장, 증명서, 위임서, 해약 고지서 등

② 심리적 담화 유형 : 담화 기저에 표상되는 언어 사용자의 인지 구조에 따라 담화를 묘사 담화, 서사 담화, 설명 담화로 구분하고, 담화의 목적에 따라 정보 담화, 오락 담화, 설득 담화, 심미 담화로 구분하여 이를 교차하여 다음과 같이 제시하기도 한다.

	정보 전달성	오락성	설득성	심미성
묘사	보고서, 식물학, 지리학	일상 묘사	광고문	시적 묘사
서사	신문 기사, 역사 기록문, 절차 안내문, 전기문, 처방전	추리 소설, 공상 과학 소설, 단편 소설, 전기문, 드라마	우화, 설화, 광고문, 드라마	소설, 드라마
설명	과학적인 글		광고문, 선전문, 사설	

▌ 탐구하기

☞ 탐구 목표

○ 응집성 장치와 그 기능 파악하기

☞ 탐구 과정

다음 자료를 통해 담화가 어떤 문법적 장치를 사용하여 어떤 방식으로 응집성을 확보하고 있는지 탐구해 보자.

(1) 문제의 제기(탐구 과제 이해하기)

다음 자료에서 굵은 표시는 해당 담화의 응집 장치들이다. 이 장치들을 문법의 층위에 따라 분류해 보자.

① 그날 밤 우리 세 사람은 우연히 만났다. 우리 세 사람이란 나와 도수 높은 안경을 쓴 안(安)이라는 대학원 학생과 …… 서른 대여섯 살짜리 사내를 말한다.

                                        ― 김승옥, '서울, 1964년 겨울'에서

② 눈은 살아있다.
　　떨어진 눈은 살아있다.
　　마당 위에 떨어진 눈은 살아있다. ― 김수영 '눈' 일부

③ 세상에서 가장 야한 것들 시리즈
　　가장 야한 노인 : 야하노
　　가장 야한 왕비 : 야하지비
　　가장 야한 농담 : 야하지롱
　　가장 야한 거지 : 야한거지
　　가장 야한 섬 : 야할지라도

④ 암도(아무도) 없어도 저 우에다가(=위에다) 물 떠 놓고 살 집어 넣고 빌지. 일테면 내가 애기 안 낳다고?(=이를테면 내가 애기를 낳았다고 해 봐) 그라믄 인자 애기 낳고 드러 누어

그라믄 인자 재양님네 저그다가 앞에다가 웃에다가(위에다가).

⑤ 狄人ㅅ 서리예 가샤 狄人이 굴외어늘 岐山 올무샴도 하늟ᄠᅳ디시니
　野人ㅅ 서리예 가샤 野人이 굴외어늘 德源 올무샴도 하늟ᄠᅳ디시니
(용비어천가 4장)

[현대역] 적인들이 모여 사는 가운데에 가시어, 적인들이 침범하거늘 기산으로 옮으신 것도
　　　　하늘의 뜻이시니.
　　　　　야인들이 모여 사는 가운데에 가시어, 야인들이 침범하거늘 덕원으로 옮기신 것도
　　　　하늘의 뜻이시니.

(2) 가설 세우기
찾아낸 응집 장치들이 어떤 방식으로 담화를 응집시키는지 구체적으로 파악해 보자.

(3) 자료 수집하기
주변에서 이와 같은 방식으로 담화를 응집시키는 담화들을 두 가지씩 찾아 제시하여 비교해
보자.

(4) 응집의 원리 파악하기
문법 층위별로 담화를 응집시키는 원리를 정리해 보자.

(5) 적용·일반화하기
정리한 담화의 응집 원리를 사용하여 각 문법 층위에 맞도록 짧은 글(산문, 시, 광고문 등)을
지어보자.

■ 생각해 보기

　　다음은 훈민정음언해와 협주로서 응집성을 유지하고 있는 텍스트들이다. (가)의 주체와 (나)의
주체는 모두 세종임금으로서 동일하다. 그런데 (가)에서는 주체에 대해 '시'가 사용되었지만 (나)
에서는 '시'를 사용하지 않았다. 그 이유를 밝혀 보자.

가 御製<製는 글 지슬 씨니 御製는 님금 지스샨 그리라> (훈민정음언해 1앞)
나. 新制 二十八字ㅎ노니<制는 밍ㄱ르실 씨라> (같은 책, 3뒤)

※ 고영근(1999:149)을 참고할 것.

▌알아 두기

1. 대화 분석/회화 분석/담화 분석/대화 연구 1950년대부터 미국의 인류학자와 사회학자들, 그리고 일부 언어학자들이 한 집단(종족, 민족 등)의 실제 언어 자료를 대상으로 의사소통의 과정을 분석하여 그 집단의 의사소통의 양식을 밝히는 연구를 해 왔다. 이런 연구 경향을 '대화 분석, 회화 분석, 담화 분석, 대화 연구' 등의 이름으로 부른다. 이들 연구는 대체로 한 집단의 의사소통을 민족지학적인 방법으로 연구한다. 그러나 이와 달리 일반 사회 구성원들의 의사소통 양식을 대상으로 연구하기도 한다.

대화 분석 연구에서는 대상 집단의 대화의 분절 구조, 대화 개시와 대화 종료의 규칙성, 대화의 분절 신호, 대화 쌍(예들 들어, 손님과 주인의 대화 쌍), 대화 차례 바꾸기 등에 대해 연구를 하였다.

대화 분석과 텍스트 언어학은 서로 다른 연구로 시작하였지만 문장의 단위를 넘어선 의미의 소통 양식이라는 측면에서 연구 대상과 원리를 통합하는 방안을 모색하고 있다.

2. 문체론 문체란 어떤 내용을 표현하기 위하여 사용되거나 선택된 글의 형태적 특징을 의미한다. 개별 화자나 필자가 어떤 특징을 가지고 언어를 사용하는지 판단하기 위해서 문체를 연구한다. 그래서 어떤 작가는 만연체를 즐겨 쓴다든지 혹은 화려체를 좋아한다든지 하는 판단을 내린다. 그렇지만 때로는 각 텍스트 유형에 걸맞은 표현 형태를 따지기 위해서 문체를 연구하기도 한다. 예를 들어 담화문다운 문체, 보고서다운 문체 등이 그것들이다.

3. 텍스트의 응집성 장치 텍스트의 응집성 장치에 대해서는 고영근(1999: 142 이하)에 잘 나와 있다. 텍스트 응집 장치에 관한 내용 중 일부를 이 책에서 인용하거나 참고하여 서술하였다. 이 책에서는 음운론적, 형태론적, 통사론적 응결 장치 외에 자소론적 응집 장치를 소개하면서, 한자에서 공통되는 부수를 가진 글자를 한 부류의 공통된 텍스트로 엉길 수 있는 현상이나

220 제2부 _ 국어와 앎

훈민정음에서 '기본자에 획을 ㄱ, ㅋ; ㄴ, ㄷ, ㅌ, ㄹ; ㅁ, ㅂ, ㅍ; ㅅ, ㅈ, ㅊ, 반치음'과 같이 더하거나 형태를 조금씩 바꿈으로서 차청, 전청, 불청불탁의 음운 자질을 더한 창제 원리를 자소론적 응집성의 예로 제시하고 있다.

▋더 읽을거리

고영근(1999), 텍스트이론-언어문학통합론의 이론과 실제, 아르케.

김광해 외(1999), 국어지식탐구, 박이정.

백설자 옮김(2001), 텍스트언어학 입문, 역락.

송영주 역(1993), 담화 분석 -자연언어의 사회언어학적 분석, 한국문화사.

이경화(2003), 읽기 교육의 원리와 방법, 박이정.

이관규(1999), 학교문법론, 월인.

이석규 외(2001), 텍스트언어학의 이론과 실제, 박이정.

이원표 역(1997), 담화연구의 기초, 한국문화사.

임지룡·이은규·김종록·송창선·황미향·이문규·최웅환(2005), 학교문법과 문법교육, 박이정.

임칠성 역(1995), 대인관계와 의사소통, 집문당.

제 3 부 국어와 삶

제 4 장

국어와 규범

지식인: 선생님, '깍두기'가 맞나요? '깍뚜기'가 맞나요?

선생님: '깍두기'가 맞지요.

지식인: 그럼, '오십시오.'가 맞나요? '오십시요.'가 맞나요?

선생님: '오십시오.'가 맞지요.

지식인: 우리나라 문법은 왜 이렇게 어렵습니까? 그냥 소리 나는 대로 적도록 하면 될 것을…. 이러니 영어보다 한국어가 더 어렵다는 말이 나오지요. 안 그렇습니까? 문법은 쉬워야지요. 그래야 국민이 지키지.

선생님: …

위의 대화는 꾸민 이야기이긴 하지만 우리 주변에서 흔히 볼 수 있는 장면이다. 이 대화에서 '지식인'은 한글 맞춤법의 원리에 대한 이해가 부족할 뿐 아니라, 어문규범과 문법을 혼동하고 있다는 점에서 지식인답지 않은 모습을 보이고 있다.

우리 사회는 어문규범에 대한 이해가 매우 부족한 편이다. 어문규범의 원리나 내용 자체에 대한 이해는 물론이고, 그 개념이나 필요성에 대한 인식도 부족한 편이다. 초등학교에서부터 고등학교까지 12년간 국어교육을 받고도 어문규범에 대한 인식이 위와 같다면 문제가 심각하다.

어문규범은 억지로 지켜야 할 법규가 아니라 우리의 언어생활을 더 효율적으로 영위하는 데 도움을 주는 도우미라는 점, 어문규범은 무작정 외우는 것이 아니라 원리를 알고 적용할 줄 아는 것이 중요하다는 점을 가르쳐야 한다. 이 장에서는 우리나라의 어문규범에 대해 살핀다. 1절에서는 어문규범의 개념과 종류, 어문규범 교육의 방향에 대해 검토하고, 2절에서는 한글맞춤법, 표준어 규정, 외래어 표기법, 국어의 로마자 표기법에 대해 차례대로 살핀다.

1. 언어생활과 어문규범

1.1. 어문규범의 개념과 필요성

언어는 인간이 의사소통을 위해 사용하는 하나의 기호 체계이다. 언어 기호는 소리와 의미라고 하는 두 요소의 관계에 대한 언중의 약속으로 이루어진다. 예를 들어, 한국어에서는 <人>이라는 의미를 [사람]으로 발음하자고 약속되어 있다. 언어 기호는 많은 사람이 함께 사용하기 때문에 쉽게 바뀌지는 않지만, 시간의 흐름, 또는 사용되는 지역이나 사용하는 사람의 사회적 계층 등 다양한 요인에 따라 크고 작은 변화를 겪기도 한다. 우리가 중세국어 문헌을 술술 읽기 내기 어려운 것이나 같은 시대에 사는 다른 지역 사람이 하는 말을 금방 알아듣지 못하는 일이 있는 것은 이러한 변화의 증거이다.

언어의 변화는 사용자 사이의 약속이 달라진다는 것을 의미하므로 당연히 의사소통의 불편을 초래하게 된다. 같은 의미를 다른 형태로 표현한다거나 같은 형태로 다른 의미를 나타내게 된다면 의사소통의 효율성이 떨어지게 되거나 심지어는 소통 자체가 힘든 상황이 발생할 수도 있다. 따라서 의사소통을 원활하고 효율적으로 이루어지도록 하기 위해서는 이렇게 달라진 부분에 대한 약속을 다시 정하거나 과거에 한 약속을 다시 다듬을 필요가 있다.

이러한 필요성에 따라, 우리가 언어생활에서 함께 따르고 지켜야 할 것으로 정해 놓은 공적인 약속의 체계를 '어문규범'이라고 한다. 일찍이 근대화를 이룬 나라들은 대부분 일찍부터 이런 어문규범을 정해 놓고 다양한 방식으로 국민들에게 보급해 오고 있다. 우리나라에서는 훈민정음이 창제된 15세기에 이 문자의 사용과 관련된 중요한 사항들이 정해졌고, 20세기에 와서 표기와 발음, 표준어 등에 대한 규범이 정해져서 국민들의 언어생활에 도움을 주고 있다.

1.2. 우리나라 어문규범의 종류

어문규범은 일반적으로 표기법이 중심이 되고, 어휘나 발음에 대한 '표준'을 정한 규정이 포함된다. 우리나라도 현재 표기법, 표준어, 외래어 표기, 로마자 표기에 대한 어문규범을 정해 놓고 있다.

표기법은 국어를 한글로 옮기는 방법, 즉 '한글 맞춤법'을 일컫는데, 현행 한글 맞춤법은 1988년에 공포되었다. 표준어 규정은 주로 어휘 차원의 표준어를 정한 원칙과 이 표준어의 발음법을 정해 놓은 것으로, 현행 '표준어 규정'은 1988년에 공포되었다. 외래어 표기법은 외래어를 한글로 적는 방법을 정한 것으로, 현행 '외래어 표기법'은 1986년에 공포된 것이다. 로마자 표기법은 우리말을 로마자로 적는 방법을 정한 것으로, 지금 쓰고 있는 것은 2000년에 공포된 '국어의 로마자 표기법'이다.

그 밖에도 문장 층위의 규범, 즉 표준 문법이라고 할 만한 것이 있을 수 있지만 '규정'으로 정해 놓지는 않았다. 그 대신 우리나라에서는 학교 문법이 표준 문법의 구실을 하고 있는 것으로 볼 수 있는데, 1985년에 통일된 형태의 학교문법이 공포된 이후, 몇 차례의 보완을 거쳐 현재에 이르고 있다. 또 다양한 담화 상황에 부합하는 올바른 화법의 기준을 마련할 필요가 있는데, 아직 담화의 전 국면을 아우를 만한 종합적인 '표준 화법'은 없다. 하지만, 1990년 10월부터 조선일보사와 국립국어원이 1년여에 걸쳐 호칭어 · 지칭어와 각종 인사말을 대상으로 벌인 '화법 표준화 사업'의 성과를 1992년 국어심의회에서 수정하고 최종 확정하여 공포한 <표준 화법>이 있다.

1.3. 어문규범 교육의 목표와 내용

어문규범은 국어교육의 목표인 동시에 수단이 된다는 점에서 국어교육과 이중의 관계를 맺고 있다. 이것은 국어교육이 언어로서 언어를 가르치는 교과이기 때문에 가지는 특성이다.

먼저, 어문규범은 그 자체로 국어교육의 목표가 되고 따라서 직접적인 교육 내용이 되는 존재이다. 잘 알다시피, 국어교육의 중심 목표는 학습자의 국어능력을 향상시키는 데 있는데, 여기서 말하는 국어능력에는 당연히 어문규범에 맞는 국어사용 능력이 포함된다. 어문규범을 제대로 이해하고 바르게 부려 쓸 수 있는 능력은 교양 있고 품위 있는 언어생활의 기반이 되기 때문이다.

다음으로, 언어교과로서의 국어교육에서는 수단으로 작용하는 언어도 매우 중요하다. 교수·학습 활동 중에 사용되는 언어나 교과서를 비롯한 여러 가지 학습 자료를 구성하는 데 동원되는 언어 역시 학습자의 국어능력의 발전에 영향을 미치기 때문이다. 이렇게 학습의 수단 차원에서 쓰이는 언어도 가능한 한 어문규범을 따르는 것이 좋다. 각종 교과서나 학습 자료가 어문규범에 따른 '표준적인' 언어로 제작되는 것은 당연한 일이며, 교수·학습의 상황에서 사용되는 언어도 가급적 어문규범에 맞게 사용될 필요가 있다. 수단으로서의 언어 사용 문제는 모든 교과에 공통된 사항이지만, 국어교육에서 더 중요한 이유는 학습 과정에서 사용되는 언어가 학습자의 국어능력 발전에 영향을 미치는 정도가 다른 교과에 비해 더 크기 때문이다.

국어교육에서 어문규범이 직접적인 교육 내용으로 포함된 것은 오래되지 않았다. 고등학교 문법 교과서를 중심으로 살펴보면, 제5차 교육과정에 따른 문법 교과서에는 어문규범과 관련된 단원이 존재하지 않다가, 제6차 교육과정기에 와서야 '바른 언어생활', '표준어와 맞춤법'의 두 단원이 설정되었다. 이것은 제6차 교육 과정에서 이전의 통사론 중심이었던 문법 교육의 내용을 담화·화용 및 언어생활과의 관련성을 높이는 방향으로 재구성하기 위해 노력한 결과이다. 제7차 교육과정기에 나온 문법 교과서에는 '국어의 규범'이라는 장에서 표준어와 표준 발음, 한글 맞춤법, 외래어 표기법과 국어의 로마자 표기법이 각각 하나의 절로 다루어지고 있다.

국어교육에서 어문규범은 좀 더 강화될 필요가 있다. 이것은 단순히 양적인 측면만을 말하는 것이 아니라 질적인 측면에서 어문규범 지도가 더 큰 가치를 추구할 수 있는 방향으로 이루어져야 함을 주장하는 것이다. 즉, 어문규범을 언어생활에서 지켜야 할 규칙 정도로 가르칠 것이 아니라, 어문규범 학습을 통해 언어생활을 품위 있게 영위하는 데 필요한 바탕 능력을 기르고, 나아가 국어 및 국어사용에 대한 일정한 안목과 태도를 기르는 데까지 나아갈 수 있도록 해야 한다는 것이다.

이와 같은 어문규범 교육의 가치를 제대로 추구하려면 이에 부합하는 교육 내용을 구성해야 한다.

첫째, 어문규범의 개념과 필요성을 인식하게 하는 것이 중요하다. 어문규범이 강제로 지키도록 만들어진 규칙이 아니라 우리의 언어생활을 돕고 개인의 국어능력 및 사회 전체의 언어 수준을 높이는 데 꼭 필요한 존재라는 점을 알게 하는 것이 중요하다는 것이다. 이를 위해서는 어문규범의 개념과 기능, 필요성 등을 이해시킬 수 있는 내용이 지도되어야 한다.

둘째, 어문규범 학습의 필요성과 중요성을 인식하게 하는 것이 필요하다. 어문규범을 국어 과목의 주변 지식이나 어문 상식 정도로 생각해서는 본질에 가까운 교육이 되기 어렵다. 어문규범 자체를 응용 언어학적 지식 체계로서 그 제정의 원리나 근거를 탐구할 만한 가치와 필요성이 충분하다는 점을 인식시킬 수 있도록 지도 내용을 구성해야 한다.

셋째, 어문규범의 원리를 체계적으로 이해할 수 있도록 해야 한다. 어문규범을 능동적으로 이해하고 주체적으로 사용하는 학습자를 기르기 위해서는 개별 규정을 맹목적으로 암기하거나 대증 치료법처럼 사용하도록 가르치는 데 머물러서는 안 된다. 어문규범의 목적과 체제에 대한 전반적인 이해를 바탕으로 각 규범 제정의 원리를 관련 문법 지식을 근거로 이해하도록 하는 것이 중요하다.

넷째, 개별 규정들을 실제 언어생활 속에서 적용하는 능력을 기를 수 있는 방향으로 내용을 구성해야 한다. 어문규정은 언어 내적 논리 체계로서의 문법이 실제 언어 사용 상황에 적용되는 방식을 규정해 놓은 것이다. 따라서 그것이 실제 담화 장면에 이용될 수 없다면 아무런 소용이 없다. 아울러, 어문규범 교육의 궁극적인 목표가 학습자의 언어사용 능력 향상에 있다는 점을 생각하면, 그 교육 내용은 실제 담화상황에 필요한 규범 조항을 적용하여 적절하게 대처하는 능력을 길러줄 수 있도록 구성해야 한다.

한편, 국어과의 내용 영역 체제로 볼 때 어문규범의 교육은 문법 영역에서 맡는 것이 효율적이다. 표기법이나 발음법 규정들이 대부분 국어의 구조에 대한 연구 결과에 이론적 근거를 두고 있기 때문이다. 즉, 어문규범은 국어의 특질과 역사, 공시적 구조에 바탕을 두고 제정되기 때문에 이들에 대한 본질적인 이해는 문법 지식에 대한 이해 위에서 효율적으로 이루어질 수 있다. 따라서 어문규범의 교육은 지금까지 해 온 것과 같이 국어 과목의 문법 영역 및 심화 선택 과목인 문법 과목에 포함시켜 지도하는 것이 좋다. 다만, 어문규범에 대한 원리의 이해가 바로 언어사용 능력의 향상으로 이어져서 실제 언어사용 상황에 적절하게 적용될 수 있으려면 표현·이해 영역과 협력하여 지속적이고 반복적인 수련이 될 수 있도록 할 필요가 있다.

2. 어문규범의 이해

2.1. 한글 맞춤법

2.1.1. 한글 맞춤법의 개념과 기본 원리

한글 맞춤법은 우리말을 한글로 표기할 때 지켜야 할 원칙과 기준을 정해 놓은 것이다. 그런데 소리글자인 한글로 우리말을 표기한다는 것은 우리말을 소리대로 적는다는 뜻인데, 여기에 무슨 원칙과 기준이 필요할까? 그 이유는 '소리'가 가리키는 대상이 하나로 고정되지 않는 경우가 있기 때문이다. '꽃'을 대상으로, '소리대로' 적는 방식에 대해 살펴보자.

---

(1) ㄱ. [꼬치](꽃+이), [꼬츨](꽃+을)

　　ㄴ. [꼰나무](꽃+나무), [꼰망울](꽃+망울)

　　ㄷ. [꼳](꽃), [꼳꽈](꽃+과), [꼳빧](꽃+밭)

'꽃'이라는 하나의 단어가 그 놓이는 환경에 따라 '꼬ㅊ~꼰~꼳'의 세 형태로 발음된다는 사실을 알 수 있다. 여기서 서로 다른 형태로 발음된다는 것은 그 형태를 구성하는 소리가 달라진다는 뜻이다.

여기서 '소리대로' 표기하는 방식을 취하기 위해서는 하나의 선택을 해야 한다. 즉, 실제로 발음된 소리를 적을 것인가 아니면 원래의 형태가 지닌 소리를 적을 것인가 하는 문제이다. 앞쪽의 방식을 택하면 '꽃'은 '꼬ㅊ', '꼰', '꼳'의 세 가지 형태로 표기되고 뒤쪽의 방식을 택하면 '꽃' 하나로만 표기된다.

(2) ㄱ. 꼬치, 꼬츨, 꼰나무, 꼰망울, 꼳, 꼳꽈, 꼳빧
    ㄴ. 꽃이, 꽃을, 꽃나무, 꽃망울, 꽃, 꽃과, 꽃밭

쓰는 사람의 입장에서는 발음하는 대로 적으면 되는 (2ㄱ)의 방식이 편리하지만, 읽고 뜻을 이해해야 하는 사람의 입장에서는 '꽃'이 하나의 형태로 고정되고 이 단어가 결합하여 만들어진 어절이나 복합어의 형태론적 정보가 드러나는 (2ㄴ)과 같은 표기 방식이 편리하다.[•알아 두기 1] 다음은 소설의 한 문단을 옮겨 쓴 것인데 (3ㄱ)은 (2ㄱ)과 같이 실제 발음에 가깝게 적은 것이고, (3ㄴ)은 (2ㄴ)과 같이 형태론적 정보를 밝혀 적은 것이다.

(3) ㄱ. 대보르미 지난 지 이틀 뒤라서 어르미 풀린 나루터는 마치 봄처를 벌써 마 즌 들 부산스러월따. 개성에서 대모글 보고 나오는 장사치드리 마낟꼬, 또 한 올라가고 내려오는 벼스라치드릐 봉물짐드리 강벼늬 양아네 여를 지어 배를 기다리고 읻써서, 상사람드릐 도강은 오후가 되어서나 시작될 모양이 얻따.
    ㄴ. 대보름이 지난 지 이틀 뒤라서 얼음이 풀린 나루터는 마치 봄철을 벌써 맞은 듯 부산스러웠다. 개성에서 대목을 보고 나오는 장사치들이 많았고, 또한 올라가고 내려오는 벼슬아치들의 봉물짐들이 강변의 양안에 열을 지어 배를 기다리고 있어서, 상사람들의 도강은 오후가 되어서나 시작될 모양이 었다.

— 황석영, '장길산'에서

(3ㄱ)과 (3ㄴ)을 읽고 뜻을 이해하는 데 걸리는 노력과 시간에 차이가 남을 쉽게 파악할 수 있는데 이 차이는 대부분 표기 방식에 달려 있다.

현행 한글 맞춤법은 기본적으로 (2ㄴ), (3ㄴ)과 같은 방식을 택하고 있는데, 그 정신은 한글 맞춤법 규정 제1항에 잘 나타나 있다.

(4) 한글 맞춤법은 표준어를 소리대로 적되, 어법에 맞도록 함을 원칙으로 한다.
(한글 맞춤법 총칙 제1항)

(4)의 한글 맞춤법 총칙에는 '표준어를 소리대로 적는다.'는 원칙과 '어법에 맞도록 함'이라는 원칙이 함께 제시되어 있다. 먼저, '소리대로 적는다.'는 앞에서 말한 '표음주의'를 전적으로 표방한 것이라기보다는 음소문자인 한글을 이용한 표기의 기본 속성을 함께 나타낸, 포괄적인 표현으로 보는 것이 좋다. 오히려 주목해야 할 원칙은 '어법에 맞도록 함'이다. 국립국어원 누리집의 한글 맞춤법 해설에서는 '어법'의 의미를 다음과 같이 풀이하고 있다.

(5) 어법(語法)이란 언어 조직의 법칙, 또는 언어 운용의 법칙이라고 풀이된다. 어법에 맞도록 한다는 것은, 결국 뜻을 파악하기 쉽도록 하기 위하여 각 형태소의 본 모양을 밝히어 적는다는 말이다.

이 해설에 의하면, '어법에 맞도록 함'은 '어법', 즉 우리말 문법으로 자연스럽게 설명되는 방식으로 적는다는 의미로 해석된다. 위 (1ㄴ)의 예 중, '꽃나무[꼰나무]'를 '꼰나무'로 적지 않고 '꽃나무'로 적는 것은 '꽃나무→[꼰나무]'의 바뀜이 우리말에 존재하는 자연스러운 말소리 바뀜 현상으로 설명되는 것이기 때문이다. 따라서 위의 <맞춤법> 제1항의 원칙은 우리말 어법으로 설명할 수 있는 말소리 바뀜에 의해 형태가 바뀌는 경우에는 소리 나는 대로 적지 않고 원래의 형태를 밝혀 적는다는 의미로 이해할 수 있다. 한글 맞춤법의 많은 부분은 위의 원칙에 따라 원형을 밝혀 적는 것과 원형을 밝히기 어렵거나 밝힐 수 있더라도 원형대로 적기 어려운 것에 대한 설명으로 이루어져 있다.

2.1.2. 한글 맞춤법의 이해

한글 맞춤법은 전체 5장 57항과 부록으로 되어 있다. 맞춤법의 기본 원리를 밝힌 제1장과, 한글 자모의 순서와 이름을 밝힌 제2장을 뺀 나머지 내용은 단어의 표기(소리에 관한 것, 형태에 관한 것), 띄어쓰기, 문장 부호의 세 부분으로 구성되어 있다.

(6) 한글 맞춤법의 구성
  제1장 총칙(제1항~제3항)
  제2장 자모(제4항)
  제3장 소리에 관한 것(제5항~제13항)
    제1절 된소리,   제2절 구개음화,   제3절 'ㄷ'소리 받침,
    제4절 모음,   제5절 두음법칙,   제6절 겹쳐 나는 소리
  제4장 형태에 관한 것(제14항~40항)
    제1절 체언과 조사,   제2절 어간과 어미,
    제3절 접미사가 붙어서 된 말
    제4절 합성어 및 접두사가 붙는 말,
    제5절 준말
  제5장 띄어쓰기(제41항~제50항)
    제1절 조사
    제2절 의존명사, 단위를 나타내는 명사 및 열거하는 말 등
    제3절 보조 용언
    제4절 고유 명사 및 전문 용어
  제6장 그 밖의 것(제51항~제57항)
  <부록> 문장 부호

▌**총칙** ▌ 제1장 '총칙'은 앞에서 살폈던 한글 맞춤법의 기본 원리를 밝힌 제1항과 단어 단위로 띄어 쓸 것을 정한 제2항, 외래어의 표기는 따로 정하는 '외래어 표기법'에 따를 것을 밝힌 제3항으로 되어 있다.

▌자모 ▌ 제2장 '자모'에서는 한글 자모의 '순서와 이름'을 정해 놓았다. 24개의 자모와 두 개의 자모를 어우른 16개의 글자에 대해 순서와 이름을 정하고, 사전에 올릴 때의 순서를 따로 정해 놓았다.

▌소리에 관한 것 ▌ 제3장 '소리에 관한 것'에서는 주로 단어의 실제 발음과 관련된 세부 상황별로 위의 총칙에서 밝힌 기본 원리가 적용되는 양상을 보여 주고 있다. 즉, 단어의 발음이 원래의 형태와 달라지더라도 그 달라짐이 우리말의 일반적인 말소리 바뀜으로 설명되는 경우에는 원래의 형태를 밝혀 적고, 그렇지 않은 경우에는 발음 나는 대로 적는다는 원칙을 보여 주고 있다.

> (7) ㄱ. 소쩍새, 어깨, 오빠, 잔뜩, 살짝, 움찔, 몽땅
> ㄴ. 국수, 깍두기, 딱지, 색시, 법석, 갑자기, 몹시

위에서 (7ㄱ)의 '소쩍새'류는 한 형태소 안에서 우리말의 된소리되기로 설명하기 어려운 환경에서 나타나는 된소리를 발음 나는 대로 적는 예이다. 반면 (7ㄴ)에 '국쉬[국쒸]'류에 나타나는 된소리되기는 우리말의 일반적인 음운 변동으로 설명할 수 있으므로 '어법에 맞도록' 원형을 밝혀 적기로 한 것이다.

'굳이, 끝이, 밭이' 등과 같이 구개음화에 의해 실질형태소의 끝 자음이 바뀌어도 원래의 발음대로 적는 것이나, '사례, 폐품, 의의, 희망' 등에서 단모음으로 발음되는 이중모음을 원래대로 적는 것도 원형 밝혀 적기의 보기이다.

두음법칙과 관련된 단어들에 있어서는 이 현상에 따라 바뀐 형태로 적는 것을 원칙으로 하여, 한자어 어두의 '녀, 뇨, 뉴, 니'를 '여, 요, 유, 이'로, '랴, 려, 례, 료, 류, 리'를 '야, 여, 예, 요, 유, 이'로, '라, 래, 로, 뢰, 루, 르'를 '나, 내, 노, 뇌, 누, 느'로 적는다. 다만, 의존 명사인 '냥(兩), 년(年), 리(理), 리(里)' 등 몇몇 경우에 대해서는 따로 단서를 달아 설명하고 있다.

▌형태에 관한 것 ▌ 제4장 '형태에 관한 것'에서는 '체언+조사' 및 '용언 어간+어미', 복합어 형성과 같은 형태론적 과정에 위의 총칙에서 밝힌 표기의 원리가 적용

되는 양상을 보이고 있다.

먼저, 실질 형태소와 형식 형태소를 구별하여 적기로 한 것은 실질 형태소인 체언과 어간의 형태를 고정시키고, 조사나 어미의 형태도 단일한 형태로 유지시킴으로써 읽는 과정에서 의미 파악을 쉽게 한다. '분철 표기'로도 불리는 이 표기 방식의 특징은 중세국어 시기의 '연철 표기'와 대조할 때 잘 드러난다.

(8) ㄱ. 블근새그를므러寢室이페안ᄌᆞ니 -용비어천가 7장
    ㄴ. 붉은새글을믈어침실잎에앉ᄋᆞ니

(8ㄴ)은 (8ㄱ)의 표기에서 실질 형태소와 형식 형태소의 표기 방식만을 한글 맞춤법식으로 바꾼 것이다. (8ㄱ)이 연음 현상을 반영하여 체언과 어간의 끝 자음을 조사와 어미의 첫 음절 초성 자리에 내려 적고 있는 데 반해 (8ㄴ)은 원래의 형태를 밝혀 적은 것이다.

한편, 용언의 활용에서 어간이나 어미가 일반적인 방식에서 벗어나는 형태 변화를 보이는 경우에는 이를 표기에 반영하기로 정하고 있다. 즉, 어간에 어미가 결합할 때 어간의 모양이 달라지거나 어미가 특이한 형태로 결합하는 다음과 같은 경우에는 달라지거나 특이한 형태 그대로 표기한다는 것이다.

(9) ㄱ. 어간의 말 자음 'ㄹ', 'ㅅ', 'ㅎ'이나 어간의 끝 모음 'ㅜ', 'ㅡ' 등이 활용 과정에서 탈락하는 현상: 살+느냐→사느냐, 붓+으니→부으니, 노랗+은→노란푸+어→퍼, 바쁘어도→바빠도
    ㄴ. 어간의 말 자음 'ㄷ'이 'ㄹ'로, 'ㅂ'이 'ㅜ'로 바뀌는 현상(듣+어라→들어라, 밉+어서→미워서)
    ㄷ. 어간 '하-'에 어미 '-아' 대신 '-여'가 결합하는 현상, 어간의 끝 음절 '르' 뒤에 오는 어미 '-어' 대신 '-러'가 결합하는 현상, 어간의 끝 음절 '르'의 'ㅡ'가 탈락하고 그 뒤에 어미 '-아/-어' 대신 '-라/-러'가 결합하는 현상: 하여, 이르러, 불러

앞에서 제시된 총칙의 관점에서 보면, 여기서 나타나는 어간과 어미의 형태 바뀜 현상은 국어의 자연스러운 음운 규칙으로 설명하기 어려운 것이어서 바뀌거나 특이한 형태 그대로 적는 것이 어법에 맞는 방식으로 판단한 것이다.

4장에서는 그 밖에 파생어와 합성어, 준말의 표기에서 발음 나는 대로 적는 방식과 원래의 형태를 밝혀 적는 방식을 선택해야 하는 여러 경우에 대해서 원칙을 정하여 제시하고 있다.

▌띄어쓰기 ▌ 띄어쓰기에 대한 기본 원칙은 총칙의 제2항에 제시되어 있다.

> (10) 제2항 문장의 각 단어는 띄어 씀을 원칙으로 한다.

한글 맞춤법이 최소 자립 형식인 단어를 띄어쓰기의 기본 단위로 삼은 것은 이 규정에 따른 것이다. '제5장 띄어쓰기'에서는 이 규정만으로 판단하기 어려운 여러 경우에 대한 원칙을 제시하고 있다. 조사는 그 앞말에 붙여 쓰고, 의존 명사와 단위 명사는 앞말과 띄어 쓰며, 보조 용언도 띄어 씀을 원칙으로 하되 붙여 쓰는 것도 허용한다는 등의 규정을 제시하였다. 성과 이름, 성과 호는 붙여 쓰고, 이에 덧붙는 호칭어나 관직명은 띄어 쓰는 것으로 정하였다. 그 밖에 성명 이외의 고유명사는 단어별로 띄어 씀을 원칙으로 하되, 단위별로 띄어 쓸 수 있도록 했고, 전문 용어도 단어별로 띄어 씀을 원칙으로 하되 붙여 쓸 수 있도록 했다.

▌그 밖의 것 ▌ 제6장 '그 밖의 것'에서는 부사화 접미사 '-이'와 '-히'의 구별, 같은 한자가 본음으로도 나고 속음으로도 나는 경우, '- (으)ㄹ거나, - (으)ㄹ걸, - (으)ㄹ게'류, '-꾼, -깔'류 접미사, '맞추다, 뻗치다', '- 더라, - 던'과 '- 든지', 그 밖에 '거름-걸음'류의 구별 표기 등에 대해 규정하였다.

2.2. 표준어 규정

2.2.1. 표준어와 방언

표준어란 한 나라에서 공용어로 쓰기 위해 정해 놓은 규범으로서의 언어를 말하는 것으로, 흔히 '방언'과 대립적인 개념으로 사용한다. 표준어는 지역이나 사회 계층에 따라 방언차가 있는 나라에서 일정한 규준을 세워 온 국민이 함께 사용할 공통어를 정하는, 일종의 언어 표준화의 산물이라 할 수 있다. 따라서 표준어를 정하는 가장 큰 목적은 소통의 편의를 도모하는 것이라 할 수 있지만, 표준어 제정에는 이런 실용적 목적 외에 언어의 가치나 언어 사용의 태도를 고양시키려는 의도가 담기는 경우가 많고, 또 '국민 통합'과 같은 언어 외적 동기가 작용하기도 한다.[ˑ알아 두기 2]

많은 나라에서 수도 지역의 방언을 표준어로 삼고 있는데, 우리나라에서도 서울말을 표준어로 삼고 있다. 그러나 서울말이 그대로 표준어가 되는 것은 아니다. 표준어는 서울말을 중심으로 하되, 여러 방언에서 기준에 맞는 요소들을 가려 뽑고 다듬은 말이기 때문에 실제 서울 방언과는 차이가 있다. 표준어를 가공의 언어라고 하는 것은 이런 이유 때문이다.

보통 표준어라고 하면, 음운, 단어, 문장, 담화 등 언어의 전 층위에 걸쳐 표준어가 갖추어야 할 기준이나 조건이 제시될 것으로 기대할 수 있다. 그러나 우리나라의 표준어 규정은 주로 어휘 차원의 '표준'을 정하는 데 목적을 두어 왔다. 지금의 표준어 규정도 주로 어휘 차원에서 표준어를 정한 원칙과 기준을 밝힌 부분(제1부 표준어 사정 원칙)과 그렇게 선정된 단어나 형태의 올바른 발음법을 정한 부분(제2부 표준 발음법)으로 구성되어 있다. 앞에서 말했듯이, 문장 이상의 층위에 대한 표준어의 기준은 학교 문법 체계가 대신하고 있는 것으로 볼 수 있다. 다음은 현행 표준어 규정의 체제이다.

(11) 표준어 규정의 구성
제1부 표준어 사정 원칙
　제1장 총칙

제2장 발음 변화에 따른 표준어 규정
　　제1절 자음,　　제2절 모음,　　　제3절 준말,　　제4절 단수 표준어,
　　제5절 복수 표준어
제3장 어휘 선택의 변화에 따른 표준어 규정
　　제1절 고어,　　제2절 한자어,　　제3절 방언,　　제4절 단수 표준어,
　　제5절 복수 표준어
제 2 부 표준 발음법
　　제1장 총칙,　　제2장 자음과 모음,　　제3장 소리의 길이,　　제4장 받침의 발음,
　　제5장 소리의 동화,　　제6장 된소리되기,　　제7장 소리의 첨가

　　표준어를 정하여 공용어로 사용하도록 하는 일이 방언에 대한 표준어의 언어적 우월성을 드러내거나 방언의 가치를 떨어뜨리는 쪽을 추구하는 것이 아니라는 사실을 강조할 필요가 있다. 우리나라의 경우 서울말을 표준어로 정하였지만 이는 서울말이 다른 지역 방언에 비해 더 우수하기 때문이 아니다. 서울말을 표준어로 삼은 것은 언어 외적 요인, 즉 서울이 우리나라의 수도로서 정치, 문화, 경제의 중심지라는 것 때문이다.

　　국어의 방언은 우리말의 역사적 변화와 공간적 분화의 산물로서 모두 완전한 체계를 이루고 있는 언어이다. 오히려 표준어가 가공의 언어인 데 반해 방언은 살아 있는 자연 그대로의 언어라고 할 수 있다.

　　방언에는 그 토박이 사용자들의 생각과 삶, 그리고 역사가 담겨 있다. 같은 방언을 사용하는 사람들은 이런 것들을 공유하고 있는 셈인데, 고향 사람들끼리 만나 고향 말을 사용하면 더 가까운 감정을 느끼게 되는 것은 이런 동질감 때문이라고 할 수 있다. 방언 화자가 방언을 통해 자신의 생각과 느낌을 더 잘 표현하고 또 상대의 생각과 느낌을 더 쉽게 이해하는 것도 같은 이유 때문이다.

2.2.2. 표준어 사정 원칙

　　표준어 규정의 제1부 '표준어 사정 원칙'에서는 표준어를 정한 원칙과 기준을 밝

히고 있는데, 제1장 '총칙', 제2장 '발음 변화에 따른 표준어 규정', 제3장 '어휘 선택의 변화에 따른 표준어 규정'으로 되어 있다. 제1장 '총칙'에서는 표준어를 정한 기본 원칙을, 나머지 두 장에서 구체적인 표준어 사정의 기준을 밝혔는데, 주로 국어의 현실에서 같은 대상이나 의미에 대응하는 둘 이상의 단어나 형태 중 하나를 표준어로 정하는 기준을 제시하였다.

■ **총칙** ■ 총칙의 제1항은 "표준어는 교양 있는 사람들이 두루 쓰는 현대 서울말로 정함을 원칙으로 한다."고 밝히고 있는데, 이것은 표준어 사정의 원칙을 사회 계층, 시대, 지역의 세 차원에서 제시한 것이다. 1933년에 정한 <한글 맞춤법 통일안>에서 "표준말은 대체로 현재 중류 사회에서 쓰는 서울말로 한다."로 제시했던 것에서 '현재'를 '현대'로 바꾸고, '중류 사회'를 '교양 있는 사람들'로 바꾼 것으로 표준어 사정의 전반적인 원칙을 밝힌 것이라고 할 수 있다.[◂관점 비교하기 1] 외래어에 대해서는 제2항에서 '외래어의 사정에 대해서는 따로 정한다.'라고 밝히고 있다.

■ **발음 변화에 따른 표준어 규정** ■ 표준어 규정의 실제라 할 수 있는 제2장과 제3장에서는 둘 이상의 단어나 형태 중 단수 표준어나 복수 표준어를 정하는 기준을 제시하고 있는데, 제2장 '발음 변화에 따른 표준어 규정'에서는 주로 하나의 형태로 소급될 수 있는 둘 이상의 변이형 중에서 표준어를 정하는 기준을 밝혔다. 즉, 원래는 하나의 형태였던 것으로 보이는 단어가 시대나 지역, 사회 계층에 따라 다양한 형태로 실현되는 경우에 그 중 하나나 둘을 표준으로 정하는 기준을 제시한 것인데, 주로 '어원적인 원형'을 표준으로 삼느냐 발음이 바뀐 형태를 표준으로 삼느냐를 정해 나가는 방식으로 기준을 제시하였다.

먼저, 제1절 '자음'에서는 거센소리 발음의 현저성(제4항), 어원과의 관련성(제5항), 형태에 따른 의미 분화 여부(제6항)가 표준어 선정의 기준이 된 경우와 '수컷'의 의미를 가지는 접두사 '수-'와 관련된 사항(제7항)을 제시하였다.

제2절 '모음'에서는 모음조화(제8항), 'ㅣ' 역행 동화(제9항), 이중모음의 단모음화(제10항), 그 외의 다양한 모음 변화와 관련된 변이형들(제11항), <上>의 의미를 가

지는 접사의 변이형 '웃-~윗-~위-'(제12항), 한자 '句'가 붙어서 된 단어에서 '句'의 발음과 관련된 변이형(제13항) 중 표준어를 정한 기준을 제시하였다.

제3절 '준말'에서는 준말과 본말의 관계에 있는 단어들에 대해서는 주로 쓰임새의 정도나 효용성을 기준으로 표준어를 정했음을 밝혔다.

제4절 '단수 표준어'에서는 의미 차이는 없고 약간의 발음 차이만 있는 변이형들 중 역시 쓰임새의 정도를 기준으로 어느 하나만을 표준어로 삼은 경우를 제시하였고, 제5절 '복수 표준어'에서는 변이형들이 일반적인 음운 변화에 의한 것이면서 둘 다 널리 쓰이는 경우(제18항)와 어감의 차이를 나타내는 단어 또는 발음이 비슷한 단어들이 다 같이 널리 쓰이는 경우(제19항)에 두 형태를 모두 표준어로 정했음을 밝혔다.

■ 어휘 선택의 변화에 따른 표준어 규정 ■ 제3장 '어휘 선택의 변화에 따른 표준어 규정'에서는 발음상의 차이에 의한 것이 아니라 형태론적 차이가 있거나 기원이 다른 둘 이상의 단어 중에서 표준어를 정하는 기준을 제시하였다.

제1절 '고어'에서는 사어(死語)가 되었거나 고어의 잔재 정도로 판단되는 단어를 버리고 널리 쓰이는 쪽만을 표준어로 정한 경우를 제시하였고, 제2절 '한자어'에서는 고유어 계열과 한자어 계열 중 쓰임새가 없는 쪽을 버리고 널리 쓰이는 한 쪽을 표준어로 정한 경우를 제시하였다. 제3절의 '방언'에서는 방언형이 세력을 얻어 널리 쓰여 표준어로 선정하되, 이전의 표준형을 표준어로 남겨 두는 경우(제23항)와 버리는 경우(제24항)를 제시하였다.

제4절 '단수 표준어'와 제5절 '복수 표준어'에서는 의미가 똑같은 형태가 여러 개 있을 때 그 중에서 압도적으로 더 널리 쓰이는 어느 한 쪽만을 표준어로 정하는 경우(제25항)와 둘 이상이 모두 널리 쓰이는 경우 그들을 모두 표준어로 인정하는 경우(제26항)를 제시하였다.

2.2.3. 표준 발음법

한글 맞춤법이 읽기를 염두에 둔 쓰기 차원의 규범이라면 표준 발음법은 듣기를 염두에 둔 말하기 차원의 규범이다. 표준 발음법은 발음의 차이에서 오는 혼란을 막기 위해 표준어의 올바른 발음을 규정한 것이다. 이 규정은 단어 차원의 표준어의 발음 정보를 정하는 지침으로서의 구실과 표준어라는 언어 체계의 음운 측면의 '표준'을 정하는 구실을 하도록 하기 위해 제정되었다. 그러나 표준 발음법에서 국어의 모든 발음과 관련된 정보를 다룰 수는 없기 때문에 여기서는 표준 발음의 원칙만을 제시하였고, 개별 어휘의 발음은 [표준국어대사전](국립국어연구원 편, 1999)의 발음 표시로 구체화되어 있다.

현행 표준 발음법은 표준어 규정의 제2부로 포함되어 있고, 모두 7장 30항의 체제로 구성되어 있다.

> (12) 표준 발음법의 구성
>   제1장 총칙,   제2장 자음과 모음,   제3장 음의 길이,   제4장 받침의 발음,
>   제5장 음의 동화,   제6장 된소리되기,   제7장 소리의 첨가

■ **총칙** ■ 제1장 총칙은 "표준 발음법은 표준어의 실제 발음을 따르되, 국어의 전통성과 합리성을 고려하여 정함을 원칙으로 한다."라는 하나의 항(제1항)으로 되어 있다. 이 조항은 한글 맞춤법의 총칙처럼, 기본 원칙과 조건의 두 부분으로 되어 있는데, 원칙은 '교양 있는 서울 사람들이 두루 쓰는 현대 서울말'의 실제 발음을 따라 표준 발음을 정한다는 것이고, 조건은 서울말의 발음이 여럿일 때에는 국어의 전통성과 합리성에 부합하는 쪽으로 정한다는 뜻으로 이해할 수 있다.[‹알아 두기 3]

■ **자음과 모음** ■ 제2장 '자음과 모음'에서는 표준어의 자음 체계(제2항)와 모음 체계(제3항)를 제시한 다음, 단모음과 이중모음의 발음(제4항, 제5항)에 대해 규정하고 있다. 단모음은 10모음 체계를 원칙으로 하면서 'ㅚ, ㅟ'를 제외한 8모음 체계도 허용하는 것으로 정했다. 이중모음에 대해서는 'ㅕ', 'ㅖ', 'ㅢ'가 일정한 환경에서 단모음으로 바뀌어 발음되는 것을 표준으로 정해 놓았다.

▍음의 길이 ▍ 제3장 '음의 길이'는 표준 발음에서 운소로 인정하고 있는 음장에 대한 사항을 장단 구별의 원칙(제6항), 장모음화(제6항의 '붙임'), 단모음화(제7항)의 순서로 정해 놓았다. 각 단어의 모음이 가진 고유의 장단을 구별해서 발음해야 하는데, 원칙적으로 어두 위치에서만 장모음이 실현된다는 점, 그리고 용언의 단음절 어간에 어미 '-아/-어'가 결합되어 한 음절로 축약될 때 일어나는 장모음화, 단음절 용언 어간의 장모음이 모음으로 시작하는 어미와 결합할 때 일어나는 단모음화에 대해 밝혔다.

▍받침의 발음 ▍ 제4장 '받침의 발음'에서는 한글 맞춤법상 받침으로 쓰이는 글자의 발음과 관련된 사항들을 정하고 있다. 먼저, 음절 말 위치에서는 'ㄱ, ㄴ, ㄷ, ㄹ, ㅁ, ㅂ, ㅇ'의 7 자음만이 발음된다는 점(제8항), 따라서 받침 'ㄲ, ㅋ', 'ㅅ, ㅆ, ㅈ, ㅊ, ㅌ', 'ㅍ'은 어말 또는 자음 앞에서 각각 대표음 [ㄱ, ㄷ, ㅂ]으로 발음한다는 점 (제9항)을 밝혔고, 세대나 방언에 따라 차이를 보이는 겹받침의 발음(제10항, 제11항) 과 받침 'ㅎ'의 발음(제12항) 등에 대한 사항을 정해 놓았다. 그 밖에 받침 뒤에 모음으로 시작하는 문법 형태소가 결합할 때, 그리고 받침 뒤에 모음으로 시작하는 실질 형태소가 결합할 때의 발음과 한글 자모 이름에 쓰인 받침의 발음 방법에 대해서도 정해 놓았다.

▍음의 동화 ▍ 제5장 '음의 동화'에서는 음운 변동과 관련된 표준 발음을 정해 놓았다. 구개음화(제17항), 비음동화(제18항), 'ㄹ'의 'ㄴ' 되기(제19항), 유음화(제20항), 조음위치동화(21항) 등 자음 변동 중 조음위치동화를 제외한 나머지는 모두 변동이 일어난 발음을 표준 발음으로 인정하였다. 제22항은 용언 어간에 모음으로 시작된 어미가 결합될 때에 나타나는 반모음 'ㅣ' 첨가를 표준 발음으로 허용하는 경우에 대한 규정이다.

▍된소리되기 ▍ 제6장 '경음화'에서는 자음과 관련된 음운 변동 중 된소리되기와 관련된 발음만을 따로 모아 다루고 있다. 즉, 된소리되기가 나타나는 환경에 따라,

장애음 뒤(제23항), 어간의 끝 비음 뒤(제24항), 어간 말 겹받침 'ㄼ, ㄾ' 뒤(제25항), 한자어 내부의 'ㄹ' 받침 뒤(제26항), 관형사형 '-(으)ㄹ' 뒤(제27항)에서 일어나는 된소리되기와 표기상 드러나지 않는 사이시옷에 의한 된소리되기에 의한 발음을 표준 발음으로 정해 놓았다.

▌소리의 첨가▐ 제7장 '소리의 첨가'에서는 합성어와 파생어에서 나타나는 'ㄴ' 첨가(제29항)와 사이시옷 관련 발음에 대한 사항을 정해 놓았다.

2.3. 외래어 표기법

2.3.1. 외래어 표기법의 개념과 필요성

외래어 표기법은 외래어의 어형을 통일하고 그것을 한글로 적는 방법을 정한 규정이다. 외래어라고 하면 이미 국어 어휘 체계 속에 들어온 것들이기 때문에 그 표기법을 따로 마련할 필요가 없는 것으로 생각할 수도 있다. 그러나 국어의 단어가 다양한 변이형을 가지듯이 외래어도 사람들마다 다양하게 발음하는 경우가 많아서 그 어형과 적는 방법을 통일할 필요가 있다. 예를 들어, 'gas'를 사람에 따라 '가스', '까스', '깨스' 등으로 달리 발음하거나 'salad'를 '샐러드'와 '사라다'로 다르게 표기하면 적지 않은 혼란을 초래하므로 표준어를 정하듯이 하나의 어형으로 통일하고 일관성 있게 표기하는 방법을 정할 필요가 있는 것이다. 아울러 외래어 표기법은 이미 들어와 있는 외래어의 표기를 위해서도 필요하지만, 앞으로 들어올 외래어의 효율적 수용을 위해서도 꼭 필요한 것이다. 현재의 외래어 표기법에서 제시한 용례 중에 아직 외래어의 자격을 획득하지 않은 것도 이런 차원에서 이해할 수 있을 것으로 본다.

2.3.2. 외래어 표기법의 이해

외래어는 우리말의 일부이기 때문에 그 발음이나 표기법도 당연히 우리말의 음운론적 특성 및 한글 자모의 체계를 따를 수밖에 없다. 그러나 원어가 우리말과는 다른 외국어이기 때문에 가능하면 원어의 발음에 가까워야 한다는 점을 무시할 수도 없다. 'strike'를 우리말의 음운 체계 및 음절 구조 제약 때문에 '스트라이크'로 적는 것은 앞쪽의 예이고, 'radio'와 'news'를 두음법칙에 어긋난 '라디오'와 '뉴스'로 적는 것은 뒤쪽의 예이다.

외래어 표기법의 기본 원칙은 전체 4장 중 총론격인 제1장 '표기의 원칙'에서 5개항으로 제시되어 있다. 나머지 세 장은 개별 외국어의 자모와 한글 자모를 대조하여 제시한 '표기 일람표'(제2장), 언어별 세부 표기 기준을 제시한 '표기 세칙'(제3장), '인명 지명 표기의 원칙'(제4장) 등으로 되어 있다. 여기서는 제1장 '표기의 원칙'을 중심으로 현행 외래어 표기법의 기본 원칙을 살펴본다.

제1항 외래어는 국어의 현용 24자모만으로 적는다.

이 규정은 국어에 없는 음운을 적기 위해 한글 자모 외에 별도의 문자를 사용하지 않는다는 것으로, 최대한 원음을 살려 표기하되, 별도의 문자를 사용하는 데까지 나아가지는 않는다는 뜻이다. 외래어 표기의 주체가 우리나라 사람이라는 점, 외래어의 원음을 살리자면 엄청난 수의 문자가 필요하며 이것은 표기 체계로 적합한 일이 아니라는 점 등을 생각하면 당연한 결정이라고 할 수 있다.

제2항 외래어의 1 음운은 원칙적으로 1 기호로 적는다.

이 규정은 외국어의 한 음운을 국어의 한 음운 혹은 한글의 한 자모에 대응시킴으로써 일반인이 쉽게 기억하고 표기할 수 있도록 한 것이다. 예를 들어, 'family'는 '훼밀리'로 적고, 'film'은 '필름'으로 적는 식이 되어서는 안 되며, 원음인 'f'와 음성학적으로 다소 차이가 있더라도 국어의 자음 중 가장 가까운 음인 'ㅍ'으로 고정시켜 표기하도록 한 것이다.

제3항 받침에는 'ㄱ, ㄴ, ㄹ, ㅁ, ㅂ, ㅅ, ㅇ'만을 쓴다.

국어는 음절 말 위치에 7개의 자음만을 허용하는 강력한 제약을 가진다. 따라서 이 제약이 없거나 약한 언어로부터 들어오는 외래어는 발음상 원어와 달라질 수밖에 없다. 그런데 한글 맞춤법과 외래어 표기법이 다른 것은, 국어에서는 이 7개 외의 자음이 모음 앞에서는 제 소릿값대로 발음되기 때문에 표기에서는 모든 자음을 적어 주기로 한 반면, 외래어는 어떤 경우에도 받침소리는 7개 중 하나로만 발음되기 때문에 표기에서도 이 7개 자음만을 적는다는 것이다. 다만 외래어 표기에서는 7개 자음 중 'ㄷ'은 쓰이지 않고 대신 'ㅅ'이 쓰이는데, 그 이유는 '[아우시다](←out이다), [인터네세서](←internet에서), [줄리에슨](←Juliet은)' 등에서 보듯 받침소리 't'이 모음과 결합할 때 'ㅅ'으로 발음되기 때문이다.

제4항 파열음 표기에는 된소리를 쓰지 않는 것을 원칙으로 한다.

무성음과 유성음의 두 계열로 된 외국어의 파열음이 평음, 경음, 유기음의 세 계열을 가진 국어에 수용되는 양상이 일관적이지 않다. 예를 들어, 영어의 무성 파열음은 '[트럭](←truck), [펄프](←pulp)'처럼 유기음으로 수용되는 반면, 프랑스어의 무성 파열음은 '[빠리](←Paris), [까뻬](←cafe)'처럼 경음으로 수용된다. 그런데 이런 사정을 외래어 표기법에 일일이 반영하기는 불가능하다. 따라서 유·무성 대립이 있는 언어의 파열음을 한글로 표기할 때에는 경음 글자인 'ㄲ, ㄸ, ㅃ'을 쓰지 않기로 하는 대신, 유성 파열음은 평음 글자 'ㄱ, ㄷ, ㅂ'으로 표기하고 무성 파열음은 유기음 글자 'ㅋ, ㅌ, ㅍ'으로 적기로 정한 것이다.[•관점 비교하기 2]

음운론적으로 외국어의 무성 파열음에 가장 가까운 것은 국어의 평음 계열이라는 이유로 무성 파열음을 평음 글자로 표기하면 외국어의 유성음을 표기할 글자가 없어지는 결과를 초래하기 때문에 표기법의 전체 체계를 고려해서 이렇게 결정한 것으로 볼 수 있다.

제5항 이미 굳어진 외래어는 관용을 존중하되, 그 범위와 용례는 따로 정한다.

이것은 외래어 표기를 너무 엄격하게 적용하면 오래 전에 들어와 보편화된 외래어의 경우 현실과 동떨어진 표기가 될 수 있다는 점을 고려한 규정이다. 예를 들어, '라디오, 모델'을 외래어 표기법에 따라 적으면 '레이디오(←radio[reidiou]), 모들(←model[modl])'이 되어야 하겠지만 그간의 관용을 존중하기로 한 것이다.

2.4. 국어의 로마자 표기법

2.4.1. 로마자 표기법의 개념

로마자 표기법은 외국인이 국어 어휘나 지명, 인명 등을 국어 음에 가깝게 읽거나 발음하는 것을 도와주기 위해 마련한 표기 체계의 원칙을 정한 규정이다. 외래어 표기법이 외래어를 한글로 표기하는 방법을 규정해 놓은 것이라면, 로마자 표기법은 반대로 국어를 로마자로 표기하는 방법을 규정해 놓은 것이다. 여기서 로마자는 세계에서 널리 사용되고 있기 때문에 채택된 문자 체계일 뿐 영어를 적는 알파벳과는 성질이 다르다. 다시 말해, 로마자를 이용해서 국어를 표기한다는 것은 국어의 음운을 로마자라는 문자로 표기하는 것이지 국어를 영어 음운으로 바꾸는 것은 아니다.

로마자 표기법을 정할 때마다 등장하는 중요한 쟁점 중 하나는 표기 체계의 전반적인 중점을 외국인의 편의를 배려하는 쪽에 두느냐, 표기자인 우리나라 사람의 편의를 배려하는 쪽에 두느냐의 문제이다. 물론 로마자 표기법의 목적이 외국인이 국어를 읽고 발음하는 것을 돕도록 표기의 원칙을 정하는 데 있으므로 외국인을 우선적으로 배려하는 것이 당연한 일인 것처럼 생각될 수도 있다. 그러나 로마자로 표기할 대상 언어가 국어이기 때문에 국어의 음운 체계를 중심으로 표기 체계를 짜지 않을 수 없다는 점, 그리고 표기자인 우리나라 사람이 너무 어려우면 로마자 표기가 통일되지 않을 가능성이 높아지며 이렇게 되면 표기법으로서의 기능을 제대로 할 수 없는 경우가 발생할 수 있다는 점, 아울러 언어적 배경이 모두 다른 외국인을 일일이 배려하기는 애초에 불가능하다는 점 등을 생각하면 외국인만을 배려하는 방법은 일정한 한계를 지닌다는 것을 알 수 있다. 따라서 경우에 따라서는 국어 음운에 대한 우리나라 사람들의 일반적인 인식이 중요한 고려 대상이 될 수도 있다. 예를 들어, 2000년 7월 이전에 사용되었던 로마자 표기법에서는 파열음의 평음을 무성음과 유성음으로 구분하여 적도록 했는데, 이것은 우리 국민들이 이해하기 힘든 표기법이어서 잘 지켜지지 않는 경우가 많았다. 이것을 모음 앞과 자음 앞으로 나누어 모음 앞에서는 'g, d, b'로, 자음 앞이나 어말에서는 'k, t, p'로 적기로 한 것은 이런 사정을 반영한 것으로 이해할 수 있다.[◀알아 두기 4]

2.4.2. 로마자 표기법의 이해

현행 국어의 로마자 표기법은 표기의 기본 원칙을 밝힌 제1장과 국어 음운과 로마자의 대응 관계를 밝힌 제2장, 그 밖의 관련 사항을 밝힌 제3장으로 구성되어 있다.

먼저, 제1장에서는 현행 로마자 표기법 제정의 두 가지 기본 원칙을 밝히고 있다.

제1항 국어의 로마자 표기는 국어의 표준 발음법에 따라 적는 것을 원칙으로 한다.

국어를 로마자로 적는 데에는 크게 두 가지 방법을 생각할 수 있다. 하나는 'Sinla(←신라)'처럼 해당 단어의 낱글자, 즉 한글 자모 하나에 로마자 하나를 대응시키는 방법이고, 다른 하나는 'Silla'처럼 실제 발음된 음소 하나에 로마자 하나를 대응시키는 방법이다. 앞쪽을 전자법(轉字法)이라고 하고 뒤쪽을 전음법(轉音法) 또는 표음법(表音法)이라고 한다.

전자법은 한글로 표기된 것을 그대로 로마자로 옮기면 되기 때문에, 쓰기에 편리하고 한글 표기로 복원하기도 쉽다. 그러나 외국인이 국어 원음에 가깝게 발음하지 못할 수 있다는 단점이 있다. 외국인이 'Sinla'를 '[실라]'로, 'Baekma'를 [뱅마]로 읽기는 어렵다. 이에 반해, 전음법은 국어 단어의 실제 발음을 따라 전사하기 때문에 외국인이 국어에 가깝게 발음하기가 쉽다. 그 대신 원래의 한글 표기로 복원하기가 어렵고 음운 변동까지 반영해서 표기하기가 쉽지 않다는 단점이 있다.

현재의 로마자 표기법은 기본적으로 전음법을 따르고 있다. 위의 기본 원칙 제1항은 바로 이 사실을 밝힌 것이다.

제2항 로마자 이외의 부호는 되도록 사용하지 않는다.

로마자의 수는 국어의 음운 수보다 적기 때문에 기본적으로 1:1 전음을 하기가 어렵게 되어 있다. 특히 모음 'ㅓ'와 'ㅡ', 그리고 유기음과 경음 계열의 표기가 늘 문제가 되었는데, 종전의 로마자 표기법에서는 'ŏ(어), ŭ(으)'와 같은 반달표(ˇ)와 'k'(ㅋ), t'(ㅌ), p'(ㅍ), ch'(ㅊ)'와 같은 어깻점(')을 사용하여 부족한 부분을 보충하였다. 그런데 이런 특수 부호는 소릿값과는 무관한 것이었고 타자치기가 불편했다. 그래서 실제 표기에서는 생략되기가 일쑤여서 결국 제 기능을 하지 못하는 경우가 많았다. 따라서 지금의 로마자 표기법을 제정할 때 반달표와 어깨점을 없애기로 하고 이런 특수 부호를 사용하지 않기로 원칙을 정한 것이다.

다음으로 제2장 '표기 일람'에서는 국어의 모음(제1항)과 자음(제2항)에 대응하는 로마자를 정해 놓았다. 먼저 모음 대응 표는 아래와 같다.

(13) 모음의 로마자 표기

ㅏ	ㅓ	ㅗ	ㅜ	ㅡ	ㅣ	ㅐ	ㅔ	ㅚ	ㅟ
a	eo	o	u	eu	i	ae	e	oe	wi

ㅑ	ㅕ	ㅛ	ㅠ	ㅒ	ㅖ	ㅢ	ㅘ	ㅝ	ㅙ	ㅞ
ya	yeo	yo	yu	yae	ye	ui	wa	wo	wae	we

우선, 10개의 단모음 중에서 'ㅏ, ㅗ, ㅜ, ㅣ, ㅔ'를 제외한 나머지는 표기할 로마자가 없기 때문에 두 개의 로마자를 합치는 방식을 택하였다. 앞에서도 말했듯이 국어의 모음과 로마자 모음 표기 글자의 수가 다른 상황에서는 완벽한 전음 표기는 불가능하다. 따라서 어떤 경우에도 특별한 방법을 사용할 수밖에 없는데, 현행 로마자 표기법은 표기자의 불편을 초래하고 부정확한 표기를 양산하게 했던 특수 부호를 버리고 로마자의 모음 글자만 가지고 표기 체계를 마련한 것이다.

(14) 자음의 로마자 표기

ㄱ	ㄲ	ㅋ	ㄷ	ㄸ	ㅌ	ㅂ	ㅃ	ㅍ
g,k	kk	k	d,t	tt	t	b,p	pp	p

ㅈ	ㅉ	ㅊ	ㅅ	ㅆ	ㅎ	ㄴ	ㅁ	ㅇ	ㄹ
j	jj	ch	s	ss	h	n	m	ng	r,l

우선, 평파열음 'ㄱ, ㄷ, ㅂ'의 표기에서, 이전의 표기법에서 구별했던 음성적인 무성음과 유성음의 별도 표기를 없애는 대신 모음 앞에서는 'g, d, b'로, 자음 앞이나 어말에서는 'k, t, p'로 적기로 정했다. 경음은 평음 글자를 겹쳐 쓰기로 했고, 유기음은 'k, t, p'로 적기로 정했다. 'ㄹ'은 모음 앞에서는 'r'로, 자음 앞이나 어말에서는 'l'로 적고, 'ㄹㄹ'은 'll'로 적기로 정했다.

제3장 '표기상의 유의점'에서는 음운 변동의 표기 반영 여부, 인명의 표기, 행정 구역 단위나 기타 이름, 붙임표의 용법에 대해 규정해 놓았다. 먼저, 로마자 표기는 국어의 표준 발음법에 따라 적도록 정했기 때문에 모든 음운 변동을 표기에 반영하는 것이 원칙이다. 그러나 자음동화와 'ㄴ' 첨가, 'ㄹ' 첨가, 구개음화는 표기에 반영하도록 한 반면, 경음화와 유기음화는 원칙적으로 반영하지 않도록 정해 놓았다. 인명은 성과 이름의 순서로 띄어 쓰도록 했는데, 이름의 음절 사이에서 일어나는 음운 변동은 표기에 반영하지 않고, 이름자는 붙여 쓰는 것을 원칙으로 하되, 이름 사이에 붙임표를 쓸 수 있도록 정해 놓았다. 성의 표기는 따로 정하는 것으로 되어 있다. 제8항은 로마자 표기법이 전반적으로 전음법 표기를 채택하기로 정했음에도 불구하고, 부득이하게 전자법이 필요한 경우에 대한 규정이다. 즉, 학술 연구 논문 등 특수 분야에서 한글 복원을 전제로 표기할 경우에는 표준 발음이 아닌 한글 표기를 대상으로 적도록 한 것이다.

▌ 관점 비교하기

1) 표준어 사정의 원칙 표준어 규정 총칙 제1항은 조선어 학회의 '한글 맞춤법 통일안(1933)'의 "표준말은 대체로 현재 중류 사회에서 쓰는 서울말로 한다."의 정신을 이어 받은 것으로 표준어 사정의 사회적, 시간적, 공간적 기준을 제시한 것이다. 즉 표준어 사정의 사회적 기준으로 '중류 사회'를, 시간적 기준으로 '현대'를, 공간적 기준으로 '서울말'을 제시한 것이다. 이 기준에 대해서는 '교양 있는'이 매우 모호한 개념이라는 점, '현대 서울말'도 그 실체가 확실하지 않다는 등의 지적을 받기도 한다. 아울러, 이 기준이 표준어의 범위를 너무 좁게 잡아서 다양한 어휘들이 표준어로 선정되는 것을 막는 쪽으로 작용한다거나, 서울말과 다른 지역어의 관계, 그리고 표준어와 방언의 관계를 수직 관계로 인식하게 할 가능성이 있다는 비판을 받기도 한다.

2) 자장면과 짜장면 외래어 표기에서의 경음 글자를 사용하지 않기로 한 이 규정과 관련하여 가장 많은 불만의 대상이 된 말이 '자장면'이다. '자장면'은 중국어 'Zhajiangmian(炸醬麵)'에서 온 말로, 고기와 야채를 중국 된장인 '자장'으로 볶은 것에 면을 넣어서 비벼 먹는 중국 요리를 가리킨다고 한다. 이 말을 중국어 외래어 표기법의 규정에 따라 정확하게 표기한다면 '자장몐' 정도가 되어야 한다. 표기법에 따라 'Zhajian'의 'zh'를 'ス'으로 표기한다면 'mian'의 'ian'도 '옌'으로 표기해야 할 것이기 때문이다. 그럼에도 불구하고 '자장몐'이 아니라 '자장면'으로 표기하기로 한 것은 이 말을 중국어 '자장(Zhajiang)'과 한자어 '면(麵)'이 결합한 말로 해석했기 때문으로 보인다. 이러한 처리에는 다른 관점이 제기되어 있다. 우선 'Zhajian'은 '자장'으로 표기하면서 'mian'은 '면'으로 표기한 것은 어쨌든 표기법이 한 단어 안에서도 일관성 없이 적용되었다는 비판의 소지가 있다. 그리고 앞의 외래어 표기 원칙 제4항에 대해, '삐라(bill), 껌(gum), 빨치산(partizan)' 등처럼 이미 경음으로 굳어져 있는 경우에는 예외적으로 경음을 인정하는 경우도 있다는 점도 고려할 만하다. 그리고 같은 인기 중국 음식인 '짬뽕'과의 관계를 고려할 때에도 '짜장면'이 더 나은 표기라는 주장도 있다.

▌ 탐구하기

☞ **탐구 목표**

○ 사이시옷 표기의 규칙 이해하기

☞ **탐구 과정**

(1) 문제의 제기

   ▶ 지도 중점: 어떤 경우에 사이시옷을 표기하는지를 알아보려는 문제의식을 갖게 한다.

   ▶ 교수·학습 활동

   • 사이시옷에 대해 아는 대로 말해 보기

   • 주어진 자료에서 올바른 표기 고르기

   > ○ 그 이야기를 듣고 나니 {코등~콧등}이 시큰해져 온다.
   >
   > ○ 철수는 {위쪽~윗쪽}을 쳐다보았다.
   >
   > ○ 의사 선생님은 철수에게 화장실에 간 {회수~횟수}를 말하라고 하셨다.
   >
   > ○ 갑자기 {이몸~잇몸}에서 피가 나기 시작했다.
   >
   > ○ 모임이 끝난 뒤에 {뒤풀이~뒷풀이}가 있을 예정입니다.
   >
   > ○ 이번 작전의 {허점~헛점}이 발견되었다.

   • 사이시옷 표기의 원칙에 대해 생각해 보기

(2) 가설 세우기

   ▶ 지도 중점: 사이시옷 표기 규칙에 대한 가설을 세워 보게 한다.

   ▶ 교수·학습 활동

   • 위의 자료에서 사이시옷 표기의 조건 찾아 정리하기

사이시옷 표기의 조건(가설)
-
-
-

(3) 자료 수집하기

   ▶ 지도 중점: 가설을 검증하고 사이시옷 표기의 규칙을 발견하는 데 적합한 자료를 수집하
     게 한다.

▸ 교수·학습 활동
• 교과서, 사전 등을 통해 사이시옷 표기 자료 모으기

(4) 사이시옷 표기의 규칙 파악하기
▸ 지도 중점: 수집한 자료를 분석하여 앞 단계에서 세운 가설을 검증·보완하여 사이시옷
표기의 규칙을 세워 보도록 지도한다.
▸ 교수·학습 활동(1) 사이시옷 표기의 규칙 발견하기
• 자료 분류하기: 수집한 자료를 탐구 목적을 염두에 두고 분류하기
- 분류 기준에 대한 교사의 조언: 단어의 형태론적 구조, 고유어와 한자어, 앞뒤 형태소
의 음운적 특징 등
• 자료 분석하기: 분류 기준별로 표기의 조건 알아보기
• 규칙 세우기: 위의 분류와 분석 결과를 바탕으로 사이시옷 표기의 규칙 세우기
• 규칙 비교하기: 개인별, 모둠별로 세운 규칙을 앞의 가설 단계에서 세운 규칙과 비교하
고, 다른 사람, 다른 모둠이 세운 규칙과 비교해 보기
• 규칙 수정하기: 다른 사람, 다른 모둠에서 제시한 자료나 규칙을 참고하여 규칙 완성하
기

▸ 교수·학습 활동(2) 한글 맞춤법에서 사이시옷 표기 규정 확인하기
• 한글 맞춤법에서 사이시옷 표기 규정 찾기
• 사이시옷 표기 규정 기술 내용 확인하기
• 자신이 세운 표기 규칙과 비교하기

(5) 적용·일반화하기
▸ 지도 중점: 사이시옷 표기 규칙을 자신의 언어생활에 적용하는 능력을 기른다.
▸ 교수·학습 활동
• 주변의 여러 가지 인쇄물에서 사이시옷 표기 자료 찾아보기
• 잘못된 표기 자료를 교정하기

▌ 생각해 보기

1. 다음의 두 자료를 바탕으로, 한글 맞춤법의 기본 원리에 대해 생각해 보자.

> (가) 중세국어
>   곳부리 영(훈몽자회 하 : 2)
>   낫바 瑤琴과 딱ᄒ야 뒷다라 日夜偶瑤琴(두시언해 초간본 15 : 3)
>   싸히 놉ᄂ갑ᄫᅵ 업시 ᄒᆞᆫ가지로 다ᄒᆞ시며(월인석보 2 : 40)
>   九重에 드르샤 太平을 누리싫 제 이 ᄠᅳ들 닛디 마ᄅᆞ쇼셔(용비어천가 110장)
>   네 아기 난노라 ᄒᆞ야 나ᄅᆞᆯ 害행호려 ᄒᆞᄂᆞ니(월인석보 10 : 25)

> (나) 현대국어
>   젖어미[저더미], 닭대[닥때], 깎지[깍찌], 옆얼굴[여벌굴], 높고[놉꼬],
>   낱알[나 : 달], 쫓지[쫀찌], 키읔[키윽], 밭과[받꽈]

(1) (가)와 (나)를 비교하여 중세국어와 현대 한글 맞춤법의 특징에 대해 생각해 보자.
(2) 두 표기법의 장단점에 대해 생각해 보자.

2. <上>의 의미를 가지는 접사의 변이형 '웃-~윗-~위-'과 관련된 표준어 규정에 대해 생각해 보자.
(1) 다음은 <上>의 의미를 가지는 접사의 변이형 '웃-~윗-~위-'와 관련된 자료를 살펴보자.

> 웃돈, 웃어른, 웃옷, 위쪽, 위채, 위층, 윗도리, 윗몸운동, 윗사람, 윗입술, 윗잇몸, 윗자리

(2) 위의 자료는 모두 현재의 표준어 규정에 부합하도록 적은 것이다. 이 자료에 해당하는 표준어 규정을 만들어 보자.

3. 로마자 표기법의 모음 표기 방법을 비교·평가해 보자.
 (1) 다음 두 로마자 표기법을 비교해 보자.

3. 로마자 표기법의 모음 표기 방법을 비교·평가해 보자.
 (1) 다음 두 로마자 표기법을 비교해 보자.

   (A안)

ㅏ	ㅓ	ㅗ	ㅜ	ㅡ	ㅣ	ㅐ	ㅔ	ㅚ	ㅟ
a	ŏ	o	u	ŭ	i	ae	e	oe	wi

   (B안)

ㅏ	ㅓ	ㅗ	ㅜ	ㅡ	ㅣ	ㅐ	ㅔ	ㅚ	ㅟ
a	eo	o	u	eu	i	ae	e	oe	wi

 (2) 로마자 표기자와 그것을 읽거나 발음하는 외국인의 입장이 되어 두 표기법을 평가해 보자.
 (3) 로마자로 국어의 모음을 표기하는 데 발생하는 문제점에 대해 생각해 보자.

▌ 알아 두기

 1) 표음주의와 표의주의 (2ㄱ)처럼 적는 방식을, 소리나는 대로 적는다는 점 때문에 '표음주의'라 부르거나, 실제 발음된 형태의 음소를 적는다는 점 때문에 '음소적 표기 원리' 등으로 불러 왔다. 이에 반해 (2ㄴ)과 같은 방식은 의미 해독을 우선시한다는 점 때문에 '표의주의'로 부르거나 원래의 형태가 가진 음소를 표기 대상으로 삼는다는 점 때문에 '형태음소적 표기 원리'로 불러 왔다. 주시경 선생은 (2ㄱ)의 방식을 '임시의 음'을 적는 것으로, 뒤쪽 방식을 '본음'을 적는 것으로 부르면서 (2ㄴ)의 방식을 주장했는데, 이는 현대 한글 맞춤법의 기본 원리가 되었다.

 2) 표준어의 기능 이익섭(1983:44-46)에서는 표준어의 기능으로 통일(統一)의 기능, 독립(獨立)의 기능, 우월(優越)의 기능, 준거(準據)의 기능 등을 들었다. 통일의 기능이란 표준어를 쓰면 의사소통이 원활해져서 한 개인이나 소집단이 더 큰 집단과 이어질 수 있다는 것이고, 독립의 기능

이란 통일된 한 언어를 씀으로써 다른 나라, 다른 민족과 구별되는 우리나라, 우리 민족을 깨닫게 해 주는 기능이며, 우월의 기능이란 표준어를 구사함으로써 사회적으로 우월감을 느끼게 해 주는 기능이며, 준거의 기능은 개인이 사회 규범에 순응하는 정도를 재는 척도의 기능을 한다는 것이다.

3) 표준어 규정에서의 전통성과 합리성 국어 연구소에서 1988년에 펴낸 「표준어 규정 해설」에서는 이 '국어의 전통성과 합리성'을 모음의 길이를 예로 들어 설명하고 있다. 먼저, '전통성'에 대해서는, 서울의 젊은 세대 중에는 장모음과 단모음을 구별하지 못해서 '밤[夜]'과 '밤[栗]'을 모두 짧게 발음하기도 하지만, 소리의 높이와 길이를 구별해 온 전통을 고려하여 장모음에 대한 규정을 두어 이들을 구별하도록 한 것을 예로 들고 있다. 그리고 '합리성'에 대해서는 '알괴[알:괴], 알지[알:지]'에 나타나는 어간의 장모음이 '알애[아래], 알아래[아라래]'에서 단모음으로 발음되는 것은 장모음 어간이 모음으로 시작하는 어미 앞에서 단모음화하는 규칙적인 현상에 의한 것으로 보고 이를 표준 발음으로 정한다는 것을 예로 들고 있다.)

4) 역대 로마자 표기법 우리나라의 역대 로마자 표기법을 연대순으로 정리하면 다음과 같다.
1939년 '머큔(McCune)-라이샤워 안'(Reischauer)(MR 안)
1940년 조선어음 라마자 표기법(조선어학회)
1948년 한글을 로오마자로 적는 법(문교부)
1959년 한글의 로마자 표기법(문교부)
1984년 국어의 로마자 표기법(문교부)
2000년 국어의 로마자 표기법(문화관광부)

▋ 더 읽을거리

국립국어연구원(2000), 새국어생활, 제10권 제4호·겨울(로마자 표기법 특집)

국립국어연구원(2001), 한국 어문 규정집.

국립국어연구원(2004), 새국어생활, 제14권 제1호·봄(표준어 특집)

국어 연구소(1988), 한글 맞춤법 해설.

국어 연구소(1988), 표준어 규정 해설.

민현식(1999), 국어 정서법 연구, 태학사.

이기문·강신항·김완진·안병희·남기심·이익섭·이상억(1983), 한국 어문의 제 문제, 일지사.

이익섭(1992), 국어표기법연구, 서울대학교출판부.

임지룡·이은규·김종록·송창선·황미향·이문규·최웅환(2005), 학교문법과 문법교육, 박이정.

국립국어원 누리집(http://www.korean.go.kr/08_new/index.jsp), 자료마당-어문규정.

제 5 장

국어와 생활

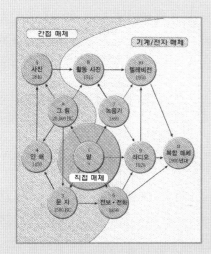

◀ 매체의 종류와 역사(*1~11:출현 순서임)

과학과 기술이 발달한 오늘날 현대 사회에서는 전화나 라디오, 텔레비전이나 컴퓨터 등을 이용하여 소통하고 있지만, 이와 같은 전자 매체가 발달하기 이전에는 상대방의 얼굴 표정과 몸짓 등을 대하면서 직접 소통하거나, 서적이나 편지 등을 이용하여 간접 소통하였다. 위의 그림(김대행 외, 2002:173)은 인간의 이러한 의사소통 방식과 매체의 변화를 개략적으로 보여주고 있다.

예술 언어와 인터넷 통신 언어, 전문어의 소통 방식과 양상 역시 이러한 매체의 발달에 힘입어 더욱 다채로워졌다. 그런데 그 다채로움은, 형형색색의 그림물감이 빨강과 파랑, 노랑을 바탕으로 만들어지듯이, 일상 언어를 토대로 발휘된다. 그래서 이 장에서는 일상 언어와 예술 언어, 일상 언어와 매체 언어, 일상 언어와 전문어의 공통점과 차이점을 문법을 중심으로 따져보고자 한다.

1. 일상 언어와 예술 언어, 그리고 문법

1.1. 일상 언어와 예술 언어의 관계

먼저 일상 언어와 예술 언어, 즉 우리가 평소에 사용하는 일상적인 언어와 시나 소설, 영화나 연극 등 문학 작품에서 사용되는 예술 언어의 관계에 대해 생각해 보자. 그 관계는 다음과 같이 두 가지 관점으로 대별된다.

첫 번째 관점은 일상 언어와 예술 언어의 수준과 성격이 서로 다르다고 보고, 일상 언어를 대중음악에, 예술 언어를 클래식 음악에 비유하기도 한다. 교양을 갖춘, 고급 취향의 사람이 클래식 음악을 즐기듯이, 일상 언어와 예술 언어는 기본적인 취향에서부터 수준에 이르기까지 그 성격이 매우 다르다고 본다. 그래서 "일상 언어는 예술 언어보다 격이 떨어진다."고 하거나 "예술 언어는 고급문화이고 일상 언어는 저급문화이다.", "일상 언어와 예술 언어는 층이 다르다."고 한다.

물론 보기에 따라서 일상 언어가 예술 언어보다 질이 떨어진다든지, 그 격이 다르다고 주장할 수 있다. 하지만 저속한 일상 언어를 쓰는 사람들이 있고 고급스런 일상 언어를 쓰는 사람들이 있듯이 예술언어도 마찬가지이다. 일상 언어에도 못 미치는 저속한 언어를 남용하는 예술 언어도 있기에 이러한 이분법으로 일상 언어와 예술 언어를 나누는 관점은 문제가 있다. 나아가 이 관점을 취하는 사람들은 자신의 일상 언어를 스스로 비하하는, 즉 예술 언어에 비해 질이 떨어지는 언어를 늘 사용하고 있다고 자인(自認)하는 셈이다.

두 번째 관점은 일상 언어와 예술 언어는 서로 성격이 다른 별개의 것이 아니라 유사하거나 공통된 특성이 더 많은 것으로 보고 있다. "일상 언어를 사탕수수에, 예술 언어는 설탕에"(김대행, 1995:284) 비유하는 것이 그러하다. 사탕수수에서 설탕을 추출하듯이 예술 언어는 일상 언어에서 파생된 것으로 본다. 문학 작품에 나타난 인물들 간의 갈등과 심리, 수사적인 장치와 표현법, 인물들의 시점 등은 일상인들의 삶이며, 표현 활동이자 이해 활동이라는 것이다. 모든 사탕수수를 다 먹어 본 뒤에야 사탕수수 맛을 알게 되는 것이 아니듯이, 모든 일상 언어를 다 체험하여야만 일상 언어의 특성을 알게 되는 것은 아니라는 것이다. 문학 작품이라는 설탕으로 모든 일상 언어의 참맛을 다 이해하고 감상할 수 있다는 것이다.

일상 언어에서 '이해 활동'과 예술 언어의 '감상 활동'을 단지 '농도의 차이' 내지 '정도의 차이'(이성영, 1995:15)로 보는 관점 역시 두 번째 관점에 해당한다. 국어 교육의 주축이 표현 활동과 이해 활동이라고 봤을 때, 감상 활동은 이해 활동의 범주 속에 포함된다. 그러니까 문학 속에서 바라보는 사탕수수와 설탕의 관계를 뒤집어서 이해와 감상에서 이해의 범주가 감상보다 크고 감상은 이해의 농도가 좀 더 진한 것에 불과하다고 본다. 김대행이 문학 교육을 중요시하여 일상 언어를 예술 언어로 포섭하고자 하였다면, 이성영은 국어 교육의 두 축 중 하나인 이해 교육을 중요시하여 예술 언어를 일상 언어로 포섭하고자 한 것이다. 국어 교과라는 과목 속에 이 두 가지 언어를 함께 다루는 것은 두 언어의 차이점보다는 공통점을 통해 인간의 의사소통 능력을 신장하는 데 도움이 되기 때문이다.

1.2. 문법에서의 첫 번째 만남 사례

그러면 문법이라는 '새로운 고리'를 일상 언어와 예술 언어 사이에 넣고서 두 언어의 특성을 좀 더 구체적으로 살펴보자. 대부분 성인들은 일상적인 언어생활을 하면서 문법에 대하여 각별한 신경을 쓰지 않는다고 한다. 시인이나 소설가도 문법을 고려하지 않고 글을 쓸 것이라고 추측한다. 중·고등학교 시절 시험 볼 때나 잠시 생각나는 문법은 그저 '찬밥' 신세를 면치 못하는 실정이다. 그러면서도 요즘 아이들의 저속한 언어 표현이나 인터넷에서 사용되는 탈문법적인 언어 표현에 대해서는 꽤 민감한 반응을 보이기도 한다. 상황과 환경이 열악해지면 공기의 고마움을 새삼 깨닫듯이, 무의식 세계 속에 잠재하고 있던 문법도 어느 순간 우리의 의식 세계 속에서 활발하게 작용하고 있음을 깨닫게 된다.

먼저 문법적인 장치를 이용하여 자신의 표현 의도를 효과적으로 전달하고자 한 일상 언어 사례를 한번 살펴보자.

(1) 나는 우리나라가 남의 것을 모방하는 나라가 되지 말고 이러한 높고 새로운 문화의 근원이 되고 목표가 되고 모범이 되기를 원한다. 그래서 진정한 세계의 평화가 우리나라에서, 우리나라로 말미암아서 세계에 실현되기를 원한다. 홍익인간(弘益人間)이라는 우리 국조(國祖) 단군(檀君)의 이상이 이것이라고 믿는다.

또 우리 민족의 재주와 정신과 과거의 단련이 이 사명을 달성하기에 넉넉하고 우리 국토의 위치와 기타 지리적 조건이 그러하며, 또 1차, 2차의 세계 대전을 치른 인류의 요구가 그러하며, 이러한 시대에 새로 나라를 고쳐 세우는 우리가 서 있는 시기가 그러하다고 믿는다. 우리 민족이 주연 배우로 세계무대에 등장 할 날이 눈 앞에 보이지 아니하는가.

— 김구, '내가 원하는 우리나라' 중에서

이 연설문 두 번째 문단을 읽어보면, 독특한 표현 하나를 발견할 수 있는데, 그것은 지시 형용사 '그러하다'를 세 번이나 반복하고 있다는 점이다. 일반적으로 어떤 글이나 말에서 동일한 단어나 구절이 반복되면 그 부분을 잉여적인 정보로 보고 다른 표현으로 바꾸거나 삭제하여 말맛이나 글맛을 살리고자 한다.

그런데 이 연설문에는 이러한 잉여적인 표현이 과도하게 사용되고 있다. 문장 구조 분석을 통해 그 의도를 한번 추리해 보자.[•알아 두기 1] 지시 형용사가 나오는 문장을 보면 주어부에 새로운 정보가 제시되어 있고 서술부에 이미 주어진 정보('그러하며')가 제시되어 있다. 즉 다음과 같이 연설자가 신(新) 정보를 제공하면, 청중은 구(舊) 정보를 회상하는 구조로 되어 있다.

신정보(연설자의 정보 제공)	구정보(청중의 정보 회상)
① 우리 국토의 위치와 기타 지리적 조건이 ~ ② 1차, 2차의 세계 대전을 치른 인류의 요구가 ~ ③ 이러한 시대에 새로 나라를 고쳐 세우는 우리가 서 있는 시기가 ~	그러하며/그러하며/그러하다

따라서 청중이 이 연설을 듣게 되면, 연설자가 의도적으로 배치한 문장 구조에

따라 호흡하게 된다. 그래서 이미 처리한 정보를 반복적으로 떠올리면서 연설자의 주장(우리나라는 이 사명을 달성하기에 넉넉하다)에 공감하게 된다. 이로 미루어 볼 때, 연설자는 자신의 주장을 강조하는 수단으로 지시 형용사 '그러하다'를 반복해서 사용하였으며, 나아가 청중으로 하여금 자신의 주장에 공감하도록 하는 효과를 불러일으키기 위함이었다고 추리할 수 있다.

이러한 문법적인 장치를 이용한 표현 효과는 다음과 같은 문학 작품에서도 엿볼 수 있다.(곽민하·심영택, 2009, 미발간 보고서)

(2)
해(海)에게서 소년에게

최남선

"처얼썩 처얼썩 척처…ㄹ썩, 처…ㄹ썩, 척, 쏴…아.
때린다, 부순다, 무너버린다.
태산 같은 높은 뫼, 집채 같은 바윗돌이나,
요것이 무어야, 요게 무어야,
나의 큰 힘, 아느냐, 모르느냐, 호통까지 하면서,
때린다, 부순다, 무너버린다.
처…ㄹ썩, 처…ㄹ썩, 척, 튜르릉, 콱.
…

첫째, 의성어를 이용하여 파도 소리를 실감나게 표현한 점이다. 1연의 '처얼썩'은 흔히 말하는 파도소리인 '철썩'을 의도적으로 길게 늘여서 쓴 표현이다. '철썩'은 '철써덕'의 준말로, 위의 맥락에서는 아주 많은 양의 액체가 단단한 물체에 마구 부딪치는 소리라는 뜻이다. '철썩'이라는 표현을 굳이 늘이고 싶었다면 당연히 '철써덕'을 쓰는 것이 맞았을 것이다. 하지만 작가는 의도적으로 '철썩'이라는 표현을 발음 그대로 길게 늘여서 '처얼썩'이라고 표현했다. 이어서 종성을 분리해서 표기하면서 문법에 맞지 않는 색다른 의성어를 표현했다. 또한 글자 사이에 말줄임표를 세 개나 넣으며 그 길이를 늘였다. '쏴'라는 의성어도 '쏴아'라고 늘여 썼고, 그래도 성에 차지 않았는지 역시 중간에 말줄임표를 넣었다. 이러한 문법적인 장치는 파도 소리와 관련된 것으로 보인다. 파도는 멀리서 밀려오며, 그 소리는 비교적 긴 시간에 걸쳐 반복적으로 들린다. 작가는 파도 소리의 이런 특징을 문법적인 장치를 이용하여 포착하고자 한 것으로 보인다. 파도 소리가 길게 반복적으로 표현된 부분을 낭독할 때는 당연히 그만큼 시간이 지체될 것이며, 상상의 세계에서 들려오는 그 소리는 독자에게 더 실감나게 들릴 것이다.

둘째, 의성어를 이용하여 파도 모양을 실감나게 그려낸 점이다. "처얼썩 처얼썩 척처…ㄹ썩, 처…ㄹ썩, 척, 쏴…아."에서 단어가 점점 길어지다가 갑자기 마지막에서 짧아지는 형태를 보면 정말로 출렁거리는 파도가 멀리서부터 점점 가까이 다가오는 형상이다. 의성어를 읽고 있음에도 동시에 의태어를 읽는 듯한 느낌을 받는다. 다양한 파도 소리를 효과적으로 표현함은 물론이거니와 그 모습까지도 눈으로 보는 듯하다. 글자 사이의 말줄임표 또한 부서지는 파도에서 거칠게 튕겨져 나오는 물방울의 파편을 실감 나게 하는 장치로 보인다.

이러한 영리한 문법적인 변용 장치는 파도 소리를 실감나게 했고, 나아가서는 이 시의 주제를 강조하는 것을 돕는 데 크게 기여를 한 것으로 보인다. 즉 그 장치는 바닷가 풍경을 실감나게 그려낼 뿐만 아니라 근대 문명(문물)이라는 관념을 바다의 위용에 연결함으로써 근대 문명의 수용자인 소년(지식인, 선각자)을 예찬하는 이 시의 교훈을 더욱 효과적으로 표현해 내고 있다.[ˇ알아 두기 2]

1.3. 문법에서의 두 번째 만남 사례

일상 언어와 예술 언어가 만나는 문법의 또 다른 예를 살펴보자. 우리는 반말이나 존댓말을 통해 두 사람의 사회적인 신분 관계뿐만 아니라 심리적인 관계도 엿볼 수 있다. 예를 들어 처음 만나는 두 남녀는 일반적으로 존댓말을 쓴다. 하지만 시간이 흘러 상대방의 성격이나 취향을 알게 되면 표현 방식을 바꾸어 반말을 쓰기 시작한다. 연인들에게 반말을 쓰는 까닭을 물어보면 십중팔구는 이제 서로 사랑하는 사이가 되어 심리적으로 편해졌거나 가까워졌기 때문이라고 대답한다. 물론 상대방을 배려하면서 끝까지 존댓말을 쓰기도 하지만 왠지 반말을 쓸 때보다 친밀감을 주지 못한다고 한다. 따라서 반말이라고 무조건 나쁜 것은 아니며 상황 맥락에 따라, 서로 간의 관계 변화에 따라 반말이나 존댓말을 자유롭게 쓸 수 있음을 알 수 있다.

이런 점을 염두에 두면서 다음과 같은 상황을 가정해 보자.

> (3)
> (자룡이와 은성이는 애인 사이이다.)
> 자룡: 자, 이거 받아.
> 은성: 이게 뭔데?
> 자룡: 오늘이 네 생일이잖아?
> 은성: 그럼 이거 생일 선물이야? 웬일이야, 생일 같은 걸 다 기억하고? 뭔데? 풀
> 　　　어 봐도 돼?
> 자룡: 별거 아니야. 왜, 지난번에 동대문 갔을 때, 그 모자 있잖아? 네가 하도 예
> 　　　쁘다고 해서……
> 은성: (갑자기 얼굴 표정 바뀌며) 동대문? 나, 너랑 동대문 간 적 없는데? (잠시 침
> 　　　묵) 아하, 그랬었군요. 누구랑 같이 보러 다니셨는지 모르지만, 그 여자 분에
> 　　　게나 갖다 주시죠.
>
> (서울대 국어교육연구소, 2002:237)

여자의 마지막 대사를 통해 우리는 반말로 사용하며 친밀감을 느끼던 서로의 관계가 한쪽이 존댓말을 사용하면서 급속하게 냉각될 것임을 짐작할 수 있다. 물론 이런 상황에서도 계속 반말을 쓰는 것이 일반적이다. 하지만 이렇게 언어 사용 체계를 바꾸어 존댓말을 사용하게 되면 상대방이 받는 심리적인 충격은 반말보다 심할 것으로 보인다. "이제 그만 헤어져. 다시는 너를 안 볼 거야."라는 표현보다 "그동안 즐거웠습니다. 안녕히 계십시오."라는 표현을 상대방으로부터 들었다면 서운한 것을 넘어서 온몸에 냉기가 도는 느낌이 들 것이다.

문법적인 변용 장치는 이러한 일상적인 심리 관계의 변화뿐만 아니라 예술 작품을 둘러싼 표현 활동에도 효과를 발휘한다. 물론 '문법 지식'의 부족으로 인해 잘못된 사례들도 많겠지만, '시적 허용'과 마찬가지로 고의적으로 문법을 파괴하여 의도

를 효과적으로 전달하고자 한 사례들을 영화나 연극 등 예술 언어에서도 찾을 수 있다. 그 중 한 가지가 2005년에 개봉된 박찬욱 감독의 '친절한 금자씨'에 나오는 다음 장면이다(이헌철·심영택, 2009, 미발간 보고서).

(4)
교도소 앞(아침)
여전히 두부를 내밀고 선 전도사와 무표정하게 바라보는 금자.

전도사: (인자하게 미소 지으며 두부를 금자 얼굴 높이로 올리고) 어서요…….
두부처럼 하얗게 살라고, 다시는 죄 짓지 말란 뜻으로 먹는 겁니다.

전도사의 손을 탁 친다. 두부가 떨어져 바닥에 뭉개진다. 경악하는 전도사.
성가대원4. 심벌즈를 놓쳐 떨어뜨린다. 요란한 소리가 멈추자 모질게 불어대는
바람 소리뿐, 모두 그녀를 주목한다.

금자: 너나 잘 하세요.

금자, 몸을 돌려 걷는다. 다들 멍청히 서서, 원피스 자락을 펄럭이며 멀어져 가는
그녀를 바라본다. 가방에서 선글라스를 꺼내 쓰는 뒷모습. #

생활 속에서 흔히 상대방이 자신에게 괜한 핀잔을 주거나, 지나친 간섭을 할 때 비꼬는 말로 "너나 잘 하세요."라고 말하곤 한다. 이를 들은 상대방은 기분이 나쁜 것은 물론이고, 영화 속 전도사처럼 충격을 받게 될 것이다. 그만큼 위의 대사에는 어떤 효과가 분명히 있다.

일반적으로 '너'라는 대명사와 '-세요'라는 존댓말은 서로 잘 어울리지 않는다. '너'라는 이인칭 대명사는 주로 듣는 상대방이 같은 동급이거나 아랫사람일 때 쓴다. 반면 '-세요' 또는 '-요'는 그렇게 격식을 차릴 필요는 없는 자리이지만, 상대방이 자신보다 높거나 존대해야 할 대상일 경우에 쓴다. 영화 속 대사에는 반말과 존댓말이 반반씩 섞여 있다. 이 대사만 따로 떼어놓으면 문법적인 오류에 해당한다. 그럼에도 불구하고 이 대사는 한국인이 뽑은 영화 명대사 톱 20(MBC, 2005)에서 2위

에 오를 정도로 유명하며, 일상생활 속에서도 자주 사용되기도 한다. 영화 속의 상황과 맥락을 중심으로 이 대사가 효과를 발생시키는 까닭을 분석해 보자.

첫째, 이 대사는 주인공 금자씨의 '성격 변화'를 암시한다. 출옥 전에는 모든 사람에게 친절했고, 누구나 좋아하던 그런 금자였지만, 출옥 후에는 백 선생을 향한 복수의 칼을 가는 무서운, 불친절한 금자가 되었음을 보여준다. "너나 잘 하세요"라는 대사를 내뱉은 후 기존의 사글사글하던 표정 대신 쌀쌀맞은 표정을 짓는다. 예의 바른 모범수 금자의 성격이 크게 바뀌었음을 이 대사가 암시하고 있다.

둘째, 이 대사는 인물들 간의 '관계 변화'를 암시한다. 수감 생활 중에 전도사는 금자에게 많은 도움을 주었다. 춥지 않도록 옷도 넣어주고, 같이 기도도 해 주었다. 수감 생활 중의 금자에게는 아마 정신적인 버팀목이었을 것이다. 그런데도 출옥하는 날, 마중 나온 전도사에게 감사의 인사를 하기는커녕 쌀쌀맞은 표정과 함께 '너나 잘 하세요.'라고 독설을 내뱉는다. 두 사람의 관계가 이전과는 천양지차(天壤之差)가 될 것임을 간단명료하게 보여준다. 그 후 상대방 전도사 역시 더 이상 금자가 예전의 친절했던 그 사람이 아님을 알고 오히려 금자의 복수극을 망쳐놓으려고 한다.

셋째, 이 대사는 이야기의 '흐름이 변화'될 것을 암시한다. 영화의 줄거리는 크게 출옥 전-출옥-출옥 후로 도식화할 수 있다. 교도소 생활은 정말 평온하고 밝고 아무런 걱정이 없는 순탄한 나날들이었지만, 출옥 후 복수를 다짐하는, 쌀쌀맞은 금자로 변하면서 이야기는 어두운 색으로 바뀌어 간다. 반말과 존댓말로 반반씩 섞여 있는 '너나 잘 하세요' 문장은 이 이야기가 친절한 금자씨와 불친절한 금자씨로 구성되어 있음을 보여주는 문법적인 장치이다.

일상 언어와 예술 언어를 접하면서 우리는 문법 규칙을 크게 의식하지 않는 경우가 대부분일 것이다. 그러나 가능한 문법 규칙에 맞게 언어를 사용하는지 점검하는 태도가 바람직하다. 문법 규칙은 가장 기본적인 의사소통을 가능하게 하는 기능을 담당하기 때문이다. 그러나 인간의 마음이나 대인 관계, 상황 맥락이 문법 규칙과 일대일로 기계적으로 대응되는 것은 아니다. 응급 상황에서 불자동차가 신호를 위반할 수 있듯이, 의도적인 또는 효과적인 소통을 하고자 할 때 우리는 가끔 일탈적인 문법을 사용하기도 한다. 또 그러한 허용이 수용되어야 함은 지극히 마땅하다.

2. 일상 언어와 매체 언어, 그리고 문법

2.1. 일상 언어와 매체의 만남

우리말(음성 언어)의 역사는 아득히 먼 옛날, 우리 조상들이 한반도와 그 일대에 뿌리를 내리고 살면서 시작되었다. 그런데 그 당시에는 한글과 같은 기록 수단이 없어 우리 조상들이 어떻게 생활했는지, 어떻게 의사소통했는지는 제대로 알기 어렵다. 다만 한자(문자 언어)로 된 몇 가지 자료가 있어 그 당시 생활 모습과 의사소통 방법을 어렴풋하게나마 추측할 뿐이다.

그러다가 세계 문자사에서 기념비적인 한글(문자 언어)이 창제되면서 조상들의 삶과 의사소통 방식에 획기적인 변화가 일어났다. 구전되던 노래와 이야기들이 한글로 정리되기 시작하였으며, 한문 경전과 서적들이 한글로 번역되기 시작하였으며, 아이와 부녀자뿐만 아니라 임금까지도 언문(한글)으로 소식을 주고받기도 하였다. 한글 창제는 흑백 사진기(한자)로 우리말 모습을 촬영하다가 컬러 사진기(한글)로 우리말 모습을 촬영할 수 있게 하였으며, 구술 문화 중심으로 이루어지던 우리의 삶과 소통 방식에 문자 문화라는 새로운 축을 올려놓았다.

근대 산업 사회와 현대 정보화 시대에 탄생한 신문과 잡지, 텔레비전이나 라디오, 인터넷 등의 매체는 우리의 삶과 소통 방식을 더욱 편리하게 해 주었다. 지구 반대편에서 일어나고 있는 사건도 실시간으로 중계될 뿐만 아니라, 그 사건에 대한 개인의 생각이나 느낌을 인터넷으로 자유롭게 펼칠 수 있게 되었다. 매체는 이처럼 말과 글의 한계를 뛰어넘고자 노력하는 가운데 발달해 왔다.

2.2. 인터넷 통신 언어가 일상 언어에 미친 문법 현상(1)

그런데 이러한 매체의 발달은 일상적인 언어활동과 소통 방식에 영향을 주기 시작했다. 주로 음성 언어로 의사소통하던 시기에는 말하기와 듣기가, 문자 언어의 시기에는 쓰기와 읽기가 주된 언어활동이었다. 그런데 인터넷이나 휴대폰이 등장하면서 말하기와 듣기, 읽기와 쓰기뿐만 아니라, '보기'와 같은 활동이 부각되었다. 정보의 소통 방식 또한 매우 복잡하게 되었다. 과거에는 신문(인쇄 매체)이나 텔레비전(방송 매체)에서 일방적으로 정보를 생산·전달하고 독자와 청취자는 그런 정보를 수용하는 역할만 담당했다. 하지만 인터넷과 같은 전자 매체가 등장하면서, 가상공간에서 익명으로 다자간(多者間) 다층적인 정보를 동시다발적으로 송수신할 수 있게 되었다. 생-비자(生費者)와 같은 용어 역시 변화한 언어 환경의 특징이 무엇인지 단적으로 잘 보여준다.

또 다른 특징 하나는 정보를 담는 언어 형식이 파격적으로 달라졌다는 점이다. 표준화되고 규범적인 언어 형식을 지향하는 신문이나 텔레비전과 달리, 인터넷이나 휴대폰 등에서는 규범에 어긋난, 개성적인 언어 형식을 사용하는 경향을 보이고 있다. 이를 흔히 인터넷 통신 언어라고 부르기도 하는데, 다음 사례를 통해 그 문제점을 살펴보자.[◂관점 비교하기]

(5)
장면 1
어느 날 나는 엄마에게 문자를 보냈다.
<엄마 나 이번 "생파(생일파티)에 생선(생일선물) 뭐해줄거야??>
엄마에게 답문이 왔다.
<생파넣고 생선 뭐할꺼냐고? 동태찌개 어때??>

#장면 2 #
난 다시 엄마에게 답문을 보냈다.
<아니 그게 아니고 생일선물 뭐해줄거냐고ㅋㅋㅋ>
엄마가 다시 물었다.
<글쎄 그런데 마지막에 ㅋㅋㅋ 이건 무슨 뜻이냐?>
난 귀찮아서 대충 알려줬다.
<어 그냥 좀 민망할 때 쓰는 말이야>

#장면 3#
그러고 며칠이 지난 어느 날 이웃집 언니가 내게 짜증을 내며 왔다.
<야 너희 엄마 좀 너무 하시지 않니? 어떻게 안 좋은 일에 이런 문자를 보내실

수 있어. 나 정말 상처받았다고>

언니의 아버지가 돌아가시고 며칠 후였다. 그 언니의 휴대폰에 엄마가 보낸 다음과 같은 문자가 있었다.

<삼가 고인의 명복을 빕니다.ㅋㅋㅋ **야 너무 상심하지 말거라. ㅋㅋㅋ>

이 사례에서 알 수 있듯이 인터넷 통신 언어에서는 '생파'나 '생선'과 같은 압축적인 단어들이 흔히 사용되는 현상을 볼 수 있다. 청소년들은 이러한 신조어를 참신한 것, 기발한 것으로 받아들이며, 이러한 신조어로 인해 어휘가 풍부해진다고 본다. 또한 한정된 시간과 공간에서 자기 생각과 느낌을 빨리 전하는 데 매우 효과적이며, 문자를 보내는 비용을 절약하는 효과도 있다고 본다.

반면 부모는 자녀의 통신 언어를 제대로 해독하지 못할 뿐만 아니라, 심지어 잘못 사용하기까지 한다. 소통이 힘들어진 부모는 자신의 자녀가 문법을 정확하게 사용하기를 바라나, 이미 인터넷 통신 언어에 익숙해진 청소년들은 그런 부모와 소통을 피하게 된다. 부모와 자녀 간의 이러한 현상이 심화되고 확대되면 사회적 갈등까지 불러일으킬 수 있다. 2007년 한국정보문화진흥원에서 조사한 '통신 언어에 대한 세대간 격차 및 해소 방안'에 대한 다음 보고서 내용은 이러한 우려가 결코 허구가 아님을 잘 보여준다.

(6)
진흥원이 50대 이상 장·노년층 632명을 대상으로 초·중·고교생이 가장 많이 사용하는 통신언어 20개를 사용해 구성한 대화체의 문장에 대한 이해도를 조사한 결과, 41.6%(263명)가 이들 언어 중 10개 이하밖에 뜻을 이해하지 못했다. 심지어 1개의 통신 언어도 이해하지 못한 경우도 7.9%(50명)에 달했다. 10~15개를 이해한 경우는 35.7%(226명), 16~19개는 20.3%(128명)였으며 20개 전부 이해한 경우는 2.4%(15명)에 불과했다. (경향신문, 2007. 5. 6.)

2.3. 인터넷 통신 언어가 일상 언어에 미친 문법 현상(2)

매체의 발달과 더불어 인터넷 통신 언어에 생긴 또 다른 문법적인 현상 하나는 비속어나 은어를 무분별하게 사용한다는 점이다. 특히 익명성을 전제로 한 인터넷 상의 비속어는 일반적인 욕설보다 더 강한 느낌을 표현하기 위해서 의도적으로 문법을 파괴하는 경향을 보인다. 청소년들끼리 공감대를 형성하기 위해 사용하는 은어 역시 원활한 의사소통을 저해하는 요소로 보인다. 다음 사례는 청소년들이 인터넷 통신 언어에서 자주 사용하는 비속어와 은어이다.

(7) 비속어
X나   쉬X   님X

(8) 은어
안습 안구의 습기(눈물), 안타깝거나 어이가 없음
비추 추천하지 않음
짤방 짤림 방지, 게시물을 유지하기 위한 본문과 상관없는 그림

문제는 비속어, 은어를 인터넷 통신 언어 속에서 자연스럽게 쓰다 보니, 마치 비속어나 은어를 표준어인 것처럼 착각한다는 점이다. 옛날에는 표준어를 써야 세련되고 교양 있는 사람으로 대접받았다. 그런데 지금은 표준어를 쓰면 오히려 답답하고, 촌스러운 사람으로, 비속어를 쓰면 시대에 적응하는 능력이 뛰어난, 감각적인 사람으로 간주되기도 한다.

여기서 주목해야 할 사실은 세련됨의 판단 기준이 바뀌었다는 것과 그 기준이 표준어가 아니라 비속어와 은어라는 것이다. 이는 비속어와 은어가 그만큼 일상화되었음을 의미하는데, 언어 교육 차원에서 볼 때 매우 심각한 사태로 보인다. 다음 사례 역시 이러한 우려를 낳게 한다.

(9) 음운 및 표기 차원

ㄱ. 소리 나는 대로 적기

아무렇게나.	→	아무러케나.
좋겠다!	→	조케따
싫어.	→	시러

ㄴ. 음소 바꾸기 / 더하기

어머!	→	엄훠
얼른 와.	→	언넝와
지금 갑니다.	→	짐 감미닷

(10) 형태 및 통사 차원

ㄱ. 문장 줄이기 / 생략

어디에 사는가요?	→	어디 사는?
열심히 공부해	→	열공
죄송합니다	→	ㅈㅅ

ㄴ. 종결 어미의 변화

갈 것 임	→	갈꺼셈
하고 있음	→	하고 있삼
소중함	→	소중하심

이와 같은 사례는 한정된 시간과 공간에서 상대방에게 정보를 빠르게 전달하고 자 하는 심리적 요인, 고정된 규범이나 틀을 바꿈으로 참신함과 기발함을 주고자 하는 오락적 요인, 상호 간의 격식적인 분위기를 누그러뜨리는 사회적 요인 등으로 말미암아 새로 생겨난 현상들이다. 비록 언어가 시대의 흐름에 따라 변화되는 특성 을 지니고 있지만, 사회적인 소통이 불가능할 정도로 문법 체계가 파괴되는 형태로 가서는 안 된다.

2.4. 인터넷 통신 언어가 일상 언어에 미친 문법 현상(3)

이와는 반대로 요즘 청소년들은 다음과 같은 이모티콘으로 자신의 감정을 상대 방에게 전하는 데, 어느 정도 수용 가능한 것으로 보인다.

(11)

;-)   윙크 미소

^-^   즐겁거나 기쁜 표정을 나타냄

v_v   피곤하게 졸리는 표정

:-)   웃는 표정

:-p   메롱, 놀리는 표정

:-(찌푸리다/찡그리다

:-<>   깜짝 놀란

:-0 zz z z ZZ   지루한, 따분한 모습

:^U   돌려진 얼굴

:^?   접혀진 입술

:-X   입술이 봉해짐. 할말 없음

그렇다면 이모티콘으로 전했을 때와 말이나 글로 전했을 때와 어떤 차이가 있을까?[**알아 두기 3**] 우선 말과 글은 듣고 읽어야 하지만, 이모티콘은 그저 '보기'만 해도 상대방의 감정을 알 수 있다. 또 말과 글을 이해하고 해석할 때 상대방의 감정을 오해할 수도 있지만 이모티콘은 그럴 가능성이 매우 희박하다. 그래서인지 옛날에는 말이나 글로 전달하였지만, 이제는 이모티콘으로 자신의 감정을 '느낀 그대로', '직접' 전달한다. 새로운 상징체계로 이모티콘이 각광받는 이유는 이와 같은 이유로 보인다. 알파벳 부호나 숫자를 적절하게 합성하여 인물의 표정이나 감정을 표현하는 이모티콘은 오늘날 전 세계적으로 널리 쓰이고 있으며, 끊임없이 새롭게 만들어지고 있다.

언어는 고정된 체계가 아니라 시대의 흐름에 따라 끊임없이 변화하는 역사성을 지니고 있다. 하지만 인터넷 통신 언어에 나타난 급격한 변화를 교육적으로 어떻게 수용할 것인가는 언어의 역사성과는 별개의 문제다. 급변하는 현대 사회의 흐름에 맞게 긍정적으로 수용할 수 있는 사례들은 받아들이되, 세대 간의 단절이나 소통 체계를 혼란시키는 사례들은 더 이상 소통되지 않도록 지속적으로 노력해야 한다. 한글 맞춤법은 표준어를 소리대로 적되, 어법에 맞도록 함을 원칙으로. 한다. 인터넷

통신 언어 사용자는 한글 맞춤법의 '표준어'와 '표준 발음', 그리고 '표준 어법'이 무엇을 의미하는지, 그리고 왜 이러한 원칙이 필요한지 되돌아보고 바람직한, 그리고 효과적인 언어생활을 하도록 노력해야 한다.

3. 일상 언어와 전문어, 그리고 문법

3.1. 단어와 문장의 특징과 문제점

현대 사회는 직업이 세분화되고 과학·기술이 고도로 발달하면서 사회 현상도 그만큼 복잡해지고 다양해졌다. 그래서 기존의 표현으로는 도저히 설명할 수 없는 개념이나 원리, 현상들이 생겨났다. 국립국어원에서 펴낸 '2005년 신어'에서 이러한 현대 사회의 단면을 엿볼 수 있다.

(12) 2005년 신어
① 초슬림폰(超slim phone) 두께가 아주 얇은 휴대 전화. 모토로라코리아, 초슬림폰 레이저 국내 출시 결정. <지디넷 코리아, 2005. 3. 18.>
② 육아데이(育兒day) 매월 6일을 이르는 말로, 어린 자녀를 가진 직장인들이 정시에 퇴근하는 날. 지난 5일 여성가족부는 매달 6일을 '육아데이'로 정해 그날만은 남편이 직장에서 정시에 퇴근해 자녀를 돌볼 수 있도록 정부 부처와 기업들을 상대로 캠페인을 벌이겠다고 했다. <조선일보, 2005. 9. 30.>
③ 줌마렐라(아줌마+cinderella) 경제적인 능력을 갖추고 자신을 위해 시간과 돈을 투자하며 적극적으로 사회 활동을 하는 30 후반에서 40대 후반의 기혼 여성을 이르는 말. 줌마렐라들은 지출 중 상당액을 패션은 물론 요가나 피부, 체형 관리 등 건강과 미용에 투자한다. <문화일보, 2005. 3. 16.>

전문가들은 이와 같은 전문 용어로 신기술이나 새로운 사회 문화 현상을 설명하고자 한다. 그러나 '줌마렐라'와 같은 사례에서 보듯이 사회적으로 용인이 가능하더라도 우리말 단어 유형과 형성법에 어긋난 것도 있다.

전문가 집단의 언어 사용 문제는 단어뿐만 아니라 문장에서도 흔히 발견된다. 특히 미국 등 영어권 국가에서 공부한 사람들은 영어식 표현을 우리말 표현인 것처럼 잘못 알고 사용하는 경우가 많다(임태섭·이원락, 1997:224).

(13) ㄱ. 내가 그이를 길렀다.
     ㄴ. 그이는 나에 의해 길러졌다.
     ㄷ. 그이는 우리 집에서 자랐다.

(14) ㄱ. 사람들이 계곡에다 집을 짓고 있다.
     ㄴ. 계곡에 집이 지어지고 있다.
     ㄷ. 계곡에 집이 들어서고 있다.

영어는 피동문을 즐겨 쓰는 데 비해 우리말은 능동문을 즐겨 쓴다. 그리고 우리말은 주어를 기준으로 하여 동사를 정하기 때문에 주어가 바뀌면 동사 자체가 바뀌는 경우가 많다. 그래서 (13ㄱ)의 동사 '기르다'는 '나'라는 주어에는 맞지만 (13ㄴ)에 나오는 주어 '그이'에게는 걸맞지 않다. 따라서 (13ㄷ)처럼 '그이'에게 맞는 동사 '자라다'로 바꾸어 쓰는 것이 우리말 문법에 맞다. (14ㄱ) 문장도 '집'을 주어로 하여 다시 쓰게 되면, (14ㄴ)이 아니라 ㄷ처럼 동사 '짓다'에서 '서다'로 바꾸어 쓰는 것이 바람직하다.

전문가 집단의 언어 사용의 문제점은 말하기와 글쓰기에도 나타난다. 물론 직업 세계의 특성상 일상어가 아닌 전문어로 소통하는 것이 편리하다고 하지만 다음과 같이 전문어를 남용하면 일상어에도 심각한 폐해를 초래할 것이다.

(15) "오전에 메이커에 인스펙션하러 가고, 오후에 팀미팅이 잡혀 있어서 스케줄이 풀이야."

> (16) 지난해까지 스포티한 룩이 강세를 보였으나 올해부터는 보다 페미닌하고 내
> 추럴한 스타일이 강세다. 내추럴한 면소재에 화려하고 강렬한 비비드 컬러와
> 귀여운 패턴으로 큐트함을 강조하고, 신축성이 좋은 소재를 사용해 핏감을
> 살려 글래머러스한 몸매를 강조해 준다. 끈 부분이 크리스털로 장식된 하이
> 힐 형태의 굽이 있는 플립플랍에 매시소재 캡 모자까지 갖추면 완벽하다.
>
> (조이뉴스 24, 2008. 7. 31.)

(15)는 어떤 종합상사 직원이 구내식당에서 친구와 전화 통화한 내용의 일부이고, (16)은 휴가철 집에서 보내면서 기분을 바꿀 수 있는 의상을 소개하는 기사이다. (15)와 (16)의 말투와 글투를 보면 모두 그 분야의 전문가임을 알 수 있다. 그런데 (15)와 (16) 모두 우리말은 우리말인데 어딘지 좀 이상한 느낌이 든다. 중요한 정보는 대부분 영어로 쓰고, 조사나 어미만 우리말로 쓰고 있는데, 이를 현대판 이두라고도 한다. 이런 표현은 전문가들의 자기만족이나 지적 허영심을 충족하기 위함이라고 비판을 받을 수도 있으므로 일상적인 대화나 독자를 상대로 의사소통할 때는 가급적 삼가는 것이 좋다.

3.2. 담화 방식의 특징과 문제점

전문가 집단의 언어 사용 특징은 담화 방식에서도 찾을 수 있다. 생활 주변의 다양한 전문가 집단이 있지만, 가장 쉽게 접할 수 있는 사례는 의사와 환자 사이의 면담을 들 수 있다. 두 사람 사이에 이루어지는 다음과 같은 질문과 대답을 통해 담화 구조와 문제점 등을 살펴보자.

> (17)
> (의사는 책상 앞에 앉아 전자 차트가 떠 있는 모니터를 정면으로 바라보는 자세이고 환자는 의사와 90도 각도의 왼편에 앉아 있다.)

의사: 네 안녕하세요. 어서 오세요. 혈압이 조금 높아지셨네요.

환자: 걸어와서 좀 그런 것 같아요.

의사: 집에서는 잘 나오셨어요?

환자: 네, 그래요.

의사: 소변보시는 것은 조금 어떠세요?(전자 차트를 보며, 입력한다.)

환자: 조금 좋아진 것 같아요.

의사: 예. 콩팥 기능이 잘 유지되고 있습니다. 간염 검사, 콜레스테롤, 소변 검사 다 좋습니다.

환자: 네.

의사: 자, 이제 다 좋으니 이제는 조끔 띄어서 넉 달에 한 번씩 뵙겠습니다.

　　60대 남자 환자와의 재진 면담 전문(全文)으로 약 56초에 걸쳐 이루어진 이 사례 (전은주, 2008:50)는 의사가 질문하면 환자는 대답하고, 의사가 담화를 시작하거나 끝 맺고자 하면 환자는 그 신호에 따라 순응하는 형태로 담화 구조와 담화 방식이 이 루어져 있음을 알 수 있다. 이러한 특징은 의학 면담에서 볼 수 있는 매우 보편적인 현상이다.

　　하지만 의학 면담은 환자 문제를 치료하고 평가하는 기능뿐만 아니라, 의사와 환 자의 관계를 형성하는 기능도 한다(Cole & Bird, 2000; 전은주, 2008:45-46에서 재인용 함). 매일 병과 더불어 살아가는 환자는 약을 먹은 뒤 사소한 몸의 변화뿐만 아니라 약물 부작용에 대한 심리적인 불안, 치료 방법과 계획에 대한 과정 등 궁금증이 많 다. 이러한 궁금증에 대한 해결이나 답을 담당 의사로부터 듣게 된다면 환자는 그 의사를 더 신뢰하게 될 것이다. 그런데 사례에서 알 수 있듯이 의사는 환자의 '몸' 에 대한 치료와 평가만 중시하고, 환자의 '마음'을 열수 있는 질문과 궁금증을 소홀 히 하여 환자와 관계를 형성하는 데 실패하고 있다.

　　전문가와 일반인의 담화 방식의 문제는 의사와 환자에게만 국한되지 않는다. 수 업 시간에 이루어지는 교사와 학생의 담화 역시 그러하다. 전문가인 의사나 교사가 환자나 학생을 대하면서 한정된 시간이라는 이유로, 정보의 수준 차이라는 이유로 담화를 일방적으로 끌고 가는 경향이 많다. 환자나 학생의 질문을 열린 마음으로 기꺼이 들어주는 담화 방식이 치료나 교육을 더욱 효과적으로 이끌어 주며 나아가 바람직한 인간관계를 형성하게끔 해 준다.

마지막으로 소개하고자 하는 전문가 집단의 글쓰기 구조이다. 글쓰기란 떠오르는 생각을 무조건 글로 바꾸는 것도 아니며, 그것을 잘 한다고 해서 좋은 글이 나오는 것은 아니다. 모름지기 쓸거리에 대한 세밀한 분석과 쓸거리와 다른 대상과의 관계 검토, 그리고 쓸거리가 자신에게 주는 의미 등을 충분히 생각하는 것이 좋은 글을 낳게 한다. 즉 사고의 틀에 대한 훈련이 글쓰기에서 무엇보다 중요하다. 문화적 관습으로 내려온 다음과 같은 옛날의 글쓰기 방식에서 이러한 사고의 틀을 엿볼 수 있다.

(18)

(A) 나는 집이 가난해서 말이 없기 때문에 간혹 남의 말을 빌려서 타곤 한다. 그런데 노둔하고 야윈 말을 얻었을 경우에는 일이 아무리 급해도 감히 채찍을 대지 못한 채 금방이라도 쓰러지고 넘어질 것처럼 전전긍긍하기 일쑤요, 개천이나 도랑이라도 만나면 또 말에서 내리곤 한다. 그래서 후회하는 일이 거의 없다. 반면에 발굽이 높고 귀가 쫑긋하며 잘 달리는 준마를 얻었을 경우에는 의기양양하여 방자하게 채찍을 갈기기도 하고 고삐를 놓기도 하면서 언덕과 골짜기를 모두 평지로 간주한 채 매우 유쾌하게 질주하곤 한다. 그러나 간혹 위험하게 말에서 떨어지는 환란을 면하지 못한다.

(B) 아, 사람의 감정이라는 것이 어쩌면 이렇게까지 달라지고 뒤바뀔 수가 있단 말인가. 남의 물건을 빌려서 잠깐 동안 쓸 때에도 오히려 이와 같은데, 하물며 진짜로 자기가 가지고 있는 경우야 더 말해 무엇 하겠는가.

(C) 그렇긴 하지만 사람이 가지고 있는 것 가운데 남에게 빌리지 않은 것이 또 뭐가 있다고 하겠는가. 백성으로부터 힘을 빌려서 존귀하고 부유하게 되는 것이요, 신하는 임금으로부터 권세를 빌려서 총애를 받고 귀한 신분이 되는 것이다. 그리고 자식은 어버이에게서, 지어미는 지아비에게서, 비복(婢僕)은 주인에게서 각각 빌리는 것이 또한 심하고도 많은데, 대부분 자기가 본래 가지고 있는 것처럼 여기기만 할 뿐 끝내 돌이켜 보려고 하지 않는다. 이 어찌 미혹된 일이 아니겠는가. 그러다가 혹 잠깐 사이에 그동안 빌렸던 것을 돌려주는 일이 생기게 되면, 만방(萬邦)의 임금도 독부(獨夫)가 되고 백승(百乘)의 대부(大夫)도 고신(孤臣)이 되는 법인데, 더군다나 미천한 자의 경우야 더 말해 무엇 하겠는가.

(D) 맹자(孟子)가 말하기를 "오래도록 차용하고서 반환하지 않았으니, 그들이 자기의 소유가 아니라는 것을 어떻게 알았겠는가.(久假而不歸烏知其非有也)"라고 하였다. 내가 이 말을 접하고서 느껴지는 바가 있기에, '차마설'을 지어서 그 뜻을 부연해 보았다.

(≪가정집(稼亭集)≫민족문화추진회 번역)

'차마설'은 말을 빌려 타는 이야기(A, B)와 사람이 사는 이치에 관한 이야기(C, D)로 구성되어 있는데, 이 글이 해명하고자 하는 이야기의 의도는 (C)와 (D)에 들어 있으므로, (A)와 (B)는 (C), (D)를 이야기하기 위한 '논거'의 구실을 한다. 김대행(1995)에서는 차마설이 보여주는 이러한 사고의 틀이 오늘날 신문이나 잡지 등에 실리는 칼럼 형식의 글에서도 널리 발견된다는 것이다. 그래서 서론·본론·결론의 순서로 엮어가는 서구적 수사론적 접근이 아니라 선 논거(先論據) – 후 결론(後結論) 혹은 선 사실제시(先事實提示) – 후 의미부여(後意味附與)의 서술 구조로 삼라만상을 깊이 통찰하여 그것이 내게 던지는 의미를 발견해내는 글쓰기를 시도하고자 한다.

영어권 최고 권위의 '옥스퍼드 사전'이 최근 인터넷 채팅, 이메일, 휴대전화 문자메시지에서 통용되는 축약어를 사전에 등재하기 시작한 것은 한국의 언어 현실에도 중대한 시사점을 던져주고 있다. 옥스퍼드 사전의 변화를 계기로, 인터넷 축약어 실태에 대해 각기 다른 입장을 가진 두 학자의 의견을 나란히 소개한다. 독자 여러분은 어떤 입장인지 이 글을 읽고 말해 보자.

▶ 찬성 / 청소년 '밝은 문화' 국어사전에 실어야… 김광해(서울대 교수 · 국어교육과)

컴퓨터 통신 언어에서 유래한 축약어들은 어떻게 처리해야 하는가 하는 문제에 관해서는 두 가지 대립되는 견해가 있을 수 있다. 언어는 어차피 변화하는 것이므로 받아들여야 한다는 것이 필자의 입장이다.

첫째, 언어는 변한다. 그 속도는 매우 느려서, 원래 개인이 살아 있는 동안에는 그 변화를 감지하지 못했다. 그러던 것이 지금은 매우 빨라져서 언어가 변화하는 모습을 바로 코앞에서 목격할 수 있기 때문에 모두가 당황하고 있는 것이다. 둘째, 이런 언어의 사용과 확산을 막을 방법이 없다. 청소년들은 현재 막강한 인터넷 매체의 위력을 등에 업고 자신들만의 언어를 만들어내고 있을 뿐 아니라, 이런 말을 쓰지 않으면 그 공간에서 왕따를 시키기까지 한다.

그렇다고 하더라도 이 문제는 큰 걱정거리가 아니라는 것이 필자의 생각이다. 필자는 그런 언어를 보면, 학교에서 쉬는 시간에 또래끼리 재미있게 까불며 놀고 있는 어린이, 청소년들의 모습이 생각난다. 우리는 그들에게 "너희들, 너무 재미있게 놀지 마!"라고 말할 수도 없는 일이거니와, 이들이 다시 수업 시간이 되면 모두 교실로 돌아가 열심히 공부한다는 사실을 잘 안다. 필자의 직업은 대학생들과 함께 하는 것이지만, 그들이 제출하는 정식 문서에서 걱정할 만한 상황을 아직은 별로 목격하지 못하였다.

문제가 있다면 계속 확산되고 있는 다음과 같은 단어들이 일부 있다는 점일 것이다. '멜(메일), 방가(반가워), 설녀(서울에 사는 여자), 시러(싫어), -여(-요, 졸려여. 없어여), 열라(매우, 졸라), 잼난(재미난, 재미있는), 추카추카(축하한다), 토욜(토요일)' 같은 예들이 그것이다. 이들은 이미 놀이 공간이 아닌 곳까지도 슬슬 세력을 넓혀가고 있기 때문에, 이를 허용해야 할지, 나아가서는 국어사전에 올려야 할지 말아야 할지를 놓고 고민이 된다. 이 고민에 대한 답은 간단하다. 당연히 올려야 한다. 외국인이 우리말을 배우다가 모르는 단어가 나오면 찾아 볼 수 있어야 하지 않겠는가? 옥스퍼드 사전의 결단도 바로 같은 논리에서 나왔을 것이다. 사실 이 정도의 단어라면 그 양은 '새발의 피'다. 오늘날 국어에는 매년 1500여 개가 넘는 신어가 등장하고 있는데, 여기에 비하면 컴퓨터 통신 언어 관련 신어의 양은 미미하다. 애정을 가지고 보면 이런 언어도 국어의 어휘 자산을 풍부하게 해 주는 공급원이다.

▶ 반대 / 사전수록은 패권주의, 언어유희 막아야… 노형남(고려대 교수·스페인어학–언어학)

현대 한국어에서 인터넷 등을 통한 언어 일탈 현상이 주체할 수 없이 빠른 속도로 언어 규범을 오염, 훼손시키고 있다. '남친(남자 친구)', '함 가봐(한 번 가보아)'처럼 어두를 축약한 경우, 조아(좋아)처럼 언어 규범을 무시한 경우, '444444녀444444(년 사로 잡혔어)' 등 숫자를 사용한 경우 등 유형별로 따져도 10가지가 넘을 정도다. 이런 현상은 언어를 교체하는 위험한 상황으로까지 치달을지 모른다. 더 이상 귀환 불가능한 점에 다다르기 전에 사회 총체적으로 검토하고 경종을 울려야 할 것이다.

이런 점에서 볼 때 전 세계에 디지털 통신의 종주국으로, 몇 가지 속어 표현을 사전에 수록했다고 해서, 우리도 머리카락에 노랑물 들이듯 해서는 안 될 것이다. 수록의 근거가 시간 당 100만 통화 이상에서 통용되는 표현이기 때문이라고 했는데, 100만이라고 한다면 중국이나 인도 스페인어권 인구수에 비하면 그리 많지도 않은 수자이다. 속어를 군이 기정사실화 한 것은 또 다른 차원의 언어패권주의를 표방한 것으로 간주된다. CUL8R(See you later), WAN2TLK(Want to talk?) 등 메모 같은 암호 문구를 하나의 문장으로 인정할지는 엄격하게 평가되어야 한다. 적격의 아름다운 문장력을 다투는 치열한 대학입시에서의 채점은 어떻게 할 것인가.

우리는 오히려 지금이라도 하루 빨리 인터넷의 폐해에서 벗어나도록 주체성 있는 언어정책을 일관되게 집행해야 할 것이다. 그러기 위해서는 술병과 담뱃갑의 질병발생 경고처럼 한국어 규범 파괴는 민족의식 상실과 직결된다는 사실을 일깨우는 경고문을 모니터에 게시하는 방법도 고려해 봄 직하다. 또한 바람직하지 못한 사회현상을 아예 원천 차단하는 소프트웨어 개발에도 박차를 가해 제한된 공간에서나 잠시 허용될 수 있는 무모한 언어유희가 더 이상 파급되지 못하도록 방재대책을 국가차원에서 체계적으로 수립해야 한다.

한편 소설가, 시인, 번역가, 대중가요 작사자, 만화(영화) 작가, 영화자막 번역가, 각종 창의적인 광고문안 담당자 등의 역할도 중요하다. 이런 분야의 창작자들은 단순히 독자와 시청자의 말초신경 자극적인 흥미유발이나 경제적 반대급부 실적 향상에 급급하지 말고 적격의 우아한 표현을 사용함으로써 주체성 있는 언어문화의 선진국다운 모범을 보여야 할 것이다.

(조선일보, 2001.7.24.)

▌탐구하기

☞ 탐구 과정

(1) 문제 제기하기(탐구 과제 이해하기)

▸ 지도 중점: 예술가가 문법을 의도적으로 파괴하는 사례를 찾아, 교육적인 의미를 발견하게 한다.

▸ 교수·학습 활동: 다음 연극의 제목을 '늘근 도둑 이야기'(엄아름·심영택, 2009, 미발간 보고서)로 붙인 까닭 찾기

(2) 가설 세우기

▸ 지도 중점: 단순히 맞춤법이 맞다 틀리다의 문제가 아닌, 작가의 의도를 추리하는 가설을 세워 본다.

▸ 교수·학습 활동: 맞춤법이 틀린 제목과 코미디 연극이라는 광고 문구의 관련성을 찾아 본다.

(3) 자료 수집하기
　　▶ 지도 중점: 고대의 표기법 조사, 등장인물의 중요 대사 찾기, 작가의 인터뷰 내용 찾기
　　　　 등을 통해 문법 파괴 현상의 효과의 의도 파악을 위한 준비를 한다.
　　▶ 교수·학습 활동
　‣ 고대의 표기법: '늘근'의 표기는 고어에서 찾아볼 수 있다. 송순의 가사 '면앙정가'에서 그
　예를 발견했다. {굼긔 든 늘근 농이}→구멍에 든 늙은 용이 하지만 '늘근'은 고어에서나
　볼 수 있는 표기이지, 현대 국어 사용에서는 올바른 표기법이라고 볼 수 없다.

　‣ 등장인물의 중요 대사:
　- 이 뜻은 5.18이 무죄라는 뜻이야?
　- 그게 어떻게 무죄야. 유죄지. 그 머리 벗겨진 양반, 통장에 20만원밖에 없다는 양반 때문
　　에……. 어떻게 20만원밖에 없다는 거야? 순자가 재테크를 잘하지.
　- 도둑놈이나 정치하는 놈이나 도둑놈인건 매한가지야.
　- 대법원장은 대통령 영결식 때 삼성을 무죄 판결했잖아. 아이구 타이밍도 잘 맞춰.

　‣ 작가의 인터뷰 내용:
　이 연극의 포스터에는 코미디 연극이라고 내세웠지만 그것은 어디까지나 표면적인 해석이다.
세대에 대한 풍자는 코미디 연극이라는 이름 하에 은근히 스며들어있고 모자라는 듯한 인물의
설정(절도업계에 오래 종사하였다는 이유로 덜 늘근 도둑이 늘근 도둑에게 훈장을 수여하거나,
늙은이들이라 몸에 힘이 없다고 하지만 격렬한 최신 유행춤을 추고 다시 허리를 부여잡는 모습
등) 은 곧 웃음을 유발하지만 이내 곧 씁쓸해지고 만다. 이것이 연극의 연출자가 원하는 모습일
것이다. 이는 곧 연출자의 의도가 응축된 제목에서 느낄 수 있다. '늙은'이 아닌 '늘근'의 형태로
말이다. 1989년 초연 당시 연출자는 이 연극에 대해 이렇게 얘기했다고 한다. "'늘근 도둑 이야
기'는 오랜 세월 우리를 지배해온 이데올로기를 비웃은 연극이다. 그 뭣 같은 것들에 대한 두려
움을 이겨버리는 연습을 하는 연극이다."

(4) 원리 파악하기
　　▶ 지도 중점: 문법도 이데올로기를 구축하거나 파괴하는 구실을 하는 것을 찾아보도록 한
　　　　 다.
　　▶ 교수·학습 활동:
　- 문법과 이데올로기의 관계를 생각한다.

- 작가가 제목을 '늙은'이 아닌, '늘근'이라고 표기하면서 연출자는 파기하고자 한 것이 무엇인지 말한다.
- 연출자가 파기하면서 관객으로부터 예상한 반응이 무엇인지 추론하게 한다.

(5) 적용·일반화하기
  ▶ 지도 중점
  - 작가의 의도: 문법도 하나의 법이자, 이데올로기이다. 제목을 '늙은'이 아닌, '늘근'이라고 표기하면서 연출자는 문법을 파기했고, 이데올로기를 넘어섰다. 웃음은 질서와 법이 해제되는 순간에 터져 나온다. 우리가 제목을 보고 웃음을 지어낸 근원적 이유는 거기에 있다.
  - 작가의 이러한 의도가 관객들에게 어떤 반응을 일으켰는지, 그리고 그 의도가 제대로 전달되었는지 파악한다.
  ▶ 교수·학습 활동: 관객들의 연극 관람 후기를 통해 그 반응을 조사해 본다.
  - 늘근 두 도둑들을 보며 봉산탈춤의 '말뚝이'를 떠올렸다. 다른 것이 있다면 말뚝이에 비해 도둑들은 상당히 부실하고 어눌하다. 하지만 말뚝이처럼 도둑들은 비판의 표적들을 비꼬고 웃음을 만들어낸다.
  - 관객은 두 번 웃는다. 한 번은 제목을 보고, 또 한 번은 연극을 보고 만약 '늙은 도둑 이야기'였다면 두 번 웃지 못했으리라. 참 기막힌 웃음설정장치가 아닐 수 없다.

■ 생각해 보기

1. 다음은 예술 언어에 나타난 문법 파괴 현상이 드러난 시이다. 밑줄 친 부분을 문법적으로 고쳐 쓴 뒤, 작가의 의도와 표현 효과에 대해 말해 보자.

월명

박제천

한 그루 나무의 수백 가지에 매달린 수만의 나뭇잎들이 모두 나무를 떠나간다.

수만의 나뭇잎들이 떠나가는 그 길을 나도 한줄기 바람으로 따라나선다.

때에 절은 살의 무게 허욕에 부풀은 마음의 무게로 뒤쳐져서 허둥거린다.

앞장서던 나뭇잎들은 어디론가 사라지고 어쩌다 웅덩이에 처박힌 나뭇잎 하나 달을 싣고 있다.

에라 어차피 놓친 길 잡초 더미도 기웃거리고 슬그머니 웅덩이도 흔들어 <u>놀밖에</u>

죽음 또한 별 것인가 서로 가는 길을 <u>모를밖에</u>

2. 매체 언어에 대한 문법 교육 연구는 다음과 같이 관점과 주제로 상세화할 수 있다. 두 내용을 알맞게 연결한 뒤, 그 사례를 주변에서 하나씩 찾아 말해 보자.

           <관점>   <연구 주제>

ㄱ. 규범적 관점 a. 광고 언어의 특징, 신문 표제어의 구성 원리 등

ㄴ. 기술적 관점 b. 언어적 차별과 유표화 방식, 신문·광고의 이데올로기 문제

ㄷ. 비판적 관점 c. 방송 자료의 오류와 문제점, 인터넷 언어 사용의 순화

3. 다음은 전문 서적에 나온 실험 과정에 대한 설명이다. 이 설명에서 나오는 전문 용어를 지금 상태로 쓰는 경우와 우리말로 풀어쓸 때 어떤 장단점이 있는지 말해 보자.

주파수가 같은 2개의 정현파 신호의 위상차 측정은 오실로스코프로 간단히 측정을 할 수 있다. 2현상 오실로스코프로 두 신호간의 위상차를 측정하는 경우, 2개의 신호를 CH1, CH2의 입력 단자에 각각 접속하고 수직 MODE 선택기를 DUAL로 하고 ALT나 CHOP 중 하나를 선택한다. 그 다음 위상이 빠른 신호로 트리거 Source 선택기를 택하여 1주기가 시작되는 점을 좌단에서 1DIV 점에 맞춘다. 또한 이 부분의 신호 진폭의 1/2되는 점에서 수평 눈금선과 맞추도록 하고, 신호파형의 1주기가 8DIV가 되도록 SWEEP TIME/DIV 및 VARIABLE에 의해 조정한다. 1주기(8DIV)가 360도이므로 수평축 1DIV는 45도의 위상에 나타낸다. (박찬웅, 2000:215)

▌ 알아 두기

1) 김구의 '내가 원하는 우리나라' 이 연설문은 독립 운동가이자 정치가였던 백범 김구 선생이 8·15 광복 이후, 우리 민족이 좌·우익으로 갈리어 대립과 분쟁을 일삼는 것에 대해 개탄하고, 우리 민족이 진정 나아갈 길, 그리고 우리가 가꾸어 가야할 민족 국가의 모습을 밝혀 민중을 깨우치고자 하는 <백범일지> 속에 담겨 있다.

2) '해에게서 소년에게' 이 시에서 바다는 의인화되어 있고, 그 의인화된 바다가 화자로 되어 있다. 따라서 바다는 사물로서의 그것이 아니다. 그리고 이 바다의 속성은 단지 두 가지로만 되어 있다. 하나는 힘이 세다는 것, 다른 하나는 순결성이다. 달리 말해 순결성과 위력을 가진 인격체로 바다를 파악하고 있을 따름이다. 지극히 센 힘과 지극히 순결한 바다라는 인격체가 오직 사랑하는 것은 '소년'뿐이다. 담 크고 순정한 소년과 힘세고 순결한 인격체(바다)는 이에 완전히 대응되고 있다. 이 도식에서 우리는 대번에 계몽주의자 육당의 의도를 읽어낼 수 있다. 그것은 힘과 순결성만으로 집약된다. 그리고 그 밑바닥에는 계몽주의적 낙관주의가 너무 짙게 노출되어 있다. 소년과 바다의 대응은 화해 관계에 놓여 있다. (출처: 김윤식, 1997, 한국 근대 작가 논고, 일지사)

3) 이모티콘(emoticon) 이모티콘은 아스키(ASCII) 문자들을 이용하여 만들어낸 감정을 표시하는 기호들을 일컫는다. 이모티콘이란 단어는 영어의 Emotion(감정)과 icon(아이콘)을 합쳐서 만들어진 말이며, 처음 유행한 이모티콘이 웃는 모습이었기 때문에 스마일리라고 불리기도 한다. 채팅, 전자 우편, 게시판 등 컴퓨터로 글을 쓰는 곳에서 많이 쓰인다.

▌ 더 읽을거리

손세모돌(2007), 설명 능력 평가 방법, 화법연구 11집, 한국화법학회.

MBC(2005), 한국인이 뽑은 영화 명대사 톱 20, 출발 비디오 여행 600회 특집, 2005년 11월 27일 방송.

우한용 외(2007), 인터넷 시대의 글쓰기와 표현 교육, 서울대출판부.

이성영(1995), 국어교육의 내용 연구, 서울대출판부.

이정복 외(2006), 인터넷 통신 언어와 청소년 언어 문화, 한국문화사.

이주행(2000), 방송 화법, 역락.

이채연(2007), 매체 언어 교육의 교수 학습 방법, 국어교육학연구 28집, 국어교육학회.

임칠성 역(1997), 대인의사소통, 한국문화사.

임태섭·이원락(1997), 뉴스 용어 이대로는 안 된다, 삼성언론재단.

전은주(2008), 의학 면담의 특징과 장애 요인, 화법연구 13집, 한국화법학회.

정현선(2004), 다매체 시대의 국어교육과 문화교육, 역락.

최지현(2007), 매체 언어 교육의 교수 학습 방법 탐구, 국어교육학연구 28집, 국어교육학회.

제4부 국어와 얼

제 6 장

국어의 변천

세상의 모든 현상은 시간의 흐름에 따라 끊임없이 변화한다. 언어 역시 시간의 흐름에 따라 변화한다.^{[◂알} 아 두기 1] 국어도 역사적으로 크고 작은 변화를 겪으면서 오늘날의 모습으로 발전해 왔다. 이러한 국어의 변화는 음운, 어휘, 문법 등 국어를 구성하는 모든 측면에서 이루어졌다. 지금으로부터 오백 년 훨씬 전인 15세기 국어의 기록인 훈민정음(訓民正音) 서문의 한 구절을 살펴보아도 여러 변화가 일어났음을 알 수 있다.

(1) 이런 젼ᄎ로 어린 뵉셩이 니르고져 홇 배 이셔도
　　ᄆᆞᄎᆞᆷ내 제 ᄠᅳ들 시러 펴디 몯홇 노미 하니라

여기서 15세기 국어의 '뵉셩, 니르다, ᄠᅳᆮ'이 오늘날에는 각각 '백성, 이르다, 뜻'으로 바뀌었음을 볼 수 있다. 15세기 국어와 현대 국어 사이에 음운 변화가 일어나서, 그 결과 단어의 모습이 바뀐 것이다. 그 뿐만 아니라 '젼ᄎ'라는 단어는 '까닭'으로, '하니라'는 '많다'로 바뀌었다. '어린 뵉셩'에서 '어린'은 15세기 국어에서 '어리석다'란 의미를 지녔는데, 지금은 더 이상 그러한 의미는 없고 '나이가 적다'란 의미로만 쓰인다. 그리고 '홇 배 이셔도'에서 의존 명사 '바'에 주격 조사 'ㅣ'가 붙어 있지만, 현대 국어에서는 '하는 바가 있어도'처럼 주격 조사 '가'가 쓰인다. 15세기 국어와 현대 국어 사이에 문법 변화가 일어났다.

이렇게 국어의 음운, 어휘, 문법 등이 역사의 흐름에 따라 변화해 왔다는 것을 확인해 볼 수 있다. 이제 이러한 국어의 변화를 차례로 살펴보기로 하자. 국어의 변화를 살펴보기에 앞서 국어의 계통은 어떠한지에 대해 먼저 알아보기로 한다.

1. 국어의 계통과 국어의 발전

1.1. 국어의 계통

같은 언어를 사용하는 사람들이 어느 한 곳에서 살다가, 그 일부가 다른 곳으로 이동하여 멀리 떨어져서 상호 교류가 없어지면, 그 언어들은 각기 서로 다른 변화 과정을 밟게 된다. 그 결과 서로의 언어 차이가 점차 커져 오랜 세월이 지나면 다른 언어로 분화되고 만다. 그러나 이렇게 분화된 언어들은 원래 하나의 언어에서 출발한 것이기 때문에 공통점을 가지는데, 이러한 관계에 있는 언어들을 서로 친족 관계에 있다고 하며, 같은 어족(語族)에 속한다고 한다. 그리고 분화하기 이전의 공통된 것으로 추정되는 언어를 공통조어(共通祖語)라 한다.

국어의 계통적 특질을 밝히는 것은 이와 같이 국어가 다른 어떤 언어와 친족 관계가 있는지를 알기 위해, 그들 언어와 비교하여 공통조어를 추정하는 것을 의미한다. 그러므로 국어의 계통을 밝히기 위해서는 먼저 국어 주변에 있는 여러 언어들과 비교하여 거기서 공통 요소를 확인하는 일부터 시작해야 한다. 이를 위해 흔히 국어와 비교되는 대상은 알타이어족의 언어들이다.

알타이어족의 알타이라는 명칭은 이 언어를 사용하는 민족의 원주지가 알타이산맥 동쪽이었을 것이라는 가정에서 유래한 것이지만, 확실한 근거가 없다. 그리고 우랄어족과도 친족 관계가 있는 것으로 알려진 적이 있으나, 확실한 증거가 없어 요즈음은 우랄어족과의 관련성에 대한 논의는 거의 사라졌다. 람스테트(Ramstedt), 포페(Poppe)와 같은 몇몇 학자들이 국어가 알타이어족에 속한다고 가정하고 비교하였다.

그러면 국어가 알타이언어들과 어떤 공통점이 있어서 국어가 알타이어족에 속한다고 보게 되었을까? 우선 문법의 공통점을 든다. 다음 예는 각각 몽골어파의 다고르어와 만주-퉁구스어파의 어윙키어의 문장이다. 이들 문장을 살펴보면, 모두 국어와 어순이 일치한다. '주어+목적어+서술어'의 순서이고, 어순뿐만 아니라 어미들도 발달되어 있음을 볼 수 있다.

(2) ㄱ. əwəə budaa sjan-ijə-bəj ačaa čee wəə-jəə-bəj

ㄴ. ənin jəəkti oloo-ji-rən amin čai im-ji-rən.

ㄷ. 어머니는 밥을 짓고 아버지는 차를 마신다.

또한 음운의 공통점도 있다. 만주-퉁구스언어, 몽골언어, 튀르크언어, 국어에 모음조화가 공통적으로 나타난다. 그러나 여기서 유의할 것은 위와 같은 어순을 가진 언어는 국어나 알타이언어 이외에도 있으며 모음조화도 국어나 알타이언어 이외의 언어에도 있다는 점이다. 그러므로 이러한 몇 가지 현상만으로 국어가 알타이언어와 계통이 같다고 단정할 수는 없다. 더욱 주목할 만한 것은 위의 문장 (2ㄱ), (2ㄴ)에서 국어와 비슷한 단어가 없다는 사실이다. 그래서 국어와 알타이언어의 친족 관계는 가능성은 있지만, 단정할 수 없다고 하겠다. 같은 계통임을 증명하기 위해서는 무엇보다도 언어 사이에 체계적인 음운 대응이 있어야 하기 때문이다.

다시 말하여 친족 관계에 있음을 증명할 수 있으려면, 첫째는 음운 대응 규칙이 발견되어야 하며, 둘째는 어원이 같은 단어가 많이 발견되어야 한다. 특히 수사, 대명사, 기본적인 동사와 같은 단어에서 어원이 같은 단어가 발견되어야 하고, 또 조사나 문법 관계를 표시하는 문법 형태소가 발견되어야 한다. 왜냐하면 이러한 것들은 한 언어에서 다른 언어로 쉽게 차용되기 어려운 것들이므로, 이들이 비슷하다는 것은 그 언어들이 친족 관계에 있을 가능성이 더 높다는 것을 의미하기 때문이다.

그러나 지금까지의 연구로는 이러한 것이 증명되지 않은 상태이다. 즉 국어의 계통 연구는 지금 알타이언어와의 친족 관계를 가정하고 그것을 증명하려고 연구하고 있는 중이라서 지금 어떤 단언을 할 수 있는 시점이 못된다. 국어 계통 문제에는 이러한 배경이 있기 때문에 외국에서 출판되는 대부분의 언어학 책에서는 국어를 계통적으로 고립된 언어라고 서술하기도 한다.

그리고 또 한 가지 문제가 있다. 학계에서는 몽골어파, 만주-퉁구스어파, 튀르크어파라는 세 어파를 묶어 알타이어족으로 보는 것에 동의하는 학설이 있는가 하면 동의하지 않는 학설도 있어, 알타이어족의 존재 자체에 대해서도 아직 불확실한 편이다. 그래서 지금까지의 연구를 바탕으로 하면 국어의 계통은 다음과 같이 말하는 것이 가장 정확하고 타당하다고 하겠다.

> "알타이어족이 성립한다면, 국어는 알타이어족에 속할 가능성이 높다. 그러나 아
> 직 비교언어학적으로 입증되지 않았다."

결론적으로, 현재로서는 국어의 계통이 알타이어족과 관련을 맺을 가능성이 대단
히 높지만, 규칙적인 음운 대응을 비롯한 결정적인 비교언어학적 증거가 확보되어
있지 않은, 가설 상태에 머물러 있다고 하겠다. 국어의 계통을 더 분명하게 밝히는
일은 국어학이 앞으로 해야 할 중요한 과제이다. 국어의 여러 방언을 조사하여 그
속에 담겨 있는 국어의 옛 모습을 더 정밀하게 기술하여 알타이언어와 비교하여 체
계적인 음운 대응을 찾는 데에 힘을 기울여야 할 것이다.

1.2. 국어의 발전

국어의 발전사 역시 역사이기 때문에 역사적 기술 방법을 따르게 된다. 역사적
기술에서 중요한 사항은 일정한 기준에 따라 시대를 구분하여 기술하는 일이다. 국
어사를 기술하는 데에 있어서도 역시 시대 구분이 필요하다. 다만 시대 구분의 근
거는, 왕조 건국과 같은 어떤 역사적 사실에 기준을 두는 것이 아니라 언어 체계의
변화 사실 자체에 바탕을 두어야 한다. 이러한 관점에서 대체로 다음과 같이 국어
발전의 흐름을 살펴볼 수 있다.

역사시대 이후 한반도와 만주 일대에 자리를 잡은 우리 민족의 언어는 북방의 부
여계(夫餘系) 언어와 남방의 한계(韓系) 언어로 나뉘어 있었는데, 삼국이 세워지면서
이들은 고구려어, 백제어, 신라어로 발전되어 서로 공통점과 차이점을 가지면서 제
각기 발전했을 것으로 본다. 신라가 삼국을 통일하면서부터는 경주를 중심으로 언
어가 통일되는 양상을 보였다. 이 시기의 국어가 고대 국어이다. 고대 국어를 살펴
볼 수 있는 문헌은 삼국사기(三國史記)와 삼국유사(三國遺事)이다. 삼국사기의 「지리지」
에는 신라, 고구려, 백제 삼국의 지명이 한자로 표기되어 있는데, '淸風縣 本沙熱伊縣',

'文峴縣一云斤尸波兮'이라는 기록을 예로 들자면, 이 시기에 '清', '文', '峴'의 의미를 가진 말로서, 대체로 '서늘'(沙熱), '글'(斤尸), '바위'(波兮)와 비슷한 음을 가진 단어였음을 알 수 있다. 또한 삼국유사에 실려 있는 14 수의 향가 역시 한자를 빌려 기록되어 있지만, 이를 통해 당시의 언어를 엿볼 수 있다. 다음은 향가의 일부를 인용한 것이다. '夜入伊遊行如可' 이들을 어떻게 읽을 것인가 하는 점은 다시 살펴보겠거니와 이 문장을 '밤드리 노니다가'와 같이 읽는다면, 비록 한자로 표기되어 불완전하기는 하지만, 이를 통해 우리는 이 시기의 말이 지금 우리말의 모태가 되었음을 알 수 있다. 이 시기의 국어를 고대 국어라 한다.

고려가 건국되면서 언어의 중심지는 개성으로 옮겨갔다. 고구려어의 흔적이 남아 있기는 했지만 크게 보아 이 언어는 신라어를 계승해서 발전했다. 조선이 건국되면서 언어의 중심이 지금의 서울로 옮겨졌으나 언어의 모습이 크게 달라지지는 않았다. 그래서 고려 건국부터 16세기 말까지의 국어를 중세 국어라 한다. 중세 국어는 앞뒤로 전기 중세 국어, 후기 중세 국어로 나뉜다. 전기 중세 국어는 12세기 중국의 송나라 사신이 기록한 계림유사(鷄林類事)를 비롯한 여러 문헌에서 파악할 수 있다. 계림유사에는 다음과 같이 당시의 우리말이 기록되어 있는데(예: 天曰漢捺, 犬曰家稀, 水曰沒, 七曰一急, 今日曰烏捺, 明日曰轄載, 後日曰母魯) 비록 한자로 기록되어 있어 정확한 음가는 알 수 없지만, 대체적으로 현대 국어와 비슷하였음을 추측할 수 있다.

훈민정음이 창제되어 한글로 적은 문헌 자료가 많이 나온 시기가 바로 후기 중세 국어이다. 후기 중세 국어를 살펴보기 위해서 용비어천가(龍飛御天歌)의 일부를 보자.

(3) 불휘 기픈 남ㄱ 브ㄹ매 아니 뮐씨 곶 됴코 여름 하ᄂ니

이 문장의 현대 국어인 '뿌리 깊은 나무는 바람에 아니 흔들리므로, 꽃이 좋고 열매가 많게 되느니라'와 비교해 보면 위 문장이 국어의 옛 모습을 가지고 있음을 알 수 있다.

17세기부터는 음운, 어휘, 문법에서 앞 시대의 국어와는 꽤 다른 모습을 보인다. 모음 체계의 변화가 일어났으며, 여러 문법 현상들이 소멸하기도 하고 새로 생겨나

기도 했다. 따라서 17세기 초기부터 19세기 말까지의 국어를 근대 국어라 한다. 근대 국어는 좀 더 현대 국어에 가까운 모습을 보여 준다.

그리고 개화기를 거쳐 20세기 이후 지금의 국어를 현대 국어라 한다. 현대 국어는 근대 국어와 여러 측면에서 다른 모습을 보여 준다.

2. 음운 변화

말소리가 역사적으로 변화한 과정을 자음 체계, 모음 체계, 그리고 운소 체계로 나누어 살피고, 이어서 음절 구조의 변화에 대해서도 살펴보기로 하자.

2.1. 자음의 변화

중세 국어 이전 국어의 음운 체계에 대해서는 분명하게 알기 어렵다. 고대 국어인 10세기까지의 음운 체계를 엿볼 수 있는 것은 국어의 전통 한자음과 고유명사에 대한 한자 차자 표기이다. 이들과 당시 한어(漢語)의 발음을 비교해 볼 때, 아직 경음(된소리) 계열이 없었던 것으로 보인다. 그러나 중세 국어에 이르러 평음, 경음, 격음의 세 계열이 확고하게 자리잡은 것으로 보인다. 그리고 중세 국어에는 현대 국어와 달리 마찰음인 'ㅸ', 'ㅿ', 'ㆅ'와 같은 자음이 더 있었으나 모두 소멸했다. 'ㅸ'은 양순 유성 마찰음인 [ß]이며, 'ㅿ'은 유성 치조 마찰음인 [z]이다. 'ㆅ'은 경구개 마찰음의 된소리 [ç']이다.

중세 국어는 훈민정음에 의해 기록되면서 그 모습을 자세히 알 수 있는데, 이 당시 사용되었던 음소 중에서 가장 먼저 변화하기 시작한 것은 'ㅸ'이었다. 이 문자는 1460년대의 불경 언해류에 나타나지 않으므로 1450년대에 'ㅸ'로 표기된 음소가 소멸되었음을 알 수 있다. 이 음소는 일반적으로 반모음 'ㅗ/ㅜ'로 바뀌었다. 그리고 'ㅸ'에서 변화한 반모음 'ㅗ/ㅜ' 뒤에 모음 'ㆍ'가 오면 이들은 'ㅗ'로 바뀌고, 'ㅡ'가 있으면 'ㅜ'로 바뀌었다. 그리고 'ㅣ' 모음이 이어진 'ㅸ'의 경우에는 'ㅸ'가 없어졌다. 그리하여 '갓가ᄫᅡ>갓가와, 술ᄫᅥ리>술오리, 어드ᄫᅩᆫ>어드운, 수ᄫᅵ>수이'의 변화가 일어났다.

'ㅎㅎ'은 두시언해-초간(1481)에서는 전혀 나타나지 않으므로(예: 혀다가, 도른혀), 1480년경에 소멸되었음을 알 수 있다. 'ㅎㅎ'은 일반적으로 'ㅎ'으로 변화하지만, 'ㅆ'이나 'ㅋ'으로 변화한 경우도 있다. 현대 국어의 '썰물'이나 '(물을) 켜다'에서 '써, 켜'가 그 예이다.

'ㅿ'은 16세기 말에 소멸되었다. 16세기 이후 각 문헌에서 'ㅿ'이 심하게 동요하는데, 17세기 이후의 문헌에서는 거의 찾아볼 수 없다. 초기 예로 미루어 'ㅿ'의 소멸은 모음 'ㅣ'나 반모음 'ㅣ' 앞에서 먼저 소멸하기 시작한 것으로 추정되는데, '손ᅀᅩ > 손조, 몸ᅀᅩ > 몸조' 등에서와 같이 'ㅈ'으로 변화한 예들도 있다.

이렇게 하여 15세기 국어에서 22자음 체계이던 것이 16세기 말에 이르러, 현대 국어와 같은, 19 자음 체계가 형성되었다.

2.2. 모음의 변화

자음과 마찬가지로 중세 국어 이전의 모음 체계에 대해서는 전통 한자음과 차자 표기 자료에 의지할 수밖에 없어 모음 체계를 분명하게 밝히기는 어렵다. 따라서 훈민정음의 기술을 토대로 15세기 국어의 모음 체계를 살펴보아, 여기에서 현대 국어로 이르는 동안의 변화를 밝혀보기로 한다.

먼저 단모음에 대해서 살펴보자. 중세 국어의 단모음에는 /ㅣ, ㅡ, ㅓ, ㅏ, ㅜ, ㅗ, ㅣ/이 있었다. 훈민정음은 모음을 설(舌), 구(口), 성(聲)의 세 가지 기준으로 다음과 같이 분류하고 있다.

(4) 훈민정음의 모음 분류

	ㆍ	ㅗ	ㅏ	ㅡ	ㅜ	ㅓ	ㅣ
舌	縮	縮	縮	小縮	小縮	小縮	不縮
口		蹙	張		蹙	張	
聲	深	深	深	不深不淺	不深不淺	不深不淺	淺

여기에서 설(舌)은 전설 폐모음에서 후설 개모음쪽으로의 방향을 나타내고, 구(口)는 입술의 움직임을 나타낸다. 그런데 구(口)를 입술의 움직임으로 보면 장(張)의 성질을 가지고 있는 'ㅏ, ㅓ'와 축[蹙]의 성질을 가지고 있는 'ㅗ, ㅜ', 그리고 이 두 성질에 대해 언급되지 않은 'ㆍ, ㅡ'의 세 종류가 있다. 그러나 문제는 입술의 움직임에 대해서는 일반적으로 원순 모음과 비원순 모음의 두 가지 종류밖에 없다는 것인데, 전설 모음 중에는 비원순 모음이 많고 후설 모음 중에는 원순 모음이 많다는 사실로부터 훈민정음의 장(張)이 전설성을 가리킨다는 것으로 해석할 수 있다.

15세기 국어 중모음은 현대 국어와 다른 점이 있다. 첫째, 이중 모음에는 /ㅑ, ㅕ, ㅛ, ㅠ, ㅘ, ㅝ /와 같은 상승적 이중 모음뿐만 아니라, /ㅢ, ㅐ, ㅔ, ㅚ, ㅟ, ㅢ /와 같은 하강적 이중 모음도 있었다. 둘째는 이중 모음뿐만 아니라 삼중 모음도 있었다. 이러한 특징은 역사적으로 소멸한다. 그래서 현대 국어에서는 상승적 이중 모음만 존재한다.

15세기 이후의 주요한 모음 체계의 변화는 'ㆍ'의 소멸과 하강적 이중 모음의 단모음화로 요약된다. 'ㆍ'는 비어두 음절과 어두 음절에서 각각 다른 시기에, 다른 방향으로 변화했다. 먼저 비어두 음절에서는 15세기에 이미 'ㅡ'로 바뀌기 시작하여 16세기 후반에 그 변화가 완성되었다. 소학언해(1587)는 '(ᄀᆞ르치->)ᄀ르치-/ᄀᆞᆯ으치-, (ᄆᆞᅀᆞᆯ>)ᄆ을, (ᄒᆞᄆᆞᆯ며>)ᄒᆞ믈며' 등 이 변화가 완성되었음을 보여 준다. 어두 음절의 'ㆍ'는 16세기 말부터 완만하게 없어지다가 18세기 후반에 완전히 국어 음운 체계에서 사라졌다. 따라서 국어는 18세기 말에 6 모음 체계가 형성되었다.

'ㆍ'의 소멸에 이어 하강적 이중 모음들이 단모음으로 바뀌어 현대 국어의 모음 체계가 이루어졌다. 이 변화는 'ㆍ'가 'ㅏ'로 변함에 따라 'ㆎ>ㅐ'의 변화가 일어나고, 그 이후에 'ㅐ, ㅔ'가 단모음화하였다(əj > e, aj > ɛ). 그런데 이중 모음이 단모음으로 바뀌었다고 하더라도 표기는 동일했기 때문에 단모음화의 정확한 시기는 알기가 어려우나, 대체로 'ㆍ'가 소멸된 이후 즉 18세기 말로 추정된다. 그 이후 하강적 이중 모음 /ㅚ, ㅟ/도 단모음으로 변화해서(oj >ö , uj > ü), 19세기 이후에 드디어 현대 국어와 같은 10 모음 체계가 형성되었다. 결국 하강적 이중 모음은 단모음화로 인하여 소멸하였으며, 삼중 모음들도 이중 모음이 단모음화하면서 이중 모음으로 바뀐 것으로 추정된다.

2.3. 운소의 변화

중세 국어는 성조(聲調) 언어였다. 성조는 글자 왼쪽에 점을 찍는, 방점으로 표시하였다. 훈민정음에는 '무릇 글자의 왼쪽에 점 하나를 찍으면 거성이고, 두 개를 찍으면 상성이고, 점이 없으면 평성이다'라고 규정되어 있고, 훈민정음 언해에 '거성은 가장 높은 소리이고, 상성은 처음이 낮고 나중이 높은 소리이며, 평성은 낮은 소리'라는 설명이 있다. 예를 들어 '곳'(꽃)은 평성으로 낮은 소리, '·플'(풀)은 거성으로 높은 소리, 'ː별'은 상성으로 낮다가 높아 가는 소리였다.

15세기 문헌에서 형태소 내부의 성조는 명사와 동사가 조금 다르다. 명사 형태소 내부의 성조는 대부분 고정적이어서 '손(客)'과 '·손(手)', '가·지(種)'와 '·가지(枝)', '·가·지(鞴)'와 같이 성조에 의해 의미가 분화되어 나타난다. 그러나 동사의 어간 형태소는 뒤에 오는 어미에 따라 유동적인 것이 대부분이다. 예를 들어 '가·라~·가시·면'에서는 어간 형태소인 '가·'의 성조가 평성으로 나타나기도 하고 거성으로 나타나기도 한다.

성조는 16세기 중엽 이후 흔들리기 시작하여, 방점 표시가 없는 문헌이 나타나기 시작하고, 17세기 이후에는 모든 문헌에서 방점 표기가 사라졌기 때문에 방점이 없어진 17세기에 성조가 없어졌다고 보는 것이 일반적이다. 대체로 평성과 거성은 짧은 소리로, 상성은 긴 소리로 바뀌어 현대 국어에 이르렀다. 현대 국어의 길이는 어두 음절에서만 변별적이다. 한편 방언에 따라서는 성조가 완전히 소멸하지 않아서 현대 국어의 경상도 방언이나 함경도 방언 일부에 아직 남아 있다.

2.4. 음절 구조의 변화

중세 국어에는, 현대 국어와 달리, 음절 첫머리에 둘 이상의 자음이 올 수 있었다. '뜯, 쌀'과 같이 자음 둘 놓인 경우와 '쁨, 빼'와 같이 자음 셋 오는 경우가 있었다. 이러한 소리들은 나중에 대부분 된소리로 바뀌면서, 현대 국어에서는 음절 첫머리에 둘 이상의 자음이 오는 경우는 없게 되었다. 15세기 문헌에 나타나는 자음군은 'ᄠᅦ(筏), ᄡᆞᆯ(米), ᄧᆞᆨ(隻), ᄩᅳ-(皺)'에서 볼 수 있는 ㅂ-계 합용병서 'ㅲ, ㅄ, ㅶ, ㅷ'과, 'ᄢᅦ-(貫), ᄢᅢ(時)'에서 볼 수 있는 ㅄ-계 합용병서 'ㅴ, ㅵ', 그리고 'ᄭᅮᆷ(夢), ᄯᅥᆨ(餠), ᄯᆞ롬(따름), ᄲᅧ(骨), ᄮᆞᄒᆡ(男)'에서 볼 수 있는 ㅅ-계 합용병서 'ㅺ, ㅼ, ㅽ, ㅻ' 등이다. 이들 자음군들은 현대 국어에서는 거센소리로 바뀐 일부를 제외하고는 모두 된소리로 바뀌었는데, 이러한 변화가 일어난 시기는 ㅅ-계부터이다. 첫소리의 ㅅ-계 자음군은 16세기에 된소리로 합류되었다. 그 이후 ㅄ-계가 17세기초에, ㅂ-계가 18세기 전반기에 완전히 된소리로 되었다.[◂관점 비교하기 1]

종성 위치에 올 수 있는 자음에 대해서는 훈민정음에서 'ㄱ ㆁ ㄷ ㄴ ㅂ ㅁ ㅅ ㄹ'의 여덟 글자로 충분하다'고 규정이 되어 있어, 현대 국어와 달리 종성 위치에 ㅅ이 올 수 있었다고 생각된다. 현대 국어에 있어서는, 종성의 'ㄷ, ㅅ'은 모두 불파음 [t]으로 발음되어 같은 소리가 되어 버리지만, 그 당시에 있어서는 ㅅ 받침은 [s] 소리로 발음되었던 것으로 추측된다. 그러나 16세기 말에 이르러 ㅅ 받침은 ㄷ 받침에 합류되어 현대 국어와 같이 7종성 체계가 완성되었다.

3. 어휘와 의미 변화

옛말에 쓰이던 말로서 지금은 쓰이지 않은 단어가 있다. 그러나 단어는 없어지기만 하는 것이 아니라, 또한 생겨나기도 한다. 이와 같이 단어는 시간의 흐름에 따라 생기기도 하고, 없어지기도 한다. 이제 이러한 어휘의 변화 양상을 살펴보면서, 아울러 어휘의 의미가 변화하는 양상에 대해서도 알아보기로 하자.

3.1. 어휘 변화

단어가 생겨나는 대표적인 예는 동음이의어의 발생을 들 수 있다. 대체로 동음이의어는 다음과 같은 계기에서 발생한다. 첫째는 다의어에서 의미적 관련성이 끊어지면서 발생한다. 한 단어의 여러 의미가 번져나가는 데는 일정한 한정이 없어서,

그것이 중심 의미에서 너무 멀어져 그 여러 개념들 사이의 관련이 잘 파악되지 않을 때는 동음이의어가 되고 만다. 자나 저울의 '눈'은 사람의 '눈'의 주변 의미로 볼 수 있는데, 이제는 의미적 관련이 끊어진 동음이의어로 사전에서 풀이하고 있다. '널'도 그러하다. 널판자와 관의 두 가지 의미로 쓰인다. 둘째로는 음운 변화의 결과로 인하여 발생한다. 'ㆍ'음소의 소멸로 일어난 동음이의어가 많다. ·갇[笠]-ᄀᆞᆺ[新] > 갓, ·니[煙]-·내[臭] > 내, ·ᄆᆞᆯ[斗]-ᄆᆞᆯ[馬] > 말, 재[嶺]-ᄌᆡ[灰] > 재, ·ᄇᆡ[舟]-·ᄇᆡ[腹]-ᄇᆡ[梨] > 배, 다·리[脚]-ᄃᆞ·리[橋] > 다리, ·ᄒᆞ·대[多]-ㅎ·대[爲] > 하다. 이 가운데 성조의 소멸을 겸한 경우도 물론 있다. ·ᄆᆞᆯ[斗]과 ᄆᆞᆯ[馬], ·ᄇᆡ[舟]/·ᄇᆡ[腹]와 ᄇᆡ[梨]가 그러하다.

그러나 이러한 동음이의어가 생겨나면, 이른바 동음 충돌이 일어나게 된다. 그렇게 되면 이러한 동음 충돌을 해소하기 위한 방안이 생기게 되는데, 그 과정에서 단어의 변화가 일어나게 된다. 동음 충돌이 일어나더라도 어느 정도는 문맥 상황에서 해소되기도 하지만, 그래도 이것은 기본적으로 불편한 일이기 때문에, 접사를 덧붙이거나, 새말을 만들거나 함으로써 해결하는 것이 보통이다. '말ㅎ'을 되는 '말'과 구별하기 위하여 '말뚝'으로 바꾸거나, 'ᄇᆞᄅᆞᆷ'이 '바람'과 '벽'이라는 두 가지 뜻을 가지고 있었는데, '벽'의 'ᄇᆞᄅᆞᆷ'이 '바람벽'으로 바뀐 것은 접사를 덧붙인 결과이다. '바회'의 경우, 한편으로는 '바위'로, 한편으로는 '바퀴'가 된 것은 새말이 생겨난 경우이다. 원래 먹는 '죽'과 밥을 푸는 주걱인 '죽'은 성조가 각각 거성과 평성으로 다른 단어였으나, 성조가 소멸되면서 동음이의어가 되었다. 이것을 구별하기 위해서 결국 한편은 '죽'으로, 한편은 '주걱'으로 바뀌었다. '부체'도 한편으로는 더위를 식혀 주는 '부채'로, 한편으로는 '문짝'으로 바뀌었다.

다음으로는 동의어의 발생을 들 수 있다. 동의어의 존재는 어느 모로 보나 언어 기호의 경제 원리에 역행되는 현상이다. 그럼에도 불구하고 실제 동의어가 생겨나기도 한다. 본디부터 어떤 뜻을 나타내는 말이 있었는데도 불구하고 그것을 모르고 새말을 만들어 내는 수가 있다. 예를 들면, '메아리'라는 말이 있는데도 '산울림'이란 말을 만들어서 쓰고, '보조개'라는 말이 있는데도 불구하고 '볼우물'을 만들어 쓴다. 외래어가 들어와 동의어가 생기는 경우도 흔하다. 한자어의 유입, 그리고 서양 외래어의 유입이 그러하다. 이 경우에 외래어가 고유어를 몰아내기도 한다. 산 (山)이 '뫼'를, 강(江)이 'ᄀᆞ롬'을 몰아낸 경우가 그러하다.

이러한 동의어가 형성되면, 얼마 동안은 함께 존재하기도 하지만, 그 가운데 한 쪽이 없어지는 일이 있다. 15세기 국어의 '만ᄒᆞ다/하다', '몇/현', '젹다/혁다', '가다/녀다', '드르/미' 등에서 뒤의 말이 없어진 것이 그 예이다.

3.2. 의미 변화

의미가 변화하여 그 적용되는 영역이 원래 영역보다 넓어지게 된 것이 의미의 확대인데 그 예는 무수히 많다. 단어가 다의성을 가지게 되는 것은 대개 의미의 확대에 해당한다. '다리[脚]'가 애초에는 사람이나 짐승의 다리만을 가리키는 것이었을 텐데 '책상'이나 '지게'의 다리 같은 무생물에까지 적용된 것이라든가, '먹다'라는 동사가 음식물을 섭취하는 동작만을 가리켰을 것인데 '욕을 먹다, 마음을 먹다, 겁을 먹다' 등에까지 적용된 것도 의미가 확대된 결과이다.

좀 더 구체적인 것으로는 '영감(令監)' 같은 말을 들 수가 있다. 이 말은 옛날에는 당상관에 해당하는 벼슬을 지낸 사람을 일컫는 말이었는데 지금은 남자 노인을 가리키게 되었다. '세수(洗手)하다'는 말도 원래는 '손만을 씻는 동작'을 가리키는 뜻이었으나 얼굴을 씻는 행위까지 포함하게 되어 의미가 확대된 것이다. '핵(核)'이라는 말도 원래는 '열매의 씨를 보호하는 속 껍데기'를 가리키는 말이었지만 지금은 '사물의 중심이 되는 알맹이'라든가, '원자의 핵' 등으로 확대되어 사용되고 있다.

이와는 의미가 변화하되 그 적용되는 영역이 원래 영역보다 좁아지게 되면 의미의 축소가 일어난다. 그 대표적인 예로는 '짐승'이라는 단어가 있다. 이 말은 원래 '즁ᄉᆡᆼ(衆生)'에서 온 말로서, 유정물 전체를 가리키는 불교 용어이던 것이지만 지금은 인간을 제외한 동물을 가리키는 말로 의미가 축소된 것이다. 이와 비슷한 예로는 '놈, 계집' 같은 말이 있다. 이 말들은 원래 일반적인 남자, 여자를 가리키는 말로 사용되던 것인데, 지금은 그 사용 범위가 축소되어 욕하는 뜻으로만 사용된다. 또한 일반적인 어른의 밥을 의미하였던 '메'가 이제는 제삿밥만을 의미하게 된 것도 의미 축소의 예이다.

의미의 확대도 아니고 축소도 아닌 단순한 이동으로 볼 수밖에 없는 경우도 있다. 가령, '어리다'라는 말은 중세에 '어리석다'는 뜻이었는데 '나이가 어리다'는 뜻으로 의미가 이동한 것이다. 또 '싁싁하다'는 말은 원래 '엄하다'는 뜻이었지만, 지금은 '씩씩하다'는 뜻으로 바뀌었는데 이것도 의미의 이동에 해당한다. 이러한 예로는 '어엿브다, 희안하다' 같은 말이 있다.

현대 국어에 이르는 동안 원래와는 완전히 반대의 뜻을 가지게 된 단어도 있다. '빋쏘다'는 원래 명사 '빋'과 형용사 '쏘다'가 합성된 용언이었다. '빋'은 '값어치'의 뜻을, '쏘다'는 '값이 나가다'의 뜻을 가졌었는데 후대에 '비싸다'는 하나의 단어로서 원래의 뜻을 그대로 유지한 반면, '싸다'는 그 반대의 뜻을 가지게 되었다. '너는 선생님께 혼나도 싸다'라는 문장에 그 흔적을 남기고 있다.

한편 의미의 이동이 일어난 흥미로운 예로는 '주책없다, 엉터리없다' 같은 말도 있다. 이 말들은 원래 부정 표현이 개입되어 있어 '주책이다, 엉터리이다' 등과 같은 긍정 표현은 반대의 의미로 사용되어야 할 것이나 실제로는 같은 뜻으로 사용되고 있다. 부정 표현과 긍정 표현 사이에 의미의 이동이 일어났다.

어떤 단어의 의미 변화 과정을 살펴보면 의미의 확대와 축소가 단계적으로 이루어지고 있는 경우를 볼 수 있다. 가령 '수술(手術)'과 같은 단어를 보면 원래 '손으로 하는 기술이나 재주' 정도의 뜻이었지만, 의미가 축소되어 의학 용어로 사용되다가 여기서 다시 '고치기 어려운 사회 병리 현상이나 폐단을 고친다'는 뜻으로 확대 사용되기도 한다.

4. 문법 변화

문법 변화는 문법의 모든 부문에서 일어난다. 문법범주를 실현하는 방법이 변화하기도 하고, 문법범주를 실현하는 어미와 조사의 형태나 통사 기능이 변화하기도 하며, 또한 이들이 소멸하거나 생성되기도 한다. 또한 접속문과 내포문의 구성 방식이 변화하기도 한다. 이제 이러한 문법 현상의 변화를 몇 가지 예를 들어 살펴보기로 하자.[◀알아 두기 2]

4.1. 문장 종결의 변화

평서법, 의문법, 명령법, 청유법 등 문장종결법 가운데 의문법이 역사적으로 가장 큰 변화를 거쳤다. 의문문이 의문어의 존재 여부에 따라 '-ㄴ-고', '-ㄹ-고'와 같은 'ㅗ'형 어미와 '-ㄴ-가', '-ㄹ-가'와 같은 'ㅏ'형 어미로 달리 표현되었음은 15세기 국어의 특징이다. 문장 (5ㄱ)처럼 'ㅏ'형은 의문어가 없는 의문문에 사용되고, (5ㄴ)처럼 'ㅗ'형은 의문어가 있는 의문문에 사용되었다. 그리고 주어가 2인칭인 의문문에는 (5ㄷ)처럼 '-ㄴ-다'가 사용되었다.

> (5) ㄱ. 西京은 편안ᄒᆞ가[편안ᄒᆞ-ㄴ-가] 몯ᄒᆞ가[몯ᄒᆞ-ㄴ-가] (두시언해 초간 18:5)
> ㄴ. 故園은 이제 엇더ᄒᆞ고[엇더ᄒᆞ-ㄴ-고] (두시언해 초간 25:24)
> ㄷ. 네 엇뎨 안다[알-ㄴ-다] (월인석보 23:74)

그러나 현대 국어에서는 의문문에 의문어가 있든 없든, 주어의 인칭이 어떠하든 의문어미를 구분하지 않게 되었다.

4.2. 높임법의 변화

높임법은 높임의 의향이 어떤 대상에 있는가에 따라 청자높임법, 주체높임법, 객체높임법으로 체계화된다. 15세기 국어 문장 (6)의 밑줄 친 선어말 어미가 각각 높임법을 실현한다.[◀관점 비교하기 2]

> (6) 世尊하 摩耶夫人이 엇던 功德을 닷ᄀᆞ시며 엇던 因緣으로 如來를 나쓰ᄫᅳ시니잇고
> [낳-ᄉᆞᇦ-ᄋᆞ시-니-잇-고] (석보상절 11:24)

문장 (6)에서 청자인 '世尊'에 대한 높임의 의향을 실현하기 위하여 '-잇-'[-으이-]이 나타나 있고, 주어인 '摩耶夫人'에 대한 높임의 의향을 실현하기 위하여 '-ᄋᆞ시-'[-으시-]가 나타나 있고, 목적어인 '如來'에 대한 높임의 의향을 실현하기 위하여 '-ᄉᆞ

ㅸ-'[-ᅀᆸ-]이 나타나 있다. 이와 같이 15세기 국어에서는 높임의 의향을 실현하기 위하여 각각 선어말 어미가 서술어에 결합되어 있다. 그런데 이러한 선어말 어미 가운데 '-으시-'만 현대 국어로 이어지고, 나머지 선어말 어미는 모두 소멸했다. 그 결과 청자높임법은 종결어미에 의해 높임의 등급이 분화되었으며, 객체높임법은 객체높임동사 '드리다, 모시다, 여쭈다' 등에 의해 실현되고 있다.

4.3. 시제법의 변화

시제법 변화와 관련하여 주목되는 것은 역사적으로 시제어미 '-었-'과 '-겠-'이 새로이 생성되었다는 점이다.['알아 두기 3]

현대 국어에서 '-었-'은 15세기 국어에서 통사적 구성 '-어 잇/이시-'에서 문법화되어 생성되었다. 문장 (7ㄱ)과 같이 15세기 국어에서 '-어 잇/이시-' 구성은 원래 어떤 동작이나 상태가 완결되어 그것의 모습이 지속됨을 실현했다. 그런데 '-어 잇/이시-' 구성에서 모음이 축약하여 중모음 형태가 된 '-엣/에시-'가 나타나기도 하고(문장 (7ㄴ)), 또한 '-엣/에시-'의 중모음이 단모음으로 바뀌어 '-엇/어시-'가 나타나기도 하여(문장 (7ㄷ)), 오늘날 '-었/았-'이 생성되었다.

> (7) ㄱ. 네 이제 사ᄅᆞ미 모물 得ᄒᆞ고 부텨를 맛나아 잇-ᄂᆞ니 (석보상절 6:11)
> ㄴ. 둘기 소리 서르 들여 ᄒᆞᆫ ᄀᆞ새 닛-엣-고 (월인석보 1:46)
> ㄷ. 비록 ᄯᅡ홀 어더시내언-어시-나 (두시언해-초간 18:12)

15세기 국어에서 추정이나 의지를 실현하던 '-으리-'는 현대 국어와는 달리 매우 넓은 분포를 보인 것이 특징이었다. 그러나 16세기부터 '-으리-'는 형태와 기능에 있어서 약화, 쇠퇴해 갔다. '-으리-'의 쇠퇴는 새로운 시제어미 '-겠-'을 생성하게 되어, 이 '-겠-'은 역사적으로 '-으리-'와 교체되었다.

> (8) ㄱ. 저러ᄒᆞ고 이시니 ᄌᆞᆺ득ᄒᆞᄃᆡ 울기 ᄒᆞ-겟-다 ᄒᆞ시고 (한듕록 172)
> ㄴ. 요란ᄒᆞ니 못ᄒᆞ-겟-다 ᄒᆞ시고 (한듕록 400)

4.4. 사동법의 변화

다음 문장 (9)는 15세기 국어의 사동법을 실현한다.

> (9) ㄱ. 鸚鵡ㅣ 그 穀食을 주어 어싀롤 머기거늘[먹-이-거-늘] (월인석보 2:12)
>   ㄴ. 훈 菩薩이 王 ᄃ외야 겨샤 나라홀 아ᅀ 맛디시고[맜-이-시-고] (월인석보 1:5)
>   ㄷ. 녀토시고[녙-오-시-고] 쏘 기피시니[깊-이-시-니] (용비어천가 20)

문장 (9)의 자연스러운 현대 국어 표현은 다음과 같다. 이것은 사동법의 실현 방법이 역사적으로 변화했음을 보여 준다.

> (10) ㄱ. 鸚鵡가 그 곡식을 주워 어버이에게 먹이었는데[먹-이-었-는데]
>   ㄴ. 한 菩薩이 王이 되어 계시어 나라를 아우에게 맡기시고[맡-기-시-고]
>   ㄷ. 얕-게 하-시-고 또 깊-게 하-시-니

(9ㄱ)의 '머기거늘[먹-이-거-늘]'은 현대 국어에서도 (10ㄱ)과 같이 그대로 나타난다. 즉 파생 접미사 '-이-'로써 사동법을 실현하고 있다. (9ㄴ)의 '맛디시고[맜-이-시-고]'는 파생 접미사 '-이-'로 사동법을 실현하고 있으나, 현대 국어에서는 (10ㄴ)처럼 '-이-' 대신 '-기-'로 실현하고 있어 실현방법이 변화했음을 알 수 있다. (9ㄴ)의 '녀토시고[녙-오-시-고], 기피시니[깊-이-시-니]'는 파생 접미사 '-오-, -이-'로 사동법을 실현하고 있으나, 현대 국어에서는 파생 접미사에 의하지 않고 (10ㄷ)과 같이 통사적 구성 '-게 하-'로써 사동법을 실현하고 있다. 이처럼 15세기 국어에서 파생 접미사로 실현되던 사동법이 현대 국어에서는 통사적 구성으로 실현되는 예가 많은데, 이는 사동법의 실현방법이 역사적으로 변화했음을 보여 준다.

4.5. 피동법의 변화

다음 문장 (11)은 15세기 국어의 피동법을 실현한다.

(11) ㄱ. 東門이 도로 다티고[닫-히-고] (월인석보 23:80)

ㄴ. 그 남기 虛空애 들이니[들-이-니] 難陁ㅣ 숨디 몯ᄒᆞ니라 (월인석보 7:10)

ㄷ. 이 네 罪롤 犯ᄒᆞ면 즁의게 ᄇᆞ리일[ᄇᆞ리-이-리] 씨니라 (능엄경언해 6:85)

문장 (11)의 자연스러운 현대 국어 표현은 다음과 같다. (11ㄱ)의 '다티고[닫-히-고]'는 현대 국어에서도 (12ㄱ)과 같이 그대로 나타났다. 파생 접미사 '-히-'로써 피동법을 실현하고 있다. (11ㄴ)의 들이니[들-이-니]는 파생 접미사 '-이-'로 피동법을 실현하고 있으나, 현대 국어에서는 '-이-' 대신 '-리-'로 실현하고 있음이 다르다. (11ㄷ)의 'ᄇᆞ리일[ᄇᆞ리-이-리]'은 파생 접미사 '-이-'로 피동법을 실현하고 있으나, 현대 국어에서는 파생 접미사에 의하지 않고 통사적 구성에서 온 '-어지-'에 의해 피동법을 실현하고 있다.

(12) ㄱ. 東門이 도로 닫-히-고

ㄴ. 그 나무가 허공에 들-리-니 難陁가 숨지 못하였다.

ㄷ. 이 네가 죄를 범하면 중에게 버리어 질[버리-어지-리] 것이다.

4.6. 인칭법의 변화

인칭법은 주어의 인칭에 따르는 대립을 실현하는 문법범주이다. 15세기 국어에서 평서어미 '-다' 및 접속어미 '-으니'가 쓰인 문장에서, 주어가 1인칭일 경우에는 '-오/우-'가 나타났으며, 2, 3인칭일 경우에는 '-오/우-'가 나타나지 않았다.

(13) ㄱ. 나ᄂᆞᆫ 눈 後로 ᄂᆞᆷ 더브러 ᄃᆞ토ᄃᆞᆯ 아니ᄒᆞ노이다[아니ᄒᆞ-ᄂᆞ-오-이-다] (석보상절 11:34)

ㄴ. 이 모든 大衆이 … ᄠᅳ들 아디 몯ᄒᆞᄂᆞ이다[몯ᄒᆞ-ᄂᆞ-∅-이-다] (능엄경언해 2:55)

문장 (13ㄱ)의 주어는 '나'로서 서술어에 '-오-'가 결합되어 있으며, (13ㄴ)의 주어는 '大衆'으로서 서술어에 '-오-'가 결합되어 있지 않다. 그러나 문장 (13)의 자연스러운 현대 국어 표현은 다음 (14)와 같은데, 현대 국어에서는 문장의 주어가 1인칭이든, 아니든, 상관없이 서술어에 '-오/우-'가 결합되어 있지 않다. 즉 인칭에 의한 대립은 존재하지 않는다. 이것은 인칭법이 역사적으로 소멸했음을 보여 준다.

(14) ㄱ. 나는 태어난 후로 남과 더불어 다투지 아니합니다.
     ㄴ. 이 모든 대중이 …… 뜻을 알지 못합니다.

4.7. 격의 변화

다음 문장의 밑줄 친 부분이 15세기 국어의 격조사이다.

(15) ㄱ. 시미[심-이] 기픈 믈은 ▽ ᄆ래 아니 그츨씨 (용비어천가 2)
     ㄴ. 우리 始祖-ㅣ 慶興에 사ᄅ샤 (용비어천가 3)
(16) ㄱ. 我后-를 기드리ᅀᄫᅡ (용비어천가 10)
     ㄴ. 天下-ᄅᆞᆯ 맛ᄃ시릴씨 (용비어천가 6)

문장 (15)의 '이, ㅣ'는 주격조사로서, '심, 始祖'가 문장의 주어 구실을 하게 한다. (16)의 '를, ᄅᆞᆯ'은 목적격조사로서 '我后, 天下'가 문장의 목적어 구실을 하게 한다. 주격조사는 15세기 국어에서는 명사가 자음으로 끝나든 모음으로 끝나든 모두 '이' 형태였으나, (17)과 같이 현대 국어에서는 자음으로 끝나면 '이', 모음으로 끝나면 '가'로 나타난다. 목적격조사는 15세기 국어에서는 모음조화에 의해 '을/를 : ᄋᆞᆯ/ᄅᆞᆯ'로 나타났으나, (18)과 같이 현대 국어에서는 모두 '을/를'로 나타난다.

(17) ㄱ. 샘-이 깊은 물은
     ㄴ. 우리 始祖-가 慶興에 사시어
(18) ㄱ. 我后-를 기다려
     ㄴ. 天下-를 맡으시니

15세기 국어 문장 (19)는 현대 국어에서 (20)과 같이 실현된다. (19ㄱ)과 같은 '무엇-을 누구-를 주다' 구문은 현대 국어에서는 (20ㄱ)처럼 '무엇-을 누구-에게 주다'로 바뀌었다. 또 (19ㄴ)과 같은 '무엇-이 무엇-이 곹다' 구문은 현대 국어에서는 (20ㄴ)처럼 '무엇-이 무엇-과 같다'로 바뀌었다.

> (19) ㄱ. 四海롤 년글[년ㄱ-을] 주리여 (용비어천가 20)
>   ㄴ. 出家훈 사ᄅᆞ미 쇼히[쇼ㅎ-ㅣ] 곹디 아니ᄒᆞ니 (석보상절 6:22)
> (20) ㄱ. 四海를 누구-에게 주겠는가
>   ㄴ. 出家한 사람은 속인-과 같지 아니하니

5. 국어의 문자

세계에는 여러 언어들이 있지만, 그 말을 표기하는 문자를 가지고 있지 못한 경우도 있고, 또 말은 따로 가지고 있으면서도 문자는 남의 나라에서 쓰는 것을 빌려다가 쓰는 경우도 있다. 그러나 우리는 우리말을 적기 위한 우리 고유의 문자인 한글을 가지고 있다. 그뿐 아니라 한글은 만들어진 연도와 창제자, 그리고 창제 원리가 분명하게 알려져 있어, 세계 문자사에서도 유례가 없는 문자이다.

5.1. 한자 빌려쓰기

훈민정음 이전에 우리 조상들이 우리말을 적기 위하여 가장 먼저 사용했던 문자는 한자였다. 우리 나라에 한자가 전래된 것은 대체적으로 기원전 3세기경으로 알려져 있다. 이 때 한자의 뜻을 빌려 쓰기도 하고, 한자의 소리를 빌려 쓰기도 하였다. 우리말 구조와 전혀 다른 중국의 한자를 가지고 우리말을 적으려는 노력으로 여러 방법이 고안되었는데, 향찰, 이두, 구결이 그것이다.

■ 향찰 ■ 먼저 신라시대 노래 향가를 적던 방식인 향찰(鄕札)에 대하여 살펴보자.

향가 표기에서는 한자의 뜻과 음을 이용하여 우리말을 표기하였다. 대개 어휘 형태는 한자의 뜻을 이용하고 문법 형태는 한자의 음을 이용하여 표기하였다. 삼국유사에 실려 있는 향가 「처용가」(處容歌)의 첫 예를 들어 보기로 하자.

> (21) ㄱ. 東京明期月良 夜入伊遊行如可
>
>   ㄴ. 東京 볼긔 드래 밤 드리 노니다가

(21ㄱ)은 (21ㄴ) 정도로 해독되는데, '볼긔'의 '밝-'은 '明', '달'은 '月', '밤'은 '夜', '드리'의 '들-'은 '入', '노니다가'의 '노니-'는 '遊行'과 같이 뜻을 이용하였다. 그러나 중국어에 없는 우리말의 문법 형태는 주로 한자의 음을 이용했다. '볼긔'의 '-의'는 '긔'로 읽어 '期'로 표기했는데, 이 때 '期'가 가진 본래의 뜻과는 전혀 무관하다. '드래'의 '애'는 '良'으로, '드리'의 '-이'는 '伊'로, '노니다가'의 '-다가'는 '如可'로 적은 것도 모두 음을 빌려 적은 것이다.

■ 이두 ■ 위와 같은 한자 빌려쓰는 방법은 그 표기에 일정한 체계가 없어 그 혼란 때문에 쇠퇴하여 갔는데, 그래서 지식이 높은 사람들은 순수 한문만으로 문자 생활을 해 나갔고, 한편으로는 우리말을 적되 뜻 부분은 한자어를 바로 빌려쓰는 쪽으로 기울어지기 시작하였다. 여기서 이두(吏讀)라는 형태가 생겨났다.

조선조 태조는 명나라 형률을 우리 실정에 맞게 우리말 문체로 번역하게 되었는데, 이것이 대명률직해(大明律直解)라는 이두문이다. 이것은 순수 한문도 아니고, 순수 우리말도 아닌, 두 언어의 혼합체로, 한문에서 쓰이는 말을 그대로 쓰면서, 여기에 우리말의 문법 형태와 극소수의 명사나 부사를 향가의 경우처럼 한자를 빌려 적었다.

> (22) ㄱ. 明律
>
>   凡僧道聚妻妾者 杖八十還俗 女家同罪離異 寺觀住持 知情與同罪
>
>   ㄴ. 大明律直解

凡僧人等亦 聚妻妾爲在乙良 杖八十遣 還俗爲弥 女家罪同遣 離異爲乎矣 寺院住持亦 知情
爲在乙良 罪同齊

ㄷ. 현대어

무릇 중이 처첩을 취하면 매 80을 때리고 환속하며, 여자의 집도 같은 죄를 주고,
(그들은) 떼어 버리되, 절의 주지가 그 사정을 알았다면 또한 죄가 같다.

위의 (22ㄴ)을 통해서 보면, 밑줄 치지 않은 부분은 한문투의 말을 그대로 쓴 것
이며, 밑줄을 친 부분은 우리말을 적은 이두인데, 이두를 읽는 법은 일정하지 않으
나, 대체로 다음과 같다.

(23) 亦=이, 爲在乙良=하겨늘랑, 遣=하고, 爲弥=하며, 爲乎矣=하오되, 齊=하제

▌구결▐ 한문이란 중국 고대 언어를 표기한 문장이다. 그런데 한문을 적은 한자
의 소리가 우리말 음운 체계에 이끌려 변화를 하고 나면, 이것은 중국어 소리와는
다른, 중국어도 아니고 우리말도 아닌, 혼합된 형태의 새로운 문장어가 생겨난다.
이러한 한문을 가능하면 빠르게 이해할 수단으로 한문 원문 그대로에 우리말 문법
형태를 붙이게 되었는데, 이것이 구결(口訣)이다.

(24) 天地之間 萬物之中厓 唯人伊 最貴爲尼 所貴乎人者隱 以其有五倫也羅 (동몽선습)

밑줄 친 부분이 구결인데, 한자의 소리를 빌려서 적은 것이니, 그 읽는 법은 (25
ㄱ)과 같다. 그런데 불과 몇 가지밖에 되지 않은 한문 토를 적기 위해서, 어려운 한
자를 쓰는 것은 번거로워 한자의 형태를 줄여서 (25ㄴ)과 같은 새로운 문자를 만들
어 내기에 이르렀다.

(25) ㄱ. 厓=애(에), 伊-이, 爲尼=하니, 隱=는, 羅=라.
    ㄴ. ア=은(隱), ㇱ=ᄒᆞ(爲), 㐌=며(弥), ㄴ=니(尼), ㅊ=든(等), ㄢ=다(多)

이렇게 줄임 글자가 되면, 이들은 완전히 새로운 음절문자가 되는 셈이다. 일본 글자 역시 이러한 과정을 겪었는데, 일본어의 경우, 음절 수가 적어 이러한 음절문자가 정착할 수 있었으나, 음절 자체가 많을 뿐 아니라 음절 구조가 복잡한 우리말에서는 이러한 표기가 정착할 수 없었다. 결국 한자 사용의 어려움에다, 음절문자가 실패함으로써 우리 조상들은 새로운 음소 문자를 절실히 필요로 하게 되었다. 이것은 바로 훈민정음이 나타나게 된 배경이기도 하다.

5.2. 훈민정음의 창제

훈민정음은 세종대왕 자신이 중심이 되어 집현전 학자들과 세종 25년(1443년) 음력 12월에 창제하였으며, 집현전 학자들에게 이에 대한 해례(解例)를 짓게 하여 세종 28년(1446년) 음력 9월 상순에 반포하였다. 훈민정음의 창제 원리는『훈민정음 해례』에 상세히 소개되어 있다.

훈민정음 각 글자의 기본적인 제자 원리는 상형(象形)의 원리이다. 그리하여 초성은 발음기관을 본떠 만들었으며, 중성은 천지인(天地人) 삼재(三才)를 상형하여 만들었다. 먼저 초성부터 살펴보자. 기록에 따르면 ㄱ은 혀뿌리가 목구멍을 막는 꼴을 본뜬 것이고, ㄴ은 혀가 윗잇몸에 붙는 모습을 본뜬 것이며, ㅁ은 입모양을, ㅅ은 이의 모양을, ㅇ은 목구멍의 모양을 본뜻 것이라 할 수 있다.

초성을 만든 두 번째 제자 원리는 가획의 원리이다. 이리하여 'ㄱ, ㄴ, ㅁ, ㅅ, ㅇ'의 다섯 글자를 만들어 내고, 이를 기본 글자로 하여 다시 'ㅋ, ㄷ ㅌ, ㅂ ㅍ, ㅈ ㅊ, ㆆ ㅎ'의 아홉 글자를 만들어 내었다. "ㅋ은 ㄱ에 비해 소리남이 세다. 그러므로 획을 더한다. ㄴ에서 ㄷ, ㄷ에서 ㅌ, ㅁ에서 ㅂ, ㅂ에서 ㅍ, ㅅ에서 ㅈ, ㅈ에서 ㅊ, ㅇ에서 ㆆ, ㆆ에서 ㅎ을 만드는데, 그 소리에 의해서 획을 더하는 뜻은 한가지다." 즉 어금니, 혀, 입술, 이, 목의 다섯 소리에 각각 기본 글자 하나씩을 만들고, 각 소리에 속한 소리들을 이 다섯 글자를 토대로 하여 만들었다. 이리하여 한글은 같은 조음 위치에서 나는 소리들을 비슷한 모양의 문자로 체계적으로 표현해 낼 수 있게 되어 배우기 쉬운 문자가 되었다.

그런데 자음 17자 중 나머지 세 글자, 'ㆁ, ㄹ, ㅿ'은 예외적으로 만들었다. 즉 ㆁ

은 ㅇ에, ㄹ은 ㄴ에, △은 ㅅ에 각각 획을 더한 모양으로 만들었으나, 이것은 단순히 'ㅇ, ㄴ, ㅅ'과 그 꼴을 달리했을 뿐이지, 소리의 세기 때문에 획을 더한 것은 아니라 하였다.

중성은 'ㆍ, ㅡ, ㅣ, ㅗ, ㅏ, ㅜ, ㅓ, ㅛ, ㅑ, ㅠ, ㅕ'의 열 하나인데, 이에 대해서는 "ㆍ如吞字中聲"(ㆍ는 吞자 가운뎃소리와 같다.)와 같은 방법으로 설명하고 있다. 자음은 그 성격상 조음 방법을 쉽게 파악할 수 있어, 발음 기관의 모습을 본떠 만들었지만, 모음은 그 조음방법을 쉽게 파악할 수 있는 것이 아니기 때문에, 중성을 만드는 원리를 완전히 다른 차원에서 구하였다. 먼저 세 부류의 소리를 정했으며, 그 기본 소리를 'ㆍ, ㅡ, ㅣ' 세 개로 삼았다. 이 세 소리는 '하늘, 땅, 사람'의 삼재(三才)를 상형한 것이다. 삼재는 이 우주를 형성하는 가장 중요한 요소로서, 하늘이 먼저 열리고, 다음으로 땅이 만들어지고, 다음으로는 사람이 그 하늘과 땅 사이에서 생겨났다. 'ㆍ'는 하늘을 본떠 둥글게 하고, 'ㅡ'는 땅을 본떠서 평평하게 하고, 'ㅣ'는 사람을 본뜨되 그 서 있는 모양으로 하였다. 이렇게 하여 세 종류의 기본 글자를 만들어 냈다.

이 세 글자를 바탕으로 하늘인 'ㆍ'에서는 'ㅗ, ㅏ'를, 땅인 'ㅡ'에서는 'ㅜ, ㅓ'를 만들고, 그리고 여기에 사람인 'ㅣ'가 관여하여 'ㅛ, ㅑ, ㅠ, ㅕ'를 만들어 11자를 완성하였다.

종성은 초성 글자를 그대로 다시 쓸 수 있도록 하였는데, 이 방법을 고안해 냄으로써 문자의 수가 대폭 줄어들게 되어, 훈민정음이 성공할 수 있는 중요한 계기가 되었다. 이리하여 28자를 만들어 내고 난 뒤, 초성, 중성, 종성을 합하여 한 음절을 적는 데 필요한 방법을 정하였으며, 두세 글자가 겹쳐지는 병서(並書)글자도 만들었다. 'ㄲ ㄸ ㅃ ㅆ ㅉ'와 같이 같은 글자를 이어쓰는 것을 각자병서라 하고, 'ㅅㄱ ㅅㄷ ㅅㅂ ㅂㅅ ㅂㅆ' 등과 같이 서로 다른 글자를 이어쓰는 것을 합용병서라 한다. 한편 'ㅇ'을 이용한 연서(連書)글자도 만들었다. 순경음자 'ㅸ'이 그러하다.

이처럼 한글은 현대 언어학의 관점에서 바라보아도 조금도 손색이 없을 만큼 훌륭한 문자이다. 각 문자와 그것이 표시하는 음소 사이에 존재하는 관련성을 체계적으로 반영하도록 만들어져 있어서, 자연 발생적으로 생겨난 대부분의 다른 문자들과 비교가 되지 않을 정도로 매우 과학적인 문자가 탄생하게 되었다.

6. 국어 생활과 탐구

언어는 인류 사회와 더불어 시작되었으며, 자연히 인류 사회는 언어에 대해 관심을 가지게 되었다. 옛 사람들은 대체적으로 사회 생활의 특수한 필요성 때문에 언어에 대해 관심을 가지게 되었다. 어떤 민족은 종교적인 필요에 의해 언어에 관심을 가졌다. 우리 조상들 역시 오래 전부터 우리말에 관심을 가졌다. 언어는 주술적인 힘을 가진 것으로 보고, 언어를 신성하게 여긴 것도 역시 언어에 대한 관심을 나타낸 것이라 하겠다. 그러나 우리 조상들이 언어에 대한 창의적인 관심을 가진 것은 표기법에 대한 관심이었다.

우리말을 적는 표기법의 개발은 우리 겨레의 사회와 문화의 발전에 따라 자연적으로 필요한 일이었으며, 그 개발은 일시에 완성된 것이 아니고 오랜 시일을 두고 끊임없이 노력하여 온 결과로 얻은 것이며, 궁극적으로는 훈민정음이라는 아주 독창적이고 과학적인 우리 문자 체계를 창제로 이어지기에 이른 것이다. 따라서 국어 탐구의 역사는 문자 개발에서 비롯되었다고 보아도 좋을 것이다.

훈민정음의 창제는 우리가 고유 문자를 가지게 되었다는 점에서도 그 의의가 있지만, 우리의 언어학적 수준을 높인 데에도 의의가 크다. 중국의 언어학 이론인 성운학(聲韻學)과 철학 이론인 성리학을 바탕으로 독자적인 언어학 이론을 정립해 내었던 것이다. 체계적인 음운 이론을 바탕으로 새로운 음소문자를 만든 것이다. 따라서 15세기야말로 우리 조상들이 우리말과 글에 대해 가장 깊이 있게 탐구한 시기라 하겠다.

그 이후 우리 조상들은 우리 문자에 대한 연구와 음운 이론 발전에 관심을 가지고 탐구해 왔다. 당시 한자음에 대한 표준화에도 관심을 가졌다. 최세진의 연구를 비롯하여 많은 학자들이 이러한 연구에 힘써 왔다. 훈민정음의 체계로써 한자음의 체계를 세운 최석정(崔錫鼎)의 경세훈민정음도설(經世訓民正音圖說: 1678), 훈민정음을 음양오행 이론에 따라 분석한 신경준(申景濬)의 훈민정음운해(訓民正音韻解: 1750), 이 사질(李思質)의 훈민종편(訓音宗編: 1751)이 그러하며, 근대에 이르러 유희(柳僖)의 언문지(諺文志: 1820), 권정선(權靖善)의 음경(音經: 1906) 등은 그러한 연구의 대표적인 결실이라 하겠다.

또한 실학적 학풍의 영향을 받아, 우리말의 어휘 분류집을 편찬하고 어원이나 방언 등에도 관심을 가진 연구도 있었다. 아울러 외국과의 외교와 교류를 위해서 한어를 비롯하여 몽골어, 만주어, 일본어에 대하여 관심을 갖기도 하였다. 사역원(司譯院)에서 역학자를 양성하고 외국어 교육에 노력을 기울인 것도 언어에 대한 관심의 일환이라고 할 수 있다.

주시경(1876-1914)은 국어학을 현대적으로 발전시킨 대표적인 학자이다. 그가 국어 연구에 관심을 가진 것은 표기법을 바로 잡으려는 의도가 있었기 때문이다. 그러기 위해서 그는 우선 말의 소리를 연구하게 되었고, 다시 표기법의 중요한 이론적인 뒷받침이 되는 문법을 연구하게 된 것이다. 그런데 우리가 주목해야 할 일은, 주시경이 표기법의 정리를 위하여 말소리와 문법을 연구하게 된 근본적인 이유는 모두 나라의 힘과 겨레 정신의 근본적인 토대가 되는 말과 글을 바로잡기 위함이었음이다. 이것이 그의 학문의 출발점이자 핵심이었다. 그의 문법 연구는 국어문법 (1910년)에 체계적으로 제시되어 있는데, 그의 독창적이고 합리적인 이론 전개는 우리말 연구의 기반을 마련하였다는 점에서 그 의의가 크다. 그러나 그의 공로는 그의 학문적인 이론뿐만 아니라 우리말과 글을 실제로 사용하기 위한 기반을 마련하였다는 점에도 있다. 특히 맞춤법을 합리적으로 정리하기 위한 그의 노력은, 그의 후계학자들에 의해서 열매를 맺었는데, 조선어학회(지금의 한글학회)의 한글 마춤법 통일안(1933)이 그것이다. 이 통일안을 근본으로 하는 한글 맞춤법이 현재 쓰이고 있다. 그는 국어 연구의 선구자인 동시에, 국어 정책의 길잡이였다.

1. 15세기 합용병서의 음가 15세기 국어의 합용병서 음가에 대해서는 여러 가지 학설이 있어 왔다. 먼저 해당 글자를 들어 보면 다음과 같은 세 가지 종류가 있다.

<blockquote>
ㅅ-계: ㅄ ㅼ ㅻ ㅺ
ㅂ-계: ㅳ ㅽ ㅄ ㅄ
ㅄ-계: ㅵ ㅴ
</blockquote>

이들 자음에 음가에 대해서는 크게 세 가지 주장이 있었다. 첫째는 모두 된소리를 표기한 것이라는 주장이고, 둘째는 모두 각각의 소리를 실현하는 자음군의 표기라는 주장이 있었다. 셋째는 글자에 따라 된소리인 것도 있고 각각의 소리를 실현한 것도 있다는 주장도 있었다.

첫째, 모두 된소리를 표기한 것이라는 주장이다. 예를 들면 ㅅ-계의 ㅄ은 [ㅃ]소리를, ㅂ-계의 ㅳ은 [ㄸ]소리를 실현했다는 주장이다. 20세기 초기에 박승빈 선생에 의해 제기된 바 있으며, 그 이후 도수희(1971, '각자병서연구' 한글학회오십돌기념논문집)에서는 항상 된소리라고 하였고, 김민수(1955, '합용병서음가고' 국어국문학 13)에서는 [ㅅ] 소리나 [ㅂ] 소리가 잠재해 있는 된소리라 하였다.

둘째, 모두 각각의 소리를 실현하는 자음군을 표기한 것이라는 주장이다. 예를 들면 ㅅ-계의 ㅄ은 [ㅅㅂ]소리를, ㅂ-계의 ㅳ은 [ㅂㄷ]소리를, ㅄ-계의 ㅵ은 [ㅂㅅㄷ]소리를 나타낸다는 주장이다. 20세기 초기에 신명균 선생에 의해 제기된 바 있으며, 그 이후 최현배(1940), 허웅(1953, '병서의 음가에 대한 반성' 국어국문학 7) 등에서 주장하였다.

셋째, ㅂ계, ㅄ계는 각각의 소리를 실현하는 자음군의 표기이며, ㅅ-계는 된소리 표기라는 주장이다. 대표적으로 이기문(1955, '어두음군의 생성 및 발달에 대하여' 진단학보 17)에서의 주장이 그러하다. 이기문(1998:137)에 다음과 같이 기술하고 있다. "초성 합용병서에서 ㅂ계, ㅄ계는 진정한 자음군을 나타낸다." 즉 합용병서 가운데 ㅅ-계는 된소리이고, ㅂ-계, ㅄ-계만 자음군이되, ㅵ과 ㅴ의 ㅺ, ㅼ은 역시 된소리라고 하였다. 박창원(1996, 중세국어 자음 연구, 한국문화사)에서도 비슷한 견해를 제시하였다. 15세기 국어의 합용병서 글자의 음가에 대한 연구사적 검토는 박창원(위의 책 143- 및 341-) 참조

2. 15세기 국어의 높임법의 체계 높임법은 국어의 특징적인 문법범주이다. 특히 15세기 국어에서는 세 가지 높임법이 모두 선어말 어미에 의해 실현되는 특징을 가졌다. 이 책에서는 학교

문법의 기술에 따라 높임법의 체계를 주체높임법, 객체높임법, 청자높임법(상대높임법)으로 세워 기술하였다. 그러나 학자에 따라 이들 용어에 대한 다양한 견해가 있어 왔다.

이숭녕(1982:367-)에서는 '경어법'이라 하여 존경법(주체존대법), 겸양법(주체겸양법), 공손법(상대존대법) 등 셋으로 체계를 세웠다. 이것은 이기문(1998:163-)에서도 그대로 이어진다.

안병희·이광호(1990:222-)에서는 '경어법'이라 하여, 겸양법(객체높임법), 존경법(주체높임법), 공손법(상대높임법)으로 체계를 세웠다.

허웅(1975)에서는 높임법의 체계를 주체높임법, 객체높임법, 청자높임법(상대높임법)으로 세워 기술하였다. 이것은 말하는 이가 누구에게 높임의 의향을 나타내는가에 기준을 두고 세운 것이다.

고영근(1987)에서도 높임법의 체계를 주체높임법, 객체높임법, 청자높임법(상대높임법)으로 세워 기술하였다. 이는 현재 학교 문법에도 그대로 이어오고 있다.

▌탐구하기

☞ **탐구 목표**

ㅇ 15세기 국어의 선어말 어미 '-오/우-'의 문법 기능 이해하기

☞ **탐구 과정**

(1) 문제의 제기

[자료-1]과 [자료-2]를 살펴보면, 주어가 1인칭인 경우에는 '-오/우-'가 결합해 있고, 1인칭이 아닌 경우에는 '-오/우-'가 결합해 있지 않음을 알 수 있다.

[자료-1]

나ᄂᆞᆫ 눈 後로 ᄂᆞᆷ 더브러 ᄃᆞ토둘 아니ᄒᆞ노이다[아니ᄒᆞ-ᄂᆞ-오-이-다] (석보상절 11:34)

우리 다 좃ᄌᆞ와 깃습노이다[깃-습-ᄂᆞ-오-이-다] (법화경언해 2:48)

우리 어ᄉᆞ아ᄃᆞ리 비록 사ᄅᆞ미 무레 사니고도 즁ᄉᆡᆼ마도 몯ᄒᆞ이다[몯ᄒᆞ-오-이-다] (석보상절 6:5)

나ᄂᆞᆫ 弟子 大木犍連이로라[大木犍連-이-로-라] (월인석보 23:82)

[자료-2]

　　無色界옛 늮므리 ᄀᆞᆮ빅 ᄀᆞ티 ᄂᆞ리대ᄂᆞ리-ø-대 (월인석보 1:36)

　　이 쀅 아둘둘히 아비 죽대죽-ø-대 듣고 (월인석보 17:21)

　　너도 ᄯᅩ 이 ᄀᆞᆮᄒᆞ대ᄀᆞᇀᄒᆞ-ø-대 (능엄경언해 2:23)

　　이 ᄯᅡ히 竹林國이라 혼 나라히이대나라ᄒᆞ-이-ø-이-대 (월인석보 8:94)

(2) 가설 세우기

　　위의 자료를 바탕으로 15세기 국어에서 주어의 인칭과 관련하여 '-오/우-'의 문법 기능을 제시해 보자.

(3) 자료 수집하기

　　(3-1) 평서문과 접속문의 예

　　▶ 주어가 항상 1인칭인 약속문의 경우

　　　그리ᄒᆞ매그리ᄒᆞ-오-매 혼 이리 分明히 아니ᄒᆞ면 (내훈 3:21)

　　▶ 접속문의 경우

　　　내 혜여호니[혜여ᄒᆞ-오-니] 이제 世尊이 큰 法을 니르시며 (석보상절 13:26)
　　　내 이제 … 니ᄅᆞ노니[니ᄅᆞ-ᄂᆞ-오-니] 네 슬퍼 드르라 (월인석보 21:138)
　　　내 비록 度티 몯호내몯ᄒᆞ-오-내 (능엄경언해 6:82)
　　　네 이제 사ᄅᆞ미 모몰 得ᄒᆞ고 부텨를 맛나 잇ᄂᆞ니[잇-ᄂᆞ-ø-니] (석보상절 6:11)
　　　네 아ᄃᆞ리 孝道ᄒᆞ고 허믈 업스니[없-ø-으니] 어드리 내티료 (월인석보 2:6)
　　　구루멧 히 블 ᄀᆞᇀᄒᆞ내ᄀᆞᇀᄒᆞ-ø-내 더운 하ᄂᆞᆯ히 서늘ᄒᆞ도다 (두시언해-초간 6:35)

　　(3-2) 같은 형태인 '-오/우'지만 다음과 같은 관형절 구성에서는 다른 기능으로 쓰인다. 다음 문장 (나)(다)에서 수식받는 명사가 문장 (가)에서 각각 어떤 성분이었는지 살펴보고, 이를 통해 관형절에 쓰인 '-오/우-'의 기능이 무엇인지 정리해 보자.

　　　(가) 겨집둘히 子息을 낳다.
　　　(나) 子息 나흔[낳-ø-온] 겨집둘
　　　(다) 겨집둘히 나흔[낳-오-온] 子息

(4) 원리 파악하기

위의 자료를 통하여 15세기 국어의 '-오/우-'의 문법 기능을 두 가지로 나누어 제시해 보자.

(5) 적응 · 일반화하기

위에서 탐구한 것을 바탕으로 15세기 국어의 한 특징을 정리해 보고 이를 현대 국어와 견주어서 문법의 역사적인 변화에 대해 설명해 보자.

▌ 생각해 보기

1. 다음 [자료]는 각각 16세기와 18세기에 나온 <삼강행실도>의 글이다. 이를 통하여 문장 구성 방식이 역사적으로 변화한 과정을 제시해 보자.

   [자료] (가) (16세기) 내 져믄 제 글 비호몰 즐겨   <-음>
          (나) (18세기) 내 져머셔 글 비호기롤 됴히 너겨   <-기>
          (다) (현 대) 내 젊었을 때 글 배우는 것을 좋아해서 <-는 것>

   아울러 위에서 살펴본 사실과 다음 [자료]를 통해 명사화 구문의 변화 양상을 기술해 보자. <번역노걸대>는 16세기 자료이고 <노걸대언해>는 17세기 자료이다.

   [자료] (가) 법다이 밍ㄱ로믈[밍굴-오-ㅁ-읠 됴히 하엿느니라 (번역노걸대 상 24)
              법다이 밍굴-기-룰 됴히 흐엿느니라 (노걸대언해 상 23)
          (나) 믈읫 우리 짐들홀 설어 주믈[주-우-ㅁ-읠 지그기흐고 (번역노걸대 상 59)
              믈읫 우리 짐들흘 收拾흐-기-룰 극진히 흐고 (노걸대언해 상 53)

2. 다음 [자료]와 같이 15세기 국어에서는 사동 접미사에 의한 파생적 사동법이 가능하였던 것이 현대 국어에서는 불가능하고, 대신 통사적 사동법으로 실현한다. 이를 바탕으로 사동법의 변화 과정을 기술해 보자.

[자료]	<15세기>	<현대>
닛다	닝-우-다	*이-우-다 잇-게 하다
밍굴다	밍굴-이-다 *만들-이-다	만들-게 하다
살다	살-이-다	*살-이-다 살-게 하다
호다	호-이-다	*하-이-다 하-게 하다

▌ 알아 두기

    1. 언어는 왜 변화하는가? 세상의 모든 현상은 시간의 흐름에 따라 끊임없이 변화한다. 언어 역시 역사의 흐름에 따라 변화한다. 언어는 의사 전달의 도구이기 때문에 아무나 약속된 체계를 바꿀 수 없는 것으로 생각되지만, 실제 언어는 정체되어 있지 않고 끊임없이 변화를 겪어, 오랜 세월이 쌓이면 그 모습이 상당히 달라지게 된다.

    그러면 왜 언어는 변화하는 것일까? 이 문제에 대한 대답은 쉽지 않지만, 우리는 언어의 본질과 기능의 관점에서 대답을 찾아볼 수 있다. 먼저 언어의 본질이라는 관점에서 살펴보자. 제2장의 2.1.3.에서 이미 살펴본 바와 같이 언어의 본질은 자의적인 기호 체계이다. 말소리와 뜻이 자의적인 관계로 맺어져 있기 때문에 어떤 조건만 주어지면 그 관계는 바뀔 수 있다. 따라서 시간이라는 조건에 따라 말소리와 뜻이 맺어진 관계는 바뀔 수 있다. 만약 필연적인 관계로 맺어져 있다면, 아무리 시간이 흘러도 결코 언어는 변화하지 못할 것이다.

    이번에는 언어의 기능이라는 관점에서 살펴보자. 언어의 기능은 의사전달의 도구이다. 도구는 사용하기에 편리해야 한다. 만약 그 도구가 사용하기에 불편하다면 더 편리하도록 다듬어 사용하게 마련이다. 언어라는 의사전달의 도구도 마찬가지이다. 표현하기에 편리하고, 이해하기에 편리한 방향으로 언어는 변화한다. 표현의 편리를 위해서는 조음 작용을 간결하게, 이해의 편리를 위해서는 청취 작용을 분명하게 하는 방향으로 나간다. 그런데 이 두 방향은 서로 상충될 수 있어, 두 방향이 조화를 이루면서 언어는 변화한다. 그래서 언어는 간결한 체계로 변화하기도 하고, 반대로 더욱 복잡한 체계로 변화하기도 한다. 음운 변화의 예를 들면, 동화, 축약, 탈락 등은 전자의 예이고, 이화, 첨가 등은 후자의 예이다.

2. 부정법의 변화 15세기 국어의 부정은 현대 국어와 마찬가지로 '아니/몯 용언' 형식과 '용언-디 아니ᄒᆞ다/몯ᄒᆞ다/말다'와 같이 두 가지 유형이다.

> (가) 그딋논 아니 듣ᄌᆞᄫᅢ더시닛가 (석보상절 6:17)
> (나) ᄂᆞ미 ᄠᅳ들 거스-디 아니ᄒᆞ-고 (월인석보 23:72)

그런데 역사적으로 보면 '아니/몯 용언' 형식이 축소되고 '용언-디 아니ᄒᆞ다/몯ᄒᆞ다/말다' 형식이 확대되는 변화를 보인다. 이러한 현상은 16세기의 <번역노걸대>와 17세기의 <노걸대언해>의 대비를 통해 확인할 수 있다.

> (가) 우리 이 ᄆᆞᆯ둘히 믈 아니 머것더니 (번역노걸대 상 31)
> (나) 우리 이 ᄆᆞᆯ둘흘 일즙 믈 머기-디 아녓더니 (노걸대언해 상 28)

3. 회상어미의 변화 다음은 15세기 국어에서 회상어미가 쓰인 문장이다. 이를 통해서 15세기 국어 회상어미의 형태가 어떻게 분화되어 있는지 살펴보자.

> (가) 病ᄒᆞᆫ 사ᄅᆞ미 잇거든 夫人이 머리를 ᄆᆞᆫ지시면 病이 다 둏-더-라. (월인석보 2:30)
> (나) 本來 ᄇᆞ라오미 아니-러-라. (법화경 2:77)
> (다) 내 지븨 이싫 저긔 受苦ㅣ 많-다라. (월인석보 10:23)
> (라) 내 …… 舍衛國 사롬-이-라니, 父母ㅣ 나를 北方 싸ᄅᆞᆷ믈 얼이시니 (월인석보 10:23)

위 문장에서 보면, 우선 인칭에 따라 2/3인칭에는 '-더/러-'가 쓰였고, 1인칭에는 '-다/라-'가 쓰였다. 그리고 동사나 형용사에는 '-더/다-'가 쓰였고, '이다' 뒤에서는 '-러/라-'가 쓰였다.

그러나 이들 네 가지 형태는 현대 국어에서는 '-더-'만 쓰인다. 이것은 문법 형태가 역사적으로 변화한 예를 보여 준다고 하겠다.

▌ 더 읽을거리

고영근(1987/1997), 표준 중세국어문법론, 탑출판사.

교육부 (1985/1991/1996), 인문계 고등학교 문법, 대한교과서주식회사.

국어사연구회 (편)(1997), 국어사연구, 태학사.

권재선(1988), 국어학 발달사, 우골탑.

권재일(1998), 한국어 문법사, 도서출판 박이정.

김광해·권재일·임지룡·김무림·임칠성(1999), 국어지식탐구, 국어교육을 위한 국어학
　　　　　　개론, 박이정.

김동소(2007), 한국어의 역사, 정림사

김무림(2004), 국어의 역사, 한국문화사.

김방한(1983), 한국어의 계통, 민음사.

김석득(1983/2009), 우리말 연구사, 정음문화사/태학사.

안병희·이광호(1990), 중세국어문법론, 학연사.

이기문(1961/1972/1998), 국어사개설, 민중서관/태학사.

이숭녕(1981), 중세국어문법 - 15세기어를 주로 하여, 을유문화사.

임용기·홍윤표 (편)(2006), 국어사 연구 어디까지 와 있는가, 태학사.

주시경(1910), 국어문법, 박문서관.

최현배(1940), 한글갈, 정음사.

허　웅(1975), 우리 옛말본 - 15세기 형태론 -, 샘문화사.

허　웅(1983), 국어학 - 우리말의 오늘·어제, 샘문화사.

허　웅(1965/1985), 국어 음운학, 정음사/샘문화사.

제 7 장

국어의 미래

"지구 반대편 파라과이에서 한국말을 배우는 사람이 늘고, 한국 문화를 소개하는 라디오 프로그램까지 등장했습니다. 한국이 가난 탈출의 모범 사례로 인식되고 여기에 한류 바람까지 더해지면서 관심이 커지고 있는 것입니다. 까무잡잡한 피부의 파라과이 학생들이 더듬더듬 한국말 배우기에 열심입니다. 한류 열풍과 함께 한국말에 대한 관심이 커지면서 수업 정원을 3배가량 늘렸는데도 빈자리가 거의 없습니다. 한국 음악 사랑에서 유학 준비까지, 한국어를 배우는 동기도 각양각색입니다." – 와이티엔 뉴스 2009년 11월 17일

근래 한국어를 배우려는 외국인의 수가 크게 늘고 있다. 외국 대학의 한국어 관련 학과의 수가 해마다 늘어나고 있고, 국내의 한국어 교육기관에는 외국인 연수생으로 문전성시를 이룬다. 이러한 한국어 학습 열풍은 국력의 신장에 힘입어 국어의 위상도 크게 높아지고 있음을 보여 준다.

국내의 언어 상황도 크게 변화하고 있다. 외국인 신분의 거주자와 타민족 출신 국민, 그리고 북한 출신 이주민의 수가 급격히 늘어나면서, 우리나라는 다양한 언어적 배경을 가진 사람들이 함께 사는 나라로 바뀌어 가고 있다. 온 국민이 하나의 언어와 문자로 자족적인 언어생활을 해 오던 나라에서 다문화, 다언어 국가로 바뀌고 있는 것이다.

우리는 이와 같은 국내외 언어 환경의 역동적인 변화에 능동적으로 대처해야 한다. 밖으로는 국어를 세계인의 소통과 문화 발전에 기여하는 국제어로 키워 나가면서, 안으로는 서로 다른 언어적 배경을 지닌 국민들을 배려하고 통합하는 언어 정책을 펴 나가야 하는 것이다.

이런 인식 위에서, 이 장에서는 남북한의 언어 통일에 대비하고, 국어를 둘러싼 언어 환경의 변화에 효율적으로 대처하며, 인접 분야와의 협력 속에 국어를 발전시킬 수 있는 방안에 대해 살펴보고자 한다.

1. 통일시대의 국어

1.1. 남북한의 언어 통일

1.1.1. 북한의 언어 정책과 어문 규범

남북이 분단되고 반세기 이상의 시간이 지나면서, 양쪽의 언어도 어느 정도 달라졌다. 남북한의 언어가 달라진 것은 원래부터 있던 방언 차이에다 서로 다른 언어 정책이 가해진 결과이다.

남한에서는 특별한 언어외적 이념이 언어 정책이나 국민의 언어생활을 강제하는 힘으로 작용한 경우는 거의 없다. 언어와 사고, 문화가 서로 불가분의 관계에 있다거나, 언어가 민족의 얼을 형성하는 힘을 가지고 있다는 등의 내용이 교과서에 제시되었지만, 이것이 국어 교육의 세부 내용을 선정하고 어문 규범을 제정하는 일에 일일이 관여한 흔적을 찾기는 어렵다. 따라서 남한에서는 '한글전용에 관한 법률'(1948)이나 '국어 기본법'(2005)과 같은, 언어 관련 법률을 정하고 '한글 맞춤법'을 비롯한 각종 어문 규범을 제정하여 보급하는 일 외에는, 특정 이념의 입장에서 국어의 변화를 이끌거나 국민의 언어생활을 인위적으로 바꾸는 일은 하지 않았다. 정부 기관이나 학회 등 민간단체의 주도로 국어 순화를 위한 사업을 펼치고, '국어순화자료집'이나 「쉬운 말 사전」 등을 편찬하는 사업을 전개했지만 그것도 주로 국민의 자율적인 참여를 권장하고 국민의 언어생활에 도움을 주는 데 목적을 두었다.[• 관점 비교하기 1]

이에 반해, 유물론적 언어관을 바탕으로 성립된 북한의 언어 정책은 그들이 내세우는 '민족 독립'과 '주체사상 확립'의 도구로 사용될 민족어를 육성하는 데 목적을 두었다. 그리하여 광복 직후부터 한글 전용 정책을 시행했고, '말다듬기 '라고 불리는 국어 순화 운동을 추진했으며, '조선어 철자법'을 중심으로 한 독자적인 어문 규범을 제정하고 '문화어 사업'을 전개하였다. 그 결과 북한의 언어생활은 일부 어휘나 어문 규범 등에서 남한과 차이를 보이게 되었다.

먼저, 북한의 한글 전용 정책은 문맹퇴치운동의 일환으로 추진되었는데, 신문, 잡지, 교과서에서부터 시작하여 전문 서적에 이르기까지 한자 표기를 없애나가다가 1949년부터는 한자가 전면적으로 폐지되었다. 이후 1953년에 각급학교의 한자교육은 다시 시작되었지만 교과서를 비롯한 출판물에 한자를 사용하는 것은 금지하고 있다. 이러한 북한의 문자 정책은 '말다듬기'와 '문화어' 운동으로 이어졌는데, 그 핵심은 어려운 한자어나 외래어를 고유어로 바꾸는 일이었다. 그 결과 많은 수의 한자어와 외래어가 고유어로 다듬어졌고, 방언이 문화어로 채택된 경우도 많았다. 아래 (1ㄱ)은 한자어나 외래어를 고유어로 다듬은 말의 보기이고 (1ㄴ)은 방언에서 문화어로 선택된 말의 보기이다.

(1) ㄱ. 다리매(←각선미), 차마당(←주차장), 손기척(←노크), 볶음머리(←파마)
    ㄴ. 남새(채소), 닭알(계란), 인차(이내, 곧), 입성(옷), 강냉이(옥수수)

1982년에는 5만여 개의 '다듬은 말'이 발표되었는데, 이때 만들어진 말 중에는 실제 북한 사람들의 언어생활과 괴리가 있어서 정착되지 않은 경우도 많았다. 그래서 상당수의 말들이 뒤에 원래의 한자어와 외래어로 되돌려졌다. '아이스크림→얼음보숭이(현대조선말사전, 1982)→아이스크림/에스키모(조선말대사전, 1992)'가 좋은 보기이다. 다음으로, 북한에서만 사용하고 있는 어휘 중에는 북한의 체제와 이념이 반영된 것이 많은데, 여기에는 '동무'나 '수령'과 같이 기존의 어휘에 새로운 의미를 부여한 것도 있고, '후비대', '밥공장'과 같이 북한식 이념과 체제를 표현하는 데 필요한 새말도 다수 등장했다. 아울러, 여러 학문 및 전문 분야의 용어들이 달라진 것이 많다.

맞춤법은 북한도 원칙적으로 형태 음소적 표기의 원리를 취하고 있다.

(2) 조선말맞춤법은 단어에서 뜻을 가지는 매개 부분을 언제나 같게 적는 원칙을 기본으로 하면서 일부 경우 소리나는 대로 적거나 관습을 따르는것을 허용한다.
「조선말 규범집」(1986) 중 '맞춤법'의 총칙)

그러나 세부적으로는 다소 차이가 있는데, 그 중 가장 먼저 눈에 띄는 것은 한글 자모의 이름과 순서이다. 먼저, 남한은 전통적인 '기역, 디귿, 시옷'을 그대로 따르고 있으나 북한은 다른 글자의 이름과 통일시켜 '기윽, 디읃, 시읏'으로 바꾼 가운데 '그, 느, 드, 르…'식 이름도 허용하였고, 된소리도 '된기윽, 된디읃' 식으로 바꾸었다. 자모의 배열순서는 된소리를 자음 14자의 끝에 배치하고 모음 글자는 그 다음에 두고 있다는 점이 남한과 다르다. 그밖에 맞춤법상의 두드러진 차이 중 하나는 사이시옷 표기이다. 북한에서는 「조선어 신철자법」(1948)과 「조선어철자법」(1954)까지는 사잇소리 현상이 일어나는 합성어의 표기에 ' ''('絶音符')를 사용하여 '그믐'달, 봄'비, 담'요, 앞'이, 경리'과'와 같은 방식으로 표기했는데, 1966년의 「조선말규범집」에서부터는 '발음교육등을 목적으로 하는 특수한 경우를 제외하고는' 모두 없앴다. 다음은 「조선말규범집」(1988)의 '문화어발음법'의 제9장 '사이소리현상과 관련한 발음'의 보기로 제시된 '합친말'(합성어)들이다.

(3) 가위밥[가위빱], 배전[배쩐], 쇠돌[쇠똘], 수여위[순녀위], 이몸[인몸]

띄어쓰기는, 북한도 단어 단위로 띄어 쓰는 것을 기본 원칙으로 삼고 있다는 점에서 남한과 같다. 다만, 남한의 한글 맞춤법에서는 품사와 관계없이 단어는 띄어 쓰도록 원칙을 정한 데 반해, 북한은 품사가 서로 다른 경우에만 띄어 쓰도록 한 점('조선말 띄여쓰기 규범' 제2항), 그리고 "두개이상의 말마디가 결합되어 하나의 뜻을 나타내는 덩이로 된것은 품사가 다르거나 토가 끼여도" 붙여 쓰도록 한 점('조선말 띄여쓰기' 규범 제3항)이 눈에 띄는 차이점이다. '과학기술중시사상, 조직사상생활규범'은 앞 쪽의 예이고 '무엇보다먼저, 한마음한뜻으로'는 뒤쪽의 예이다.

발음상의 가장 큰 차이는 널리 알려진 대로, 북한이 두음법칙을 따르지 않는다는 점이다. 초기에는 적을 때만 원음을 밝히고 발음할 때에는 두음법칙을 지켜도 좋다고 했으나 1966년의 「조선말 규범집」부터는 발음도 원음대로 하라고 규정하고 있다. 다음은 「조선말 규범집」(1988)의 '문화어 발음법'의 해당 규정이다.

(4) ㄱ. 《ㄹ》은 모든 모음앞에서 《ㄹ》로 발음하는것을 원칙으로 한다.(제5항)

ㄴ. 《ㄴ》은 모든 모음앞에서 《ㄴ》으로 발음하는것을 원칙으로 한다.(제6항)

모음의 경우에는, 남한에서는 'ㅚ, ㅟ'를 이중모음으로 발음하는 것도 허용하고 있는 반면, 북한에서는 '어떤 자리에서나 홑모음으로 발음한다.'(제3항)고 규정하고 있는 점이 다르다.

1.1.2. 남북한 언어의 통일을 위하여

앞에서 보았듯이, 남북한의 언어는 분단 이전에 비해 서로 다른 점이 더 많아진 것이 사실이다. 그러나 그동안 남북한의 언어 차이는 실상보다 과장된 측면이 없지 않다. 반세기 이상 단절된 상태에서 서로 다른 방향으로 바뀐 점만 강조되고, 변하지 않은 채 유지된 근본적인 동질성은 크게 언급되지 않았다. 물론, 이러한 상황은 언어 이질화에 대한 우려감의 표출이라고 할 수 있으나 남북의 통일과 언어 통합을 위해 바람직한 것만은 아니다.

먼저, 발음이나 문법의 면에서는 남북한 사이에 방언 차 이상의 심각한 차이가 있다는 증거는 없다. 발음 면에서는 자·모음 체계에 다소 차이가 있지만 그 정도는 남한의 방언들 사이에도 나타나며, 두음법칙의 적용상의 차이도 소통에 장애가 될 정도는 아니다. 아울러, 문법 층위에서도 조사나 어미의 형태에 다른 점이 나타나지만 대부분 원래부터 존재했던 방언의 차이에서 크게 달라지지 않은 것으로 보인다.

어휘는 양쪽에서 뜻이 달라진 말이 다수 존재하고, 또 서로 새로운 말을 만들어 쓰기도 했기 때문에 상대적으로 차이가 커 보인다. 그러나 그런 차이는 역사적으로 우리 민족이 함께 써 온 어휘 전체로 보면 일부에 국한된 것이다. 오히려, 반세기 이상 교류가 없었음에도 불구하고 대다수 기본 어휘는 의미적 동일성을 유지하고 있다는 점은 상당히 고무적이다. 이러한 사실은 남북한의 사전을 비교해 보면 확인할 수 있는데, 실제로 남한 쪽에서 수행한 남북한 언어 비교 작업을 통해 확인되기

도 했다.[•알아 두기 1]

요컨대, 남북의 언어는 회복이 어려울 정도로 심각하게 달라진 것은 아니다. 이 사실은 앞으로 남북의 언어를 통일하는 일이 언어 자체의 차원에서는 그렇게 힘든 일이 아니라는 것을 말해 준다. 비록 전문 분야의 어휘가 달라진 것이 많고, 어문 규범에 있어서도 세부적인 차이가 있지만, 이런 차이는 양쪽의 의지만 있다면 관련 전문가들의 협의를 통해 얼마든지 해결할 수 있다. 이와 관련하여, 남북한에서 각기 다른 방식으로 순화한 말 중에 같은 것이 상당수 발견된다는 것은 매우 희망적인 사실이다.

남북한의 언어 차이에 대한 이러한 인식이 지금의 상태를 그대로 두어도 좋다는 말이 아님은 물론이다. 남북한이 통일된 국가를 이루고 이를 발전시켜 나가기 위해서는 무엇보다도 민족적 동질감을 회복하는 일이 가장 중요한데, 이를 위해서는 언어의 완전한 통일을 이루는 것이 꼭 필요하다.

먼저, 남북한의 어문 규범과 전문 분야의 용어를 통일하는 일이 먼저 이루어져야 하고, 남북한의 방언을 함께 조사하여 남북한이 함께 쓰는 국어사전을 만들어야 한다. 그리고 각종 언어 관련 사업과 언어 정책을 공동으로 수립하고 추진하는 단계로 나아가야 한다. 이 일들 중 이미 시작되었거나 진행 중인 일들도 있다. 남북한의 국어학자들이 힘을 모아 진행하고 있는 「겨레말큰사전」 편찬 사업이 그 대표적인 보기이다.[•알아 두기 2]

이런 일들을 성공적으로 추진해 나가기 위해서는 온 국민이 남북의 언어 통일을 기대하고 이를 위해 뜻을 모아 나가야 하겠지만, 어느 분야보다 국어교육이 중요한 구실을 해야 한다. 남북한의 언어 문제와 관련하여, 국어교육에서는 언어 통일의 당위성과 가능성을 인식시키고 남북한 언어의 모습을 정확하게 알려주는 일이 필요하다. 이를 위해서는 남북한의 언어와 언어의 통일 문제에 대해 관심을 가지게 하는 것에서부터 시작하여, 필요한 자료를 찾아 검토하고, 이 문제에 대해 일정한 관점을 가지고 해결책을 모색해 보게 하는 등의 지도를 해 나갈 필요가 있다.

1.2. 언어 갈등 양상과 치유

1.2.1. 언어 변이와 갈등의 양상

언어는 분화와 통합을 거듭하며 변화하는 속성을 지니고 있다. 이는 언어가 효율적인 의사소통을 위해 동질성을 확대하는 속성과 다양한 요인에 의해 이질화하는 속성을 아울러 가진다는 말이다. 오늘날 우리가 사용하고 있는 한국어도 이런 분화와 통합에 의해 만들어진 수많은 변종의 집합이다. 이러한 언어의 변종을 우리는 언어 변이(language variation)라고 부른다.

언어 변이를 만들어 내는 가장 중요한 요인은 시간과 공간이다. 먼저, 언어는 시간의 흐름에 따라 변한다. 15세기 국어에서 '새(鳥)'라는 단어는 지금과는 달리 [saj]로 발음되었고, '어리다'라는 말은 <어리석다>라는 뜻을 가지고 있었다. 다음으로, 공간의 차이에 따른 언어 변이는 방언이라고 한다. 다른 지역의 방언과는 달리 영남방언에는 모음 'ㅡ'와 'ㅓ'가 구분되지 않거나 'ㅆ'이 없는 방언이 있으며 호남방언 중에는 '의사'를 [으새]로 발음하는 지역이 있다. 다른 방언과 달리 영남방언과 함경방언에서는 모음의 높낮이가 운소의 자격을 가진다.

같은 시·공간에도 언어 변이는 존재한다. 앞의 2장에서 살폈던 대로, 계층이나 성별, 연령, 인종 등과 같은 요인에 의해 발생하는 언어 변이가 그것인데 이들을 지역에 따른 변이와 대비하여 사회적 변이라고도 한다. 중학교에 다니는 딸이 전화기로 보낸 문자 편지를 아버지가 금방 이해하지 못하는 것, 같은 고향 출신이지만 도시와 농촌에서 오랫동안 서로 다른 일을 하면서 지낸 두 친구의 말이 다른 것, 남녀 사이에 표현 방식이나 어조가 다른 것 등이 모두 사회적 요인에 의한 언어 변이의 보기이다.

언어 변이가 때로는 갈등을 불러일으키기도 하는데, 이러한 갈등은 주로 언어 차이에 의한 소통상의 장애나 그런 차이에 대한 당사자들의 태도 때문에 발생한다. 언어 변이에 따른 갈등은 단순한 긴장감이나 이질감, 그리고 소통상의 불만감으로부터 시작하여 상대에 대한 불신이나 개인 간 혹은 집단 간 갈등으로 발전할 수도 있다. 아울러 이런 갈등 상황이 지속될 경우, 언어 변이의 존재 자체가 갈등의 표상이 될 수도 있다. 이런 점을 생각하면, 언어 변이는 사회 통합을 위해 조심스럽게 다루어져야 할 대상임을 알 수 있다.

언어 변이와 그에 따른 갈등 문제, 그리고 그 치유 방안에 대해 살피는 것이 이 절의 목적이다. 그런데 사회적 변인, 즉 사회 계층, 성별, 세대에 따른 언어 변이의 양상은 앞의 2장에서 제시되었으므로, 여기서는 이들에 대한 내용은 줄이고 지역 방언과 다언어 사회 문제에 대해 살펴본 다음, 언어 변이에 의한 갈등의 치유 방안에 대해 생각해 보고자 한다.

▌방언과 표준어 ▌ 방언은 한 언어의 변종이면서 그 자체로 완전한 언어 체계이다. 방언을 사투리와 혼동하여 '표준'에서 벗어난 발음이나 어휘 정도로 잘못 아는 경우도 있고, 어느 지역의 특별한 언어적 특징 정도로 생각하는 경우도 있는데 이 것은 잘못이다. 예를 들어, 경상방언이라고 하면 경상도 사람들이 사용하는 사투리가 아니라 경상도 지역에서 사용되는 국어의 한 변종 체계, 즉 음운, 어휘, 형태, 통사 전 층위에 걸쳐 완전한 체계를 갖춘 언어를 가리킨다.

방언의 분화는 주로 지리적 요인으로 언어 교류가 이루어지지 못하여 일어난다. 한 언어가 사용되는 지역을 언어적 특징에 따라 나누는 것을 방언 구획이라고 하고, 방언 구획에 따라 나누어진 지역을 방언권이라고 하는데, 크기에 따라 대방언, 중방언, 소방언이 나누어진다. 국어의 대방언은 영남방언(경상남북도), 호남방언(전라남북도), 중부방언(경기도, 충청남북도, 황해도, 강원도), 제주방언(제주도), 함경방언(함경남북도), 평안방언(평안남북도) 등 여섯 개가 있는데, 이 대방언은 다시 도단위의 중방언과 군단위의 소방언으로 나뉜다. 이들 중 영남방언과 함경방언이 성조를 운소로 가지고 있고, 중부방언 중 강원도의 동해안 지역에도 성조를 가지는 소방언들이 있다는 것을 고려하면, 주로 동쪽 지역의 방언은 성조 방언이고 서쪽은 비성조 방언이라고 할 수 있다.

서로 다른 방언 사용자 간의 의사소통은 같은 방언 사용자 간의 그것보다 더 어려울 수밖에 없다. 같은 단어를 조금씩 다르게 발음하는 경우는 그래도 좀 덜하지만, 같은 의미에 대해 완전히 다른 어휘 형태를 가지고 있는 경우에는 의사소통이 제대로 되지 않을 수도 있다. 예를 들어, 표준어 '부추'에 해당하는 단어는 남한 지역에서만도 '부추(분추, 부초, 푸추, 뿐추)', '소풀(솔, 소불, 소풀, 졸, 줄)', '정구지(정고지)', '세우리' 등의 네 가지 형태로 쓰인다. 이들은 완전히 다른 단어여서 특별한 상황 맥락이나 사전 지식이 없이는 상호 소통이 어려울 정도이다. 이러한 소통의 어려움은 다른 방언 화자와의 대화에 대한 심적 부담으로 작용하게 되고, 이것이 발전하면 대화를 기피하거나 다른 방언에 대한 좋지 않은 감정이 유발되는 상황으로 이어질 수도 있다. 아울러, 개인의 이러한 경험이나 감정이 모여 방언 간 언어 갈등의 요인이 될 수도 있다.

방언으로 인한 언어 갈등의 또 다른 양상은 표준어와의 관계에 대한 잘못된 인식으로부터 나타난다. 즉, 표준어와 방언은 수직적인 관계가 아님에도 불구하고, 일반적으로 '표준어 우위'라는 인식이 강한 편이다. 우리 사회만 하더라도, 표준어는 정치·경제적으로 세력이 강한, 중심 지역의 주류 구성원들이 사용하는 말이며 표준어 구사 여부가 개인 능력의 일부가 되는 것으로 인식하는 경향도 있다. 이런 인식이 방언 화자의 표준어 구사 능력 확보를 위한 노력을 이끌기도 하지만, 경우에 따라서는 표준어에 대한 방언 사용자의 좋지 않은 감정을 이끌거나 방언에 대한 표준어 사용자의 좋지 않은 감정을 유발할 수도 있다.

▌다언어 사회의 언어 문제 ▌ 언어 변이에 의한 것은 아니지만, 서로 다른 언어를 사용하는 사람이나 집단 사이에도 언어 갈등이 일어난다. 특히, 둘 이상의 언어가 하나의 국가나 사회 안에서 통용되는 상황에서는 필연적으로 언어 간 충돌과 갈등이 일어나게 마련이다. 캐나다에서의 영어와 프랑스어 간 갈등, 벨기에에서의 프랑스어와 네덜란드어 간 갈등, 스리랑카에서의 신할리어(Sinhalese language)와 타밀어(Tamil language) 간의 갈등은 한 국가 안에서 사용되는 둘 이상의 언어 간에 나타나는 갈등의 모습을 잘 보여 주고 있다.

우리나라의 경우에는 오랫동안 단일 민족, 단일 언어를 유지해 왔기 때문에 이와 같은 언어 간 갈등에 있어서는 비교적 자유로운 상태에 있었다. 그러나 최근 많은 수의 외국인과 북한 이주민들이 국내에 들어와 함께 살게 되면서 우리 사회 내의 외국인들과 우리 국민, 출신 국가가 다른 외국인 상호 간의 관계가 사회 통합의 중요한 관건의 하나로 대두되는 시점에 이르렀다. 이러한 상황은 당연히 사회 구성원 간 의사소통 문제, 나아가 언어 갈등이라는, 일찍이 경험하지 못한 문제 국면으로 우리 사회를 이끌어 갈 가능성이 충분히 있다. 한국인 고용주와 외국인 노동자 간의 소통, 구청이나 동사무소, 은행 같은 공공 기관에서 일어나는 소통상의 문제는 물론이고 국제결혼 가정에서 언어 차이로 인해 일어나는 다양한 문제들은 이미 우리 사회가 언어 차이로 인한 갈등을 겪는 처지가 되었다는 것을 보여 준다.

1.2.2. 언어 갈등의 치유

언어 변이에 의한 갈등은 대부분 언어 자체에서 나오기보다는 사회 구성원의 오해나 옳지 못한 태도에서 발생한다. 따라서 이런 갈등을 해소하는 데는 언어 사용자가 언어 변이를 올바르게 이해하고 그것에 대해 긍정적이고 건전한 태도를 가지는 것이 중요하다. 무엇보다도, 상대가 가진 언어 변이를 정당한 차이로 인정하고, 사회 내에서 조화롭게 공존할 수 있도록 서로 배려하는 마음을 가지는 것이 필요하다. 물론, 이 과정에서 국어 교육의 역할이 중요하다.

방언과 표준어의 관계에서는 먼저, 방언의 개념을 제대로 알고 그 가치를 인식하도록 가르칠 필요가 있다. 방언은 한 언어의 변종으로서 개별 방언 하나하나가 완전한 언어 체계이다. 따라서 방언들 사이에는 우열이 아니라 다름이 있을 뿐이다. 표준어와 방언의 관계도 수직적인 관계가 아니며 둘 다 존재 가치가 있다는 점을 인식하도록 해야 한다. 방언에 대한 선입관을 가지지 않도록 하고, 다른 방언의 존재, 다른 방언 사용자를 존중하는 자세를 가지도록 지도할 필요가 있다.

남녀 간의 언어 차이가 갈등의 요인으로 작용하지 않으려면, 우선 서로 간의 언어상 차이를 알고 이해하는 한편, 이를 자신의 언어생활에 반영하여 상대를 배려하는 태도를 갖도록 하는 것이 필요하다. 이점과 관련하여 남녀의 언어 차이는 서로 다른 성장 과정과 환경, 주위의 기대 등에 의한 문화 차이에 기인하는 면이 크므로, 서로의 차이를 인정하고 끊임없이 상대를 이해하려고 노력하는 자세가 필요하다. 무엇보다도, 위에서 언급한 남녀의 언어관의 차이나 언어 사용상의 차이는 절대적인 것이라기보다는 하나의 경향성에 불과하다는 것을 알게 할 필요가 있다. 그리고 성차별 언어는 남녀에 대한 불평등한 시각을 바탕으로 형성된 것이므로, 남녀평등에 대한 인식을 정립하는 일이 먼저 이루어져야 함을 가르칠 필요가 있다.

세대 간의 언어 차이도 기본적으로는 서로 간의 차이를 인정하고 존중하는 자세를 가지면 극복할 수가 있다. 특히 언어의 자연스러운 변화의 결과에 따른 세대 간 언어 차이에 대해서는 그러한 변화의 양상을 이해하고 그것이 소통의 장애가 되지 않도록 서로 유의하는 태도를 길러줄 필요가 있다. 인터넷을 비롯한 소통 매체의 발달과 함께 나타난 젊은 세대의 새로운 언어 소통 양식에 대해서는 그러한 소통 방식이 일정한 범위를 넘어서는 경우 언어의 본질적인 기능을 상실하게 된다는 점을 인식하도록 지도할 필요가 있다.

다가오는 다언어 사회와 함께 나타날 언어 갈등에 대해서는 우리 국민이 문화적 획일주의와 순혈주의를 넘어 문화적 다원주의와 다양성의 가치를 수용하는 태도를 기를 수 있도록 이끌어 주어야 한다. 이를 위해 개방성과 포용성을 두루 갖추고 외국인과 그들의 언어, 문화를 존중하며, 서로 간의 차이에 대해 관용적인 마음을 가지도록 지도해야 한다. 아울러, 우리보다 일찍 다문화, 다언어 사회를 경험한 다른 나라들에서 사회 통합을 위해 외국인을 위한 교육 정책, 특히 언어 교육에 많은 노력을 기울이고 있다는 점도 주목할 필요가 있다. 체계적인 언어 교육을 통해 외국인 이주자의 소통 능력을 길러 줌으로써 이들이 우리 사회의 구성원으로서 사회 활동에 적극적으로 참여할 수 있는 기반을 만들어 주어야 한다.

2. 세계 속의 국어

2.1. 재외 한민족 공동체의 언어 문제

2.1.1. 재외 동포의 언어 문제

외교 통상부의 추산 자료에 의하면 2009년 5월 현재 외국에 거주하거나 체류하고 있는 재외 동포의 수는 모두 176개국의 6,822,606명에 이른다. 이것은 이탈리아,

중국, 이스라엘, 우크라이나, 멕시코, 레바논 등의 몇몇 나라 다음으로 많은 수치로 세계에서도 상위권에 속한다.

우리나라의 이민사에서, 초기의 이민자들은 약소국 국민으로서 정치적, 경제적 불행 속에 조국을 등지게 된 경우도 많았고, 외화 획득을 위한 인력 수출의 대상이 되기도 했다. 그러나 이들은 한민족 특유의 끈기와 의지로 삶을 개척하여 이제는 거주국의 국민으로서, 그리고 세계 시민으로서 역할을 다하고 있을 뿐 아니라 모국에 대해서는 귀중한 정치, 경제적 자산이 되고 있다.

모든 이민자들이 그러하듯이, 재외 동포는 이중적인 정체성을 가지고 살아야 하는 어려움이 있다. 우선, 그들은 문화적 배경이 다른 타민족 출신으로 새로운 문화와 사회에 적응해야 하는 한편, 소수 민족의 일원으로서 거주국의 주류 사회 안에서 일정한 지위를 확보해야 하는 처지에 있다. 다른 한편으로 재외 동포들은 한민족으로서의 민족적 정체성을 유지하고 있다. 이들은 한민족의 신체적, 정신적 유전 인자를 바탕으로 동족 의식과 모국애를 가지고 있을 뿐 아니라, 현실적으로 같은 민족 구성원들과 맺고 있는 인간관계, 그리고 모국의 정치적·문화적 배경으로부터 벗어나기도 어렵다. 그것은 거주국의 국민으로 동화되는 것 못지않게 민족적 정체성을 유지하고 신장하는 것이 자신의 삶에 도움이 되기 때문이다. 즉, 민족적 가치관, 규범, 전통에 대한 태도를 유지하고 모국애를 가지는 것은 거주국 내의 민족 공동체 속에서 좋은 인간관계를 유지함은 물론, 거주국의 국민으로서 새로운 정체성을 형성하는 데에도 매주 중요하게 작용한다.

재외 동포가 지닌 이중적 정체성의 특징을 가장 잘 보여주는 것이 바로 언어이다. 그들은 먼저 거주국 사회의 일원으로 살아가기 위해 그 나라의 언어를 구사할수 있어야 한다. 거주국의 문화와 사회를 이해하고 그 사회의 주류 집단과 관계를 맺으면서 주류 직업 세계에 진출하기 위해서는 무엇보다도 그들과 소통할 수 있는 언어 능력을 갖추는 일이 가장 중요하기 때문이다. 따라서 이민 1세대는 거주국의 언어를 제2 언어로 학습하지만, 그 자녀 세대부터는 대부분 제1 언어로 습득하게 된다. 미국에 거주하는 동포를 대상으로 한 최근의 조사에서 '본인이 가장 자유롭게 사용하는 언어'로 1세대의 80% 이상이 한국어를 꼽은 데 반해 1.5세대의 60%

정도, 2세대의 90% 이상이 영어를 든 것은 이민 1세대로부터 다음 세대로 내려가면서 재외 동포의 제1 언어가 바뀌어 가는 모습을 잘 보여 준다. 이러한 현실적인 언어 구사 능력뿐 아니라 모국어에 대한 인식도 세대 간에 분명한 차이가 나타나고 있다. 예를 들어, 카자흐스탄 거주 동포들을 대상으로 한 조사에서 한국어를 모국어로 인식하는 사람의 비율이 '64.0%(1970년) → 56.1%(1979년) → 51.7%(1989년)' 식으로 감소되고 있다는 조사 보고는 그러한 판단의 근거가 된다.

이렇게 재외 동포의 언어생활에서 한국어가 제1 언어의 자리에서 밀려나고 모국어에 대한 인식도 약화되는 추세가 분명한 것이 현실이지만, 재외 동포들의 삶에 있어서 한국어는 여전히 큰 비중을 차지하고 있는 것으로 보인다. 그들의 삶에서 한국어는 여전히 필요하며, 실제로 상당 부분은 유지되고 있다. 가정 내의 의사소통은 물론, 동포 사회 내의 소통과 협력을 위해서도 한국어가 중요한 매체가 되기 때문이다. 따라서 많은 동포들이 한국어 및 한국어 학습의 필요성을 느끼고 있으며, 특히, 2세대 이하의 경우에는 청소년기까지는 거주국의 언어를 습득하고 그것을 통해 교육을 받다가 대학생이나 성인이 되어 한민족 구성원으로서의 정체성을 확인하면서 한국어를 배울 필요성을 느끼게 되는 경우가 많다. 아울러, 최근 우리나라의 국제적 위상이 높아지면서 재외 동포들이 느끼는 한국어 학습의 필요성은 더 커지고 있는 것으로 보인다.

이와 같은 현실은 재외 동포의 삶에 있어서 한국어가 이중적 위상을 가지고 있다는 점과 함께, 언어 문제와 관련하여 재외 동포들이 적지 않은 갈등과 고민을 가지고 있다는 사실을 말해 준다. 재외 동포들에게 한국어는 세대에 따라 자신의 모국어이거나 아버지, 할아버지의 모국어로서 자신의 뿌리와 정체성을 나타내는 존재이지만 현실적으로는 제2 언어로서 그 쓰임의 대상이 가족이나 한인 사회로 국한되는 것이 사실이다. 아울러, 거주국의 여건이나 주변 사회의 상황에 따라서는 모국어 사용이 부적응 정도를 나타내는 징표가 되어 사회적 불이익을 받는 요인이 될 수도 있고 반대로 더 나은 소통 능력을 가진 다중 언어 사용자의 지표가 될 수도 있다. 이런 문제는 한국어 학습에 대한 동포 개인의 의욕과 의지 그리고 가정환경, 나아가 거주국의 언어 정책 및 그 사회의 분위기 등 다양한 변수와 관련되는 것이어서 그 양상을 한 마디로 정리하기가 쉽지 않다. 어쨌든, 한국어 학습 및 사용과 관련된 문제는 재외 동포들에게 다층적인 차원을 가진 문제임에 틀림없다. 특히, 이민 2세대 이하의 경우 한국어를 제2 언어로 사용하는 이중 언어 사용자가 되느냐의 여부가 개인의 인생사에서 매우 중요한 결정 사항 중 하나가 될 가능성이 높다.

2.1.2. 재외 동포 언어 문제의 해결 방안

재외 동포는 거주국의 국민으로서 성공적인 삶을 영위할 수 있도록 아낌없이 배려하고 지원해야 할 대상인 동시에 다른 나라와의 경쟁 관계 속에서 언제든 우리의 힘이 될 수 있도록 키워나가야 할 소중한 자산이다. 그렇다면 재외 동포의 언어 문제와 관련하여 우리가 지녀야 할 태도와 추구해야 할 방향도 명백하다. 즉, 언어 문제의 차원에서 재외 동포의 가장 이상적인 모습은 거주국의 언어를 제1 언어로 사용하면서도 모국어인 한국어에도 능통한 이중 언어 사용자가 되는 것이며, 우리는 앞으로 재외 동포들이 이러한 이상적인 모습을 갖출 수 있도록 정책을 수립하고 실천해 나가야 한다.

물론, 이중 언어 사용자가 단순히 두 언어 구사 능력을 갖춘 사람을 뜻하는 것은 아니다. 여기서 말하는 이중 언어 사용자란 두 나라의 언어와 언어문화를 깊이 이해하고, 상황에 따라 두 언어를 사용할 수 있으며 이를 바탕으로 거주국과 모국의 문화, 그리고 세계 문화의 발전에 기여할 수 있는 능력과 태도를 갖춘 사람을 말한다. 이를 위해서는 한국어 교육이 한국어를 배우고 쓰도록 일방적으로 강조하는 방식으로 이루어져서는 안 된다. 재외 동포를 대상으로 한 한국어 교육은 개방적이고 포용적인 자세를 견지하면서 그들이 거주국의 국민으로서의 의무를 다하고 나아가 세계 시민으로서의 역할을 해 낼 수 있도록 배려하는 방향으로 이루어져야 한다. 이를 위해서 한국어 교육은 한민족으로서의 정체성을 유지한 채 거주국의 사회 문화 발전에 기여하고, 나아가 세계의 문화 발전에 기여할 수 있는 자질과 역량을 길러 주는 쪽으로 목표를 두어야 한다.

재외 동포의 의식면에서는, 한국어를 학습하는 것이 그들이 거주국에서 보다 나은 삶을 영위하는 데 도움이 된다는 인식을 갖도록 하는 것이 중요하다. 즉, 동포들

스스로 모국어를 구사하는 능력을 갖추는 것이 자신들의 삶에 실질적인 도움이 된다는 점을 깨닫도록 할 필요가 있다는 것이다. 연구에 의하면, 다민족 국가에서 소수 민족의 이민 2, 3세가 자신의 민족에 대한 정체성이 높을수록, 특히 모국어에 대한 애착이 강할수록 학업 성취도가 높은 결과가 나왔다고 한다. 비록 이 연구가 모국 문화에 대한 정체성이 강한 사람에게 유리한 사회 메커니즘이 형성되어 있는 미국 중심의 연구여서 무조건 일반화할 수는 없지만, 후세대의 모국어 구사력, 혹은 이중 언어 구사 능력이 학업 성취도나 사회적응도와 밀접한 상관성을 가진다는 것은 일반적으로 인정되는 사실이다. 그리고 굳이 이런 연구가 아니더라도 현지 한인 사회 및 모국과의 소통 능력을 갖추는 것이 동포 개인의 삶을 성장시키는 데 필요한 중요한 자질이 될 것임은 틀림없는 일이다. 이와 같은 점들은 우리가 재외 동포들로 하여금 이중 언어 사용자가 되도록 설득하고 그들을 지원하는 타당한 근거와 동기가 된다.

다음으로 현실적인 측면에서는, 재외 동포들이 한국어 구사 능력을 갖추는 데 실질적인 도움이 될 수 있는 여건과 기회를 제공하는 일이 필요하다. 현재 우리 동포들이 거주하고 있는 세계의 각 지역에는 다양한 수준의 한국어 교육 기관이 운영되고 있고, 최근 세계적으로 일고 있는 한국어 학습 열기에 부응하기 위한 정부 차원의 정책 및 대학 등 민간 차원의 노력이 눈에 띄게 늘어나고 발전한 것이 틀림없다. 그러나 재외 동포와 외국인들을 대상으로 한국어 교육을 체계적이고도 효과적으로 수행해 내기에는 양과 질 두 측면에서 모두 부족한 점이 많다. 재외 동포를 위한 한국어 교육의 목표와 방향을 정립하는 일로부터 거주국의 언어 정책 및 여건에 맞는 교육 과정과 교재를 만들어 내는 일, 유능한 한국어 교사 및 한국어 교육 연구 인력을 양성하는 일, 재외 동포 자녀들의 모국 방문 프로그램을 활성화하는 일 등이 한국어 교육과 관련된 재외 동포들의 요구인데, 대부분 국가 차원에서 현재 진행 중이거나 앞으로 해 나가기 위해 준비하고 있는 일들이다.

2.2. 한국어의 위상과 세계화

2.2.1. 한국어의 위상

인도네시아 부톤섬의 찌아찌아족이 한글을 그들의 언어를 적는 공식 문자로 채택하고 한글로 표기된 교과서로 모국어 교육을 시작했다는 소식은 한글의 우수성을 다시 한 번 세계에 알린 사건이었다. 그런데 이 일은 우리에게 한글을 문자가 없는 다른 나라 사람들과 나누게 되었다는 일종의 문화 교류 차원의 자부심을 가지게 한 것 외에, 소수 민족이 사용하는 언어, 특히 소멸 위기에 있는 언어들에 대한 관심을 가지는 계기를 만들어 주었다.

≪에트놀로그, 세계의 언어들≫(M. Paul Lewis, Editor. Ethnologue, Languages of the World. 16th edition, SIL International, Dallas. 2009)에 의하면 현재 전 세계에는 6,900여 개의 언어가 사용되고 있다고 한다. 이 중에서 80% 이상의 사람들이 사용하는 언어는 수십 개에 불과하고, 1~2백만명 정도가 사용하는 언어, 심지어는 몇 만 명 이하가 사용하는 언어도 많다. 이들 군소 언어 중에는 곧 사라질 위기에 처한 언어도 많다고 한다. 유네스코에서 발간하는 보고서인 『소멸위기에 처한 언어 지도(Atlas of the World's Languages in Danger)』에 따르면, 지난 1세기 동안 전 세계적으로 200여 개의 언어가 사라져 갔다. 지금도 2주에 한 개꼴의 언어가 흔적도 없이 사라지고 있으며, 2100년 이전에는 현존하는 언어의 절반 이상이 사라질 것으로 예상하는 보고도 있다. 이렇게 많은 언어가 소멸되는 것은 국제 교류가 활발해지면서 강대국의 언어가 세력을 넓힌 반면 작은 나라나 부족이 사용하는 언어는 점점 더 설 자리를 잃게 된 결과이다. 자연에 존재하는 약육강식의 원리가 언어의 세계에도 적용되고 있는 셈이다.[*알아 두기 3]

이러한 상황에서 우리 한국어의 위상은 어떠하며, 앞으로 치열한 언어 전쟁 속에서 한국어가 살아남고 나아가 더욱 발전하기 위해서 우리가 어떤 일을 해야 할 것인지에 대해 생각해볼 필요가 있다.

오늘날 한국어의 위상은 날로 높아지고 있다. 국력의 신장으로 세계 속에서 우리나라의 역할과 비중이 커진 데 따른 현상이다. 먼저, 현재 한국어를 사용하고 있는 인구는 2009년 현재 7천 800여 만 명 정도로 세계 12, 3위권이다. 앞의 ≪에트놀로그, 세계의 언어들≫에 의하면 한국어를 사용하는 인구수를 남한 4천7백87만 명, 북한 2천3백6십만여 명으로 집계하고 있는데, 여기에 재외 동포 680여만을 더하면 위와 같은 숫자가 나온다. 더 희망적인 것은 한국어를 배우고자 하는 외국인의 숫자가 점점 늘어 가고 있다는 점인데, 이것은 국내의 외국인 유학생 수 및 재외 한국어 교육 기관의 수로 짐작할 수 있다.

먼저, 국내 대학의 외국인 유학생의 수는 해마다 증가하고 있다. 교육과학기술부의 자료에 의하면 2008년 4월 1일 현재 어학연수 및 학위 취득을 위해 국내 대학에 재학 중인 외국인 학생 수는 63,952명에 달한다고 한다. 이 중 순수하게 한국어 연수만을 목적으로 입국한 학생의 수만 해도 19,521명에 달하는데, 이들은 대학의 한국어교육 관련 기관에서 한국어를 배우고 있다.

한편, 외국에서 한국어를 가르치는 교육 기관의 수도 크게 늘어서 2008년 조사로는 전 세계에서 운영되고 있는 한국어 교육 관련 기관의 수가 2100개가 넘는다고 한다. 아울러, 한국어를 외국어로 가르치고 있는 다른 나라의 학교도 계속 늘어나고 있는데, 2008년도 조사에 의하면, 다른 나라의 초중등 학교가 제2외국어 등으로 한국어 과목을 채택한 사례는 10여 개 나라에서 600개가 넘고, 대학이 한국어 학과나 강좌를 개설한 사례는 50여 개 나라에서 640여 개나 된다고 한다.

한국어를 배우려는 외국인의 수가 늘어나는 것과 함께 한국어능력시험에 응시하는 재외 동포와 외국인의 수도 매년 크게 늘고 있다. 현재 우리나라에서 공인하는 외국인 대상 한국어시험에는 교육과학기술부가 주관하고 교육과정평가원이 시행하는 한국어능력시험(TOPIK)과 노동부가 주관하고 산업인력공단이 시행하는 고용허가제 한국어시험(EPS-KLT)이 있는데, 2009년에는 이 두 시험에 응시한 재외 동포와 외국인의 수가 27만 명에 이르렀고 그동안의 누적 응시자도 100만 명을 넘어섰다고 한다.

그밖에, 2007년 세계지적재산권기구(WIPO)에서 한국어가 국제특허협력조약(PCT)의 9번째 국제 공개어로 채택되었는데, 이는 우리 국민이나 기업은 물론, 다른 나라 사람도 국제 특허를 출원할 때 필요한 각종 문서를 한국어로 작성할 수 있게 되었음을 의미한다. 그리고 1997년부터 미국의 대학입학자격시험인 SAT II에 한국어가 아홉 번째로 포함되었다는 사실이나 2007년 유엔의 언어 영향력 평가에서 한국어가 9위에 올랐다는 점 등도 세계 속 한국어의 위상을 보여 주는 좋은 사례들이다.

위에서 살핀 몇 가지 지표로 볼 때, 한국어의 위상은 지금도 낮은 편이 아니지만, 앞으로는 더욱 높아질 전망이다. 무엇보다도, 한국어는 세계에서 가장 과학적인 문자로 알려진 한글로 표기되는 언어라는 강점을 가지고 있다. 언어의 힘과 생명력은 문자로 기록되고 전파됨으로써 커진다. 문자로 기록되지 않는 언어들이 소멸되었거나 소멸의 위기를 맞고 있는 장면을 우리는 목격하고 있다. 이런 점에서 한국어는 중국어와 일본어 등 동양어는 물론 영어 등 로마자를 쓰는 언어들과 견주어도 충분한 경쟁력을 가지고 있는 것으로 볼 수 있다.

2.2.2. 한국어의 세계화를 위한 과제

앞에서 한국어가 세계적으로 상위권에 속하는 위상을 가지고 있으며, 앞으로도 그 위상이 높아질 것이라는 전망을 했다. 그런데 이런 사실과 관련하여 우리가 놓치지 말아야 할 사실은, 이렇게 높아진 한국어의 위상과 발전 가능성이 대부분 언어외적 요인에 힘입은 것이라는 점이다. 물론, 영어의 세계화가 영어 자체의 우수성 때문만은 아닌 것처럼 언어의 위상이 언어만의 문제로 국한되는 것은 아니다. 그러나 현재 한국어의 높아진 위상이 언어 및 언어와 직접적인 관계를 가진 요소들보다는 경제력 중심의 언어 외적 요소의 발전에 힘입은 정도가 크다는 것은 틀림없으며 장기적으로는 이 점이 한국어가 지속적으로 발전해 나가는 데 도움이 되지 않을 수도 있다. 따라서 앞으로는 언어 차원에서 한국어 발전의 논리와 토양을 마련하고, 이를 추구해 나갈 수 있도록 노력해야 한다.

한국어의 미래와 관련하여 우리가 신중하게 고려해야 할 문제는 '한국어 세계화'의 참뜻이다. '한국어 세계화'의 일차적인 의미는 더 많은 세계인들이 한국어를 사용함으로써 한국어가 세계의 주요 언어와 경쟁하면서 상생할 수 있는 힘을 가지게 되는 상태를 뜻한다고 할 수 있다. 그러나 한국어의 세계화가 한국어 사용 인구의 증가만을 일방적으로 추구하는 것이 아님을 인식하는 것이 중요하다. 오히려 한국어의 세계화는 다른 나라, 다른 문화와의 교류 및 상호 이해의 차원에서 이루어져야 하고, 세계인의 삶에 도움을 줄 수 있는 방향으로 추구되어야 한다. 이를 위해서는 우리 스스로가 다른 나라의 언어나 문화를 폭넓게 수용할 수 있는 태도를 기르고 견지해 나가는 것, 그리고 세계인들이 한국어와 한국 문화를 더 잘 이해할 수 있는 기회와 여건을 제공해 나가는 것, 세계인의 사고와 문화, 문물을 효과적으로 표현할 수 있도록 한국어를 다듬어 나가는 것 등이 '한국어 세계화'에 포함된다는 사실을 인식할 필요가 있다.

이와 같은 인식을 바탕으로, 한국어를 배우고자 하는 국내외 외국인과 재외동포를 위한 한국어 교육 및 보급 사업을 체계화하고 효율적으로 수행해 나가야 한다. 이 일의 핵심은 세계인들이 더 쉽고 편하게 한국어를 배울 수 있는 여건을 마련해 주는 것인데, 이를 위해서는 먼저, 한국어 교육과 관련된 제도와 법, 기구 등을 새로 마련하거나 정비해야 하고, 우수한 인적 자원을 길러내고 교육 과정과 교재를 개발·보급하며, 국내외의 한국어 교육 기관을 설립하고 지원하는 일 등을 효율적으로 추진해 나가야 한다. 현재 국내의 많은 대학에는 외국인 연수생을 위한 한국어 교육 과정이 운영되고 있으며, 국외에도 다양한 형태의 한국어 교육 기관이 설립되어 운영되고 있다. 그리고 정부의 여러 부처와 기관에서 한국어 교육 및 보급 사업을 관장하거나 국내외 한국어 교육 기관을 지원하는 일을 해 나가고 있다.[◀알아 두기 4]

한국어의 세계화를 위해서는 국내의 언어 상황에 능동적으로 대비해 나가는 것도 중요하다. 지금 우리나라는 바야흐로 다국적, 다문화, 다언어 사회로 변해가고 있다. 법무부 출입국·외국인 정책본부의 통계 자료에 의하면 2009년 9월 30일 현재 우리나라에 체류 중인 외국인의 수는 모두 1,149,493명에 이른다. 이들은 물론 한국에서 살아가기 위해 한국어를 배우고 있고, 정부의 관련 기관이나 지방자치단체에서는 이들이 한국어를 배울 수 있도록 다양한 방식으로 배려하고 있다. 그런데 외국인들에게 한국어를 가르칠 때 중요한 것은 이들에게 단지 한국어 구사 능력만을 가르칠 것이 아니라 이들이 한국의 문화와 전통을 긍정적으로 받아들일 수 있도록 하는 것이 중요하다. 이를 위해서는 먼저 우리 국민이 이들의 언어나 문화적 배경을 최대한 존중하고 배려하는 자세를 가지도록 해야 한다. 외국인을 위한 한국어

교육 정책을 수립하고 실천하는 과정에서 이들의 문화적, 언어적 차이를 고려해야 함은 물론이다.

마지막으로, 세계화 시대에 한국어의 발전을 위해 우리가 해야 할 가장 중요한 일은 재외동포들을 포함한 우리 국민 모두가 한국어의 가치를 깊이 인식하고 이를 자신의 언어생활을 통해 실천하도록 교육하는 일이다. 우리 스스로 모국어인 한국어를 보존하려고 노력하면서 한국어로 언어생활을 영위하는 일의 소중함을 인식하는 것이야말로 한국어가 다른 나라말과 겨루면서 세계인의 언어로 발전해 나가는 데 필요한 든든한 기반이기 때문이다.[• 관점 비교하기 2]

3. 국어 정보화와 국어 연구의 발전 방향

3.1. 국어 정보화

3.1.1. 국어 정보화의 개념과 성과

현대 사회를 정보화 사회라고 한다. 여기서 정보화란 각종 지식이나 자료를 이용하기 적합한 정보의 형태로 가공하는 것을 말한다. 그런데 정보의 처리는 주로 컴퓨터에 의존하기 마련이므로, 결국 정보화란 자료를 전산화하는 것, 즉 디지털 정보화를 말한다.

국어 역시 정보화의 중요한 대상이 된다. 국어를 정보화한다는 것은 국어 자료를 전산화하여 필요한 형태와 방식으로 추출해 낼 수 있도록 가공·처리하는 것을 말하는데, 주로 연구와 교육에 유용한 자료를 얻을 목적으로 이루어진다. 국어 정보화에는 국어 말뭉치 구축하기, 국어를 언어학적으로 분석할 수 있는 도구 개발하기, 문자 인식기와 음성 인식기, 그리고 음성 처리기 개발하기, 각종 정보 검색 시스템 개발하기, 기계번역기와 자동통역기 개발하기, 전자사전 만들기 등이 포함된다.

말뭉치(혹은 코퍼스, corpus)란 다양하고 많은 양의 언어 용례를 컴퓨터가 판독할 수 있는 형태로 가공해 놓은 대규모 언어 데이터베이스를 말한다. 1963년 최초의 본격적인 전산 말뭉치로 불리는 100만어절 규모의 브라운 말뭉치(Brown Corpus)가 만들어진 것을 시작으로, 1990년대 1억 어절 이상의 규모를 가진 영국 국가 말뭉치, 고대·중세·근대 영어 문헌들을 전산화한 60만 어절 규모의 헬싱키 말뭉치와 25만 어절 규모의 영국 방언 말뭉치 등이 구축되었다. 우리나라에서도 몇몇 대학과 기관에서 한국어 말뭉치를 구축하였거나 구축하고 있다. 특히 문화관광부가 국립국어원 및 관련 기관 단체와 함께 1998년부터 추진해 온 '21세기 세종계획'에서는 2007년까지 총 5,700만 어절 규모의 현대 문어 원시 말뭉치를 구축하고 이를 기반으로 형태 분석 말뭉치와 형태 의미 분석 말뭉치, 구문 분석 말뭉치를 구축하였다. 이뿐만 아니라 53만 어절 규모의 역사자료 말뭉치와 30만 어절 규모의 현대 구어전사 말뭉치, 한영병렬 및 한일병렬 말뭉치, 북한 및 해외 한국어 말뭉치를 구축하였다. 다음은 21세기 세종계획에서 구축한 현대 문어 구문 분석 말뭉치의 보기이다.

```
        ...
                    <body>

; 프롤로그
(NP 프롤로그/NNG)

; 밤공기가 꽤 싸늘해진 것이 틀림없는 가을밤이었다.
(S          (NP_SBJ     (S_MOD     (NP_SBJ 밤공기/NNG + 가/JKS)
                                   (VP_MOD     (AP 꽤/MAG)
                                              (VP_MOD 싸늘/XR + 하/XSA + 아/EC + 지/VX + ㄴ/ETM)))
                        (NP_SBJ 것/NNB + 이/JKS))
            (VNP        (VP_MOD 틀림없/VA + 는/ETM)
                        (VNP 가을밤/NNG + 이/VCP + 었/EP + 다/EF + ./SF)))

; 몇 시가 되었는지 경지는 모르고 있었다.
(S          (VP         (NP_CMP     (DP 몇/MM)
                                   (NP_CMP 시/NNB + 가/JKC))
                        (VP 되/VV + 었/EP + 는지/EC))
            (S          (NP_SBJ 경지/NNP + 는/JX)
                        (VP         (VP 모르/VV + 고/EC)
                                   (VP 있/VX + 었/EP + 다/EF + ./SF))))

; 그녀는 지금 무척 행복했다.
(S          (NP_SBJ 그녀/NP + 는/JX)
            (VP         (AP 지금/MAG)
                        (VP         (AP 무척/MAG)
                                   (VP 행복/NNG + 하/XSA + 았/EP + 다/EF + ./SF))))
        ...
                    </body>
```

〈그림 1〉 21세기 세종계획 현대 문어 구문 분석 말뭉치의 보기

원시 상태의 말뭉치는 그 자체로도 가치가 있지만 효율적이고 정확한 자료를 추

출하기 위해서 목적에 맞게 가공될 필요가 있다. 이러한 가공 과정을 거친 말뭉치를 가공 말뭉치라고 하는데, 정확하고 효율적인 가공 말뭉치를 만들기 위해서는 자동·반자동적 분석 도구가 필요하다. 분석 도구에 의해 생성된 가공 말뭉치는 분석 수준에 따라 형태 분석 말뭉치, 구문 분석 말뭉치, 의미 분석 말뭉치로 구분되어 언어의 계량적 연구와 통계적 처리를 위한 기초 자료로 사용된다. 국어 분석 도구의 개발 현황을 정확하게 집계하기는 어렵다. 연구기관에 따라 개별적으로 만든 형태 분석기나 구문 분석기가 많이 있으며 심지어 연구자 개인이 컴퓨터 프로그래밍을 통해 분석기를 만들어 쓰는 사례도 있기 때문이다. 널리 알려진 국어 말뭉치 분석 도구로는 과학기술원의 전산학과에서 주축이 되어 개발한 'step2000 Tagger', 21세기 세종계획에서 개발한 '지능형 형태소 분석기', 서울대 인문정보연구회에서 개발한 '북한 문화어 형태소 분석기(NKMA)' 등이 있다.

정보 검색은 목적에 따라 만들어진 분석 도구를 이용하여 다양한 층위의 말뭉치에서 필요한 정보를 추출하는 일련의 과정을 말한다. 우리나라의 정보 검색도 말뭉치의 용례 추출에서부터 웹 기반 검색 시스템에 이르기까지 상당히 효율적인 정보 검색이 가능한 수준에 이르렀다. 지금까지 개발된 말뭉치 검색 도구로는 대학 연구 기관에서 개발한 'SynKDP', '형태소 빈도 검색기', 21세기 세종계획에서 개발한 '글잡이'와 '한마루' 등이 있으며, 병렬 말뭉치의 검색에 쓰이는 'YConc' 등이 있다. 웹 기반 정보 검색은 과학기술원 및 각종 포털 사이트를 중심으로 시스템이 개발되고 상용화되고 있으며, 우리나라에서 개발한 검색 도구는 아니지만 'AntConc', 'MonoConc'와 같이 한국어 코딩 체계 인식이 가능한 다양한 검색 도구들을 무료 또는 유료로 이용할 수 있는 경우도 있다.

기계 번역은 인간이 사용하는 자연 언어를 컴퓨터를 이용하여 다른 언어로 번역하는 일을 말하는데, 컴퓨터의 발달과 대규모 말뭉치의 구축에 힘입어 실용적 수준의 기계 번역기 개발의 가능성이 높아지고 있다. 컴퓨터가 한 언어를 다른 언어로 변환하기 위해서는 원문을 해석하고 문장의 의미를 이해하여 번역 문장을 생성할 수 있어야 한다. 이때 필수적인 과정이 언어 단위를 해석하는 것인데, 이 과정은 형태소 및 단어 해석하기, 문장 구조 해석하기, 의미 해석하기의 세 단계로 이루어진다. 이러한 일련의 과정에 형태, 구문, 그리고 의미 분석 도구와 말뭉치가 활용된다.

우리나라에서는 1980년대부터 기계 번역 도구를 개발하는 작업이 활발하게 이루어졌다. 한국의 과학기술원과 일본의 후지쯔, NEC 등의 전자회사가 공동으로 개발한 '한-일, 일-한 자동 번역 시스템' 및 '한-영, 영-한 기계 번역 시스템', 서울대학교와 IBM사가 공동으로 개발한 '영-한, 한-영 기계 번역 시스템' 등이 대표적인 기계 번역 시스템으로 꼽히고 있으며 이외에도 중국어와 한국어 간의 기계 번역 시스템이 개발되고 있다.

기계 번역의 각 단계에서는 일반적으로 많은 양의 어휘, 문법, 의미 정보가 요구된다. 이러한 정보들을 제공해 줄 수 있는 것이 전자 사전이다. 체계적인 전자 사전의 개발을 위한 대표적인 시도로 21세기 세종계획에서 개발한 '세종 전자 사전'을 들 수 있다. '세종 전자 사전'에는 개별 어휘에 대한 형태 정보와 문형, 용례, 어순 제약 등의 구문 정보, 그리고 영어 대역어, 동의어, 상·하의어 등의 의미 정보를 담고 있다. 다음에서 '세종 전자 사전'의 동사 '가다'에 대한 정보의 일부를 제시한다.

```
- <superEntry>
  <orth>가다</orth>
        - <entry n="1" pos="vv">
              ...
  - <sense>
        - <sem_grp>
        <trans>lead</trans>
          </sem_grp>
        - <frame_grp type="FIN">
        <frame>X=N0-이 Y=N1-로 V</frame>
        - <subsense>
        <sel_rst arg="X" tht="THM">소통행위(이야기|대화)|상황(풍조|분위기)|일</sel_rst>
            ...
        <sel_rst arg="Y" tht="DIR">방향|(쪽|데)</sel_rst>
          <eg>이야기가 자꾸 엉뚱한 방향으로 간다.</eg>
            ...
        </subsense>
          </frame_grp>
   </sense>
- <sense>
        - <sem_grp>
        <trans>die</trans>
        <trans>pass away</trans>
          </sem_grp>
        - <frame_grp type="FIN">
        <frame>X=N0-이 Y=N1-로 V</frame>
            ...
   </sense>

            ...
```

〈그림 2〉 세종 전자 사전의 '가다' 항목

정보를 수집하여 데이터베이스로 구축할 때 꼭 필요한 것이 자료 입력 작업인데 이 과정의 효율성은 과정 전체에 큰 영향을 미친다. 따라서 더 쉽고 빠르게 자료를 입력하는 데 필요한 도구를 개발하는 것도 정보화의 중요한 요소이다. 이러한 필요성 때문에 프로그램 및 데이터, 이미 작성된 문서, 도표 혹은 구어 녹음자료, 발화자료 등을 자동으로 입력하는 기술이 개발되어 왔다. 바코드 인식에서부터 광학 문자 인식(OCR: optical character recognition)에 이르기까지 다양한 문자 인식 자동화 기술은 이미 실용화가 이루어졌으며 인쇄 문자뿐만 아니라 입력도구의 지능화에 따라 손으로 쓴 자료를 인식하는 수준까지 확장되고 있다. 현재 상용화되어 있는 한글 인식기로는 아르미, 글눈, My-QReader, WinReader 등이 있다. 한편 음성 인식에 대한 연구는 언어학, 음성학, 생리학, 해부학, 신호처리 기술 등 다양한 배경에서 연구되어 왔다. 아직 컴퓨터가 인간의 언어를 인식하여 대화를 진행할 수 있는 수준에까지 도달하지는 못했지만, 가전제품, 자동차, 휴대 전화 등의 음성 명령 제어 분야에서는 어느 정도 성과를 보이고 있다.

3.1.2. 국어 정보화의 과제와 전망

국어 자료의 데이터베이스화는 컴퓨터의 비약적인 발전과 더불어 양적·질적 성장을 거듭하고 있다. 앞에서 제시한 대규모 말뭉치뿐만 아니라 여러 기관과 개인이 가지고 있는 국어 말뭉치들은 총 2억 어절 이상으로 추정된다. 이미 구축된 분석 데이터를 이용한 분석 도구의 신뢰도도 상당히 높아진 것으로 알려져 있다.

그러나 국어 정보화를 위해서는 해결해야 할 과제도 많이 있다. 그 중 가장 먼저 이루어야 할 것은 자료를 표준화하는 것이다. 즉 말뭉치의 구성 및 저장 방식 등의 차이로 인해 어느 한 텍스트를 다른 용도로 전환하기가 쉽지 않은 경우가 많은데, 이를 극복하기 위해 최소한의 범위 내에서 텍스트의 어떤 요소를 어떻게 표현할 것인가를 명시하는 표준 텍스트 표현 형식을 정해 둘 필요가 있다.

이와 더불어 말뭉치의 저작권 문제는 데이터베이스의 양적 증가뿐만 아니라 질적 신장을 위해서 풀어야 할 문제이다. 말뭉치를 구축하면서, 저작권이 있는 텍스트를 이용하는 경우는 물론이고 웹상의 디지털자료를 이용하는 것도 저작권을 침해할 가능성이 있다. 따라서 저작권 소유자의 동의 절차와 그 비용 문제 등을 효율적으로 관리할 수 있는 방안이 필요하며, 언어 자료를 수집할 때에는 그 자료의 출처나 연대 등을 반드시 기록하도록 할 필요가 있다.

국어 정보화에 관련된 여러 학문 분야가 얼마나 효율적으로 협력하느냐 하는 것도 중요한 문제이다. 국어 정보화는 어느 한 학문의 독자적 영역이 아니라 언어학, 심리학, 전산학, 사전학 등 다양한 학문의 통합 영역이다. 여기서 각 분야가 지닌 특성을 살리면서도 협력의 효과를 최대화할 수 있어야 하는데, 이를 위해서는 분야들 간의 의사소통을 활성화하고 연구 성과를 서로 효율적으로 교류할 수 있는 여건을 마련하는 것이 중요하다. 아울러, 기초 자료의 구축에서 응용에 이르기까지 각 단계의 일을 담당할 수 있는 전문 인력을 양성하는 일도 매우 중요하다.

국어 정보화를 통해 산출되는 다양한 결과물들은 언어학, 사전학, 전산학 등의 학문 분야뿐만 아니라 출판업, 교육, 전산 시스템 개발, 전자제품 개발 등 실용적 분야에서도 유용하게 활용되고 있으며 앞으로는 그 활용 영역이 더욱 넓어질 것이다. 예를 들어, 언어 교육에 있어서는 교재 개발의 기초 자료로 말뭉치가 활용될 수 있으며, 사전을 만들 때에는 표제어나 용례를 선정하는 데 말뭉치의 정보를 이용할 수 있다. 이러한 학문적, 실용적 가치의 증대에 비례하여 앞으로 국어 정보화는 최첨단 분야의 하나로 성장하고 발전해 갈 것으로 보인다.

3.2. 국어 연구의 발전 방향

3.2.1. 언어 연구의 범위와 방향

언어는 음성이라는 형식과 의미라는 내용이 결합된 기호의 체계로서 그 속에 그것을 사용하는 사람의 삶과 정신을 담기도 하고 반대로 사용하는 사람의 삶과 정신을 형성하는 힘을 갖기도 한다. 따라서 언어를 연구한다는 것은 언어라는 기호 체계의 내부 구조를 밝히는 일이기도 하고, 언어라는 도구의 작동 기제를 밝히는 일이기도 하며, 언어라는 그릇에 담긴 우리의 삶과 정신을 들여다보는 일이기도 하다.

우리가 언어를 연구하는 목적은 언어를 더 잘 알고 더 잘 사용하기 위해서이다.

이 목적을 달성하기 위해서 우리는 언어의 구조를 정밀하게 분석하는 일을 하기도 하고, 그 언어를 사용하는 사람의 삶과 정신, 그리고 그 언어가 사용되는 사회의 모습을 살피는 일을 하기도 한다. 아울러, 우리는 거꾸로 언어 탐구를 통해 인간의 정신이나 삶을 밝히거나 그것을 사용하는 언어 사회의 모습을 규명하려는 시도를 하기도 한다.

언어를 대상으로 한 활동 목적과 방법의 이러한 다양성은 필연적으로 언어를 둘러싼 다양한 학문 분야를 낳게 되었다. 대표적인 몇 분야를 소개하면 다음과 같다.

먼저, 기호 체계로서의 언어의 구조를 살피는 학문 분야를 언어학(linguistics)이라고 하는데, 이 학문은 주로 언어를 음운, 형태, 문장, 담화 등의 층위에서 분석하여 그 속에 든 규칙과 원리를 규명하려고 한다. 이 책의 제3장에서 다룬 내용들이 국어를 언어학적 방법론으로 분석한 성과이다.

다음으로, 언어를 그 사회적 배경과 관련지어 관찰하고 분석하는 학문 분야가 있는데, 이를 사회언어학(sociolinguistics)이라고 한다. 이 분야에서는 언어 사용의 양상에 대해 사회 계층이나, 연령, 성별, 종교, 인종 등 사회적 요인들이 관여한다는 사실에 주목하고 이들 요인과 언어의 상관성을 밝히고자 한다.

인류언어학(anthropological linguistics)은 언어와 문화의 상관성을 연구하는 분야로 '언어인류학'이나 '민족언어학'이라고도 한다. 이 학문은 언어를 해당 민족이나 문화의 맥락 속에서 관찰하고 탐구하여, 언어 유형과 문화 유형 간에 어떤 관계가 있는지 밝히는 데 주력한다.

사회언어학과 인류언어학이 언어와 사회, 언어와 문화의 관계에 관한 학문인 데 반해, 심리언어학(psycholinguistics)은 언어와 관련된 문제를 인간 심리 작용에 대한 이론과 방법을 통해 밝히려는 학문이다. 이 학문은 주로 언어 처리, 즉 언어의 산출과 수용 과정, 그리고 언어 습득 과정, 언어 능력의 상실과 회복 등에 관한 문제를 주로 심리학적 실험을 통해 밝혀내려고 노력한다.

전산언어학(computational linguistics)은 컴퓨터로 언어를 처리해 내는 것을 목표로 하는 학문 분야로 전산학과 언어학의 협동적 성격을 지닌다. 인간이 발화하는 자연 언어를 기계적으로 분석해서 컴퓨터가 이해할 수 있는 형태로 가공하고, 그러한 형태를 다시 인간이 이해할 수 있는 언어로 표현하는 제반 기술을 자연언어처리(Natural language processing)라고 하는데 전산언어학의 핵심적인 목표는 바로 이 자연언어처리이다.

언어치료학(Speech & Language Pathology)은 언어병리학이라고도 하는데, 의사소통 과정에 어려움을 가진 사람들의 특성을 연구하고 그 진단과 치료과정을 연구하는 학문이다. 이 학문은 언어 장애, 조음 장애, 음성 장애, 유창성 장애 및 청각 장애 등에 대해 연구하고 이들 장애를 극복하는 방법에 대해 연구한다.

이 학문들은 대부분 태생적으로 언어와 밀접한 분야이거나 직·간접적으로 언어 문제에 관심을 가지는 다른 분야들이 서로의 목표와 방법론을 공유하면서 협력하고 있다. 물론, 학문 간 협력의 정도나 방향에는 차이가 있어서, 언어 연구를 위해 인접 분야의 대상이 지니는 개념이나 특성을 방법론에 포함시키는 방식으로 이용하는 분야도 있고 언어와 관련된 공동의 목표를 추구하기 위해 여러 학문이 협력하는 방식을 취하는 분야도 있다. 예를 들어, 사회언어학이 사회학적 개념과 요인들을 가져와 언어 현상의 본질을 밝히는 데 이용하는 분야라면, 언어치료학은 언어학, 의학, 심리학, 특수교육학, 컴퓨터공학과 같은 여러 학문의 교류 및 협동이 필수적인 다학문적인 성격을 지닌다.

3.2.2. 국어 연구의 전망과 발전 방향

위에서 보았듯이, 인간의 언어 연구는 다양한 목표와 가치를 추구해 왔고 꾸준히 그 범위와 방향을 넓혀 왔다. 특히, 컴퓨터 관련 분야의 발전은 언어 자체에 대한 연구뿐 아니라 언어와 관련된 다양한 문제들에 접근할 수 있는 길을 열어 주면서 이러한 언어 연구의 범위를 넓히는 데 기여하고 있다.

언어 연구의 이러한 경향은 국어 연구에도 그대로 나타나고 있다. 즉, 국어에 대한 연구 분야를 살펴보면 전통적인 순수 국어학이 언어학의 이론적 발달과 인접 분야의 방법론의 도움을 받아 지속적으로 발전해 오는 가운데서도, 국어 관련 학문들 간의 협력으로 파생된 다양한 분야들이 눈부시게 발전하고 있다.

이러한 경향은 앞으로도 계속되어 국어와 관련된 분야의 연구는 그 범위를 더욱 넓혀 갈 것으로 전망된다. 그러한 방향의 큰 흐름 중 하나는 국어를 자립적인 구조로 보고 탐구하는 데서 나아가 우리의 신체 및 정신 능력과의 관계 속에서 살핌으로써 언어 및 언어 능력의 실체를 규명하려는 노력이 이루어지고 있다는 것이다. 최근 인간의 체험과 삶의 경향성에 기반을 둔 인지언어학적 방법론이 다듬어지고 이 이론에 의한 국어 의미 연구가 많은 성과를 내고 있는 것이 좋은 보기이다.

국어 관련 연구가 나아갈 또 다른 방향 중 하나는 우리의 삶에 실질적인 기여를 하는 쪽을 추구해야 한다는 점이다. 국어가 우리 민족의 삶과 분리될 수 없는 존재라는 점에서, 국어에 대한 연구의 결과는 모두 우리의 삶에 대한 의미 있는 지식이라고 할 수 있다. 다만 앞으로는 더 실용적인 차원에서 우리 사회의 발전에 기여할 수 있는 국어 관련 연구가 활성화되리라는 전망을 하는 것이다. 컴퓨터에 연계한 언어 분석 및 처리 방법의 발전으로 언어 병리 현상을 치료하는 방법에 대한 연구가 힘을 얻고 있는 것이 그 좋은 보기가 된다. 아울러, 제2 언어로서의 국어 교육, 즉 외국인을 위한 국어 교육학은 국어와 관련된 또 다른 방향의 실용적 분야라 할 수 있다. 국력의 신장과 함께 한국어를 배우려는 외국인의 수가 날로 증가하고 있는 시점에서, 이들에게 효과적으로 국어를 가르치는 데 필요한 여러 가지 언어교육학적 이론을 개발하고 실천해 나가는 일은 앞으로 국어의 발전을 위해 추구해 나가야 할 중요한 방향 중 하나이다.

사회 각 부문이나 다양한 직업의 세계에서 전문적으로 사용되는 언어에 대한 연구도 활성화될 것으로 보인다. 예를 들면, 광고에서 사용되는 언어 요소를 여러 층위에서 분석하여 광고 효과와의 관련성을 밝히는 일이나 의사와 환자 간의 진료 상담 대화를 대화분석의 이론으로 분석하여 그 내적 규칙성과 담화 목적 달성의 관계를 규명하는 연구는 해당 분야의 발전에 직접적으로 기여함은 물론, 국어 연구의 영역을 넓히고 효용성을 높이는 좋은 보기이다. 이러한 연구는 군사, 법률, 체육, 정치 등 사회 각 분야의 전문 용어나 국어사용 양상에 대해서도 진행되고 있으며 앞으로 더욱 활성화될 전망이다.

1) **국어 순화 운동과 어문 규범에 대한 두 입장** 국어 순화 운동이나 어문 규범의 필요성에 대해서는 상반된 두 입장이 존재한다. 이들의 존재를 긍정적으로 보는 쪽은, 외국어, 외래어, 규범에 어긋나는 말, 속된 표현, 욕설 등이 원활한 의사소통을 가로막음으로써 사회 통합의 장애가될 뿐 아니라, 민족적 자긍심을 손상시키는 요인이 되기 때문에 끊임없이 국어 순화를 하고 국민의 언어생활을 계도해야 한다고 주장한다. 이에 반해 국어 순화나 어문 규범의 가치를 부정적으로 보는 쪽에서는 이들이 언어의 자생적인 발달을 막고 언어 사용의 다양성을 해칠 수 있으며, 이들을 통해 언어 외적인 이념이 끼어들 수도 있다고 주장한다.

2) **한국어의 세계화와 영어 공용화 문제** 한국어를 발전시키고 세계화하는 일과 관련된 중요한 문제 중 하나는 '국제어로서의 영어'와의 관계를 어떻게 정립할 것인가의 문제이다. 우리나라는 유례를 찾기 어려울 정도로 영어 교육에 많은 투자를 하고 있는데, 그것은 국제화시대에 영어 구사 능력이 필수적이라고 믿는 사람이 많기 때문이다. 이와 같은 영어 및 영어 교육에 대한 국민들의 생각은 당연히 한국어의 위상에 대해 직접적인 영향을 미치게 된다. 이와 관련하여 우리 사회에는 다양한 관점들이 다양한 각도로 대립 국면을 형성하고 있다. 1998년경부터 2000년대 초반까지 치열하게 전개되었던 '영어공용화' 관련 논쟁이나 최근의 영어몰입식 교육에 대한 논쟁이 그 보기이다. 국어교육은 학습자들이 우리의 언어 현실 및 한국어의 미래와 관련하여 제기되고 있는 이런 문제들을 인식하고 이들에 대한 일정한 관점을 수립할 수 있도록 이끌 필요가 있다.

■ 탐구하기

☞ **탐구 목표**

○ 남북한 언어의 공통점과 차이점에 대해 이해한다.

☞ **탐구 과정**

(1) 문제 제기 및 탐구 주제 정하기

▸ 지도 중점: 남북한 언어가 보이는 차이의 일면을 확인하고, 남북한 언어에 대해 탐구하려는 문제의식을 가지게 한다.

▸ 교수·학습 활동
  • 다음 단어들에 대한 남북한 사전의 뜻풀이 비교하기
    - 동무: 늘 친하게 어울리는 사람.(표준국어대사전)/로동계급의 혁명위업을 이룩하기 위하여 혁명대오에서 함께 싸우는 사람을 친근하게 이르는 말.(조선말대사전)
    - 신사: 사람됨이나 몸가짐이 점잖고 교양이 있으며 예의 바른 남자.(표준국어대사전)/낡은 사회에서 '말쑥한 차림을 하고 점잖게 행동하면서 거드름을 피우는 남자'를 이르는 말.(조선말대사전)
    - 양반/량반: 고려·조선 시대에, 지배층을 이루던 신분. 원래 관료 체제를 이루는 동반과 서반을 일렀으나 점차 그 가족이나 후손까지 포괄하여 이르게 되었다.(표준국어대사전)/고려와 리조 봉건사회에서, 신분적으로 제일 웃자리에 있으면서 지배계급으로서의 특권을 가지고 인민들을 억압하고 착취하는 가장 반동적인 상류계층 또는 그 계층에 속한자.(조선말대사전)
  • 남북한 언어의 공통점과 차이점에 대해 말해 보기
  • 탐구 과제 제시: 모둠별로 '남북한 언어의 공통점과 차이점'에 대해 조사하고 보고서로 작성하기
  • 모둠별 과제 수행 방법 및 자료 선정하기
    (예시) 남북한의 소설 한 쪽을 기본 자료로 삼아 언어 사용상의 공통점과 차이점을 추출하여 비교한다.

(2) 자료 수집 및 분석하기

  ▸ 지도 중점: 모둠별로 정해진 과제 수행 방법에 따라 자료를 수집하고, 분석하여 남북한 언어를 비교하도록 한다.

  ▸ 교수·학습 활동(예시)
  • 남북한 소설 한 쪽씩을 비교하여 언어상의 공통점과 차이점 찾기
    - 맞춤법(띄어쓰기, 문장 부호 포함), 어휘 의미, 문법 등
  • 소설 자료
    <남한> "당신들은 결국 이 섬을 나가야 합니다. 당신들이 나가지 못하면 당신들의 후손이라도 언젠가는 이 섬을 나가게 되어야 합니다. 당신들은 아마 여기 서 있는 나보다도 그 점을 더욱 분명히 알고 있을 터이고 또 소원하고 있을 것입니다. 그렇다면 도대체 누가 당신들을 섬에

서 나가게 해줍니까. 육지 사람들은 아무도 당신들이 이 섬을 다시 나오기를 원하지 않고 있습니다. 그 점도 역시 여기 선 나보다는 당신들이 더욱더 잘 알고 있는 일입니다. 당신들 스스로 나가야 합니다. 오늘 당장 섬을 나가지 못한다 하더라도 언젠가는 당신들이 또는 당신들의 아들딸들이 이 섬을 나갈 수 있도록 당신들이 길을 만들어야 합니다. 오늘 내가 여러분에게 하고 싶은 말은 다만 이것뿐입니다. 이제 여러분의 의견을 듣겠소"('당신들의 천국(이청준)'에서)

<북한> "내가 일하는 농장은 아찔하게 솟은 우암산줄기가 병풍처럼 둘러막힌 곳에 자리잡고 있어요. 우암이란 이름엔 재미난 유래가 있대요 옛날에 우리 고장에 큰 지주가 하나 살고있었는데 어느날 점쟁이를 찾아가 좋은 날을 골라서 아들놈의 잔치날을 잡았다나요 하늘이 창창한 맑은 날 아침 호화행색을 갖춘 요란한 가마바리에 실려 길을 떠났는데 별안간 산마루에 걸려있던 흰구름이 검은 그늘을 드리우더니 채찍질하듯 소낙비를 퍼붓더래요 (중략) 이때 심술이 팥죽 끓듯 하는 지주놈이 하늘에 무지개를 지워버리라고 고래고래 소리를 쳤답니다. 그러자 산중턱에 있는 큰 바위가 드르릉- 울리면서 지주놈에게 으름장을 놓더래요 그때부터 우리 고장엔 우암이란 이름이 생겨났대요 반장아저씨, 이건 옛날이야기인데 지금도 구름은 남쪽으로 흘러가는데 바람은 서쪽에서 불어오는가 하면 산너머켠엔 소낙비가 쏟아질 때 우리 마을엔 하늘이 활짝 트이기두 하구 기후변동이 심해요 높은 산이 가로막힌 까닭인것 같애요"

('정향꽃(김형수)'에서)

(3) 모둠별 보고서 쓰기
  ▸ 지도 중점: 남북한 언어의 공통점과 차이점을 정리하여 한 편의 보고서를 완성하도록 한다.
  ▸ 교수·학습 활동
  • 앞의 활동을 통해 추출된 남북한 언어의 공통점과 차이점을 정리하여 한 편의 보고서를 완성하기
    - 남북한 언어의 공통점과 차이점, 남북한 언어에 대한 자신의 생각을 포함시킬 것.
    - 남북한의 어문 규범이나 그 밖의 남북한 언어에 대한 자료를 찾아 참고하기.

(4) 발표 및 평가하기
  ▸ 지도 중점: 모둠별로 보고서를 발표하고 서로 평가하도록 한다.
  ▸ 교수·학습 활동
  • 각 모둠이 작성한 보고서 발표하기
  • 상호 평가하기

1. 다음 자료는 남북한 교과서에 나타나는 문법 용어를 비교한 것이다. 이 자료를 보고 아래의 문제에 대해 생각해 보자.(자료 출처: 「남북 교과서 학술 용어 비교 연구 2」, 국립국어원 2008년)

ㅇ 같은 것(모두 37개): 거센소리, 된소리, 된소리되기, 띄어쓰기, 울림소리, 글말, 고유어, 관형사, 단어, 대명사, 동사, 명사, 모음, 문장, 문장 부사, 문장 부호, 문장 성분, 반점, 보어, 보조 동사, 부사, 속담, 수사, 외래어, 용언, 자음, 주어, 체언, 품사, 한자어, 형용사, 느낌표, 물결표, 물음표, 숨김표, 이음표, 줄임표

ㅇ 다른 것(모두 68개, 남/북): 감탄문/느낌문, 격조사/격토, 관형격 조사/속격토, 관형사형 어미/규정토, 구개음화/<지, 치>로 달라지는 소리(=≪지, 치≫로 되기), 단모음/홀모음, 독립 성분/외딴성분, 독립어/느낌말, 동음 이의어/소리같은말, 동화/소리닮기, 명령문/시키는 문장(시킴문), 명령형 어미/시킴의 맺음토, 목적격 조사/대격토, 반의어/반대말, 방언/사투리, 보조사/도움토, 부사격 조사/상황토, 비음/코안소리, 사동 접미사/상토, 사전적 의미(=개념적 의미, 인지적 의미)/기본뜻, 선어말 어미/시간토, 어근/말뿌리, 유음/울림소리자음, 음성/말소리, 의문문/물어보는문장(물음문), 의문형 어미/물음의 맺음토, 의성어/본딴말, 의태어/본딴말, 이중 모음/겹모음, 인칭 대명사/사람대명사, 전성 어미/바꿈토, 접두사에 의한 파생어/앞붙이, 접미사에 의한 파생어/뒤붙이, 접사/덧붙이, 접속 부사어/이음말, 접속 조사/이음토, 정서적 의미/감정적뜻빛갈, 조사/토(=체언토), 종결 어미/맺음토, 주격 조사/주격토, 지시 대명사/가리킴대명사, 처소격 조사/위격토, 첨가/소리끼우기, 청유문/추기는 문장(=추김문), 청유형 어미/추김의 맺음토, 탈락/소리빠지기, 평서문/알리는문장(=알림문), 피동 접미사/상토, 피동 표현(=피동법)/입음, 함축적 의미(=연상적 의미, 내포적 의미)/뜻빛갈, 합성법/합친말적기, 합성어/합친말, 호격 조사/호격토, 감탄사/감동사, 관용어/성구, 관형어/규정어, 따옴표(=인용부)/인용표, 부사어/상황어, 서수사/순서수사, 서술어/술어, 소괄호/괄호, 소리의 길이/길이마루, 양수사/수량수사, 어미/용언토, 의존 명사/단위명사(=불완전명사), 표준어/문화어, 한글 맞춤법/맞춤법, 홑문장/단일문

  (1) 남북한 문법 용어를 다음과 같은 요소를 기준으로 비교해 보자.
      ▶ 어종(고유어 계열과 한자어 계열):
      ▶ 조어법(단어형성법):
      ▶ 문법 범주화:
  (2) 이러한 문법 용어의 차이가 지니는 문제점에 대해 생각해 보자.

(3) 다른 분야의 용어도 같은 방식으로 조사해 보자.

2. 다음은 남녀 고등학생들이 쓴 모둠일기에서 선생님과 부모를 어떤 말로 지칭하는지 조사하여 통계를 낸 자료이다. 이 자료에 나타난 남녀 학생의 언어 사용의 특징에 대해 생각해 보자.(자료 출처: 「청소년 언어 사용 실태 연구」, 국립국어원, 2005년)

<화자의 성별 '선생(님)'과 '샘/쌤'의 쓰임>

구분	선생(님)	샘/쌤	합계
남학생	107(77.0)	32(23.0)	139회(100%)
여학생	52(33.1)	105(66.9)	157회(100%)

<화자의 성별 '아버지/아빠', '어머니/엄마'의 쓰임>

구분	아버지	아빠	합계
남학생	2(18.2)	9(81.8)	11회(100%)
여학생	0(0)	13(100)	13회(100%)
구분	어머니	엄마	합계
남학생	11(50.0)	11(50.0)	22회(100%)
여학생	2(7.7)	24(92.3)	26회(100%)

3. 아래의 글은 영어 공용어화가 필요하다는 논리를 펴고 있다. 이 글을 읽고 아래의 문제에 대해 생각해 보자.

그러나 영어가 국제어라고 해서, 우리가 영어를 선뜻 쓰기는 어렵다. 무엇보다도, 우리 사회의 거센 민족주의적 감정이 그런 일을 용납하지 않을 것이다. 아울러 우리 시민들은 한국어의 습득에 큰 투자를 한 세대들로서 국제어의 채택으로 현실적 및 심리적인 손해를 볼 사람들이다. 따라서 국제어의 채택에 반대하는 목소리들은 거셀 수밖에 없다.

(줄 바꿈) 따라서 상당 기간 한국어와 영어가 공존하는 상태가 나오는 것이 바람직할 것이다. 그렇게 하기 위해선, 영어를 공용어로 채택하는 조치가 현실적일 것이다. 아울러 그런 조치는 우리 시민들의 영어에 대한 투자를 보다 합리적으로 만드는 길이기도 하다.(줄 바꿈) 지금 우리 사회에서 시민들이 영어를 배우는 데 개인적으로 쏟는 자원은 엄청나다. 초등학생들 가운데 53만명이 학원에서 영어를 배우고 거기 들어가는 비용은 3,500억 원으로 추산된다. 그리고 내년부터는 초등학교 3학년부터 영어를 배우게 된다. 나이가 들수록 영어의 중요성은 빠르게 커지므로, 영어에 투자하는 것은 학생들만이 아니다. 뒤늦게 이어폰을 귀에 꽂고 영어를 배우는 중년 시민들이 일깨워주는 것처럼. 영어를 배우는 데 그렇게 큰 투자를 하면서도, 우리 사회에선 그런 투자의 효율성을 높이는 길에 대해선 아무런 논의가 없었다. 영어의 공용화는 그런 투자의 효율성을 높이는 가장 빠르고 확실한 길이다.

— 복거일, 「국제어 시대의 민족어」에서

(1) 이 글에서 영어 공용화를 주장하는 근거는 무엇인가?
(2) 이 글의 주장과 반대 입장을 피력한 글을 찾아 읽고 비교해 보자.
(3) 영어 공용화를 주제로 수업 계획을 세워보자.

▌알아 두기

1) **남북한 어휘의 동질성** 〈21세기 세종계획〉의 '한민족 언어 정보화 분과'에서 개발한 남북한 언어 비교 사전이 좋은 사례이다. 아래는 이 작업을 통해 확인된 남북한 어휘의 동질성에 대해 곽충구 교수가 지적한 내용의 일부이다.

이 연구는 「우리말찾기조사」(1956, 문교부)와 「조선말대사전」(부록 4: 사용빈도가 높은 어휘 일람표) 등을 참고하여, 남북한 공히 빈도수 1만 등 내외에 드는 단어들을 가려 뽑은 다음 「표준국어대사전」과 「조선말대사전」의 주석을 비교하여 동질성과 이질성을 확인한 것이다. 표기·발음·문법·의미·관용 표현을 비교한 결과, 맞춤법과 같은 어문 규범상의 차이는 컸지만 어휘 의미는 별반 차이가 없었다. 의미상의 차이가 있다면 그 차이는 이념·사회·문화적인 요인에 의하여 해당 어휘의 주 의미에서 번져나간 것들이 대부분이다. 이는 서로 다른 이념적 지표 또는 북한 지역의 사회·문화적 특성이나 북한 방언의 간섭에서 비롯된 것이다.(「새국어생활」11-1에서, 국립국어원, 2001년)

2) 「겨레말큰사전」 편찬 사업 「겨레말큰사전」 편찬 사업은 현재 진행 중인 대표적인 언어 통일 사업으로, 2013년까지 남북의 겨레가 함께 볼 국어사전을 남북 공동으로 편찬하는 것을 목표로 하고 있다. 이 사업에 의해 만들어질 「겨레말큰사전」에는 남한의 「표준국어대사전」과 북한의 「조선말대사전」에서 가려 뽑은 25만여 올림말과 새로 수집·선정될 어휘를 합해 모두 30만 개 이상의 어휘가 통일 지향적으로 만들어진 단일 어문규범에 따라 실릴 예정이다.

3) 소멸 위기의 언어들을 지키려는 노력 세계화의 물결 속에서 영어 등 몇몇 언어의 지배 구도가 점점 굳어지고 있다. 심지어 현대 사회의 대표적인 소통 수단인 인터넷에서도 소수의 언어들만 쓰이고 있는데, 전 세계 언어 중 약 5천4백종(90%)이 인터넷에서 전혀 표현되지 못하고 있다고 한다. 이는 이들 언어와 이들에 의해 표현되어 있는 인류의 문화유산이 제대로 평가받을 기회조차 없다는 뜻이기도 하다. 유네스코는 1999년 제 30차 총회에서 2월 21일을 '세계 모어의 날(International Mother Language Day)'로 정하고, 매년 기념행사를 벌이는 한편, '문화와 언어다양성 교육', '바벨 계획(Initiative Babel)', '사회변동관리-언어권 정보센터' 등 다양한 사업을 통해 언어 다양성의 심각한 위기를 알리는 한편 모국어 이용 및 보호 증진을 위해 노력하고 있다.

4) 국외 한국어 교육 기관 및 지원 부처 국외의 한국어 교육 기관의 유형과 수, 지원 기관, 관련되는 정부의 부처 등을 '국외 한국어 교육 정책 및 추진 현황'(이병규, 2008)에서 가져와 일부 수정하여 제시하면 아래 표와 같다.

〈표 7-1〉 국외 한국어 교육 기관 및 지원 부처('08. 3월 현재)

교육기관	한국학교	한국교육원	한글학교	한국문화원	세종학당
개소 수	26개(14개국)	34개(14개국)	2,097개(107개국)	12개(9개국)	18개(5개국)
지원 기관	국제교육진흥원, 한국학술진흥재단, 한국교육과정평가원, 한국학중앙연구원		한국국제교류재단, 한국국제협력단, 재외동포재단	국립국어원, 한국어세계화재단, 한글학회	
관련 부처	교육과학기술부		외교통상부	문화체육관광부	

▋ 더 읽을거리

고영근(1999), 북한의 언어문화, 서울대학교 출판부.

국립국어원(2004), 남북한 어문 규범 비교 연구.

국어학회편(1992), 세계의 언어정책, 태학사.

김민수 편(2002), 남북의 언어 어떻게 통일할 것인가, 국학자료원.

민현식(2000), 국어교육을 위한 응용국어학 연구. 서울대학교출판부.

박창원 엮음(2003), 남북의 언어와 한국어교육, 태학사.

서상규(1999), 국어정보학 입문:인문학과 컴퓨터, 태학사.

윤인진(2005), 재외 동포 차세대 현황과 육성 방안: 미주 지역을 중심으로, 2004년도 재외
　　　　동포재단 지원 연구용역과제 최종결과보고서.

이병규(2008), 국외 한국어 교육 정책 현황 및 추진 방향, 새국어교육 제79호, 한국국어교
　　　　육학회.

이익섭·전광형·이광호·이병근·최명옥(2007), 한국언어지도, 태학사.

겨레말큰사전남북공동편찬사업회 누리집(http://www.gyeoremal.or.kr:8080/)

외교통상부 누리집(http://www.mofat.go.kr/)

유네스코 한국위원회 누리집(http://www.unesco.or.kr)

제 5 부 문법 수업과 평가

제 8 장

문법 교수·학습 방법

현재 중학교 교과서에서는 3년 동안 12단원을 배우도록 많은 부분이 문법 영역으로 설정되어 있지만, 문법의 전체 체계에 대한 단원이 설정되어 있지 않아 전체 체계에 대해서는 알지 못하고 부분적으로 단편적인 지식만을 가지게 되어 있다. …… 수학 능력 시험에 언어 영역 중 문법 문제 출제 빈도는 전혀 없거나, 거의 없는 것이 현실인 이 상황에서 학생들에게 문법 교육을 강요하는 것은 무리일 수밖에 없다. 과목의 특성도 딱딱한 지식 위주로 구성되어 있는데 시험에도 반영되지 않으니 자연히 문법 영역의 학습을 학생들이 소홀히 할 수밖에 없다. …… 채팅 용어를 무분별하게 사용함으로써 단어의 원형을 변형시키고 문법의 영역을 현저하게 변화시켜 버리는 현상을 초래하고 있다. 더구나 초등학생의 경우 이러한 영향력이 현저하므로 학교의 규범 문법에 대해서는 오히려 낯선 느낌을 가지게 되고, 중·고등학생들조차 상당한 영향을 받아 표준어나 표기법에 대해서도 자신감을 가지지 못하고 글쓰기를 두려워하고 있는 실정이다. …… 학생들은 문법을 귀찮고 까다로우며 재미없는 수업으로 여긴다. 물론 학생들의 태도도 문제가 있지만 구태의연한 방법으로 학습자의 동기 부여와 흥미를 일으키지 못하는 교사의 수업 방법에도 문제가 있다. 즉 문법은 언어 현상을 정리한 것이므로 암기 외에는 다른 방법이 없다는 식의 궁색한 설명이 그러하다.

(최형기 · 김형철, 2001:168-174)

학생들 대부분은 문법 수업을 무조건 싫어한다는 고정 관념이 있다. 이러한 고정 관념은 어떻게 해서 생겨난 것일까? 다양한 원인이 있겠지만 무엇보다 문법이라는 과목이 주는 딱딱함이 가장 클 것이다. 그러나 젖먹이에게 부드러운 음식만 주면 치아가 튼튼하게 발달하지 않듯이 학생들이 싫어한다고 문법을 가르치지 않으면 사고와 문화, 심리 등을 제대로 이해하지 못하게 되어 삶을 제대로 꾸려나가지 못할지도 모른다.

문제는 문법을 가르치는 교사에게 있는 것이 아닐까? 학생들 수준에 맞게 문법 지식을 변환하고, 문법 수업을 정교하게 설계하고 가르치면 학생들의 고정 관념뿐만 아니라 교사들의 고정 관념도 바꿀 수 있지 않을까? 이 장은 이런 소박한 목적을 달성하고자 문법 수업을 설계하는 방법과 문법 지식의 교수학적 변환 과정을 통해 이론적인 토대를 구축한 뒤 이를 디딤돌로 삼아 문법 수업을 효과적으로 수행하는 방법 등을 제시하였다.

1. 문법 수업의 설계

1.1. 수업의 성격

수업(teaching)은 '학생에게 의도한 학습이 일어나도록 교사와 학생들이 언어적으로 상호 작용하는 핵심적인 교육 활동'으로 정의할 수 있다. 이러한 정의에는 다음과 같은 수업의 특성이 담겨져 있다. 첫째, 수업은 하나의 의도적인 활동 내지 과정이라는 점이다. 둘째, 수업은 언어적인 상호 작용이라는 점이다. 이 두 가지 특성은 수업을 효과적으로 하는 데 필수적인 것들이다(최지현 외, 2007:99).

그런데 이러한 효과를 거두기 위해서는 먼저 가르치고자 하는 목표가 분명하게 진술되어야 한다. 수업 목표는 수업 과정을 통해 학생이 달성해야 할 성취 행동 또는 학습 성과이다. 이를 분명하게 진술하는 일은 여행자나 운전자가 행선지를 결정하는 것처럼 중요하다. 왜냐하면 수업 목표가 명확하고 상세할수록 교사나 학생 모두 주어진 수업 시간을 낭비하지 않고, 교수 학습 계획에 따른 상호간의 목표를 달성할 수 있기 때문이다.

Mager는 수업 목표를 진술할 때 다음과 같은 요건을 강조하고 있다.(주삼환 외, 1999:19-20) ① '행동 징표'로, 한 단위의 수업 과정을 통하여 도달 성취하려는 수행 행동을 가시적이고 측정 가능하게 명시하는 일이다. ② '조건'으로, 수행 행동이 나타나야 할 중요한 조건 또는 장면을 기술하는 일이다. ③ '수락 기준'으로, 행동 또는 성취가 성공적인지 아닌지를 판단하는 기준 또는 준거를 명시하는 일이다. 즉 "인간의 귀에 관한 해부도가 주어지면(②), 학생은 100% 정확하게(③), 각 부분의 명칭을 지적할(①) 수 있다."거나, "학교에 있어서 교과목이나 학년 수준에 관계없이(②), 학생은 학습을 촉진하는 다섯 가지와 학습을 저해하는 다섯 가지를(③) 기술할(①) 수 있다."와 같이 세 가지 요건을 충족시키는 형태로 수업 목표를 진술해야 한다.

1.2. 문법 수업의 설계

문법 수업은 말하기·듣기 수업이나 읽기와 쓰기 수업, 문학 수업과 그 성격이 다르다. 이러한 영역별 성격을 살리며 '수업을 어떻게 할 것인가?' 하는 수업 설계는 매우 긴요한 문제이다. 그러나 교육 영역별, 교육 내용별 특성을 고려한 수업 설계는 교사에게나 학습자에게 오히려 혼란을 초래하며 교육적으로 그다지 바람직한 것으로 보이지 않는다. 기존의 국어과 수업 설계에 대한 연구를 검토해 보아도 그다지 큰 차이를 보여주지 않는다. 그래서 문법 수업에 대한 설계를 별도로 만들지 않고, '목표'를 가장 우선시한 임칠성(2008)의 수업 설계를 중심으로 설명하되, 기존에 연구된 5단계 수업 설계(변영계·이상수, 2003)와 비교·대조하면서 설명하고자 한다. [◂알아 두기 1]

〈표 8-1〉 5단계 수업 설계

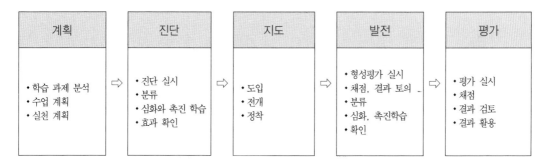

〈표 8-2〉 목표 중심의 수업 설계

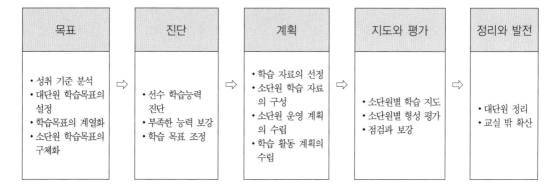

목표 단계는 학습해야 할 목표를 분석하여 설정하는 단계이다. 문법 교육과정의 성취 기준을 분석하여 내 교실에 적합한 학습 목표를 설정한다. 설정된 학습 목표

를 대단원과 소단원 학습 목표로 위계화하고, 소단원 차원에서 학습 목표를 계열화하여 구체화한다. 물론 기존의 5단계 수업 설계도 학습 목표를 중심으로 수업을 설계했다고 하지만, 이 목표가 주어진 학습 과제에서 추출된 것이라는 점을 알 수 있다. 예들 들어, 사회과에서 '남부 유럽의 사회'라는 학습 과제를 제시하고 이 과제를 수업하기 위해 학습 과제를 분석하여 학습 목표를 추출하는 과정이다.

진단 단계는 목표 단계에서 설정한 학습 목표를 달성하기 위해 필요한 문법 능력을 학습자들이 갖추고 있는지 점검하여 부족한 문법 학습 능력을 보강하거나 학습자의 문법 학습 능력에 따라 학습 목표의 범위와 수준을 조정하는 단계이다. 기존의 5단계 수업 설계에서 제시한 진단 단계는 학생들이 이미 배운 학습 과제를 중심으로 진단한다. 그러나 목표 중심의 수업 설계에서 제시한 진단은 이전 학습에 대한 점검이 아니라 새로 설정한 학습 목표에 초점을 맞춘 것이다. 진단 평가를 하고 진단에 의한 결과를 분석하여 어떤 능력이 어느 정도 부족한지 판단한 다음, 이 능력을 보강한다. 그리고 주어진 시간 안에 학습자들이 어느 정도 보강하였느냐에 따라 학습 목표의 범위와 수준을 수정한다.

계획 단계는 학습 목표를 효과적으로 달성할 수 있도록 문법 수업 자료를 선정하여 이를 소단원 단위로 구성하고, 소단원 수업 운영 계획을 세운 다음 이에 맞추어 학습 활동 계획을 세우는 단계이다. 기존의 5단계 수업 설계에서는 계획 단계에서 학습 과제를 분석하거나 단원 설정의 취지를 서술하도록 하고 있다. 그러나 학습 과제 분석과 주어진 단원에 대한 단원 설정의 취지 서술은 교사의 몫이 아니다. 이런 과정은 교육과정 차원이나 혹은 교사용 지도서 차원에서 이미 정리되어 있다. 목표 중심 수업 설계에서는 주어진 교재의 내용을 이해시키는 것으로 수업을 운영하는 것이 아니라 조정된 학습 목표를 달성하기 위한 수업을 운영한다. 검인정 교과서로 바뀌는 새 교육 체제의 틀에서 교과서의 텍스트만으로 주 수업 자료를 삼아서는 안 된다. 학습자의 문법 능력을 진단하여 학습 목표를 조정하였다면 이 목표에 맞도록 수업 자료를 다시 선정하고 선정한 자료를 가지고 소단원 수업 자료를 재구성하여야 한다. 그리고 이렇게 새로이 구성된 수업 자료를 가지고 소단원들을 운영 계획을 세우고, 수업 활동을 계획하여야 한다. 주어진 교재의 내용을 가르치는 것이 아니라, 내 교실에 적합한 학습목표를 달성하기 위해 내 교실에 맞게 구성된 수업 자료를 가지고 수업 활동을 하여 설정된 학습 목표를 달성시키는 것이다.

지도와 평가 단계는 지도의 단계와 평가의 단계로 나뉜다. 이 단계는 소단원 별로 학습할 문법 지식을 지도하고, 소단원별로 그 학습 목표를 제대로 달성하였는지 점검하여 피드백을 하는 단계이다. 5단계 수업 설계에서는 한 차시만이 설계의 단위가 되지만, 목표 중심 수업 설계에서는 소단원 하나가 설계의 단위가 된다. 5단계 수업 설계에서는 형성평가 실시와 결과 분석 및 보충과 심화를 '발전' 단계로 따로 구분하였다. 그러나 소단원별로 학습 지도를 하고 형성평가를 하여 학습 목표 도달 여부를 판단한 다음 부족한 부분을 보강하는 것은 함께 하나의 지도 과정으로 묶여야 한다. 다시 말해, 모두 소단원별로 학습 목표 달성하도록 하기 위한 하나의 학습 지도 과정이다. 따라서 이 둘은 함께 묶여 설계되고 운영되어야 한다. 대신 지도와 평가 단계에 총괄 평가는 포함하지 않는다.

정리와 발전 단계는 대단원 차원에서 문법 학습 내용을 정리하고, 수업 자료로 학습하여 익힌 문법 능력을 교실 밖으로 확산하는 단계이다. 소단원 수업을 대단원 차원에서 마무리하는 것이 정리 단계이고, 교실 밖으로 확산하는 것이 발전 단계이다. 국어 교육은 삶 속의 국어를 다룬다. 따라서 교실 속의 문법 교육으로 교육이 끝나서는 안 된다. 교실에서 익히거나 배운 능력을 삶 속으로 가져가 적용하고 확인해야 국어 교육이 완성된다.

2. 문법 지식의 교수 과정

2.1. 문법 지식의 교수학적 상황

현대 인식론의 한 흐름을 이루는 구성주의(constructivism)는 지식이나 인간 의식에 있어서 궁극적이고 절대적인 기초는 존재하지 않으며 지식은 오직 구성되는 것이라고 주장한다.[◂알아 두기 2] 즉 지식의 습득과 형성은 개인의 인지적 작용과 그 개인이 속해 있는 사회 구성원간의 상호작용의 결과 이루어진다는 것이다. 그 결과 개인의 주체적인 의미 구성 과정, 지식 구성 과정이 중요해진다. 이러한 구성주의의 원리가 교육 현장에 수용되면서 '스스로 의미를 구성해 나가는 자율적인 주체'이자 '적극적인 지식의 생산자'로서 학습자가 새롭게 부각되었고, 그 결과 학습자 중심 교육이 교육 전반을 지배하는 패러다임으로 자리 잡게 되었다. 학습자는 지식 구성 능력과 의사소통 능력을 갖춘 자율적인 주체라는 인식이 싹튼 것이다(이하 심영택, 2002 참조).

이러한 패러다임 하에서 특히 중요하게 부각되는 것은 학습이 일어나는 '상황'과 '환경(Milieu)'의 조성 문제이다. 구성주의적 교수-학습이 학습자의 자기 주도적이고 적극적인 지식 구성 과정을 중시하는 만큼, 그러한 지식 구성과 학습이 가능하도록 상황과 환경을 적절히 조성해 주는 문제 역시 중요해질 수밖에 없기 때문이다. 물론 이때의 상황 조성이란, 단순히 학습자들이 스스로 지식을 구성할 수 있도록 학습 자료와 도구를 구비해 주는 것과 같은 물리적인 환경 조성만을 의미하지는 않을 것이다. 그러므로 이를 위해서는 먼저 학습이 성공적으로 일어날 수 있는 '좋은 상황'이 어떤 것인지 체계적으로 규명될 필요가 있다.

이와 관련하여 프랑스의 수학교육자 부르소(Brousseau, 1991)는 수학 학습이 성공적으로 일어날 수 있는 상황의 속성을 구체적으로 밝히고, 수학 교과 내용의 본질을 학습하기에 적절한 구체적인 상황, 실제로 수학적 개념이 유도되고 기능하는 상황을 어떻게 만들 것인가를 중점적으로 논하면서, '교수학적 상황론'(theory of didactical situation)을 펼친 바 있다. 문법 교육의 학습 환경은 부르소의 교수학적 상황론에 터하여 논할 수 있다. 결국 학습자 중심의 교육을 중시하는 구성주의적 교실은, 역설적이게도 사전에 철저하고 교묘하게 학습자의 학습 '상황과 환경'을 조성하고 설계해야 하는 교사의 몫을 담보로 시작될 수 있다.

부르소는 교수학적 의도에 의해 인위적으로 계획적으로 설정된 상황으로서, 학습자의 특별한 적용과 반응을 요청하는 문제 학습 상황을 '교수학적 상황'(didactical situation)이라 하였다(Brousseau, 1991). 즉 교수학적 상황이란, 학습자가 어떤 지식을 학습하도록 하는 것을 목표로 하는 문제 상황 속에서 교사가 학습자와 상호 작용하는 상황으로, 교사와 학습자, 그리고 학습 환경 사이의 관계 상황이라 할 수 있다.

부르소는 이를 교사가 학생들에게 제시한 문제를 가지고 그들과 상호 작용하는 일종의 '게임'(game)과 같다고 보았다. 이러한 게임에 참여하는 과정 속에서, 학습자는 정보를 전달받는 수용자가 되기도 하고 자신의 의견이나 정보를 전달하는 주체자가 되기도 한다. 한편 교사는 게임을 조직하는 사람으로, 정보를 제공하거나 발견적인 질문을 던짐으로써 학습자들이 주어진 문제에 관해 생각하고 행동하며 결과적으로 목표 지식을 찾고 그것의 의미를 만들어낼 수 있도록 중재하는 역할을 한다. 한편 환경은 매우 포괄적인 특성을 지니는데, 학습자들이 게임 상황 속에서 서로 주고받는 환경도 있고 학습자들이 이루고 있는 소사회의 문화적 환경이 있을 수 있다(Brousseau, 1991).

그러나 이러한 교사-환경-학습자의 관계 상황은 점차 교사에게서 학습자에게로 그 주도권이 이양되면서 다른 양상을 띠게 된다. 즉 교수학적 상황은 학습자가 자발적으로 동기를 가지고 선택된 문제를 받아들이고 답함으로써 교사의 중재나 조력 없이도 관련된 문법 개념이나 문법 지식을 생성하고 획득할 수 있는 상황으로 점차 이행될 수 있다. 부르소는 특별히 이를 '비교수학적 상황'(adidactical situation)이라 부르고 있다. 즉 비교수학적 상황이란 교수학적 의도는 존재하나 이를 학습자에게 노출시키지 않은 상태에서 교사가 문제의 해결을 학습자에게 위임하는 상황이라 할 수 있다.

글자 그대로의 의미로 본다면 비교수학적(非敎授學的) 상황이란 교수학적 의도가 전혀 존재하지 않는 상황, 즉 학습자가 교실을 벗어나 실세계에서 마주칠 수 있는 '날 것'(raw material)으로서의 '환경', '상황'을 의미할 수 있어 혼란을 준다. 그러나 부르소가 말한 바 '비교수학적 상황'은 교수학적 의도가 존재하되 교묘히 감추어진 상황으로서, 넓은 의미에서 교수학적 상황에 속하는 개념이다. 부르소가 '비교수학적 상황'의 개념을 이와 같이 규정한 것은 사실, 교실이라는 교수-학습 환경이 이미 교수학적 의도 없이 존재할 수 없다는 점에서 당연한 귀결이다. 그런 의미에서 부르소의 비교수학적 상황을 '의도적인 비교수학적 상황'이라 명명한 고상숙·양필숙(2001;50)의 지적은 타당하다. 정황이 이러하다면, 교수학적 의도가 교묘히 감추어진 비교수학적 상황을 설계하는 문제가 교수학적 상황론의 핵심이라 할 수 있다.

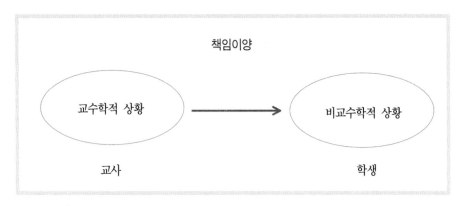

교수학적 상황과 비교수학적 상황

우리가 교수·학습의 최종 목표를 교사나 중재자가 없는 실제 삶의 맥락에서도 학습자가 문법 지식을 적용하고 구성해 낼 수 있는 능력을 길러주는 데 둔다면, 주어진 맥락 속에서 기대되는 목표 지식을 학생들 스스로 찾고 그것의 의미를 만들어낼 수 있는 비교수학적 상황으로 책임 이양하는 문제는 대단히 중요해진다. 그러므로 부르소가 언급한 바와 같이(Brousseau, 1997; 31), 교수학적 상황론과 관련한 핵심 과제는 적절한 비교수학적 상황으로 책임 이양하는 것이며, 학습은 이러한 상황에 학습자가 성공적으로 적응하는 과정과 그 적응의 결과를 지칭하는 것이라고 할 수 있다. 부르소는 이처럼 교수학적 상황에서 비교수학적 상황으로 이행하는 과정을 교사에게서 학습자로 교수·학습의 책임이 이양되는 과정으로 보고, 이를 '이양'(devolution)이라 하였다.

2.2. 문법 지식의 교수학적 변환 과정

2.2.1. 교수학적 변환의 개념과 도식

교사가 문법 지식을 잘 가르치려면 역사적 흔적이 제거된 채 교과서에 실려 있는 문법 지식의 생성 과정을 알 필요가 있다. 또한 교사는 그 지식의 개념과 속성을 수업 활동의 그물망 속에 넣어 가르쳐야 한다. 즉 그 지식의 개념과 속성의 기원, 의미, 동기, 사용을 가르치는 과정에 정통해야 한다. 교실 맥락 속에서 교사가 하는 이러한 활동을 인식론자들은 '교수학적 변환'(didactical transposition)이라고 한다(Brousseaus, 1997:21). 이는 교사로 하여금 문법 지식을 '가르치는 과정'과 '아는 과정'이 분명한 차이를 지니고 있으며, 교사로 하여금 그 과정을 문법 지식의 변형이라는 측면에서 탐구할 필요가 있음을 인식하게 해 준다. 쉐바야르(Chevallard)는 80년대 초 바로 이 문제에 주목하였다. 그가 이론화한 교수학적 변환의 주된 관심사를 간단하게 표현하면, "학문적 지식과 교수학적 지식간의 관계, 예를 들면, 가르친 지식은 학문적 지식의 의미를 보존하고 있는가, 아니면 어떤 측면을 왜곡하고 있는가, 왜곡은 어떤 식으로 일어나고 있는가?"이다.

문법 학자와 국어 교사가 함께 모여 대화해야할 구체적인 내용은 문법 지식에 대한 교수학적 변환의 개념이며, 그 개념이 지닌 목표를 합의 수준으로 끌어내는 일이 될 것이다. 교수학적 변환론의 목표에는 교수학적 변환의 과정을 이해하고 올바른 방향으로 이끌어 가고자 하는 일반적인 목표뿐만 아니라, 문법 지식의 교수 학습 방법 등에서 지식의 의미가 건전하게 다루어지는가를 관찰하고 분석하는 세부적인 목표가 있다. 이러한 세부적인 목표를 달성하는 데 필요한 교수학적 변환의 도식은 다음과 같다.

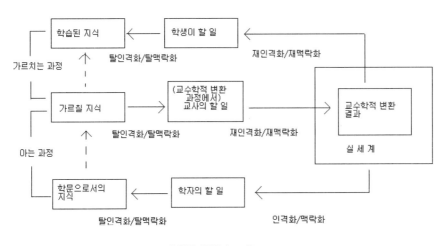

〈교수학적 변환의 도식〉

2.2.2. 교수 학습 방법상의 시사점

이 도식에서 문법 학자가 하는 일, 국어(문법) 교사가 하는 일, 그리고 학습자가 하는 일이 각각 다름을 알 수 있다. 문법 학자는 인격화(personalize)된 그리고 맥락화된 실세계에 대한 경험을 바탕으로 탈인격화된(depersonalize) 그리고 탈맥락화된(decontextualize) 학문적 지식으로 만드는 일을 해야 한다. 학자는 이 과정에서 일반적으로 다음과 같은 일을 한다. 자신이 발견했다고 생각한 것을 의사소통하기까지 먼저 그것이 무엇인지 확인하고, 유사한 지식을 재조정하고 낡은 지식과 새로운 지식 등 관련이 있는 지식을 재조정해야 한다. 이에 덧붙여 오류나 무관하다고 보는 모든 반성적 생각(reflection)은 억눌러야 한다. 또한 이런 잘못된 방향을 이끈 이유를 감추고, 성공을 하게 한 개인적 영향도 감추어야 한다.

한편 국어(문법) 교사는 교육과정이나 교과서에 실린 가르칠 지식을 접하게 되는데, 이 지식은 학문적 지식 중 일부로 교과의 성격과 목표에 따라 선택된 것이며, 학자들의 인격적인 그리고 맥락화된 경험이 생략된 채 주어진 것이다. 교사가 하는 일은 학자가 하는 일과 반대가 되는, 즉 가르칠 지식을 교실 상황에 맞게 교수학적 변환을 거쳐 재맥락화하고(recotextualize), 재인격화하는(repersonalize) 일을 한다. 교사는 가르칠 지식을 교수학적으로 변환하면서 다음과 같은 두 단계의 일을 해야 한다. 첫 단계는 형식화된 지식의 풍부한 의미를 살려내는 상황을 구성하는 것이며, 두 번째 단계는 풍부하게 살아난 의미를 효과적으로 저장할 수 있는 표현 모색 상황을 제공하는 것이다(이경화, 1996:205). 결국 교사가 해야 할 일은 학습자가 살고 있는 상황을 제시하고, 제안된 문제를 가장 잘 해결할 수 있게 가르칠 지식이 최적의 형태로 나타나는 상황을 제시하는 것이다.

끝으로 학습자가 해야 할 일은 교사들이 만든 문제를 접하고 그 문제를 해결하는 것이다. 이 문제는 상대적으로 특수한 상황과 조건에 맞게 그리고 비교적 자연스럽게 반응하도록 만들었기에 쉽게 풀 수 있을 것이다. 그러나 문제 해결은 학습자들이 해야 할 일의 한 부분일 뿐이다. 학습자들은 탈맥락화된 자신의 지식을 재맥락화하고(redecontextulaize), 탈인격화화된 자신의 지식을 재인격화해야(redepersonalize) 한다. 그리고 이와 같은 활동을 통해 문화적인 그리고 의사소통적인 지식을 발견하도록 노력해야 한다.

2.2.3. 교수 학습 방법 시 유의점

교수학적 변환의 과정에서 주목해야 할 부분은 바로 '문법 지식의 파손성'이다. 쉐바야르는 지식을 주의 깊게 다루지 않으면 본래 그 의미가 쉽게 손상된다고 보았다. 가르치려는 의도에 의하여 지식을 변형할 때에 지식의 의미가 상당히 손상되거나 왜곡될 수 있기 때문이다. 만약 그러한 일이 발생한다면, 교육은 분명 실패할 것이고 학습자들에게 잘못된 지식을 소유하게 함으로써 그 다음 단계로 진전하는 데 치명적인 악영향을 끼치게 될 것이다. 쉐바야르에 따르면, 현재의 학습자를 존중하는 만큼 지식의 이면에 숨어 있는 과거의 학자도 존중해야 하고, 과거의 학자를 존중하는 것은 지식이 지닌 그 의미가 파손되지 않도록 하는 것이다. 이 말은 지식의 의미가 교수학적 변환 과정에서 올바르게 다루어지도록 하는 것이 교육의 가장 중요한 책임임을 표현한 것이다(이경화, 1996). 교수학적 변환론은 교수 현상을 관찰하고 분석함으로써 건전한 교수학적 변환의 방향을 꾀하려는 의도를 가지고 있다. 학문적 지식과 가르칠 지식, 그리고 학습된 지식을 비교해 보면 어느 부분에서 어떻게 왜곡되었는지 알 수 있다. 문법 지식을 가르치는 과정에서 행할 수 있는 교사의 교육적 처치는 이러한 관찰과 분석을 토대로 이루어진다. 물론 이 과정에서 학문적 지식 그 자체가 지닌 한계와 문제점을 찾을 수도 있으며 새로운 지식을 생성할 수도 있다.

3. 단계별 문법 수업의 실행

여기서는 임칠성(2008)에서 제시한 목표 중심의 수업 설계를 8학년 문법(3)의 내용 요소의 예 중 '단어 형성법을 알고 창조적으로 활용하기'에 적용하여 그 가능성을 타진해 보고자 한다. 아쉬운 점은 7차 개정 교육과정은 이미 고시되었지만 교과서와 지도서가 아직 개발 완료되지 않은 시점에서 이러한 시도를 하게 되었다는 것이다. 그럼에도 불구하고 축적된 문법 교수 학습 방법의 연구물은 이러한 한계를 극복하는 데 많은 도움을 주었다.

3.1. 단원의 목표 분석

이 단계에서는 국어과 교육과정의 성취 기준과 내용 요소의 예, 그리고 언어 자료의 수준과 범위를 분석하면서 시작된다. 다음 【8-문법-(3)】을 보면 알 수 있듯이, 성취 기준은 하나의 대단원의 학습 목표에, 위계성을 지닌 내용 요소의 예는 각각 소단원의 학습 목표에 해당하는 것으로 보인다.

【8-문법-(3)】 국어 단어 형성법을 이해하고 활용한다.

【내용 요소의 예】
○ 단어 형성과 관련된 국어의 특질 이해하기
○ 형태소와 단어 개념 이해하기
○ 단어의 짜임(단일어, 파생어, 합성어) 이해하기
○ 단어 형성법을 알고 창조적으로 활용하기

그런데 이 성취 기준을 좀 더 자세히 설명한 부분을 꼼꼼하게 읽어보면, 이러한 대단원과 소단원의 학습 목표가 '국어 의식의 신장'과 같은 상위 목표, 즉 국어과 교육과정의 전체 목표와 연결되어 있음을 알 수 있다. 단원 목표를 분석함에 있어 이와 같이 하위 목표와 상위 목표 사이의 관계를 점검하고 재인식하는 것은 매우 중요하다. 이는 문법 교육의 목적이 아류의 문법 학자를 양성하는 데 있는 것이 아니라 국어를 비판적으로 의식하고 창조적으로 사용하는 한국인을 양성하는 데 있기 때문이다. 그럼에도 불구하고 국어과의 성격과 목표의 틀 안에서 단원 수업을 계획하고, 지도하고 평가하여야 한다는 것은 너무나 당연한 이야기임에도 불구하고 실제 교실에서는 이것이 여전히 간과되고 있다(임칠성, 2008:14). 문법 교육의 정체성은 지식 중심에서 학습자 중심으로 그 방향을 바꾸는 데서 확립될 수 있다. 다시 말하면 정확한 문법 지식을 학습하는 데서 효과적으로 문법 지식을 사용하는 학습자로 한걸음 더 나아가야 한다.

이 단계에서 염두에 두어야 할 또 다른 항목은 바로 '단어 형성법을 알고 창조적으로 활용하기'와 같은 소단원 학습 목표를 구체화하는 일이다. 학습 목표가 추상적이거나 두루뭉술하면 이 단계 이후의 활동들은 교육적인 유의미성을 확보하기 힘들며, 그 연결 고리 또한 매우 미약하기 쉽다. 특히 '창조적으로 활용하기'라는 말은 그 외연과 내포가 매우 넓어 학습 목표를 달성하기가 쉽지 않다. 다행스럽게도 교육과정에 '창조적으로 활용하기'에 대한 설명이 구체적으로 제시되어 있어 목표에 도달하는 데 도움을 주고 있다.

대단원의 학습 목표	소단원의 학습 목표	소단원의 구체적인 목표
국어 단어 형성법을 이해하고 활용한다.	1. 형태소와 단어의 개념 이해하기	(1) 낱말을 형태소로 나누기
		(2) 단일어, 복합어 분류하기
	2. 단어의 짜임 이해하기	(3) 복합어를 이루는 형태소를 어근, 접사로 나누기
		(4) 파생어, 합성어 분류하기
	3. 단어 형성법을 알고 창조적으로 활용하기	(5) 새말 만들기
		(6) 새말의 짜임과 표현 효과 분석하기

3.2 학습 능력 진단

이 단계에서 진단의 대상은 학습 목표 도달과 관련하여 학습자가 이미 가지고 있는 능력이다. 이 능력은 학교 간 교육 내용 위계나 학년 간 교육 내용 위계를 파악하는 일과 더불어 지금 학습자가 달성해야 할 과제를 분석하여 갖추어야 할 능력을 파악하는 일이다.

먼저 【8-문법-(3)】과 관련된 초등학교와 중학교 교육과정 성취 기준과 내용 요소의 예를 분석해 보면 다음과 같다.

교육과정 학교급	성취 기준	내용 요소의 예
초등학교	2학년 (3) 낱말과 낱말 간의 의미 관계를 이해한다.	○ 유의 관계, 반의 관계 등의 개념 이해하기 ○ 낱말들 간의 의미 관계를 바탕으로 낱말 더 알기 ○ 낱말들 간의 다양한 의미 관계에 관심 가지기

	6학년
	(1) 고유어, 한자어, 외래어, 외국어의 개념을
	   알고 국어 어휘의 특징을 이해한다.
		○ 고유어, 한자어, 외래어, 외국어의 개념과
		   차이 이해하기
		○ 국어 어휘의 특징 이해하기
		○ 고유어를 살려 쓰는 태도 기르기

중학교	7학년 (3) 품사의 개념, 분류 기준, 특성을 이해한다.	○ 품사의 개념 이해하기 ○ 품사의 분류 기준 발견하기 ○ 품사 분류하기 ○ 품사의 종류와 특성 설명하기
고등학교	해당 사항 없음	

초등학교 2학년의 '밤-낮'과 '좋다-싫다'와 같은 반의 관계뿐만 아니라, '해-태양'과 같은 유의 관계는 【8-문법-(3)】의 소단원 '단어 형성법을 알고 창조적으로 활용하기'에 도움을 줄 것으로 보인다. 창조적인 활동은 무(無)에서 유(有)를 만드는 것이기에 일반적으로 고통이 수반된다. 하지만 의미 관계와 같은 약간의 실마리가 제공되면 그러한 고통이 반감될 뿐만 아니라, 창조적인 활동을 즐기게 된다. 초등학교 6학년의 '고유어, 한자어, 외래어, 외국어'는 【8-문법-(3)】의 소단원 '단어 형성법을 알고 창조적으로 활용하기' 수업을 전개하는 데 기본이 되는 개념이기에 반드시 재점검을 하여야 한다. 특히 중학교 7학년에서 배운 9품사 중 '조사'는 【8-문법-(3)】에 나오는 단어의 개념을 배우는데 도움을 주기에 다시 한번 진단할 필요가 있다.

전체 교육과정 내용을 분석하여 목표 달성에 필요한 개념을 추출하는 준비가 끝나면 교사는 다음과 같은 진단 학습지를 통해 '단어 형성법을 창조적으로 활용하기' 수업을 전개하는 데 부족한 학습 능력을 보강해야 한다. 더불어 교사는 다양한 질문을 통해 학생들이 잘못 알고 있는 개념을 바로잡아 주고, 학습 목표를 재조정하는 작업을 해야 한다.

〈진단 학습지〉

* 다음 문장을 보고 물음에 답하시오(국어사전을 이용하여 확인하면서 과제를 수행할 것)

보기 : 내가 등짝을 후려치니 얼룩소가 껑충껑충 뛰며 달아난다.

1. 위 보기의 문장을 단어별로 분석하시오.

내-가-등짝-을-후려치니-얼룩소-가-껑충껑충-뛰며-달아난다.

2. 각 단어별로 단어 구성 방법에 따라 분류하시오.

단일어		내, 가, 을, 가, 뛰며
복합어	파생어	등짝
	합성어	후려치니, 얼룩소, 껑충껑충, 달아난다.

3. 위 보기의 문장을 형태소별로 분석하시오.
내/가//등/-짝/을//후리-/-어/치-/-니//얼룩/소/가/뛰-/-며//달(닫)-/-아/나/-ㄴ-/-다.

4. 각 형태소를 실질 형태소, 형식 형태소, 자립 형태소, 의존 형태소로 나누어 분류하시오.

자립성	자립 형태소	내, 등, 얼룩, 소
	의존 형태소	가, -짝, 을, 후리-, -어, 치-, -니, 가, 뛰-, -며, 달-, -아, 나, -ㄴ-, -다
실질적 의미	실질 형태소	내, 등, 후리-, 치-, 얼룩, 소, 뛰-, 달-, 나
	형식 형태소	가, *-짝, 을, -어, -니, 가, -며, -아, -ㄴ-, -다

* 접미사의 경우 일반적으로 형식 형태소로 처리하지만 '-짝'은 문법적 의미보다는 실질적 의미가 있는 것으로 보아야 하지만 여기에서는 일반적인 분류에 따라 형식 형태소에 포함시켰다.

3.3. 소단원 수업 계획

3.3.1. 소단원 운영 계획의 수립

여기서는 '낱말 형성법' 대단원을 총 6차시로 구성하여, 그 중 6차시에 해당하는 '새말의 짜임과 그 표현 효과 분석하기'를 대상으로 본시 교수·학습 지도안을 구안하였다. 1~4 차시의 경우에는 더러 탐구 수업 형태로 구성한 수업이 시도된 적도 있었고, 5차시의 '새말 만들기'의 경우는 임지룡 외3인(2005)의 자료가 있어 각 차시 수업의 전체 흐름을 충분히 파악할 수 있을 것이다. 하지만 6차시의 경우에는 그 내용이 지닌 교육적 의의에 비해 지금까지 다루어진 적이 거의 없었고, 그 중요성 조차도 제대로 깨닫지 못하는 경우가 많았기 때문에 6차시의 교수·학습 지도안을 구안해 보고자 한다. 이러한 시도들이 지속적으로 이루어질 때, 문법 교육의 지평이 보다 넓어질 수 있을 것이다. 각 차시별 단원 지도 계획은 다음과 같다.

〈표 8-3〉 소단원 운영 계획

단원	차시	소단원 내의 지도 내용	비 고
낱말 형성법	1/6	ㅇ 낱말을 더 작은 단위(형태소)로 나누기	1. 단원의 길잡이 내용을 1차시에 포함하여 지도함. 2. 두 차시가 하나의 소단원을 이루는 것을 염두에 둔 것임.
	2/6	ㅇ 낱말을 하나의 형태소로 이루어진 낱말(단일어)과 둘 이상의 형태소로 이루어진 낱말(복합어)로 분류하기	
	3/6	ㅇ 복합어를 이루는 형태소를 실질적인 뜻을 가지는 것(어근)과 뜻을 보태 주는 것(접사)으로 나누기	
	4/6	ㅇ 복합어를 어근끼리 만나 이루어진 낱말(합성어)과 어근, 접사가 만나 이루어진 낱말(파생어)로 구분하기	
	5/6	ㅇ 우리말 낱말 만드는 방법을 활용하여 새말 만들어 보기	
	6/6	ㅇ 새말의 짜임과 표현 효과 분석하기	본시

3.3.2. 학습 자료의 선정과 구성

수업 계획을 세움에 있어 먼저 고려해야 할 점은 학습자들이 국어의 가치를 스스로 의식할 수 있게 학습 자료를 선정하는 일이다. 그런데 다른 교과목과는 달리 학습자들은 유독 문법을 더 딱딱하고 재미없는 과목으로 간주하는 경향이 있다. 물론 시간의 흐름에 따라 그러한 의식은 변화할 수 있지만, 현재와 같은 무미건조한 문장 위주의 학습 자료만으로는 학습자가 자신의 국어 의식 자체를 비판적으로 성찰하고 점검할 수 있는 기회를 제공하기는 힘들다.

특히 이 소단원은 낱말 만드는 방법을 활용하여 새말을 만들기와 새말의 짜임과 그 표현 효과를 분석하기를 차시 학습 목표로 삼고 있기에 신문이나 방송 기사, 광고 등 일상적인 다양한 언어 자료를 학습 자료로 선정하는 일이 중요하다. 학습자와 관련된 시사적인 삶뿐만 아니라 타인의 목소리와 느낌까지 들어 있는 이러한 자료들은 학습자가 문법을 재미있게 그리고 나아가 국어의 가치를 새롭게 인식하는 데도 도움을 준다.

다음에는 구슬이 서 말이라도 꿰어야 보배라는 말이 있듯이 국어의 가치를 담은 학습 자료를 학습자들이 유의미하게 경험하도록 구성하는 일이다. 유의미한 문법 학습 경험이란 국어 현상을 탐구하여 문법 지식을 생성하는 경험을 하도록 하되, 학습한 내용이 국어 생활에 활용되도록 하는 것을 의미한다. 따라서 문법 자체에 대한 설명보다는 구체적인 언어 자료를 통하여 학습자 스스로 규칙을 발견하고 적용하는 탐구 학습 형태로 자료를 구성한다.[◀알아 두기 3] 즉 문제 확인하기, 문제 탐구하기, 문제 해결하기, 적용하기 등과 같은 탐구 학습법의 절차에 맞게 자료를 가공하고 구성하는 일이다. 이후 단계에서 제시할 학습 지도안에 예문 살펴보기, 예문을 통해 문제 탐색하기, 필요한 자료 모으기, 조사한 예문 분석하기, 예문에서 규칙 발견하기, 일상적인 상황에 적용하기 등이 있는데, 이러한 활동은 모두 학습자로 하여금 유의미한 문법 학습을 경험하도록 하기 위함이다.[◀관점 비교하기]

3.3.3. 소단원 학습 활동 계획 수립

국어 교과에서 다루는 언어는 인간의 삶을 의미 있게 하는 주된 통로로서 인간

삶의 모든 부분에 스며들어 있다. 언어는 인간의 삶 전체와 항상 통합되어 있는 것이기에 국어 교과에서는 다른 교과에 비해 통합의 문제가 더욱 중요하게 제기된다 (신헌재 외, 1996:15). 문법 지식을 가르치고 배우는 경우에도 역시 이러한 통합을 시도할 수 있다. 이 때 고려해야 할 점은 문법 지식을 '무엇'과 통합할 것인가와, 문법 지식을 '어떻게' 통합할 것인가이다. 전자는 교수 학습 방법을 적용할 때, 내용상의 통합 문제이고, 후자는 교수 학습 방법을 적용할 때, 형식상의 통합 문제이다. 형식의 차원과 내용의 차원을 통합하면 문법 지식을 교수 학습할 수 있는 다양한 방법이 나올 수 있다. 언어 기능(skill) 영역만 생각해 보아도 말하기·듣기와 통합한 문법 교수 학습 방법, 읽기와 통합한 문법 교수 학습 방법, 쓰기와 통합한 문법 교수 학습 방법 세 가지가 추출된다.

통합 학습 활동을 계획할 때 우선적으로 고려해야 할 사항은 소단원 학습 자료와 학습 활동이다. 신문이나 방송 기사 등을 가공하여 학습 자료로 구성한 경우, 자료를 '꼼꼼하게' 읽기가 중요하다. 새롭게 만든 말은 그 의미가 아직 사전에 등재되어 있지 않기 때문에 문맥을 통해 그 의미를 파악해야 한다. 학습 목표로 제시한 새말의 짜임과 표현 효과 분석은 이러한 읽기 활동과 긴밀한 통합 관계를 지니게 된다.

특히 새말의 표현 효과에 대한 분석은 문법 지식의 수준 차이나 자료에 대한 경험이나 해석의 차이로 인해 합일점이 쉽게 도출되지 않을 것으로 본다. 그렇다고 탐구 활동의 성격을 무시한 채 교사가 주입식으로 설명할 수는 없다. 따라서 학습자들이 자료와 유사한 자기 경험과 다른 사람의 경험을 비교하며, 가능한 학습 활동에 역동적으로 참여할 가능성이 높은 토의·토론과 통합된 모둠별 문법 수업을 계획하는 것이 필요하다.

문법 수업을 모둠별로 계획할 때 반드시 고려해야 할 요인 하나는 학습자의 문법 수준이다. 모둠에 따라 수준이 높은 학습자가 한꺼번에 몰릴 수도 있으며, 그 반대가 될 수도 있다. 특히 교사가 문법 지식을 가르치는 것이 아니라 학습자 스스로가 찾아내는, 또는 만들어 내는 탐구 학습법의 경우, 수업의 성패는 모둠을 어떻게 구성하느냐에 달려 있다고 볼 수 있다. 고쳐 쓰기 활동의 구체적 양상을 통해 학습자의 언어 지식 유형과 인지적 조절 양상을 구분하고, 이를 토대로 학습자의 문법 지식 수준을 5단계로 세분한 남가영(2003:75-81)의 다음 연구 결과는 모둠 학습 활동을 계획하는 데 많은 도움을 줄 것으로 보인다.

〈표 8-4〉 학습자의 언어 지식 유형과 인지적 조절 유형

학습자의 언어 지식 유형		학습자의 인지적 조절 유형	
분석적 지식	○메타 언어 활용 　- 명시적 설명 가능 유형(유형①) ○메타 언어 미활용 　- 명시적 설명 가능 유형(유형②)	선택적 주목 가능	○부적절한 부분을 지적하는 유형(유형⑧) 　- 지식 기반 전략의 활용 유형 　- 비지식 기반 전략의 활용 유형
비분석적 지식	○분석적 지식으로 전환 가능 유형 　- 개인적 추론 및 분석(유형③) 　- 개인적 언어 경험(유형④) 　- 직관적 판단(유형⑤)		
	○분석적 지식으로 전환 불가능 유형 　- 잘못된 언어 경험(유형⑥) 　- 잘못된 추론 및 분석(유형⑦)	선택적 주목 불능	○부적절한 부분을 지적하지 못하는 유형(유형⑨) ○문제 해결 자체에 주목하지 못하는 유형(유형⑩)

〈표 8-5〉 학습자의 문법 지식 수준 단계

	세부 양상
단계①	문제가 되는 부분에 주목하지 못하는 단계 (1) 지식: 분석적 지식/비분석적 지식 (2) 조절: 선택적 주목 불능(유형⑨, ⑩)
단계②	문제가 되는 부분에 주목하되 과제를 해결하지 못하는 단계 (1) 지식: 비분석적 지식 - 분석적 지식으로 전환 불가능한 지식(유형⑥, ⑦) (2) 조절: 선택적 주목 가능(유형⑧)
단계③	문제가 되는 부분에 주목하여 과제를 해결하되, 그에 대한 명시적인 인식이 부족한 단계 (1) 지식: 비분석적 지식 - 분석적 지식으로 전환 가능한 지식(유형③, ④, ⑤) (2) 조절: 선택적 주목 가능(유형⑧)
단계④	문제가 되는 부분에 주목하여 과제를 해결하고, 그에 대한 명시적인 인식이 충분한 단계(Ⅰ) (1) 지식: 분석적 지식(유형②) (2) 조절: 선택적 주목 가능(유형⑧)
단계⑤	문제가 되는 부분에 주목하여 과제를 해결하고, 그에 대한 명시적인 인식이 충분한 단계(Ⅱ) (1) 지식: 분석적 지식(유형①) (2) 조절: 선택적 주목 가능(유형⑧)

　일반적으로 볼 때, 한 학급의 구성원들의 문법 지식 수준은 서로 다르다. 한 모둠을 단계①에 해당하는 학습자로만 구성할 것인지, 아니면 단계①로부터 단계⑤까지

해당하는 5명의 학습자로 골고루 구성할 것인지를 결정하는 데 도움을 준다.

3.4. 학습 지도와 평가

3.4.1. 소단원별 학습 지도

소단원은 하나의 유기적 구조체이기에 국어과에서 수업 운영의 최소 단위는 단시가 아니라 소단원이 되어야 한다는 임칠성(2008:22)의 주장은 매우 보편타당하다. 소단원별로 학습 목표가 정해지고, 소단원별로 진단이 실시되고, 소단원별로 동기 유발이 제시되고, 소단원별로 수업 방법이 적용되어야 하며, 소단원별로 형성 평가가 실시되어야 마땅하다.

하지만 실제 교실 수업 현장을 들여다보면 차시별 수업 내용을 염두에 두고 교사가 수업을 전개하고 있음을 볼 수 있다. 그리고 각 차시별 수업 목표를 별도로 설정하고 있음도 알 수 있다. 이런 현상을 이론과 실제의 괴리라고 해석하기보다는 교사의 머리 속에 있는 '소단원 수업 계획'이 교실 현장 속에서 '차시별 학습 지도'로 펼쳐지면서 필연적으로 발생할 수밖에 없는 시간적 지연, 실천적 지연이라고 보는 것이 타당할 것이다. 다음에 제시하고자 하는 학습 지도안은 소단원 3의 두 번째 차시, 즉 새말의 짜임과 표현 효과 분석하기를 염두에 두고 만든 것이다.

학년		중 2	교과	국어	대단원명	2. 단어의 짜임과 쓰임	차시	6/6	쪽수	00
					소단원명	(3) 새말 만들기				
수업 목표		♣ 새말의 짜임과 표현 효과를 분석할 수 있다.								
수업 방법		탐구 학습법								
학습단계	주요활동	학습형태	교수·학습 활동				시간		자료 및 유의점	
문제확인	예문 살피기 학습 목표 확인	전체 학습	▣ 예문 살펴보기 다음 글을 읽고, '-스럽-'이 들어간 단어의 의미를 생각하게 한다. ▸몇 해 전 미국의 이라크 침공을 전후해 '부시스럽다'라는 말이 유행한 적이 있다. '자기 고집만 내세우는 사람. 말이 안 되는 논리를 말이 되는 양 주장함. 남의 바른 소리는 듣지 않고 자기 고집만 내세움' 등의 뜻이다. 조지 부시 미국 대통령의 억지 침공 논리를 꼬집는 한국 누리꾼들의 기민한 신조어였다. (한겨레, 2007. 1. 16) ▣ 학습 목표 확인하기 ♣ 새말의 짜임과 표현 효과를 분석할 수 있다.				5분		※정답을 찾기보다 다양한 의견을 통해 문제를 탐색할 수 있도록 한다.	

문제 탐구	예문을 통해 문제 탐색하기	전체 학습	▣ 예문을 통해 의미 차이를 알아보기 ♣ 다음 예문들을 비교하여 보고, 그 의미 차이를 알아보게 한다. (1) ㄱ. 철수는 고생스러웠는지 모르나 그 정도는 고생한 것이 아니다. 　ㄴ. 철수는 고생했는지 모르나 그 정도는 고생스러운 것이 아니다. (2) ㄱ. 그가 미련스런 말을 하니까 사람들이 그를 미련한 사람으로 본다. 　ㄴ. 그가 미련한 말을 하니까 사람들이 그를 미련스러운 사람으로 본다.	5분	
문제 해결	문제 해결 방법 탐색하기	모둠 학습	▣ 문제해결 방법 탐색하기 ♣ 문제 해결 방법을 모둠원끼리 토의하게 한다. ▶ 여러 예문을 찾아 쓰임의 공통 의미를 찾아본다. ▶ 국립국어원, 인터넷, 백과사전을 이용해 '-하다'와 '-스럽-'의 쓰임을 찾아본다. ▶ 조원들끼리 여러 예문을 만들어 그것을 토대로 일반적 원리를 찾아본다. ◆ 여러 방법 중에서 더 타당하다고 생각되는 방법을 정해 학습 문제를 해결해 보게 한다.	5분	※교사의 도움이 필요하다면 도움을 주고 최대한 학생 스스로 문제를 해결할 수 있도록 한다.
문제 해결	자료 모으기	모둠 학습	▣ 필요한 자료 모으기 ♣ 인터넷, 책, 사전 등을 이용해 '-스럽-'이 쓰이는 경우를 찾아본다. ▶ ①국회스럽다, ②검사스럽다, ③노무현스럽다 등 ▶어떤 경우에 사용되는지 일반적 원리를 찾아본다.	5분	
	조사한 예문 분석하기	모둠 학습	▣ 조사한 여러 예문을 분석하기 ♣ 〈보기〉와 같이 '-스럽다'의 의미 및 사례 등을 정리하게 한다. ▶ ① 국회스럽다 - 이익을 위해 비열하게 다투거나 날치기 등 비신사적인 행동을 일삼는 면이 있다. - 국회도 절제를 잃어버렸다. 초등학교 운동회처럼 청·백으로 나누어 싸울 줄만 알지 폭로와 욕설이 국민들 앞에 부끄러운 줄 모른다. 또 싸우는 것도 '주체적으로' 싸우는 것이 아니라 '대리전쟁'이나 '청부전쟁'하는 것처럼 싸우니 꼴불견이 아닐 수 없다. 입법자들이 자나 깨나 가슴에 새겨야 하는 것은 국리민복이 아니겠는가. 언제부터인가 '검사스럽다'는 말이 나왔다. 또 대통령을 빗대어 'ㅇㅇ스럽다'는 말도 나왔다. 이제는 '국회스럽다'는 말이 나올 차례인가. 〈세계일보 2007. 10. 28.〉 ◆ 정리한 내용을 바탕으로 새말(신조어)들의 구조를 분석하게 한다.	10분	※조사한 자료를 바탕으로 타당한 결론에 도달할 수 있도록 격려한다.
	규칙 발견하기	모둠 학습	▣ 결론 도출하기 ♣ 다음 글을 읽고, 새말(신조어)이 기존의 '-스럽다'의 의미 및 형태에 맞게 만들어진 것인지 생각해보게 한다. ▶X+스럽다: X가 〔+Human〕의 체언일 때는 '그와 같이 못났다'라는 뜻으로 쓰이며 이때 X는 좋지 못한 의미의 체언임(예 : 바보스럽다 등). 그리고 X가 높은 신분이나 지위의 〔+Human〕 체언일 경우는 '그만한 자격이 없는데 있는 것처럼 행동한다'는 뜻으로 쓰인다(예 : 어른스럽다 등).	5분	
적용	일상적인 상황에 적용하기	전체 토의 학습	▣ 적용하기 ♣ '-스럽다' 어미가 붙어 형성된 새말(신조어)에 대하여 다음 문제를 토의하게 한다. ▶ 형용사 파생접미사인 '-스럽다'의 높은 생산성 때문에 '-스럽다'가 붙은 새말이 많이 생겨나고 있다. 자료에 제시된 사례 외에도 '도올스럽다, 만복스럽다, 장수스럽다' 등 특히 정치인이나 사회 유명인사와 관련한 새말들이 유행한 적이 있다. 이처럼 '-스럽다'를 붙인 새말들이 무한정 생산되는 현상이 국어 어휘 체계에 어떤 영향을 주고 있는가? ▶인명이나 직업에 '-스럽다'가 붙어 형성된 새말은 대부분 특정 인물이나 특정 직업을 비하하는 의미를 담고 있다. 실제로 '놈현스럽다'가 국립국어원의 신어 보고서에 실린 데 대해서는 청와대가 불쾌한 입장을 드러낸 적이 있다. 이러한 말이 사회적으로 통용되는 것에 문제는 없는가?	5분	

3.4.2. 소단원별 형성 평가

평가는 학습 내용과 학습자들의 상황, 수업 상황에 따라 다양하게 시행할 수 있는데, 문제가 되는 것은 기준의 객관성, 타당성, 공정성 등이다. 이를 위해서 먼저 각 소단원에서 학습한 문법 내용이 무엇인지 분석하여야 한다. 소단원 1과 2는 문법 지식을 중심으로 지필 평가로 비교적 쉽게 객관성과 타당성을 확보할 수 있다. 그러나 소단원 3(5~6차시)에서는 상호 평가와 자기 평가를 위한 자기 점검표(체크리스트)를 사용하는 것이 좋다. 소단원3은 단어 형성법을 알고 창조적으로 활용하는 것을 학습 목표이기에 문법 지식보다는 학습자 스스로 문법 수업에 즐거이 참여하였는지, 국어에 대해 변화된 의식을 갖게 되었는지 확인하는 평가가 필요하기 때문이다.

그리고 다음 '소단원 학습 평가지'에 제시된 바와 같이, <전체 평가>는 상호 평가 방식의 차시별 학습 목표와 관련된 평가 항목을, <자기 평가>는 인지적 영역, 초인지적 영역, 태도 영역으로 평가 항목을 만드는 것이 필요하다(임지룡 외 3인, 2005). 좀 더 구체적으로 설명하면, 인지적 영역은 수업 내용을 얼마나 잘 소화했는가를 묻는 평가 항목(①~④)을, 초인지적 영역은 학습 활동을 할 때 자기의 학습 태도를 되돌아 볼 수 있는 평가 항목(⑤~⑧)을, 태도 영역은 수업을 통한 태도나 인식의 변화를 확인하는 평가 항목(⑨~⑫)을 설정하고 평가하는 것이 필요하다. 덧붙여 평가 사항들을 종합적으로 재검검하는 평가 항목(⑬)도 필요하다. 이러한 '소단원 학습 평가지'는 학습자들에게 자기 점검하는 기능과 학습 내용을 심화하는 기능을 제공하며 교사들에게 자신의 소단원 교수 활동에 대한 유의미한 피드백 자료를 제공한다.

소단원 학습 평가지(6차시)			
제2학년 반 번 이름 :			
◆ 소단원 3의 수업을 돌아보고 다음 항목들에 대한 자신의 생각을 써 보세요.			
〈전체 평가〉			
① 5차시 수업 시간에 만든 말 중 가장 잘 만들었다고 생각되는 말과 그 까닭은?			
② 6차시 수업에서 새말의 표현 효과를 가장 잘 분석한 사람과 그 까닭은?			
〈자기 평가〉	☺	😐	☹
① 주어진 접사로 이루어진 말들을 찾아냈는가?			
② 나는 접사를 이용해서 말을 만들었는가? 만들었다면 내가 만든 낱말을 쓰고 가장 잘 된 것 ○표 하기			
③ '-스럽다'와 '-하다'가 붙은 낱말의 의미 차이를 구분할 수 있는가?			
④ '-스럽다'가 붙어 인터넷에서 자주 사용되는 새말 3개를 쓰고, 그 의미를 가장 잘 알고 있는 낱말에 ○표 하기			
⑤ 내가 만든 낱말은 만족스러운가? 다른 사람의 반응은 어떠했는가?			
⑥ 나는 오늘 활동에 열심히/적극적으로 참여했는가?			
⑦ '-스럽다'가 붙어 쓰이는 새말의 유형을 구분하여 설명할 수 있는가?			
⑧ 새말과 기존의 '-스럽다'의 의미를 구분하여 설명할 수 있는가?			
⑨ 그 나라 말을 쓰는 사람이면 누구나 새 말을 만들 수 있다.			
⑩ 나는 오늘 수업을 하고 새 말을 만들어 쓸 자신이 생겼다.			
⑪ 말은 계속 변하는 것이므로 쓰는 사람들이 쉽고 아름다운 말을 만들어 쓰도록 노력해야 한다.			
⑫ 나는 앞으로 말을 만들 기회가 온다면 쉽고 아름다운 새말을 만들어 쓰려고 노력할 것이다.			
⑬ 오늘 수업을 하기 전과 수업을 마친 뒤 나에게 어떤 변화가 있다고 생각되는가? 수업 후의 생각과 느낌을 적어 보자.			

3.5. 대단원 정리와 발전

정리와 발전 단계는 개별 소단원들의 학습 지도와 평가를 마친 후 대단원 학습 목표를 중심으로 내용을 정리하고, 대단원 수업의 내용을 교실 밖의 특별한 활동으로 발전시키는 단계이다. 정리 활동으로는 위계와 병렬 관계를 알 수 있는 수형도(樹型圖)에 소단원에서 배운 문법 용어('단일어', '복합어', '파생어', '합성어')를 알맞게 배치하게 하고, 그 사례를 하나씩 말하게 할 수 있다. 그리고 한 소단원에서 배운 내용이 다른 소단원에서도 적용될 수 있는지 말해 보게 하거나, 소단원의 탐구 학습 과정을 통해 고생한 경험을 격언이나 명언들과 연결해 말해 보게 하거나, 탐구 활동 등을 통해 학습한 문법 경험과 교사의 설명 등을 통해 학습한 문법 경험과 비교하며 토론하거나 논술하는 활동 등을 할 수 있다.

발전 활동이란 소단원 단위 수업을 교실 밖 언어 상황으로 적용하는 것이다. 단어 형성법과 관련된 발전 활동으로는 형태소를 분석하는 공부가 자신의 삶에 어떤 의의가 있는지 말해 보게 하거나, 언어생활에서 띄어쓰기가 왜 가장 혼란스러운지를 단어 형성법과 관련지어 말해 보게 할 수 있다. 그리고 합성어만으로 끝말잇기를 하게 하거나 국립국어원의 보고서 등을 참조하며 복합어가 새로 만들어지는 원인을 추리하게 하는 활동 등을 할 수 있다.

관점 비교하기

다음 세 가지 문법 수업 방법을 비교하여 그 특징과 장단점을 정리하여 보자. 구체적인 사례는 최지현 외(200&:265-278)에 제시되어 있다.

(1) 설명 중심 문법 교수 학습의 단계(이대규, 1994a)
  ㉠ 설명 단계: 문법적인 개념·명제·절차 설명하기, 구체적인 예 제시하기
  ㉡ 이해 단계: 수업 내용 기억하기, 질문을 통해 이해 여부 확인하기, 다시 질문하기
  ㉢ 저장 단계: 수업 내용 저장하기
  ㉣ 재생 단계: 연습 과제 풀기
  ㉤ 사용 단계: 새로운 예를 학습한 개념과 명제와 관계 짓기

(2) 탐구 중심 문법 교수 학습의 단계(김광해, 1995)
  ㉠ 문제 정의 단계: 문제, 의문 사항의 인식, 문제에 의미부여, 문제의 처리 방법 모색
  ㉡ 가설 설정 단계: 유용한 자료 조사, 추리, 관계 파악, 가설 세우기
  ㉢ 가설 검증 단계: 증거 수집, 증거 정리, 증거 분석
  ㉣ 결론 진술 단계: 증거와 가설 사이의 관계 검토, 결론 추출
  ㉤ 결론의 적용 및 일반화 단계: 새로운 자료에 결론 적용, 결과의 일반화 시도

(3) 통합 중심 문법 교수 학습의 단계 (김은성, 1999; 임지룡, 2008)
  ㉠ 학습 동기 유발하기: 문법의 필요성 인식하는 자료 제시, 문법 능력 점검하기 등
  ㉡ 일상적인 경험 말하기: 자료와 관련된 유사한 자기 경험 말하기, 경험 비교하기 등
  ㉢ 문법적인 직관 키우기: 구조적인 측면과 의미적인 측면에서 연습 및 활동
  ㉣ 문법적인 지평 확대하기: 문법 지식의 안목을 넓히는 성찰적인 글쓰기

▌ 탐구하기

　　다음 아래의 <자료1>～<자료6>은 탐구 중심 문법 수업을 설계하고자 한 어느 국어 교사가 수집한 기초 자료와 연구 자료이다. 자신이 교사가 되어 실제 문법 수업을 할 때 자료를 탐구 학습법의 단계에 맞게 배치하고 알맞은 발문을 만들어 보자. 그리고 그렇게 배치한 까닭도 말해 보자.

　　○ 목표: 문장 만들기에는 언어의 규칙성이 단어 만들기에는 언어의 비규칙성이 적용됨을 이해한다.
　　○ 관련 지식: 언어의 규칙성과 비규칙성, 문장 만들기와 단어 만들기, 어미와 접사, 문장과 단어
　　○ 대상: 고등학교 2, 3학년생
　　○ 탐구 학습 과정: 문제 확인 단계(예문 살피기), 문제 탐구 단계(예문을 통해 문제 탐색하기), 문제 해결 단계(문제 해결 방법 탐색하기/자료 모으기/조사한 예문 분석하고 규칙 발견하기), 적용하기(결과의 일반화 시도)
　　○ 안내 지침: <자료1>과 예시 발문은 맨 처음 문제 확인 단계에서 사용한 것임.

　　<자료 1>
　‧ 이 냉장고는 양질의 얼음이 빨리 얼음.
　‧ 그 무용가는 예술적인 춤을 잘 춤.
　‧ 나는 요즘에 나쁜 꿈을 자구 꿈.

　→ 예시 발문: 우리말에 나타나는 다음과 같은 예들은 어떤 차이가 있을까?

　<자료 2>
　‧ 혹시 보이는 것과 보이지 않는 것의 차이는 아닐까?
　‧ 동작, 비동작의 차이는 아닐까?
　‧ 품사가 다르기 때문이 아닐까?
　‧ 단어 만들기와 문장 만들기의 차이가 아닐까?
　‧ 규칙성과 비규칙성의 차이는 아닐까?

<자료 3>

- '-음/-ㅁ, -기'는 문장도 만들고 단어도 만든다.
- '-이'는 문장을 만들지는 못한다. 오직 단어 만들기에만 사용된다.
- 문장을 만들 때는 규칙적이어서 어느 문장에서나 가능하다.
- 단어를 만들 때는 불규칙적이어서 가능한 경우도 있고, 가능하지 않은 경우도 있다.

<자료 4>

- 이 냉장고는 얼음(*얼기)이 얼기(*얼음)는 잘 어는데 녹기(*녹음)도 빨리 녹는다.
- 노름(*놀기, *놀이)에 손을 대면 패가망신하기가 십상이란다.
- 놀기(*노름, *놀이)는 노는데 시험칠 일이 걱정이다.
- 술래 잡기 놀이(*놀기, *노름)를 하고 있는 아이들.

<자료 5>

<음/-ㅁ>

㉠ 꿈, 잠, 춤, 삶, 죽음, 튀김, 셈, 울음, 셈, 믿음, 기쁨, 슬픔.

㉡ 열심히 공부함. 열심히 공부하고 있음.

<기>

㉠ 달리기, 높이뛰기, 멀리뛰기, 오래달리기, 줄다리기, 술래잡기, 보기, 굽기, 졸이기, 삶기, 튀기기, 볶기, 더하기, 빼기, 나누기, 곱하기

㉡ 앉기, 서기, 앉히기, 세우기, 죽이기, 살리기, 주기, 빼앗기/ 날이 갈수록 살기가 힘들어./ 가기도 잘도 간다. 서쪽 나라로/ 큰 소리를 치기는 잘도 치네만/ 공부를 열심히 하고 있기는 하다.

<자료 6>

- 문장 만들기와 단어 만들기는 그 성격이 각각 다르다. 비슷해 보이는 현상이라도 문장 만들기에 사용되는 것은 '어미', 단어 만들기에 사용되는 것은 '접사'이다.

▌ 생각해 보기

1. 다음은 어느 중학교 국어 교사가 시도한 품사 분류 지도 사례다. 이런 사례로 품사를 가르쳤을 때 어떠한 문제점이 발생하는지 말해 보자.

> 국어 품사 분류의 기준으로는 일반적으로 의미, 기능, 형식이 있으며, 이 기준에 따라 명사, 대명사, 수사가 체언이며, 조사는 관계언이며, 동사, 형용사는 용언이며, 관형사, 부사는 수식언이며, 감탄사는 독립언으로 나뉜다는 것을 가르칠 것이다.
> 교사는 이 내용을 효과적으로 가르치기 위해 학생들에게 친근한 동물(강아지)을 이용하기로 하였다. 그래서 체언은 강아지 몸통에, 용언은 강아지 발에, 수식언 중 관형사는 강아지 머리에, 수식언 중 부사는 강아지 발톱에, 관계언은 강아지 몸통과 발을 이어주는 다리에, 그리고 독립언은 강아지 하품으로 나타내어 가르쳤다.

> ▶ 1단계: 이러한 비유가 적절한가?
> ▶ 2단계: 비유가 적절하다고 가정할 때, 품사의 의미, 기능, 형식에 대한 지식이 제대로 전달되는가? 파손된 상태로 전달되는가?
> ▶ 3단계: 좀 더 적절한 비유가 있다면?

2. 다음은 어느 학자가 주장한 문법 교육의 목적이다. 이 목적을 7차 개정 국어과 교육과정에 나타난 국어 교육의 목적과 비교하여 보고, 두 목적이 지향하는 차이를 말해 보자.

> 그는 문법 교육의 목적이 '언어 사용 능력을 발달'시키는 데 있지 않다고 본다. 언어를 정확하고 효과적인 사용에 도움을 주는 것은 수사학의 목적이지, 문법 교육의 목적이 되어서는 안 된다고 주장한다. 그는 문법 교육의 목적은 언어 현상, 즉 언어학의 연구 대상인 말소리, 낱말, 문장의 구조, 기능, 변화 들을 언어학적으로 이해하는 능력을 발달시키는 데 있다고 본다.(이대규, 1994ㄴ:12-13)

> ▶ 1단계: 7차 개정 국어과 교육과정에 나타난 국어과 교육과정의 목적은 무엇인가?
> ▶ 2단계: 7차 개정 국어과 교육과정과 이 주장의 공통점과 차이점은 무엇인가?
> ▶ 3단계: 상위 개념의 국어 교육과 하위 개념의 문법 교육의 관계는 어떠해야 하는가?

3. 5단계 수업 설계와 목표 중심의 수업 설계를 꼼꼼하게 비교하여 보고, 그 차이점을 다음과 같이 말해 보자.

    ▶ 1단계: 두 수업 설계의 근본적인 차이는 무엇인가?
    ▶ 2단계: 핵심 개념을 다르게 설명하는 부분은 무엇인가?(예: '목표', '진단' 등)
    ▶ 3단계: 두 수업 설계를 문법 수업에 적용할 때 장단점은 무엇인가?

▌ 알아 두기

1) **5단계 수업 설계**   이 일반수업절차모형은 한국교육개발원이 우리나라의 초·중등학교 교육을 종합적으로 개선시키기 위하여 1972년부터 약 10년간 연구·개발·적용한 새 교육 체제의 하위 체제이다. …… 그 당시 가장 심각하게 생각하였던 문제는 첫째, 학습자들의 학업 성취도가 너무 낮다는 것이었고, 둘째, 도시와 농촌 간 학습자들의 '취업 성취도' 차이가 너무도 크다는 점이었다. …… 이러한 문제점을 낳게 된 구체적인 학교 현장과 관련되는 문제점으로 ① 암기 위주의 교육, ② 타율적인 학습, ③ 융통성 없는 획일적인 학습 조직, ④ 교수·학습 자료의 빈곤, ⑤ 교원 자질의 저하, ⑥ 학습지도 방법의 전근대화 등을 지적하게 되었다(변영계·이상수 2003:78-79).

2) **객관주의와 구성주의**   인식론적 실재론, 즉 객관주의는 지식의 대상이 주체의 밖에 있는 또는 주체와 별개로 존재하는 것으로 본다. 이러한 관점을 바탕으로 생성된 지식을 흔히 객관적인 지식이라 한다. 이러한 지식은 주체가 객관적인 대상을 강력하고 정련된 탐구 방법을 통해 '독립된 실재에 대한 정확한 표상'(Taylor, 1995)을 정확히 파악했을 때 획득된다. 즉 우리의 시공적(時空的) 삶을 초월해 존재하는 실재를 객관적으로 정확하게 표상해 낸 것이다. 따라서 이러한 지식은 지식의 산출이나 그 과정에 영향을 받지 않는 불변성과 탈역사성의 특징을 갖는 것으로 상정된다.

구성주의란 지식에 관한 새로운 관점, 즉 지식은 개인과 독립적으로 존재하는 것이 아니고, 환경과의 상호작용을 통해 개인에 의해 구성된다는 점을 강조하는 이론이다. 그리고 진리나 실체를 인식자와 동떨어진 것이 아니라 바로 인식자에 의해서 구성되며, 인식 주체가 지식 구성의 과정에서 능동적인 입장을 취하는 것으로 본다(Piaget, 1954). 이와 같은 구성주의 담론은 인식의 관심을 '인식 대상'으로부터 '인식 과정'으로 바꾸며, 또 그런 과정은 '구체적인 경험적인 조건'들로 바꾸는 것에 공통적인 지향점이 있다(박여성 옮김, 1995:8).

3) 설명 중심 문법 교수 학습 방법 이대규(1994a)에서는 이러한 문법 수업 내용의 범주와 짝을 이루는 학습자의 행동 범주, 즉 학습자에게 학습되기를 바라는 상태를 설정하였는데, 그것이 바로 '기억', '사용' 그리고 '발견'이다. '기억'의 내용은 문법적인 개념과 명제, 그리고 절차이며, 학습자가 이러한 내용을 배우고 저장한 것을 그대로 재생하는 것을 말한다. '사용'은 기억한 수업 내용을 새로운 문법 과제 상황에 적용하는 것이며, '발견'은 전에 학습한 기존의 수업 내용을 수정하고 재조직하는 것이다. 그런데 그는 문법 수업에서 '발견'에 해당하는 행동 특성을 학습시키기 어렵다고 보고 이를 배제하고 다음과 같은 문법 수업 목표 범주를 설정하고 있다.

■ 더 읽을거리

고상숙·양필숙(2001), 교수학적 상황론에 입각한 효과적인 극한지도, 수학교육논문집 11, 한국수학교육학회.

교육부(1998), 국어과 교육과정, 대한교과서주식회사.

김광해(1995), 언어 지식 영역의 교수 학습 방법, 국어교육연구 2집, 서울대학교 사범대학 국어교육연구소.

김광해·권재일·임지룡·김무림·임칠성(1999), 국어지식 탐구, 박이정.

김은성(1999), 국어에 대한 태도 교육 연구, 서울대석사논문.

남가영(2003), 메타 언어적 활동에 대한 국어교육적 연구, 서울대석사논문.

민현식(2002), 국어 지식의 위계화 방안 연구, 국어교육 108, 한국국어교육연구회.

박여성 옮김(1995), 구성주의, 까치.

변영계·이상수(2003), 수업 설계, 학지사.

신헌재 외(1996), 국어과 교수 학습 방법, 박이정.

심영택(2002), 국어적 지식의 교수학적 변환 연구, 국어교육 108호, 한국국어교육연구학회.

이관규(2001), 학교 문법 교육에 있어서 탐구 학습의 효율성과 한계점에 대한 실증적 연구, 국어교육 106호, 한국국어교육연구회.

이경화(1996), 교수학적 변환론의 이해, 대한수학교육학회논문집 제6권 제1호.

이대규(1994), 선청어문 제22집, 서울대국어교육과.

이대규(1994ㄱ), 문법 수업 설계의 방법, 선청어문 제22집, 서울대사대국어교육과.

이대규(1994ㄴ), 국어과 교육의 과정, 한글과컴퓨터.

이인제 외(1996), 제6차 교육과정에 따른 초등학교 국어과 교과용 도서 개발 연구, 연구보고 TR 96-3-2, 한국교육개발원.

이인제 외(1997), 제7차 국어과 교육과정 개발 연구, 연구보고 CR 97-23, 한국교육개발원 교육과정개정연구위원회.

이홍우(1987), 지식의 구조, 교육과학사.

이홍우(1992), 교육과정 탐구, 배영사.

임지룡(2002), 글쓰기를 위한 문법 교육 텍스트, 국어교육연구, 국어교육학회.

임지룡·박채형·장명희·송영민(2005), 국어지식 영역의 교수 학습 방법 연구-8학년 2학기 '낱말 형성법' 단원의 새말 만들기를 중심으로-, 국어교육연구 38집, 국어교육학회.

임칠성(2008), 국어과 수업에 대한 반성적 고찰, 국어교육학연구 제33집, 국어교육학회.

주삼환 외(1999), 수업 관찰과 분석, 원미사

최영환(1992), 국어 교육에서 문법 지도의 위상, 국어교육학연구 제2집, 국어교육학회.

최지현외 6인(2007), 국어과 교수·학습 방법, 역락.

최형기·김형철(2001), 중학교 문법 교육 방법 연구, 교과교육연구, 원광대교과교육연구소

Brosseu, G.(1991), *Theory of Didatical Situation in Mathematics*, translated by Balacheff, N. & Cooper, M. & Sutherland, R. & Warfield, V.(1997)

Bruner, J. S.(1973), *The Process of Education*, 이홍우 역(2005), 교육의 과정, 배영사.

제 9 장

문법 평가

나는 솔직히 여태 문법을 배우면서 쉽다거나 어렵다거나 이런 느낌을 받지 못했다. 그냥 선생님께서 알려주시면 '그렇구나.' 하고 넘어가곤 했다. 하지만 문법을 배우면서 왜 배우는지, 그냥 의사소통만 하면 되지, 이런 생각들이 들곤 했다. 그렇게 필요한 것도 아닌데 왜 이리 열 내면서 배우는지 이해가 가지 않았다. 게다가 모음조화나 명사, 형용사 이런 이름들이 나오니까 괜히 이름에 집착을 하게 되고 남들은 명사, 형용사 찾아낼 때 나는 헤매고 있으면 그야말로 절망적이었다. 왜 남들은 다 아는데 나만 모르는지, 답답하기만 했다. … (중략) … 이런 생각도 했다. 한 마디로 문법은 나에겐 외계 말이나 다름없었다. 어떻게 한국말인데도 불구하고 알아들을 수가 없을까?

― 고2의 고백, (김은성, 2005:116에서 수정 인용)

이 학생은 일상 의사소통과 무관한 지식 중심의 문법 교육에 푸념하고 있다. 이런 지식 주입 문법 교육은 곧 지식 중심으로 문법을 평가하기 마련이다. 문법 지식을 평가하는 것은 학습자가 무엇을 알고 있는가를 평가하는 데에는 유용하지만 학습자가 그 지식을 가지고 무엇을 할 수 있는가에 대해서는 아무런 정보도 주지 못한다. 지식이 곧 지식의 사용 능력으로 전이되지 않는다는 점을 고려하면 이런 문법 평가는 수영을 평가하면서 수영의 방법, 수영이 유익한 점 등에 대해 지필평가를 하지만 실제 수영을 할 수 있는지에 대해서는 평가하지 않는 것과 같다.

그렇다면 문법은 어떻게 평가해야 하는가? 이번 장에서는 이 문제에 대해 고민해 본다. 일반적인 평가의 과정을 살펴보고, 이를 통해 문법 평가의 원리를 정리한다. 이어 문법 능력을 규정하여 문법 평가의 목표와 내용에 대해 정리하고, 각 능력에 따른 평가 도구를 소개하고, 문항의 구체적인 예를 통해 평가의 방법을 제시하고자 한다. 그리고 평가 문항 제작의 방법을 살핀 다음 문법 수행 평가의 절차와 문법과 다른 영역과의 통합형 평가 문항 제작에 관하여 살펴본다. 선다형 평가가 교실 평가의 중심이 되므로 특히 모든 과정에서 수학능력시험이나 성취도 평가의 문항들을 구체적인 예로 들어 내용을 설명하고자 한다.

1. 평가의 일반 절차

█ 일반적인 평가의 과정 █ 평가란 학생들의 문법 능력을 점검하는 도구이기도 하지만 그 과정과 결과를 통해 학생들에게 문법 학습을 자극하고, 평가 자체의 결과는 물론 학생과 학부모 등 다양한 의사소통을 통해 학생들의 문법 능력의 문제점을 파악하고, 적극적인 송환을 통하여 문제점을 보완하도록 하기 위한 장치이다. 나아가 이미 실시한 문법 수업 방법을 되돌아보게 하고 새로운 문법 수업의 방법을 결정하는 데 기초 자료가 되기도 한다. 이런 측면에서 보자면 문법 평가가 단순히 학생들의 문법 지식을 물어 지식의 이해 여부를 확인하는 데 그치지 않도록 평가의 과정을 설계해야 한다.

평가의 일반적인 과정은 '평가 방법의 선정 → 평가 도구의 개발 → 평가 실시·채점 및 성적 부여 → 평가 결과의 해석·분석·활용·의사소통'이다. 양적 평가와 질적 평가, 직접 평가와 간접 평가 등 평가의 방법을 선정하고, 이 평가 방법에 따라 지필 평가와 구두 평가, 선다형 평가와 서술형 평가 등 구체적인 평가 도구를 개발하여야 한다. 평가를 실시할 때는 특히 '평가의 윤리성'을 고려하여야 한다. 평가의 윤리성이란 교사가 모든 평가 과정에서 윤리적 책임을 지는 것을 말한다. 평가의 실시 과정이 공정해야 하고, 적절해야 하며, 학생들의 권리를 보호받도록 해야 한다는 것이다.

█ 평가 목표와 내용의 설정 █ 모든 평가 문항은 평가 목표에 따라 제작된다. 이 평가 문항을 통하여 무엇을 점검할 것인가를 결정하고 이에 따라 문항을 제작하여야 한다. 평가 목표를 손쉽게 파악할 수 있는 방법은 학생들이 이 문제를 해결하는 데 구체적으로 어떤 능력이 필요한가를 자문해 보는 것이다.

평가 목표는 교육과정의 '내용 체계'와 '세부 내용'을 근거로 하여야 한다. 교육과정의 내용 체계와 세부 내용을 교실 수업에서 구체화한 것이 학습 목표이므로 학습 목표를 평가 목표로 전환하여 평가 목표를 설정하는 것이 손쉬운 방법이 될 수 있다. '사이시옷 규칙을 적용하여 글을 쓸 수 있다.'는 학습 목표가 있다면 '사이시옷 규칙을 적용하여 글을 쓸 수 있는 능력을 점검한다.'가 평가 목표가 될 수 있다.

2009 개정 교육과정에서 제시하고 있는 문법 평가의 목표와 내용을 정리하면 다음과 같다.

> 첫째, 국어에 대한 체계적인 지식과 바람직한 태도
> 둘째, 국어 생활 속에서 실제로 사용되는 표현의 옳고 그름을 판단하고 그 이유를 설명할 수 있는 능력
> 셋째, 문법 지식을 바탕으로 국어를 정확하고, 효율적이며, 창의적으로 사용할 수 있는 능력

국어에 대한 체계적인 지식은 모든 국어사용의 기초가 되면서 국민으로서 갖추어야 할 국어에 대한 교양적인 지식이 되므로 문법 평가에서 중요한 평가 목표가 된다. 국어에 대한 태도를 평가하는 것은 학생들이 주변의 언어 현상에 관심을 가지고 그 사용 방식을 탐구하여 국어를 사랑하는 마음으로 발전적으로 개선해 나갈 수 있는 능동적인 언어 주체가 되어야 하기 때문이다. 특히 탐구 능력은 평가의 목표로서 중요한 의의를 지닌다. 교육과정에서는 탐구 능력을 주요한 교육 내용으로 제시하고 있다. 언어에 대한 탐구 능력 자체가 주요한 교육의 대상이 되는 것이다. 따라서 언어를 탐구할 수 있는 능력 자체를 평가 목표로 설정하여 주변의 언어 현상 등 언어 자료에 대하여 탐구 과정을 설계하고 그 과정을 이끌어 가며 규칙을 이끌어 낼 수 있는 능력을 묻도록 하여야 한다.

다음으로 문법 평가는 국어에 대한 지식과 태도를 구체적인 맥락, 즉 실제적인 언어생활 속에서 평가하여야 한다. 평가에서 제시되는 자료가 지금 여기에서 사용되는 실제적인 자료이어야 하며 학생들의 언어생활과 직접 맥락이 닿도록 하는 것이 효과적이다. 또 국어사의 경우도 마찬가지이다. 국어사는 국민으로서 알아야 할 우리 문화유산인 국어에 대한 지식으로서도 평가의 내용이 된다. 그렇지만 국어사에 대한 이해를 지식으로 그치지 않고 선인들의 언어생활을 현대의 언어생활로 계승하여 발전할 수 있도록 실제적인 국어 생활의 맥락 속에서 그 지식의 가치를 판

단할 수 있도록 평가 내용을 선정하는 것이 바람직하다.

마지막으로 문법 평가는 정확한 국어 생활의 범주, 효율적인 국어 생활의 범주, 창의적인 국어 생활의 범주를 고려하면서 평가 목표를 설정하고 평가 내용을 선정하여야 한다.

개정 문법 교육과정과 1장의 논의를 바탕으로 문법 평가에서 평가해야 할 대상이 될 수 있는 문법 능력을 다음 몇 가지로 정리할 수 있다.

첫째, 우리말을 체계적으로 이해하여 올바르게 소통할 수 있는 능력
둘째, 실제 국어를 탐구하여 해석하고 개선할 수 있는 능력
셋째, 우리말과 글에서 문화적 가치를 발견하여 창의적으로 계승·발전시킬
　　　수 있는 능력

문법 평가는 학습자가 위 세 가지 능력을 얼마나 그리고 어떻게 지니고 있는지 확인하는 것을 목표로 한다. 그리고 평가의 내용이란 이 세 능력을 구성하는 하위 요소들 혹은 통합 요소들이 된다.

▌ 평가 도구의 개발 ▌ 평가 도구는 평가 목표와 평가 요소에 따라 결정한다. 예컨대 시제 어미의 체계와 같은 지식을 묻기 위해 선다형 지필 평가를 도구로 선정할 수 있고, 띄어쓰기를 제대로 할 수 있는지를 확인하기 위해서는 서술형 평가를 실시할 수 있다. 또 주변 언어 현상을 탐구하여 해석하도록 하기 위해서는 보고서형 수행 평가의 방법을 사용할 수 있으며, 태도의 평가라면 토의식이나 토론식 평가 방법을 사용할 수 있다.[▪관점 비교하기]

평가 도구를 개발할 때는 표현과 이해 활동과 연계하여 문항을 개발하는 것이 바람직하다. 특히 말하기나 쓰기 등 표현 활동과 연관하여 말을 하거나 글을 쓸 때 문법 지식을 효과적으로 활용할 수 있는지 평가해야 한다. 음운, 형태소, 단어, 문장 자료뿐만 아니라 국어 생활 속에서 구어와 문어 담화 자료를 적극 활용하는 것이 바람직하다.

2. 문법 평가의 원리

① 학습자의 언어 경험에서 평가 자료를 찾아야 한다

학습자의 언어 경험이란 학습자들이 사용하는 언어, 주변에서 접하거나 접해야 하는 언어를 말한다. 학습자들이 자신과 주변의 언어생활을 탐구하여 해석한 다음 이를 발전적으로 개선할 수 있는 능력을 잘 갖추었는지 파악하기 위해서는, 문법적으로 설명하기 쉬운 언어 현상이 아니라 학습자들이 경험할 수 있는 수준의 언어 현상을 평가의 자료로 삼아야 한다. 예를 들어, 조어 방법의 이해를 위해 수업 중에 '접칼, 부삽' 등과 같이 학생들이 경험하기 어려운 언어 현상을 소개할 수 있다. 그러나 이를 시험에서 직접 묻는 것은 학습자의 문법 능력이 아니라 암기력을 평가하는 것이 된다.

학습자들의 언어 경험에서 평가의 자료를 선정하는 것은, 죽은 언어나 이상적인 언어가 아니라 현재 사용되고 있는 살아 있는 언어를 평가의 대상으로 한다는 것을 의미한다. 또 이것은 학습자들이 자신들이 사용하고 있는 언어를 성찰할 수 있는 기회를 제공한다는 것을 의미한다. 이런 평가는 학습자들로 하여금 문법 교육이 나에게 필요한 교육이며, 나를 성장시키는 교육이라는 인식을 가지게 하여, 단원 시작 부분에서 제시한 사례와 같은 생각을 하지 않을 것이다.

예를 들어 다음과 같이 휴대 전화 자판을 통해 한글 창제의 원리를 이해하는 문항(하성욱, 2007:277)을 구성할 수 있다.

(1) <보기>는 휴대전화의 자판을 나타낸 것이다. 이에 대한 설명으로 적절하지 <u>않은</u> 것은?

〈보 기〉

〈A사〉		
1 ㅣ	2 `	3 ㅡ
4 ㄱㅋ	5 ㄴㄹ	6 ㄷㅌ
7 ㅂㅍ	8 ㅅㅎ	9 ㅈㅊ
*	0 ㅇㅁ	#

〈B사〉		
1 ㄱ	2 ㄴ	3 ㅏㅓ
4 ㄹ	5 ㅁ	6 ㅗㅜ
7 ㅅ	8 ㅇ	9 ㅣ
획추가 *	0 ㅡ	쌍자음 #

① A사 휴대 전화는 병서의 원리를 적용하여 모든 모음을 만들어 낼 수 있어.
② B사 휴대 전화의 '*획 추가'는 가획의 원리를 응용한 것으로 볼 수 있어.
③ B사 휴대 전화의 'ㄱ, ㄴ, ㅁ, ㅅ, ㅇ'은 발음 기관의 모습을 본 딴 자음의 기본
자에 해당해.
④ A사 휴대 전화는 천지인을 상형한 'ㅣ, ㆍ, ㅡ' 세 글자를 모음의 기본자로 나
타내고 있어.
⑤ A사 휴대 전화로 'ㅗ'를 만들려면 '②→③'을 눌러야 하는데, 이는 '초출의 원
리'에 해당해.

국어의 내적 구조뿐만 아니라 언어의 성격이나 특성을 묻는 문항에서도 다음과
같이 학습자의 언어 경험을 평가 자료로 사용하여야 한다.

(2) 다음은 남녀공학대학 앞의 음식점 상호명과 여자대학 앞의 음식점 상호명들이
다. 어떤 느낌이 들도록 상호명을 정했는지 비교해 보자.
(자료는 장영희(2005:573)에서 가져옴)

○ 남녀공학대학
풍년영양탕, 싸다돼지마을, 꼬끼리분식, 도떼기시장삼겹살, 후촌불돼지, 고추붉
닭, 큰집붉닭, 홍초붉닭, 열불매운양푼갈비집, 사또고추장불고기
○ 여자대학
명문족발, 오복갈비, 포도나무집, 산에는 꽃이 피네, 선다래, 빨강낙쥐, 우동이
야기, 만나분식, 명가 통만두, 돈우랑

다음 문항(2009학년도 수능)처럼 학습자들이 접하였거나 접하게 될 소설, 수필 등
여러 가지 글에서 평가 자료를 선정하는 것도 넓은 의미에서 학습자의 언어 경험을
평가 자료로 사용하는 것이 될 것이다.

(3) <보기>의 예를 통해, 문맥 속에서 인칭 대명사의 특성을 파악하는 활동을 해 보았다. 다음 설명 중 옳은 것은?

<보 기>
㉠ 내가 부탁 하나 할게요. ㉡ 나는 ㉢ 그쪽에서 ㉣ 우리아버지의 책을 맡아 주었으면 해요. 이건 ㉤ 아버지의 뜻이기도 하답니다. 아버지께서는 ㉥ 당신의 책을 목숨처럼 소중하게 생각하시지요. ㉦ 당신에게 그 책을 맡기시려는 것을 보니 당신을 무척 믿으시는 것 같아요.

① ㉠과 ㉡을 비교해 보니 ㉠은 '나의'를 줄인 말이겠군.
② ㉢과 ㉦은 가리키는 대상이 같아.
③ ㉣은 ㉡과 ㉢을 아울러 가리키는 말이야.
④ 앞 문장에 나온 말을 반복하는 건 어색하니까 ㉤은 적절한 대명사로 바꿔야 해.
⑤ ㉥은 높임법에 맞지 않으니 '자기'로 바꿔야 해.

수업 중에 다룬 예가 아니라 학습자들의 언어 경험에서 평가 재료를 선정하게 되면 학생들이 단순 기억이 아니라 사고 과정을 통해 문제를 해결하게 된다. 또 문법 시간이 아니더라도 일상생활의 언어생활이나 여러 가지 글을 문법 의식을 가지고 대하도록 학습자들을 자극할 것이다.

② 탐구와 해석 능력을 평가해야 한다

문법 교육의 목표에서 국어 내적 구조나 규범의 이해와 적용만큼 중요한 것이 언어 현상에 대한 탐구와 해석 능력이다. 문법 교육의 큰 목표는 언어 현상에 대한 탐구와 가치 해석을 통해 국어를 발전시키는 데 있기 때문이다. 따라서 언어 현상이 옳고 그른가에 대한 물음과 함께 주변의 언어 현상이 어떤 현상이며 왜 그런 현상이 나타나게 되었는지를 판단할 수 있는 능력을 중심 평가 요소로 삼아야 한다.

다음 문항(주세형, 2006:297에서 수정 인용)은 잘못 사용하고 있는 언어에 대한 해석의 과정을 묻고 있다.

(4) 제시된 글에 대한 토론을 읽고, 이런 이중 피동 표현을 사용하는 것을 허용해야 하는지 아니면 금지해야 하는지에 대해 근거를 들어 자신의 생각을 서술하라.

○ 국립국어원 Q&A의 글

Q : '씌여'가 맞나요, '쓰여'가 맞나요?

A : '쓰다'의 피동 표현으로는 '씌어, 쓰여, 써져'가 가능합니다. '쓰다'에 피동 접미사 '-이-'가 붙으면 '쓰이다'가 되는데, 여기에 어미 '-어'가 붙으면 '쓰이-+-어'가 됩니다. 그런데 이 말은 '씌어'나 '쓰여'로 줄 수 있습니다. 피동 접미사가 아닌 피동 표현으로는 '쓰다'에 '-어지다'를 붙인 '써지다'도 가능합니다. 간혹 '쓰이다' 피동 표현에 다시 '-어지다'를 붙이는 경우가 있는데, 이는 이중 피동 표현으로 바람직한 표현이 아닙니다. '쓰여져'는 '씌어, 쓰여, 써져'로 고쳐 써야 합니다.

○ 학생의 토론

학생1: 국립국어원 홈페이지에 보면 늘 틀리는 표현 중 하나지, 그런데 사실 나도 이중 피동 표현을 무척 많이 쓴다.

학생2: 틀렸다는 걸 알면서도 자꾸 쓰는 이유는 뭘까? 언중들이 이유 없이 틀리는 것 같지는 않아. 뭔가 그럴 듯한 이유가 있는 것 아냐?

학생1: 이중 피동 표현을 쓸 수밖에 없는 그럴 듯한 이유…… 그래. 그럼 이중 피동 표현을 쓰지 않으면 피동성이 잘 드러나지 않기 때문인가?

내 생각: (   )

이 문제는 해결 과정에서 문법 지식을 묻는 것이 아니라 잘못된 언어 현상에 대해 왜 그런 현상이 나타나는지 성찰(해석)하는 과정을 요구하고 있다. 올바른 언어생활은 지식의 습득에서 비롯되는 것이 아니라 언어 현상에 대한 성찰(해석)에서 비롯된다.

다음 문항(김광해, 1997:226에서 수정 인용)처럼 탐구와 해석 능력을 평가하기 위해 탐구 능력 자체를 검증하는 문항을 구성할 수 있다.

(5) 다음 ㄱ문장과 ㄱ', ㄱ'', ㄱ'''의 문장을 비교하고, ㄴ문장과 ㄴ', ㄴ"의 문장을
비교하고, ㄷ문장과 ㄷ', ㄷ"문장을 비교하여 얻은 추리 및 가설의 설정으로서
잘못된 것은?

ㄱ. 내일은 비가 오겠다.	ㄱ'. 언니는 참 좋겠다. ㄱ". 그 여자는 벌써 집에 도착했겠다. ㄱ'''. 지금은 고향에도 꽃들이 만발하겠지?
ㄴ. 내일은 비가 올 것이다.	ㄴ'. 그는 어제 나를 기다렸을 것이다. ㄴ". 그는 지금 나를 기다릴 것이다.
ㄷ. 내일은 비가 오리라.	ㄷ'. 그는 어제 나를 기다렸으리라. ㄷ". 그는 지금 나를 기다리리라.
추리 및 가설의 설정	① ㄱ, ㄴ, ㄷ의 문장에서 '-겠-, -ㄹ(을) 것, -(으)라-'는 '내일'이라는 시간 표현과 함께 미래를 나타내는 표지이다. ② ㄱ, ㄱ', ㄱ", ㄱ''' 문장에서 '-겠-'은 미래의 추측, 과거의 회상, 현재의 추 측의 기능을 한다. ③ ㄴ과 ㄷ의 문장에서 '-ㄹ 것'과 '-라-'는 '-겠-'을 대신하여 미래의 시간 표 현에 쓰이고 있다. ④ ㄴ', ㄴ"과 ㄷ', ㄷ"의 문장에서 '-ㄹ 것'과 '-라-'는 각각 과거와 현재의 추 측으로 쓰이고 있다. ⑤ 그렇다면 결국 '-겠-'과 '-ㄹ 것', 그리고 '-라-'는 미래의 의미보다는 추측 의 의미에 더 초점이 맞추어져 있는 것이 아닐까? 그렇다면 이렇게 의미 의 확장을 볼 때, 이러한 표지들을 과연 미래 시간의 표지라고 볼 수 있을 까?

위의 문항처럼 자료에서 어떤 사실을 올바르게 추리했는지 혹은 가설 설정이 올
바른지를 묻는 질문은 문법 지식보다는 탐구를 할 수 있는 능력이 있는지를 판단하
기 위한 물음이다. 이 외에 문제를 확인할 수 있는 능력, 규칙을 이끌어 낼 수 있는
능력 등을 물을 수 있다.

구어와 문어 활동에서 분석적 사고력, 추론적 사고력, 비판적 사고력 등 고등사
고능력 신장을 목표로 하듯이, 문법에서도 언어 현상에 대하여 고등사고능력인 탐

구 능력과 해석 능력을 목표로 한다. 이런 점에서 문법 교육 역시 언어적 사고력 신장에 크게 기여할 수 있게 되고, 고등사고능력 신장이라는 국어과의 중추 목표에 부합하게 된다.

③ 인식 경험을 되돌아 볼 수 있는 평가이어야 한다

탐구하고 해석하기 위해서는 우선 자신의 인식 경험을 되돌아 볼 수 있어야 한다. 인식 경험이란 무의식적인 언어 표현 선택 과정을 뜻한다. 자신의 언어생활을 개선하기 위해서는 우선 자신의 언어 선택 과정을 반성적으로 살펴보아야 한다.

다음 문항(남가영, 2007:366)은 양태 표현을 의미·기능주의적 관점에서 다룰 때 필요한 지식을 구조화하여 묻고 있다. 학습자는 문제 해결 과정에서 자신의 언어 선택의 경험을 되살펴보아야 한다.

---

(6) 아래 글의 <보기>와 같은 상황에서 국어 화자가 선택한 표현을 고르면?

> 국어 화자들은 말을 하기 전에 대개 다음과 같은 암묵적인 질문에 답해야만 한다. : '지금 말하고자 하는 내용은 직접 지각한 것입니까, 아니면 추정한 것입니까, 혹 남들로부터 들은 것입니까, 원래 알고 있던 내용입니까, 아니면 새롭게 알게 된 내용입니까?
>
> <보기>
> * 말하고자 하는 내용: '희선이는 코가 예쁘다'는 내용
> * 질문에 대한 답: '지금까지는 몰랐다. 다른 사람의 말을 듣고 새삼 그러함을 지금 깨달았다.'

① 희선이는 코가 예쁘지.
② 희선이는 코가 예쁘구나.
③ 희선이는 코가 예쁘네.
④ 희선이는 코가 예쁘더라.
⑤ 희선이는 코가 예쁘겠어.

다음 문항(주세형, 2006:214에서 수정 인용)도 문제 해결의 과정에서 문법 지식이 의미를 구성하는 틀로 작용했음을 인식하도록 요구하는 문항이다.

> (7) 친구가 잠자리를 잡고 있는 것을 옆에서 '내'가 아쉽게 쳐다보고 있는 그림을 준다.
>
> > 친구, 잠자리, 잡다
>
> 1. '나는 잠자리를 친구가 잡아간 것을 무척 아쉬워했다.'는 의미를 나타낼 수 있는 문장을, 위의 단어들을 사용하여 두 가지 이상 써 보시오.
>
> 2. 표현해야 할 의미가 자신이 표현한 문장 어느 부분에 표현되었는지를 지적해 보시오.

이처럼 자신의 언어 경험을 성찰하도록 함으로써, 다시 말해 자신들의 문법 지식이 어떻게 작동하고 있는지를 판단하도록 함으로써 자기 언어에 대한 해석 능력을 길러줄 수 있다.

④ 국어의 문화 가치를 발견하여 창의적으로 계승할 수 있도록 평가하여야 한다

문법 교육의 목표는 지식의 이해가 아니라 그 지식을 가지고 언어를 개선하는 것이고 국어의 문화 가치를 깨달아 국어를 발전시키는 데 있다. 따라서 평가가 현상의 이해에 그치지 않고 발전을 지향해야 한다.

국어의 문화 가치를 평가 목표로 정할 때는 다음과 같은 점을 고려하여야 한다.

> 첫째, 문화 가치에서 문화상대주의의 입장을 지니도록 한다.
> 둘째, 국어 문화 가치를 통해 국어 사랑의 태도를 지니도록 한다.
> 셋째, 국어 문화를 창조적으로 계승하고자 하는 능력을 지니도록 한다.

한글과 같이 체계적이고 과학적인 발명품은 세계에서 가장 우수한 문화유산이다. 그러나 존대어의 발달, 의성어와 의태어의 발달 등 우리말 속의 여러 가지 문화 현상들은 상대적인 가치를 지닌다. 다시 말해 우리말의 체계가 우리 민족의 삶에 가장 잘 들어맞듯이, 영어의 체계는 본래부터 영어를 사용해 오던 사람들의 삶의 체계에 적합하다는 것을 학생들이 잘 깨닫도록 하여야 한다.

언어란 그 언어를 사용하는 민족의 얼이기 때문에 국어 문화 가치는 우리 민족의 삶의 가치를 뜻한다. 국어 문화 가치를 통해 국어 사랑의 태도를 지니도록 하는 것은 곧 국어의 발견을 통해 우리 민족의 삶의 방식에 대해 애정을 갖도록 하는 것을 의미한다.

삶이 변하듯이 언어도 변한다. 우리 사회에서 언어 변화를 주도해 온 것은 국어의 전통 혹은 문화가 아니라 시대 상황적 요구였고 외래 언어문화의 무분별한 수용이었다. 이는 문법 교육을 통해 우리말의 문화 가치에 대한 교육이 제대로 이루어지지 않았기 때문이다. 문법 교육을 통해 우리말의 문화적 가치를 깨닫고 이를 기반으로 우리말을 창조적으로 발전시킬 수 있는 능력을 길러야 한다.

다음은 국어의 색채 표현을 통해 국어 문화 가치를 판단하도록 하기 위한 문항 구성이다.

---

(8) <보기>에서 보듯이 국어에는 색깔 표현에 접사가 특히 많이 붙을 수 있다. <보기>를 가지고 다음 물음에 답해 보자.

<보 기>

푸르스름하다 / 푸르족족하다 / 푸르무레하다 / 푸르끄름하다 / 푸르데데하다 / 푸르튀튀하다 / 푸르께하다 / 푸르치칙하다 / 푸르퉁퉁하다 / 푸르뎅뎅하다

1. 색깔에 어떤 차이가 있는지 짐작해 보자.
2. 이러한 어휘들에서 우리말의 아름다움을 발견해 보자.
3. 외국어로서 한국어를 배우는 사람들에게 이러한 낱말들의 의미를 어떻게 설명할 수 있는지 생각해 보자.
4. 자신이 좋아하는 색깔에 접사를 붙여 색의 미묘한 차이를 표현해 보자.

의성어나 의태어뿐 아니라 국어의 존대법에서 우리 민족의 삶의 질서를 확인할 수 있고, 시제 체계에서 우리 민족의 시간관을 발견할 수 있다. 우리말과 글을 우리 민족의 삶(문화)과 연결할 수 있는 요소들은 무한히 많다.

⑤ 학습자의 능력에 맞는 문법 용어나 개념어들을 사용해야 한다

문법 평가에서 문법 용어 등 개념어들을 학습자의 수준에 맞도록 사용하는 것은 중요한 일이다. 그런데 개념어의 정확성과 간결성 때문에 문법 평가에서 학습자의 수준 이상의 개념어들을 문항에 포함하는 일이 흔하다. 개념어에 대한 정확한 이해가 목적이 아니고 탐구 능력 등 다른 문법 능력의 평가가 중심 목적이라면 평가 목적을 달성하기 위해 학습자 수준에 버거운 개념어를 문항에 포함하지 않아야 한다. 다시 말해, 문법 용어 등 어려운 개념어들이 외계어로 인식되는 학습자들의 수준을 고려하여 문항을 구성해야 할 필요가 있다.

다음 문항(2008학년도 6월 수능 모의 평가)처럼 학습자의 수준에 따라 어려운 문법 용어를 풀어 설명하게 되면 옛말의 문법도 쉽게 평가할 수 있다.

---

(9) <보기>를 바탕으로 탐구한 내용 중 타당하지 않은 것은?

<보 기>

- '쇠고기'와 '소고기'는 모두 표준어이다.
- 옛날에는 '쇠고기'를 '쇠고기(쇼+익+고기)'라고 했다.
   이 경우 '쇼+익(관형격 조사)'는 '쇼ㅣ'로 축약된다.
- 옛날에는 '돼지고기'를 '도틱고기(돝+익+고기)'라고 했다.

① '쇠고기'는 옛말의 구조를 고려할 때 소의 고기라는 뜻이군.
② '쇠고기'는 여러 단어가 합쳐져 한 단어로 발달한 경우라고 할 수 있겠군.
③ '쇠고기'의 옛말은 '돼지고기'의 옛말과 그 구조가 달랐다는 말이군.
④ '소고기'는 동물 이름에 바로 '고기'가 붙은 단어이군.
⑤ '닭고기'의 옛말은 '둘ㄱㅣ고기(둙+익+고기)'라고 했겠군.

개념어 중심의 문법 평가는 학습자들로 하여금 지식 중심의 평가로 흐르기 쉬울 뿐만 아니라, 문법 과목을 어렵고 힘든 교과목으로 생각하게 한다. 진정한 문법 능력이란 무엇인지, 전문 연구자가 아닌 학생들에게 버거운 문법 개념어들을 사용하는 것이 과연 효과적인지 고민해 보아야 한다.

3. 문법 선다형 평가

3.1. 체계적 이해와 소통 능력 평가

언어에 대한 체계적 이해와 이를 바탕으로 신장된 소통 능력의 평가 목표는 다음과 같은 하위 능력을 포함한다.

첫째, 체계 파악 능력
둘째, 부분 문법 요소들의 체계 내 의미 파악 능력
셋째, 원리에 따른 올바른 소통 능력
넷째, 올바른 언어 사용의 태도

지금껏 대부분의 문법 평가가 체계적 이해와 소통 능력 평가이었지만, 실제로는 체계가 아니라 파편화된 지식을 묻고, 그 지식의 사용에 관해 묻는 경우가 많았다. 체계적 이해와 소통 능력은 문법 지식의 체계를 파악하고 이 체계 속에서 사용의 원리를 발견하여 원리에 따라 올바르게 언어를 소통할 수 있는 능력이다. 따라서 평가도 파편화된 지식이 아니라 체계를 파악할 수 있는 능력과 여러 문법 요소들이 체계 속에서 어떻게 작동되는지 파악할 수 있는 능력을 평가해야 한다. 또 파편화된 지식의 사용 능력을 평가할 것이 아니라 체계 속에서 원리를 발견하고, 그 원리에 따라 국어를 사용할 수 있는 능력을 평가해야 한다.

다음(고영근·구본관, 2008:196-7)은 탐구 과정에 따라 어미를 체계화하는 과정이다.

(10) 다음 단계에 따라 아래의 어미들의 분류에 대해 공부해 보자.

-었-, -시-, -다, -어라/아라, -고, -니, -게, -어/아, -(으)ㅁ, -(으)ㄹ, -도록

1단계)

가. <보기>에 쓰인 어미들 중에서 어절의 끝에 나오는 것들과 그렇지 않은 것을 나누고 적절한 명칭을 부여해 보자.

나. 어절의 끝에 나오는 것은 다시 문장의 끝에 나오는 것과 그렇지 않은 것을 나누고 적절한 명칭을 부여해 보자.

2단계)

가. 두 문장을 나열해 주는 것과 한 문장을 단어의 자격으로 바꾸어 주는 것을 골라 보자.

나. 두 문장을 나열해 주는 것은 대등적으로 이어 주는 것과 종속적으로 이어 주는 것을 구별해 보자.

다. 단어의 자격으로 바꾸어 주는 것은 각각 관형사, 명사, 부사의 자격으로 바꾸어 주는 것을 골라 보자.

3단계) 우리말의 어미 분류 체계를 표로 만들고 <보기>의 어미들을 배치해 보자.

4단계)

가. 두 가지 이상의 기능을 가지는 어미를 찾고 그것을 사용하여 짧은 문장을 만들어 보자.

나. 보조적 연결어미, 종속적 연결어미, 부사형 어미의 구별이 가능한지에 대해 자신의 입장을 말해 보자.

위의 과정은 체계의 파악에 그치지 않고 체계를 통해 국어를 사용할 수 있는 능력과 함께 체계에 대한 비판적 성찰을 포함하고 있다. 이런 과정을 수행 평가의 하나로 제시할 수 있을 것이다.

다음 문항(김광해 외, 1999:152)은 품사 체계에 관한 문항으로서, 동사와 형용사에 대한 이해를 바탕으로 '존재사'라는 새로운 문제를 해결하는 문제이다.

(11) 품사 분류 체계와 관련하여 '있다, 없다'와 같이 존재를 나타내는 단어들을 동사나 형용사와 구별하여 '존재사'로 따로 분류해야 한다는 주장이 있다. 이 같은 주장은 존재사들이 동사와 형용사의 성격을 모두 가지고 있기 때문에 동사나 형용사 어디에도 속하기 어렵다는 데 근거하고 있다. <보기>의 예문들을 토대로 '존재사'의 동사와 형용사적 성격이 무엇인지 알아보자.

<보 기>

- 광주 망월동에는 5·18 묘지가 있다.
  붕어빵에는 붕어가 없다.
  · 참고: 가는 중이다 / *있는 중이다; 가고 있다 / *있고 있다
- 저기 있는 사람이 누구냐?
  나는 아무도 없는 공간이 두렵다.
  · 참고: 두려운 / *없은
- 가지 말고 여기에 꼼짝 말고 있어라.
  우리 함께 있자.
  · 참고: *너는 그 모임에 없어라. / *우리 오늘은 함께 없자.

위 문항은 단순한 이해나 암기를 요구하는 것이 아니라 자료를 제시해주어 학습자의 언어 직관을 자극하고 있다. 문제의 발문만으로는 답하기가 어려울 수 있으나 적절한 자료가 주어짐으로 인해, 학습자는 모어 화자에게 내재되어 있어 명확히 인식하지 못하고 있던 문법 지식을 의식적으로 인식하여 답할 수 있게 된다.

3.2. 탐구와 해석 능력 평가

탐구와 해석 능력의 평가 목표는 다음과 같은 하위 능력들을 포함한다.

첫째, 문제 제기 능력

둘째, 가설 설정 능력

셋째, 가설 증명 능력

넷째, 결론 도출 능력

다섯째, 해석 및 언어 개선 능력

탐구와 해석 능력은 자신과 주변의 언어 현상을 탐구하고 그 결과를 해석하여 언어생활을 발전시킬 수 있는 능력을 말한다. 탐구와 해석 능력에는 두 가지 종류가 있다. 첫째는 기존 언어 규칙을 탐구의 과정을 통해 확인하여 생활에 적용하는 능력이다. 사이시옷과 관련된 여러 낱말들을 제시하여 사이시옷이 붙는 경우와 그렇지 않은 경우를 탐구의 단계에 따라 정리한 다음, 규칙화하고 이를 자신의 언어생활에 적용하는 능력을 말한다. 둘째는 주변의 언어 현상에서 문제를 확인하고 언어 자료를 분류하여 가설을 설정하고 이를 검증하여 규칙을 파악한 다음 그 규칙의 가치를 따져 발전적인 언어생활이 되도록 개선할 수 있는 능력을 말한다. 첫째 능력은 이미 결과가 나와 있는 문법 지식(답)을 찾아가는 능력이고, 둘째 능력은 자신과 주변 언어 현상 중 잘못된 것을 스스로 바로잡을 수 있는 능력이다.

탐구와 해석 능력을 묻는 문항은 문법 지식에 대한 이해 여부가 평가의 목표가 아니기 때문에, 문법 지식이 없이 언어 직관만을 가지고 탐구와 해석 능력으로 해결할 수 있는 문제를 구성하는 것이 가장 바람직하다. 다음 문항(2006학년도 9월 수능 모의평가)은 조사의 기능에 대해 탐구하도록 한 문제이다.

(12) <보기>를 바탕으로 조사(助詞)에 대한 탐구 학습을 해 보았다. 학습의 결과로 적절하지 **않은** 것은?

<보 기>
ㄱ. 할머니께서 집에 오셨다.
ㄴ. 형과 동생이 다시 만났다.
ㄷ. 너와 나만의 추억을 간직하자.

① ㄱ의 '께서, 에'는 앞말이 각각 주어, 부사어의 역할을 하도록 하고 있군.

② ㄱ의 '께서'에는 ㄴ의 '이'와 달리 존대의 의미가 담겨 있군.

③ ㄴ의 '이'는 '동생'이 아니라 '형과 동생'에 결합하는군.

④ ㄴ의 '과'와 ㄷ의 '와'는 앞말의 의미에 의해 선택되는군.

⑤ ㄷ의 '만의'를 보면 조사끼리의 결합도 가능하군.

3.3. 문화 가치와 계승 능력 평가

문화 가치와 계승 능력은 다음과 같은 하위 능력을 포함한다.(주세형 2006:248-9 참고)

첫째, 국어 형태에서 문화를 읽을 수 있는 능력

둘째, 국어 문화와 우리 민족의 삶을 연결할 수 있는 능력

셋째, 국어 문화 해석 능력

넷째, 국어 문화를 계승 발전시킬 수 있는 능력

문화 가치와 계승 능력은 국어 형태에서 문화를 읽어서 우리 민족의 삶과 연결한 다음 그 문화적 가치를 해석할 수 있는 능력과 그 문화를 발전시킬 수 있는 능력으로 크게 나뉜다. 올바르게 국어를 사용하는 것은 국어를 지키는 차원이지만 국어 문화의 가치를 깨닫는 것은 국어를 발전시키는 원동력이 된다. 그래서 국어를 발전시키기 위해서는 국어의 문화적 가치에 대한 물음을 적극 개발하여 이를 통해 국어의 가치를 깨닫게 하고, 이를 바탕으로 국어 사랑의 태도를 지니게 하며 국어를 발전시킬 수 있도록 그 능력을 신장시켜야 한다.

훈민정음과 같은 세계 문화유산은 물론 다양한 층위의 국어 형태(현상)를 통해 그 문화적 가치를 파악할 수 있는 능력을 물을 수 있다. 다음은 광고를 활용하여 우리말의 가치를 파악하는 능력을 확인하는 문항이다.

(13) 다음은 우리말의 가치를 활용한 광고 문구들이다. 그 방법이 다른 넷과 가장 다른 것은?

① 최적의 환경, 최고의 시설, 최선의 노력<학원 광고>
② 신학기에 새 운동화를 신는다는 건<학생화 광고>
③ 보이는 건 연산력, 숨은 실력은 창의력<학습지 광고>
④ 돈 버는 법, 돈 쓰는 법<책("자녀들아 돈은 이렇게 벌고 이렇게 써라") 광고>
⑤ 상상은 끝없이, 과학은 즐겁게<학습지 광고>

다음은 중세국어의 조어 원리를 활용한 국어 문화의 창조적 계승 능력을 평가 목표로 하는 문항이다.

(14) 중세국어에서는 <보기>와 같이 합성어를 이루는 조어 방식이 다음과 같이 매우 생산적이었다.

<보 기>

○ 나들다(나고 들다), 들보다(듣고 보다), 여위시들다(여위고 시들다), 오르느리다(오르내리다)
○ 값돌다, 거두들다(거두어들다), 눌뮈다(날고 움직이다), 뛰놀다, 딕먹다(찍어먹다), 빌먹다(빌어먹다), 잡쥐다(잡아쥐다)

1. 보기의 합성어들의 조어 방식은 무엇인가?
2. 이러한 방법으로 현대국어 고유어 동사들의 어근끼리 결합한 합성어를 다섯 개 만들어 보자.

창조적 계승에서 주의할 점은 근거가 분명해야 한다는 것이다. 근거를 가지고 상상력을 발휘하여 언어 현상을 체계적으로 발전시키도록 하여야 한다. 현대국어를 가지고 여러 가지 새로운 말을 만들어 보는 등 새로운 언어 현상을 제시하는 것은 자칫 잘못하면 근거 없이 단순히 흉내만 내는 공상이 될 수 있다. 이런 점을 고려해

볼 때, 현대국어보다는 고대국어나 중세국어 혹은 근세국어의 언어 원리 중에서 현대에 활발하지 않은 것들을 찾아 새로운 언어 현상을 창조하도록 하는 것이 안정적인 국어의 계승 발전 능력 신장이나 평가가 될 수 있을 것이다.

4. 문법 수행평가

문법의 직접평가란 주로 수행평가를 가리킨다. 문법의 수행평가는 대체로 주변의 언어 현상을 관찰하여 기록하는 정도였다. 그런데 이런 방식의 수행평가는 활동만 존재할 뿐, 평가의 목적이나 평가를 수행하기 위해 필요한 문법 능력이 분명하지 않은 경우가 많다. 어떤 평가이든지 목적이 존재해야 한다. 다시 말하면, 평가의 목적에 따라 수행평가라는 평가 도구가 선택되어야 하며, 이 평가를 통해 확인하고자 하는 능력이 분명히 존재해야 하는 것이다.

다음 문항(이관규 외 역, 2008:133)은 신호와 상징의 차이를 깨닫도록 하기 위해 제시한 수행평가 문항이다.

> (15) 모든 스포츠 경기에서, 경기 임원들(심판)은 손 신호를 사용하여 계시원(timer), 출발신호원, 득점기록원, 관객과 의사소통을 할 수 있다. 야구 심판이 "아웃"을 이야기하기 위해 그의 어깨 위로 엄지손가락을 이용한다. 또는 심판이 "세이프"를 이야기하기 위해 수평으로 엇갈리게 할 것이다. 스포츠 경기에 사용되는 이 같은 신호뿐만 아니라 공항에서 지상근무원이나 주간 고속도로를 오가는 커다란 트랙터-트레일러트럭의 기사도 신호를 사용한다.
>
> 1. 방향들을 가리키는 다양한 신호를 생각해 보라. 여러분의 생각에 이 신호들이 어디서 유래한 것 같은가?
> 2. 신호를 사용하는 직업에 종사하는 사람들과 인터뷰해 보자. 그리고 그들이 직업에서 사용하는 신호에 대해 물어보자. 아래 인터뷰 형식에 결과를 기록해 보자. 학급 친구들과 여러분이 발견한 점에 대해 토의해 보자.
> 3. 인터뷰를 통해 배운 신호가 얼마나 보편적인가? 다른 직업에 종사하는 사람이나 다른 지역의 사람이 이 신호를 이해할 수 있을까? 왜 그럴까? 왜 그렇지 않을까?

신호들: 인터뷰 일지

   1.0 신호에 대한 설명

   1.1. 신호 발신자:

   1.2. 신호 수신자:

   1.3. 신호가 의도한 의미

   2.0 신호에 대한 설명:

   ……

4. 이 신호는 언어인가?

5. 아무 신호도 하지 않고 '세이프'라는 말만 했을 때 영어를 모르는 선수가 이것을 이해할 수 있을까? 왜 그럴까?

6. 신호와 언어(상징)의 차이가 무엇인지 토의해 보자.

그래서 수행 평가를 실시하기 위해서는 문법 수행 평가의 절차를 잘 따라야 한다. 다음은 문법 수행평가의 시행 절차와 평가의 예이다.(임지룡 외, 2005:675-6)

〈표 9-1〉 문법 수행 평가의 절차

문법 대단원(또는 연간이나 학기별) 수업 및 평가 계획서를 작성한다.
↓
성취 기준(교육 목표 및 내용)을 구체화한다.
↓
다양하고 특성화된 문법 수업을 진행한다.
↓
성취 기준의 도달 정도를 파악하기 위한 평가 기준을 명확하게 정한다.
↓
적절한 평가 방법을 결정하고 그에 맞는 평가 도구를 제작한다.(모범 답안 및 채점 기준표 작성)
평가를 실시한다.
↓
채점 기준표에 따라 채점하고, 결과를 보고한다.
↓
평가의 결과를 교수·학습 활동에 송환한다.

대단원 국어	국어(하) 1. 국어가 걸어온 길 국어(상) 2. 짜임새 있는 말과 글		
	[10-국-(2)] 국어의 개략적인 역사를 안다.		
	[10-말-(3)] 내용 조직의 일반 원리에 따라 효과적으로 내용을 조직하여 말한다.		
성취 기준	국어의 역사를 개략적으로 이해한다.		
	말하기의 내용 조직 원리에 따라 효과적으로 내용을 조직하여 말할 수 있다.		
평가 기준 (채점 기준)	상	적절한 방법(비교와 대조)으로 내용을 조직하여 모음/ㅐ, ㅔ, ㅚ, ㅟ/의 발음 변천을 설명할 수 있다.	
	중	모음 /ㅐ, ㅔ, ㅚ, ㅟ/의 발음 변천을 설명은 할 수 있으나, 내용을 조직하는 방법이 서툴다.	
	하	내용의 조직도 서툴고, 모음 /ㅐ, ㅔ, ㅚ, ㅟ/의 발음 변천도 제대로 설명하지 못한다.	
평가 방법	국어 지식, 말하기 통합 구술형		
평가 문항	중세 국어와 현대 국어에서 모음 /ㅐ, ㅔ, ㅚ, ㅟ/의 발음이 어떻게 다른지 조사해 보자. 그리고 다른 사람들이 쉽게 이해할 수 있도록 내용을 조직하여 실제로 반 학생들에게 설명해 보자.		

수행 평가를 실시하면서 주의할 점은 문법 평가이기 때문에 정답이 반드시 존재해야 한다는 생각을 버리는 것이다. 다음은 2007년 고등학교 성취기준 평가 중 수행 평가 문항이다.

(16) <자료1>은 동일 제품에 대한 광고 문안들이다. (ㄱ)을 (ㄴ)으로 수정하는 과정에서 고려했을 표현 요소를 <자료2>에서 고르고, 표현 요소를 수정함으로써 나타날 효과에 관해 한 문장으로 쓰시오.(2점)

```
〈자료 1〉

| (ㄱ) | (ㄴ) |
|------|------|
| 참살이 음료<br>마음까지 깨끗해지는<br>맛을 원하세요?<br>현미로 만든 곡물 차<br>몸에도 좋고 맛도 좋습니다.<br>한번 드셔 보세요. | 참살이 음료<br>마음까지 깨끗해지는<br>맛을 원하니?<br>현미로 만든 곡물 차<br>몸에도 좋고 맛도 좋아.<br>한번 마셔 봐. |
```

〈자료 2〉
① 지시 표현   ② 높임 표현   ③ 생략 표현

(1) 고려했을 표현 요소: _____
(2) 표현 요소 수정에 따른 효과: _____

읽기나 쓰기 수행 평가가 근거를 확인하거나 혹은 능력의 수준을 판단하듯이, 문법 능력도 근거를 확인하거나 혹은 문법 능력의 수준에 따라 평가 목표의 도달 정도를 파악할 수 있다.

5. 통합형 평가

문법을 다른 영역과 아울러 통합형으로 평가하는 것은 문법 교육에서 큰 의미를 지닌다. 통합형 평가는 문법이 문법 지식 자체로 존재하는 것이 아니라 듣고, 말하고, 읽고, 쓰고, 감상하는 구체적인 언어활동 속에서 작동한다는 것을 일깨워주기 때문이다.

문법은 다음 문항(2007학년도 수능)과 같이 작문과 어울려 통합 평가 문항을 구성하는 것이 일반적이다.

(17) 소비자 보호 기관 홈페이지에 올리기 위한 글의 초고이다. 고쳐 쓰려는 내용으로 적절하지 <u>않은</u> 것은?

물품명	휴대전화	모델명	GN-9510
하자 및 불만 사항	구입한 지 1년도 안 된 전화기를 두 번이나 수리를 받았는데 또 같은 고장이 나고 말았습니다. 다시 서비스 센터에 찾아가서 제대로 고쳐지지 않았다고 ㉠ 항의했지만, 그제야 본사로 보내 부품을 교체하겠다더군요. 전화기를 맡긴 뒤, 약속한 날이 되어 찾으러 갔더니 아직 도착하지 않았다며 며칠 뒤에나 다시 오랍니다. ㉡ 전화기 고장 자체도 문제이지만, 이런 성의 없는 서비스 태도야말로 더 큰 문제라고 생각합니다. 소비자로서 이와 같은 처사에 ㉢ 어케 열받지 않겠습니까?		
요구 사항	㉣ 어제는 제 친구도 같은 문제로 불편을 겪고 있다는 얘기를 들었습니다. 해당 업체가 신속히 제품을 ㉤ 수리하거나 교환받도록 조치해 주시기 바랍니다. 또 한 달여 동안 낭비한 시간과 엉뚱하게 들인 수리비도 보상받고 싶습니다.		

① ㉠은 앞뒤 문맥이 자연스럽게 연결되도록 '항의했더니'로 고쳐야겠어.
② ㉡은 전체를 개괄하는 진술이므로 글의 맨 앞으로 옮겨야겠어.
③ ㉢은 표준어로 인정하지 않는 비속어이므로 '어찌 화가 나지'로 바꿔써야겠어.
④ ㉣은 '요구 사항'이 아니므로 생략해야겠어.
⑤ ㉤은 주어와의 호응을 고려하여 <u>'수리하거나 교환해 주도록'</u>으로 고쳐야겠어.

위 문항은 쓰기 지식과 문법 지식을 따로 묻고 있다. 하지만 학생들이 글을 쓰면서 문법 의식을 가지고 글을 쓸 수 있게 하며, 글을 평가할 때도 문법 의식을 작동시켜 평가하게 된다는 점에서 의의가 있다.

문법은 듣기와도 통합하여 평가할 수 있다. <보기>의 텍스트를 제시한 다음 이 텍스트의 문법적 사실에 대한 학생들의 논의를 듣게 하고, 이를 바탕으로 다음과 같은 문항(김은성, 2005:8에서 수정 인용)을 구성할 수 있다.

(18) 다음에 들려줄 학생들의 논의는 <보기>의 문법 현상에 관한 내용이다. 잘 듣고 물음에 답하라.

<보 기>

이 기획사의 타이틀은 액세스(ACESS)로써, 지난 1998년에 가졌던 '메탈리카(Metalica)'의 내한공연으로부터 '메가데스(Megadeth)'의 내한공연에 이르기까지 해외 유명 헤비메탈 그룹의 내한공연을 기획해온 기획사입니다.

<논의>

· 학생1: 근데 '이 기획사'는 마지막에 나오는 '기획사입니다'의 기획사잖아. 근데 이 문장에서는 전체 주어가 '이 기획사는'이 아니라 '이 기획사의 타이틀은'이잖아. 그럼, '이 기획사의 타이틀은 …… 기획삽니다.' 이렇게 나가는 거잖아.

· 학생2: 그럼 어떻게 고쳐?

· 학생1: 어쨌든 이 '타이틀'은 마지막의 '기획사입니다'까지 영향을 미치는 거 아니야? 이게 한 문장이면 주어가 바뀔 리가 없잖아. 이게 한 문장이면 '기획사입니다'의 주어가 '액세스'가 되어야 되는데, 지금 주어가 '타이틀'이 되고 있잖아. '타이틀'이 주어가 되고 있잖아.

· 학생3: 그럼 '이 기획사의 타이틀은 액세스로서', 하고 나서, 여기서 새로 주어를 다시 정해 놓고 '이 기획사는 뭐입니다.' 이렇게 문장을 바꿀 수 있어?

· 학생4: 이 기획사는 공연을 기획해 왔습니다?

· 학생1: 그래, 그렇게 바꾸면 되겠네. 기획해 왔습니다. 이렇게 바꾸면 주어가 '기획사'가 되겠네.

<문제> 위 학생들의 대화를 듣고 학생1의 의견에 따라 올바르게 문장을 고친 것은?

어떤 영역과 통합하든지간에 문법 영역이 통합한 영역의 특성에 맞도록 통합하는 것이 바람직하다. 다음 문항(2007년 중학교 성취기준 평가 문항)에서 보듯이 문학에서 문법을 똑 떼어내어 묻는 것이 아니라, 문학 작품 감상에서 문법 요소가 어떤

역할을 하고 있는지 통합하여 물어야 한다. 다른 영역 또한 마찬가지이다. 그래야 문법이 언어생활 안에서 기능을 하고 있다는 것을 알 수 있기 때문이다.

---

(19) <보기>의 말뚝이는 생원이 양반임에도 불구하고, ⊙과 같이 발화하였다. ⊙에 대해 토론한 내용으로 적절하지 **않은** 것은?

<보 기>

생원: 이놈, 너도 양반을 모시지 않고 어디로 그리 다니느냐?

말뚝이: 예에, 양반을 찾으려고 찬밥 국 말어 일조식(日早食)하고, 마구간에 들어가 노새 원님을 끌어다가 등에 솔질을 설설하여 말뚝이님 내가 타고 서양(西洋), 영미(英美), 법덕(法德), 동양 3국 무른 메주 밟듯 하고, 동은 여울이요, 서는 구월이라, 동여울 서구월 남드리 북향산 방방곡곡(坊坊曲曲) 면면촌촌(面面村村)이, 바위 틈틈이 모래 쨈쨈이, 참나무 결결이 다 찾아다녀도 샌님 ⊙ 비뚝한 놈도 없습디다.

생원: 이놈, 뭐야!

① ⊙에는 보거나 듣거나 겪은 사실을 전달하여 알림을 나타내는 종결어미 '-습디다'가 사용되었다.

② 하지만 ⊙은 대화 맥락에서 겪은 사실을 전달하여 알리기보다 격식 없이 풍자하고 조롱하는 어투로 들리는 걸?

③ 맞아, ⊙은 종결어미를 통해 전아한 양반 문화와 비속한 평민 문화를 대비하여 양반에 대한 반항심을 간접적으로 표현하고 있는 것이지.

④ 만약 하인과 양반의 관계가 정상적이었다면 말뚝이는 '비슷한 놈도 없었습니다'로 발화했을 거야.

⑤ 결국 ⊙과 같은 표현을 통해 평민 관객들을 말뚝이에게 자신의 모습을 투사하여 대리 만족을 느낄 수 있겠구나.

다음과 같이 시를 자료로 하였지만 시 교육 본래의 목적인 감상과 무관하여 문법 지식만을 묻는 문항(하성욱, 2007:281-2)은 바람직하지 않다. 시를 단순한 문법 자료로 보는 것은 심미적이고 총체적인 시 감상에 부정적 영향을 줄 수 있기 때문이다.

(20) ㉠~㉤ 중, <보기2>에서 설명하는 높임법만이 사용된 단어를 모두 고른 것은?

〈보기 1〉

나보기가 역겨워 / ㉠ 가실 때에는 / 말없이 고이 보내 ㉡ 드리오리다. //
영변에 약산 / 진달래 꽃 / 아름 따다 가실 길에 ㉢ 뿌리오리다. //
㉣ 가시는 걸음 걸음 / 놓인 그 꽃을 / 사뿐히 즈려 밟고 ㉤ 가시옵소서. //
나 보기가 역겨워 / 가실 때에는 / 죽어도 아니 눈물 흘리오리다. //

-김소월, '진달래꽃'

〈보기 2〉

어휘적 높임법은 특수한 어휘를 사용하여 청자를 높이는 방법이다. 즉, 문법 요소가 아닌 어휘 요소를 사용하여 높임 표현을 실현하는 것이다.

① ㉠   ② ㉡   ③ ㉠, ㉣   ④ ㉡, ㉢   ⑤ ㉠, ㉣, ㉤

관점 비교하기

국어과 평가관의 변화 국어과 교육이 시작되면서 지금에 이르기까지 국어과 평가의 관점은 다음과 같이 변화하였다.

평가 방법	간접 평가, 선택형 지필 평가 ⇒ 직접 평가, 수행 평가
	양적 평가, 결과 평가 ⇒ 질적 평가, 과정 평가
	영역별 평가 ⇒ 영역 통합적 평가
평가 내용	지식 ⇒ 지식, 기능, 태도
평가 목적	학생의 성취도 ⇒ 학생의 성취도, 교수·학습 자료의 적절성, 평가 도구의 적절성 등

(임지룡 외, 2005:670에서 인용)

탐구하기

☞ **탐구 목표**

○ 평가의 절차에 따라 평가 문항 작성하기

☞ **탐구 과정**

'국어의 변천'을 주제로 학습을 하였다. 평가의 일반 절차에 따라 자료 (가)와 (나)를 가지고 평가 문항을 개발해 보자.

(가) 나·랏:말쌋·미 中듕國·귁·에 달·아 文문字·쭝·와·로 서르 스뭇·디 아·니홀·씨 ·이런 젼·ᄎ·로 어·린 百·빅姓·셩·이 니르·고·져 ·홇·배 이·셔·도 ᄆ·ᄎᆞᆷ:내 제 ·ᄠᅳ·들 시·러 펴·디 :몯홇 ·노·미 하·니·라 ·내 ·이·롤 爲·윙·ᄒᆞ·야 :어엿·비 너·겨 ·새·로 ·스·믈·여·듧 字·쭝·롤 밍·ᄀᆞ노·니 :사ᄅᆞᆷ:마·다 :ᄒᆡ·ᅇᅧ :수·비 니·겨 ·날·로 ·ᄡᅮ·메 便뼌安한·킈 ᄒᆞ·고·져 홇 ᄯᆞᄅᆞᆷ·미니·라

— '훈민정음(訓民正音)', 세조(世祖) 5년(1459년)

(나) 孔·공子·지 曾증子·ㅈ드·려 닐·러 글ᄋ·샤·디 ·몸 ·이며 얼굴·이며 머·리 털·이·며 ·
술·흔 父·부母·모·긔 받즈·온 거·시·라 敢:감·히 헐·워 샹히·오·디 아 ·니·홈·이 :효·
도·이 비·르·소미·오·몸·을 세·워 道 :도·를 行힝·ᄒ·야 일·홈·을 後:후世·셰·예 :베퍼·쎠
父·부母·모롤 :현·뎌케 :홈·이·효·도·익 ᄆᆞ·춤·이니 ·라.
　　　　　　　　　　　　　　　　　　－ '소학 언해(小學諺解)'권 제2, 선조(宣祖) 20년(1587년)

(1) 평가 목표의 설정
　　학습 주제와 (가)와 (나)의 자료를 검토하여 평가 목표를 설정해 보자.

(2) 평가 요소의 선정
　　(가)와 (나)의 자료를 검토하여 평가 요소를 다음 표로 정리해 보자.

항목	사례(평가 요소)
표기법의 변천	
발음의 변천	
음운의 변천	
어휘의 변천	

(3) 같은 자료로 구성한 평가 문항에 대한 학생들의 반응(하성욱 2007:269-7)이다. 이 반응들을
　　평가 문항 제작에 어떻게 고려하여야 하는지 정리해 보자.

A: 난 중세국어가 너무 싫다. 우리말인지 다른 나라 말인지 알기 어려운 한자투성이의 말들…… 이게 무슨
　말인지 도저히 알 길이 없다. 게다가 답지에 나와 있는 문법 용어들도 하나도 모르겠다. 우리나라 말로
　된 건데도 말을 몰라서 문제를 못 풀다니. 나도 좀 한심하다.
B: 문제를 풀다보니 우리말은 참 어렵다는 생각이 든다. 문법은 학교랑 학원에서 두 번씩이나 배워서 대충은
　아는데, 훈민정음과 소학언해에 적용하려고 하니까 정말 힘들다. 아니면 외우든가.
C: 훈민정음이나 소학언해를 학교에서 배우기는 했지만, 이런 자료를 하나 하나 뜯어서 분석하지는 않았다.
　언어가 변화해 가는 과정으로만 배웠었지…… 문법 용어는 아무리 봐도 참 어렵다. 말이 좀 쉬웠으면
　좋겠다.

(4) '국어의 변천'을 묻는 5지 선다형 평가 문항을 작성해 보자.

탐구와 해석 능력을 평가 목표로 설정한 경우, 탐구의 틀을 통해 문항을 제시하기도 한다. 그러나 이는 자칫하면 평가 목표가 탐구와 해석이 아니라 문법 지식이 될 수 있다. 다음 문항(2007학년도 중학교 성취도 평가)은 탐구 과정이라는 틀을 사용한 문항 구성이다. 평가 목표가 탐구와 해석 능력이라고 할 때, 이 문항이 지니는 문제점이 무엇인지 분석해 보자.

(문) 철수는 제시된 낱말들을 <탐구 과정>을 통해 분류하려고 한다. ①~②에 들어갈 알맞은 말을 쓰시오.(3점)

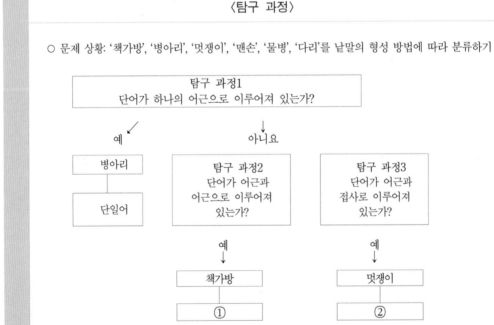

⟨탐구 과정⟩

○ 문제 상황: '책가방', '병아리', '멋쟁이', '맨손', '물병', '다리'를 낱말의 형성 방법에 따라 분류하기

탐구 과정1
단어가 하나의 어근으로 이루어져 있는가?

예 / 아니요

병아리 → 단일어

탐구 과정2
단어가 어근과 어근으로 이루어져 있는가?

탐구 과정3
단어가 어근과 접사로 이루어져 있는가?

예 ↓ 책가방 → ①

예 ↓ 멋쟁이 → ②

○ 결론: 단어들을 탐구 과정에 따라 형성 방법을 분류해 보면, 병아리는 단일어가 된다. 그리고 둘 이상의 어근이 결합되거나, 어근과 접사가 결합되어 이루어진 단어를 복합어라고 한다. 복합어 중 '책가방'은 (①)(이)라고, '멋쟁이'는 (②)(이)라고 한다. 위에 제시된 단어들 중, ②의 다른 예로는 (③)이 있다.

알아 두기

좋은 문항의 요건

① 문항을 해결하는 데 요구되는 능력이 평가 목표와 일치하여야 한다. 탐구 능력을 평가하고자 하는 문항이 특정 문법 지식의 이해 여부에 의해 정답이 결정된다면 이는 탐구 능력을 평가하는 문항이 아니라 지식의 이해 여부를 평가하는 문항이 되고 만다.

② 고등 사고 능력을 요구해야 한다. 문법 지식을 회상할 수 있거나 혹은 수업 중에 제시하였던 예들을 기억하고 있는지 묻기보다는 분석, 종합, 평가 등의 고등 정신 능력을 물을 수 있는 문항이어야 한다.

③ 참신성을 지녀야 한다. 문항의 틀이 예전부터 늘 사용해 오던 방식을 벗어나 학습자들에게 새로운 문제 해결 경험을 제공할 수 있어야 한다. 그러나 참신성을 너무 강조하다가 오히려 평가 목표를 놓치거나 지나치게 생경한 문항을 제작하지 않도록 주의해야 한다.

④ 문항이 모호하지 않도록 구조화되어야 한다. 구조화란 문항의 체계성과 명료성을 의미하는 것으로, 이를 위해 문항 제작자는 학생들이 답해야 할 방향을 명확하게 구체화해야 한다. 보통 선택형 문항이 서답형 문항보다 더 구조화되어 있다고 볼 수 있다. 또한 '상황에 적절한 말하기에 대하여 쓰시오.'는 문항보다는 '다음 상황에서 청자와 장면을 분석한 다음, 주어진 대화의 밑줄 친 부분을 분석한 청자와 장면에 적절하도록 고치시오.'는 문항이 더 구조화되었다고 볼 수 있다. 단, 서답형의 경우에는 지나치게 구조화되어 표현력이나 창의력 등을 측정하기 어렵거나 혹은 전혀 구조화되지 않아 불명료한 문항이 제작되어서는 안 된다.

⑤ 학습 동기를 유발시켜야 한다. 시험도 하나의 교육 활동으로서, 학생들의 사고력을 배양하고 학습에 대한 흥미와 도전감을 돋우도록 제작하여 활용할 필요가 있다. 충실하게 학습한 학생이면 무난히 풀 수 있도록 문항을 제작함으로써 학생들에게 긍정적 자아개념을 형성하는 일, 주변의 일상생활과 밀접히 관련지어 문항을 구성함으로써 해당 교육내용에 대한 흥미를 유발하는 일, 참신하면서도 약간 어려운 문항을 출제함으로써 호기심과 도전감을 불러일으키는 일 등은 교육적으로 중요하다.

⑥ 문항의 제작 원리(유의 사항)와 검토 지침 등에 충실해야 한다. 시험의 목적 및 학생의 수준에 적합하고, 문항 제작 원리 혹은 유의점에 충실하며, 윤리적·교육적으로 바람직하고, 특정 집단에 유리하거나 불리하지 않고 공정해야 하는 등의 요건을 충족시켜야 한다.

▌ 더 읽을거리

고영근·구본관(2008), 우리말문법론, 집문당.

김광해(1997), 국어지식 교육론, 서울대학교출판부.

김광해·권재일·임지룡·김무림·임칠성(1999), 국어지식탐구, 박이정.

김은성(2005), 국어지식교육의 현상, 국어교육 116호.

남가영(2007), 문법교육의 '지식의 구조' 체계화 방향, 국어교육 123호.

이충우(2005) 국어과 교사의 국어 지식 영역 평가 전문성 기준과 모형, 국어교육 117호.

임지룡·이은규·김종록·송창선·황미향·이문규·최웅환(2005), 학교문법과 문법교육,
　　　　박이정.

장영희(2005), 대학가 간판언어에 나타난 사회언어학적 실태 조사 연구, 국어교육 117호.

주세형(2006), 문법 교육론과 국어학적 지식의 지평 확장, 역락.

주세형(2008), 학교문법 다시 쓰기(2) - '숙련자의 문법 탐구 방법'을 중심으로, 국어교육
　　　　126.

주세형(2008), 국어과 평가의 타당도 제고를 위한 문법 교육 방향, 문법교육 8집.

하성욱(2007), 문법 평가 내용 선정 원리에 대한 연구 - 문법 평가 문항에 대한 학생들의
　　　　인식을 바탕으로, 문법교육 7집.

찾아보기

| 저자소개 |

임지룡 | 경북대학교 사범대학 국어교육과 교수
　　　『국어 의미론』, 『인지의미론』, 『의미의 인지언어학적 탐색』 외.
　　　jrlim@knu.ac.kr

임칠성 | 전남대학교 사범대학 국어교육과 교수
　　　『현대국어 시제 어미 연구』, 『국어지식 탐구』(공저) 외.
　　　csim@chonnam.ac.kr

심영택 | 청주교육대학교 국어교육과 교수
　　　『국어교육학과 사고』(공저), 『국어과 교수 학습 방법』(공저) 외.
　　　shimyt@cje.ac.kr

이문규 | 경북대학교 사범대학 국어교육과 교수
　　　『국어교육을 위한 현대국어음운론』, 『학교문법과 문법교육』(공저) 외.
　　　lemok@knu.ac.kr

권재일 | 서울대학교 인문대학 언어학과 교수
　　　『한국어 통사론』, 『한국어 문법사』, 『남북 언어의 문법 표준화』 외.
　　　kwonjil@snu.ac.kr

역락 국어교육학 총서 ▌1

문법 교육론

초판 1쇄 발행 2010년 3월 5일
초판 2쇄 발행 2012년 9월 17일
초판 3쇄 발행 2014년 8월 18일
초판 4쇄 발행 2016년 8월 18일
초판 5쇄 발행 2019년 8월 14일

지은이 임지룡 · 임칠성 · 심영택 · 이문규 · 권재일
펴낸이 이대현

책임편집 이태곤 | **편집** 권분옥 · 박윤정 · 홍혜정 · 문선희 · 백초혜
표지디자인 안혜진 · 최선주 | **마케팅** 박태훈 · 안현진
펴낸곳 도서출판 역락 | **등록** 제303-2002-000014호(등록일 1999년 4월 19일)
주소 서울시 서초구 동광로46길 6-6 문창빌딩 2층 (우06589)
전화 02-3409-2058 | **팩시밀리** 02-3409-2059
전자우편 youkrack@hanmail.net
홈페이지 www.youkrackbooks.com
ISBN 978-89-5556-758-8 93370
　　　 978-89-5556-757-1(세트)

정가 23,000원